CONTEMPORÂNEO DE MIM

CONTEMPORANEO DEMIM

Daniel Piza

CONTEMPORÂNEO DE MIM

Dez anos da coluna
sinopse

BERTRAND BRASIL

Copyright © Daniel Piza, 2007

Capa: Evelyn Grumach/eg design

Editoração: DFL

2007
Impresso no Brasil
Printed in Brazil

CIP-Brasil. Catalogação na fonte
Sindicato Nacional dos Editores de Livros, RJ

P765c	Piza, Daniel, 1970-
	     Contemporâneo de mim: dez anos da coluna Sinopse/Daniel Piza. – Rio de Janeiro: Bertrand Brasil, 2007.
	     480p.
	
	     Coletânea dos textos da coluna Sinopse, iniciada em outubro de 1996 na Gazeta Mercantil e transferida para O Estado de S. Paulo em maio de 2000.
	     ISBN 978-85-286-1282-0
	
	     1. Crônica brasileira. 2. Jornalismo. I. Título.

07-3123	CDD – 869.98 CDU – 821.134.3 (81)-8

Todos os direitos reservados pela:
EDITORA BERTRAND BRASIL LTDA.
Rua Argentina, 171 — 1º andar — São Cristóvão
20921-380 — Rio de Janeiro — RJ
Tel.: (0xx21) 2585-2070 — Fax: (0xx21) 2585-2087

Não é permitida a reprodução total ou parcial desta obra, por quaisquer meios, sem a prévia autorização por escrito da Editora.

Atendemos pelo Reembolso Postal.

Para meu filho Bernardo.

*"Está fora
de meu alcance
o meu fim*

*Sei só até
onde sou*

*contemporâneo
de mim."*

("Reflexão", Ferreira Gullar,
Muitas Vozes, 1999)

Sumário

Introdução: História a quente •• 13

BRASIL

A desilusão política •• 19
O país dos intermediários •• 21
Cortina de tédio •• 24
Um país na UTI •• 29
Fiat lux •• 32
O ogro pilantrópico •• 34
Meditação sobre a meia garrafa •• 36
Balanço de JK •• 39
Contra o elogio da ignorância •• 41
Do dengo à dengue •• 43
Confetes e serpentinas •• 45
Notícias da Lua •• 47
Objeção de consciência •• 49
Alergia, alergia •• 52
Política em pó •• 54
Lulalogias •• 57
O homem-grampeador •• 60
A máscara que sorri •• 62
O recalque contra a esperança •• 64
"Só no Brasil" •• 66

A semana •• 68
Entre o poder e o país •• 70
Bingobrás •• 72
A falta que a educação faz •• 74
A esquizofrenia no poder •• 76
Por que o governo Lula é conservador •• 78
De Getúlio a Daiane •• 80
O mal do nacionalismo •• 82
Lucro abaixo do equador •• 84
Digesto Antropofágico •• 87
A gravata de Lula •• 90
PT revisões •• 92
Vinte anos esta manhã •• 94
Sinais de terceiro-mundismo •• 97
Os sete pecados do governo Lula •• 100
Quem te viu, quem te vê •• 102
O labirinto da corrupção •• 104
PT decepções •• 106
Notas pós-diluvianas •• 109
Mais notas pós-diluvianas •• 113
Farofa fascista •• 116
A cultura da concessão •• 118
Depois da inocência •• 120
Notas antimessiânicas •• 122
O homem-bigode •• 125
Síndrome de originalidade •• 128
História da ilusão •• 131
De JK a Lula •• 134
Pindoramania •• 137
Bula do Brasil •• 140
O espetáculo do simplismo •• 143
Ficções políticas •• 145
Depois das urnas •• 149

MUNDO

Carta a Marx •• 155
Mistérios de Manhattan •• 159
Vozes da América •• 163
Noites brancas •• 166
Lições de 1989 •• 170
La isla perdida •• 174
Dois séculos •• 177
Balas de estalo •• 179
Carta do Japão •• 181
América •• 185
Pensamentos soltos •• 188
Terror & teoria •• 193
O ano em que vivemos em perigo •• 195
Para cá de Bagdá •• 197
Algumas reflexões sobre Arnold, o bárbaro •• 200
Passagem pela Índia •• 203
Escalas do horror •• 205
Disque Moore para Maniqueísmo •• 207
Notas do subterrâneo •• 209
América, América •• 211
A natureza ilegível •• 213
Depois de Marx e Freud •• 215
O desencanto •• 217
Carta a um contestador de meia-idade •• 220
Germania •• 223

CULTURA

Utilidades da cultura •• 229
Panorama Intelectual Brasileiro •• 231
Chega de saudade •• 233
Vida cultural •• 236
Sinais fechados •• 238
Senso de elegância •• 241
O eclipse dos intelectuais •• 243
O prazer de reler •• 245
Por que escrever •• 248
Os bésti-sélers •• 252
Língua em estado crônico •• 256
Tempo de ler •• 259
O bom leitor •• 261
A língua do Rosa •• 264
Espirais humanistas •• 266
Lingüetas •• 268
Ensaio de formação •• 273
O ler e o tempo •• 275
A volta da velha senhora •• 278
Crônica envergonhada •• 281
Pontos luminosos •• 285
Conto de jornal •• 286
O caso Fonseca •• 288
Literárias (1) •• 291
O teste do sexo •• 293
Uma idéia para a literatura nacional •• 295
Prosa em pólvora •• 297
O eco de antigas palavras •• 299
Proseando •• 301
O planeta do sr. Bellow •• 304
Através do silêncio •• 306

O lago e o erudito •• 309
Literárias (2) •• 313
Alô, alô, Brasil •• 317
Vozes veladas, veludosas vozes •• 319
Convulsões •• 320
Cadernos do cinema •• 322
Ao deus-não-dará •• 324
Noturnos •• 326
A leveza difícil •• 328
Deus e o diabo no cinema global •• 330
Invasões afetivas •• 333
Rio místico •• 335
O rei e o pião •• 337
Fogo nada Brando •• 339
Brilho de uma mente •• 341
Novas mulheres de 30 anos •• 343
Uma menina •• 345
A ilha de Bergman •• 347
Cinema, paixões e urubus •• 349
Labirintos do orgulho •• 351
Das cordas do teu violão •• 354
Suíte brasileira •• 356
Parapoucos •• 358
Trio para Tom •• 360
O gênio na rua •• 362
Popices •• 365
Acordes •• 369
Declínio da MPB •• 374
Baba antropofágica •• 377
Obras-primas ignoradas •• 380
A arquitetura da invenção •• 383
Arquitetura da sensibilidade •• 386
Iluminações •• 389

COMPORTAMENTO

Imagocracia •• 393
A idade da paixão •• 397
Auto sem fé •• 399
A grande ilusão •• 404
Os traumas e os tempos •• 406
Narciso e outros atores •• 408
Conservadores •• 410
Conversadores •• 413
A polêmica da educação •• 415
Mulheres •• 417
Frentes frias •• 420
De retinas tão fatigadas •• 421
Prosa para uma nova velha cidade •• 424
Vantagens da gula •• 427
Tramas da fama •• 430
Crônica de réveillon •• 433
Páginas do sexo •• 435
A mosca na teia •• 438
Internéticas •• 441
Valores virtuais •• 445
Dos sarrabulhos aos blogs •• 448
De gênios, geniais e geniosos •• 451
Dogmas e desígnios •• 453
Elogio do ceticismo •• 455
A vingança dos fatos •• 457
Quem tem medo do futuro •• 460
Os brilhantes •• 462
Tubos de ensaio •• 465
Poeira de estrelas •• 467
Nem crimes nem pecados •• 469
O dogma no poder •• 471

Introdução

História a quente

A passagem do século 20 para o 21 não foi tão inventiva e inquietante quanto a do 19 para o 20, mas registrou muitas transformações em fatos e idéias. O fim da divisão ideológica entre capitalismo e comunismo, simbolizado pela queda do muro de Berlim em 1989, abriu espaço para uma reacomodação das políticas tradicionais e, ao mesmo tempo, para a eclosão de reações de caráter agudo e inédito, como os atentados terroristas de 11/9/2001. A ascensão da Era Digital provocou mudanças de hábito e mentalidade, especialmente com o advento da internet, e a força da chamada "indústria simbólica" tomou proporções grandes e contornos confusos. No meio disso tudo, o Brasil não deixou de ser um posto de observação interessante, porque cheio de contrastes e promessas. A democracia nacional ganhou o substrato da estabilidade monetária e política, mas sem que isso significasse necessariamente o tão esperado salto no desenvolvimento humano.

A coluna *Sinopse*, que surgiu em outubro de 1996 na *Gazeta Mercantil* e em maio de 2000 se transferiu para *O Estado de S. Paulo*, nasceu com a idéia de registrar e analisar esse tempo, como se fizesse "história a quente", na tentativa de esboçar contextos e perspectivas para os fatos de cada semana. A palavra "sinopse", do grego, quer dizer "visão de conjunto", um ensaio para resumir os acontecimentos multifacetados da atualidade sem a pretensão de dar a eles uma leitura definitiva ou totalizante. Com a mistura de temas e gêneros, à maneira de um folhetim oitocentista adaptado para a rapidez contemporânea, talvez fosse possível extrair da inundação de notícias e dados um diagrama de seus lençóis subterrâneos. Seria como fazer um minijornal semanal de opinião e informação, editado por um mesmo olhar autoral e localizado na trincheira dos cidadãos comuns, submetidos a tal bombardeio.

Selecionei os 173 textos por temas e, dentro deles, pela ordem cronológica. A proposta é "passar o filme" do decênio na cabeça do leitor e projetar nele os eventos e atos principais. Levei em conta também a repercussão de muitos artigos; alguns, como "A falta que a educação faz", "Reflexões sobre Arnold, o bárbaro", "Tempo de ler" e "Declínio da MPB", ficaram bem conhecidos, a julgar pelo número de e-mails e de correntes internéticas que motivaram. Mas me preocupei sobretudo em preservar minhas idéias mais recorrentes a respeito dos temas abordados. Matérias de jornal têm vida curta, embora a maioria dos livros também caia no esquecimento; a oportunidade de ler esses textos juntos, em seqüência (qualquer que seja a escolhida pelo leitor), reforça a esperança de que é possível tirar um senso, ou alguns sentidos, do quase-caos em que vivemos. "It all adds up", tudo se relaciona — eis como Saul Bellow intitulou uma coletânea de seus ensaios sobre história e literatura.

De Montaigne a Bellow, a liberdade de pensar é essencialmente a de discordar, associar e conceituar; é necessariamente um trânsito entre disciplinas, a busca de vasos comunicantes entre assuntos às vezes tão opostos como, digamos, economia e arte. Num país como o Brasil, onde a opinião é sempre tão imediatista e polarizada, tal esforço é ainda mais incontornável. No teatro de valores e símbolos que é a política, por exemplo, não dá para deixar de ver a mentalidade que obras de grandes autores, como Euclides da Cunha ou Lima Barreto, já denunciaram a fundo. A chegada ao poder da antiga "esquerda", com PSDB e um PT social-democratizado pelas necessidades eleitorais, na onda de uma "conversão ao centro" que continua batendo nas praias de todo o mundo, não foi suficiente para mitigar — se é que não a endossou — a cultura da indolência, da contravenção institucionalizada, que é a marca da tradição oligárquica nacional. E a produção cultural propriamente dita, que deveria resistir a isso, apenas raramente tem sido capaz de interpretar tal complexidade.

Acredito que o Estado brasileiro é concentrador de renda, o obstáculo maior ao capitalismo civilizado, e tem relação com a mitificação da afetuosidade nacional em prejuízo do respeito aos direitos individuais e sociais. E acredito que as artes e as idéias, de onde quer que venham, têm o dever da contestação, da formação da consciência de que o novo é tão anunciado quanto raro, e portanto precisam apontar para essa realidade socioeconômica, de modo direto ou indireto. A epígrafe do livro, um poema do grande Ferreira Gullar — a quem agradeço pela permissão de utilizá-lo —, serve como alerta para nossa incapacidade de decifrar e, ao mesmo tempo, nos convoca para a reflexão sobre a contemporaneidade, a qual tem repudiado o tom reflexivo. Foi com esse espírito de "ceticismo operante" que escrevi esses textos, e é com ele que espero ser lido. Boa revisão.

BRASIL

A desilusão política

(25/8/1998)

Acho vergonhoso que o presidente Fernando Henrique Cardoso permita aparecer no outdoor de Paulo Maluf e no de Mário Covas nas ruas de São Paulo, apoiando ambos para a sucessão do governo paulista. Cadê a fidelidade ao partido? E cadê a lealdade ao amigo? É uma situação surreal, significativa do sistema político distorcido que perdura neste país desde que Dom Pedro de Orleans e Bragança brigou com papai e decidiu "ficar", tornando-se o primeiro colonizador a declarar a independência de sua colônia. A troca de monarquia para república, 77 anos depois, também pouco adiantou, como suspeitaram amargamente Joaquim Nabuco, Machado de Assis e Euclides da Cunha, três das maiores cabeças pensantes na história deste que já foi um imenso Portugal.

Caminha-se agora para novas eleições, mas a mesma falta de alternativas perdura. A grande novidade apresentada pelo PT foi trocar a cor vermelha pela branca, embora seu programa continue dizendo que o "fim histórico" do partido é o socialismo. Há gente falando em "terceira via" e parlamentarismo, como o próprio FHC, mas as legendas e as infidelidades são tantas que mal se pode vislumbrar um sistema representativo mínimo, sem distorções monstruosas como a que produz a situação ridícula em que Covas foi posto. Uma reforma do sistema eleitoral e político brasileiro deveria ser para ontem, mas raríssimos têm coragem de falar nela. O estabelecimento de um voto distrital misto, parecido com o que existe na Alemanha, poderia ser prioridade de um país presidido por um sociólogo que se diz social-democrata.

Mas será que um Congresso onde impera seu mais forte aliado, Antônio Carlos Magalhães, aceitaria tungar de si mesmo a base onde se assentam todos os seus privilégios? A única proposta de ACM para melhorar a representatividade política no Brasil foi cavar um fosso ao redor do Congresso para afastar "baderneiros"... Proposta, por sinal, que achei brilhante. ACM, adepto da "realpolitik", nada mais está defendendo do que a explicitação física do vácuo geográfico e político em que Brasília se isola do país real. Afinal, não lemos recentemente que no primeiro semestre, enquanto a indústria nacional praticamente estagnou, o governo federal conseguiu arrecadar 15% a mais de impostos?

Como a função desta coluna é chamar a atenção para a influência dos signos sobre a realidade, fiquei feliz em ver que alguém lá no cerrado central decidiu abrir uma clareira de realismo que não o monetário. Quem sabe, assim, tal realismo possa chegar ao câmbio, aos juros, à educação, à saúde e a todos os setores deste sonho chamado Brasil... Quem sabe até mesmo descobrimos se o dinheiro de privatizações como a da Telebrás está sendo usado para abater a crescente dívida interna, função primeira de qualquer privatização moderna. Precisamos de fortes pitadas de realismo nesse vatapá que é a administração pública brasileira.

E depois se queixam de que os brasileiros não gostem de horário eleitoral gratuito, não queiram saber de votar, etc. Quando escreveu seu clássico da sociologia, *L'Illusion Politique*, naturalmente não traduzido no Brasil, Jacques Ellul estava pensando em países como o seu, a França, onde um padrão de regras visando justiça e participação já existia, e então ele pôde criticar brilhantemente a ilusão de que a representatividade seja um instrumento tão eficaz quanto dizem. Mas no Brasil, não. Podemos ter a nona economia do mundo, mas temos um sistema político de nonagésima categoria. A desilusão é certa.

O país dos intermediários

(30/4/1999)

O Brasil é o país dos intermediários. Converse com qualquer pessoa no pólo produtor ou criador e bastarão alguns minutos para você entender por quê. No mercado editorial, por exemplo, é assim: um dos principais fatores para o livro ser tão caro é que sua distribuição está nas mãos de poucos, e as grandes redes de livrarias impõem o desconto que querem aos editores, chegando a mais de 60% às vezes (!). O mesmo acontece no setor agrícola, em que os produtores são obrigados a vender suas safras pelo preço de custo. Idem, em transportes. Idem, na vasta, corrupta e obsoleta máquina da burocracia em todos os níveis administrativos do país. Etc., etc.

E por que é assim? Pelos mais diversos motivos. Historicamente, a questão da unidade (e da segurança) nacional foi sempre o estandarte dos conservadores, que a equacionaram com o atraso do Brasil em relação ao mercado e à mentalidade ocidental e, pois, com a manutenção de seus próprios privilégios oligárquicos, seja na esfera pública, seja na iniciativa privada, ambas em intermitente conflito interno, mas também em constante conluio contra a democratização dos direitos, da renda e do conhecimento. A independência foi isso. A Guerra do Paraguai, também. A proclamação da república. A crise de 30 e o Estado Novo. A burguesia agrária e a industrial, a igreja, o Exército e a casta burocrática sempre suprimiram a democracia em nome da união quando seus privilégios se chocavam e, em conseqüência, precisaram ser protegidos sob nova capa. Até em 1964, quase cem anos depois do massacre no Prata, um dos álibis da ditadura era o atrito entre lideranças regionais.

Se monarquistas como Joaquim Nabuco e Machado de Assis tinham esse temor no século passado, fazia certo sentido, apesar da francofilia antiamericana vigente no sonho da "Europa tropical" que o Rio de Janeiro encarna até hoje, à maneira sebastianista. Mas esse mesmo temor depois do período getulista, que tanto mal causou, mas que de certa forma foi a formação deste Estado-Nação (que os países avançados fizeram no século XIX), já não fazia sentido. Ou não deveria. Esta é a história do Brasil há 500 anos. Progresso = desordem.

Como resultado, o senso de organização brasileiro, que lusitanamente nunca foi desenvolvido, impediu que se configurasse uma federação de verdade, que não oscilasse entre extremos de regionalismo egoísta e centralismo autoritário, de populismo pseudoliberal e radicalismo leviano. O problema da burocracia não é só seu tamanho e corrupção; é sua ineficiência. Ela é que impediu que o Brasil fizesse estoque de capital, mesmo em sua fase imperialista. A propósito, uma boa pergunta: nesta era de fusões supranacionais, em que países as empresas estatais e privadas brasileiras vão entrar? E em que setores? O que temos a dar ao mundo? Sintomaticamente, ninguém faz estas perguntas. Continuamos às margens, plácidos, ou, para mudar a metáfora, nos astros, distraídos... Nosso maior crime é não saber o que queremos e como iremos chegar lá de modo realista.

Vivemos no momento mais uma crise federativa, fruto das distorções históricas, legislativas e políticas. O regime tributário é uma piada — temos, por exemplo, a maior carga de impostos sobre alimentos no mundo — em todos os setores, e a sonegação das empresas tem escala escandalosa. O sistema eleitoral favorece as regiões mais rudimentares do Brasil. A Justiça é lenta, burra e perdulária. O mercado financeiro é acessível a poucos, que se locupletam graças ao descontrole fiscal do governo, que antes rodava suas dívidas com a impressão de papel-moeda e hoje roda com os juros dos títulos. A terra é repartida por uma minoria que se acomoda no esquema feudal de produção e comercialização, isso quando produz e comercializa. Do outro lado, o empresariado paulista — que ajudou a financiar o regime de 1964 — clama por protecionismos que não passam de subsídios às suas máquinas dos anos 30, a seu cartel que determina o preço (alto) do que quiser. A menos de dois anos do século XXI, temos um terço da população iletrada. E nenhum imposto é desviado para essa iniciativa tão vital e simples!

Há, enfim, uma série de mudanças, de estruturas e mentalidade, por fazer. O que é um grande estadista? É o homem público que estabelece um cronograma para fazer todas essas reformas e ajustes, colocando ênfases naquelas mais urgentes ou mais duradouras. E o que temos agora, em pleno 1999? Uma confusão de pautas, inquéritos e projetos que atiram para todos os alvos e não acertam quase nenhum. Isso faz do Brasil o país dos intermediários: na balança dos interesses particulares, sobretudo os encastelados no poder público, à sombra da democracia representativa e justa, eles se multiplicam como cogumelos, apodrecendo o solo da mãe gentil, onde qualquer vestígio de pragmatismo é praga.

Cortina de tédio
(17/8/1999)

Tenho visto muitos artigos sobre a velha querela esquerda vs. direita. O que aborrece é a pobreza do debate diante das evidências da época e das contingências dos conceitos. Aqueles que querem o glamour que ainda há em "ser de esquerda" reduzem as definições a uma polaridade constrangedora: a direita põe ênfase no lucro, a esquerda no social. De Ariano Suassuna a Hélio Jaguaribe, não são poucos os brasileiros que defendem esse ponto de vista. Do outro lado, aqueles que não gostam da "esquerda", embora também não queiram o rótulo "de direita", acham que o livre-mercado promove a riqueza e, ato contínuo, enriquece a todos. Logo, advogam o "Estado mínimo" como solução universal.

Há também a definição de um e outro em relação ao "status quo": ser de esquerda seria querer mudar a estrutura social vigente, ser de direita seria querer conservar as coisas como estão. Mas mudar e/ou conservar o quê? Há pontos positivos e negativos em qualquer sociedade, e às vezes o que se propõe pode mudar para pior. Historicamente, sobretudo neste século, ser esquerdista era estar alinhado com o pensamento marxista e com sua proposição de uma sociedade sem classes, sem posse e sem a diferença entre valor de uso e valor de troca. Isso gerou, por motivos que o economista austríaco Friedrich Hayek explicou como ninguém, regimes irrevogavelmente autoritários, já que toda informação tinha de passar pelo Estado, o qual estaria então condenado ao engessamento e empobrecimento. Já os conservadores, especialmente em países como o Brasil, reagem a qualquer mudança que afete a distribuição de renda, brandindo sempre a "anarquia" social como resultado lógico da expansão dos direitos de cidadania e do poder aquisitivo, sem esconder seu repúdio ao que chamam de "barbárie".

Num debate mais evoluído, há aqueles como o italiano Norberto Bobbio que defendem um liberal-socialismo, como se os defeitos do socialismo fossem corrigíveis e não congênitos, e aqueles como o brasileiro Bresser Pereira que defendem um social-liberalismo, como se fosse uma social-democracia com menos interferência estatal. É, mais ou menos, o que estão chamando de "terceira via" na Inglaterra e em outros países europeus: uma alternativa entre a social-democracia, que, por não ser flexível, obsta parte da produtividade nestes tempos de alta tecnologia, comércio internacional e alavancagem financeira, e o liberalismo "laissez-faire", que no Brasil se tornou sinônimo de "neoliberalismo" e, segundo nossos nacionalistas, em sua estranha fusão da Escola de Frankfurt com a Estética da Fome, de Adorno com Glauber, seria expressão do colonialismo americano sob capa "high-tech".

Mas, como notou Ralf Dahrendorf no último "Foreign Affairs", há um traço autoritário nessa idéia de que a "terceira via" seria um modelo universal. Ela faz sentido, talvez, como conjunto de princípios para os tempos pósmuro, numa Europa cansada dos excessos social-democratas e em busca de um modelo econômico diferente do americano. Mas a composição social e a tradição econômica são profundamente distintas em cada país europeu. Intelectuais como o inglês John Gray, o francês Jean-Claude Guillebaud e outros têm apontado o erro que seria considerar universal o modelo americano, como se sua história não fosse outra. Dahrendorf lembrou o conceito de "sociedade aberta" de Karl Popper, formulado em oposição à visão platônica de sociedade. A simples suposição de que existe um modelo e só variam os alfaiates é ridícula. Se há uma única lição no século XX, é a de que sistemas fechados tendem à autofagia.

Agora, descartar a experiência americana como se ela nada pudesse ensinar aos outros é, a meu ver, erro ainda maior. Muita gente parece torcer para que os sete anos contínuos de crescimento americano tenham fim breve, não disfarçando seu gosto pelo apocalíptico. Mas, como notou Alan Greenspan nesta semana, os paradigmas estão sendo transformados: antigas "leis" da teoria econômica não conseguem explicar o fato de que a "bolha" americana não tenha trazido inflação nem desemprego, antes pelo contrário. A grande ingenuidade, neste período de transição, é decretar regras definitivas, seja à maneira de Francis Fukuyama ("direita"), seja à maneira de Alain Touraine ("esquerda"). Estamos vivendo um período de grandes transformações, e aqueles que reclamam de que a "esperança" foi soterrada em 1989 deveriam olhar para si mesmos, para ver se o cinismo não estaria ali dentro e não apenas entre os apóstolos do neoliberalismo. E falar, como Gray, em modelos como o alemão, o japonês e o francês, que seriam alternativos ao americano, é ignorar os problemas que esses países começam declaradamente a enfrentar. A arrogância de sociólogos e economistas também deveria ter sido soterrada sobre o muro.

Um exemplo da incapacidade de enxergar a nova realidade está no caso do sudeste asiático. Quando os "tigres" cresciam 10% ao ano, radicais do liberalismo econômico botaram o dedo em riste e saíram pregando o "milagre" para outras nações periféricas. Mas, quando as bolsas implodiram, os nostálgicos da esquerda acharam que ririam por último, pois ali estaria sendo praticado mais um capitalismo de Estado, corroído por corrupção e clientelismo. As duas correntes acertaram em alguns pontos, mas erraram no principal. Os dez anos milagrosos custaram caro (assunto do qual os brasileiros entendem), mas a capacidade de retomar o progresso com justiça social (ao contrário daqui) era real, como está provado agora. E por quê? Porque, se a abertura foi excessiva (40% do PIB dependente de investimentos externos), a principal contrapartida foi feita: investiu-se solidamente em educação e tecnologia. A questão, claro, é que essas medidas têm efeito a um prazo maior do que as turbulências financeiras, e este ajuste de "timing" está no cerne das políticas econômicas atuais.

O Brasil, por exemplo, errou no "timing" e na contrapartida. O primeiro erro, pelo qual Fernando Henrique Cardoso paga perigoso preço no momento, se deveu à política de câmbio fixo e juros altos, sem a qual o governo não poderia rolar suas dívidas sem causar inflação (lançando-as à metade do PIB) até a aprovação de reformas e a privatização de estatais. O governo exagerou nos índices e na duração dessa estratégia. Já o erro na contrapartida não se deve apenas ao governo e sua ênfase no monetarismo, mas a muitas outras coisas. Como disse o historiador Evaldo Cabral de Melo, "no Brasil um presidente não é cobrado por cinco anos de governo, mas por 500 anos de história". Há tanta coisa a fazer no Brasil, em torno do projeto de modernizar com inclusão social, que esse personalismo que surge nas pesquisas só poderia ser nocivo. Por que não se fazem com a mesma freqüência pesquisas sobre a popularidade do Congresso? Porque é mais fácil acreditar num salvador de pátria, da linha Fujimori-Chávez (com derrubada do Congresso) ou da linha Getúlio-Jango (do Estado-pai, assistencialista como se vê nas distorções dos sistemas previdenciário e eleitoral). E ainda há quem ache que a adoção do parlamentarismo redimiria tudo, como acharam que a adoção da república ou a criação de Brasília redimiriam tudo. São as idéias fora de tempo.

O Brasil investe e sempre investiu mal e porcamente em educação e tecnologia. Os trabalhadores têm escolaridade média de 4 anos. As indústrias que clamam por protecionismo continuam vivendo da cartelização dos preços e não abandonam suas máquinas pleistocênicas. Mas não é subsidiando a vinda de grandes multinacionais e o capital especulativo que isso vai ser corrigido. E não basta privatizar e importar. É preciso que o desmonte do patrimonialismo embutido na burocracia e na cultura brasileiras seja promovido simultaneamente. Eis alguns bons exemplos americanos que o Brasil deveria seguir: ampliar a participação no comércio internacional (do qual temos pífio 1,7%) e o crédito em todas as frentes (sendo nossa poupança interna muito reduzida). Mais de 90% das nossas exportações são feitas por cerca de 200 empresas, e obter linhas de crédito na praça é quase subir ao patíbulo.

E por que esses exemplos americanos são bons? Porque se aplicam fortemente ao Brasil. Já é mais do que hora de entender que o mercado interno de consumo nacional tem de ser libertado. Reduzir os impostos, incentivar as empresas de porte pequeno e médio, fazer com que a classe média chegue às bolsas, desburocratizar as trocas comerciais, investir no setor de serviços — isso sim seria uma mudança considerável de modelo. Com educação e tecnologia, tais medidas prepariam o Brasil para os novos tempos em que a "superestrutura" — informática, entretenimento, etc. — tem peso cada vez maior. Não por acaso, na classificação de países segundo o grau de liberdade econômica, feita pela *Economist*, o Brasil está atrás de Uganda e Paquistão.

Há muitas características, inclusive vantagens, da sociedade americana que não fariam sentido no Brasil. O sistema jurídico, por exemplo: Tocqueville mostrou em seu clássico sobre a democracia que um dos motores econômicos dos EUA era a flexibilidade de suas leis e julgamentos. Mas ninguém é doido o bastante para propor que se substitua nosso direito romano pelo saxão. Ao mesmo tempo, weberianos nos asseguram de que o espírito católico que existe no Brasil o tornaria inapto para o capitalismo moderno, o que é besteira. O povo brasileiro é comprovadamente consumista, e sua cultura aponta para a democracia contemporânea mais do que a japonesa e a alemã, ambas vinculadas a uma tradição disciplinar complexa.

Mas o que fazem as cabeças politizadas do Brasil? Exaltam ou rejeitam a tal "globalização" em abstrato, supondo que o processo histórico — o intelectual brasileiro é hegeliano sem saber — tem uma finalidade que só pode ser ou assumida ou escapada. Tanto "direita" como "esquerda", tão logo assumem o poder, aumentam os impostos. Defender a privatização, no Brasil, é ser neoliberal, como se a melhora para o consumidor em setores como a telefonia não fosse evidente (para não falar de seu poder sobre a movimentação econômica). E ser de esquerda é misturar um complexo de culpa social com soluções estapafúrdias que resultariam de mais ação estatal e de protecionismo cego. Brasileiros continuam não gostando muito de pragmatismo.

Por tudo isso, no espectro ideológico nacional, qualquer classificação estará escondendo a complexidade dos problemas e de suas soluções em relação à época. Nossa esquerda e nossa direita não são como as outras. Têm muito mais em comum do que pensam.

Um país na UTI

(26/11/1999)

Máfias do narcotráfico, dos fiscais, das multas, dos bingos, etc. — e bota etc. aí. O Congresso está com tanta CPI que o país parece estar na UTI. Esse atual momento brasileiro de "shitstorm" (em inglês fica mais elegante?) é, no campo simbólico, lido de duas maneiras: há os que o tratam como purgação bem-vinda, uma grande lavagem pública de roupa suja, depois da qual virá a bonança; e há os que se sentem inseguros, vivendo numa barca furada, que parece que quanto mais avança mais afunda. Isso pode ser bem percebido nas pesquisas de opinião a respeito da CPI do narcotráfico, em que metade das pessoas diz estar feliz com a prisão praticamente inédita de "colarinhos brancos" e a outra metade acha que os parlamentares apenas querem chamar atenção e que não vão pegar senão peixe pequeno.

Em comum, há uma baita insegurança sobre os rumos do país. Se Fernando Henrique Cardoso fosse um estadista, como quer aparentar nas reuniões com outros presidentes, aproveitaria a indefinição e tentaria lhe dar uma rota; mas, como é um defensor do parlamentarismo no cargo de presidente de um país com longo histórico cesarista, se limita à posição de "apoiador moral". Mas esse é apenas um dos motivos por que a desorganização impera. Em seus 110 anos a república brasileira tem cumprido à risca o dito de Roberto Campos, que sabia do que falava: "No Brasil a res publica é cosa nostra". (Já o lema oficial, "Ordem e Progresso", nunca foi cumprido. Quando houve ordem, não houve progresso, e quando houve progresso não houve ordem.) O sistema representativo brasileiro favorece amplamente a ação das máfias nos mais diversos escalões administrativos. A esmagadora, ou esmagada, maioria diz que o problema do país é a corrupção, e uma minoria "sofisticada" diz que corrupção tem em todo lugar e que é pequeno-burguesismo se concentrar nesses desvios egoístas. Mas o fato é que não são desvios: o sistema todo é o desvio. Nossa "elite" é desprovida de espírito público, de educação, de responsabilidade. E é verdade, ao mesmo tempo, que a corrupção não é a causa original dos males — que não bastam vassourinhas moralizadoras para o Brasil se tornar o país gigante não só na natureza.

Neste momento, portanto, é preciso ordenar as coisas. Mas se os congressistas não conseguem nem mesmo estabelecer uma pauta para votação das reformas, um cronograma de prioridades, por que é que botariam ordem nessas numerosas comissões investigativas que permitem tantas "oportunidades fotográficas"? É sabido que muitos dos membros da CPI do narcotráfico são candidatos a prefeitos nas próximas eleições. Mas (andemos de novo na corda bamba) e daí? O problema do ser humano, ou ao menos o problema que ele pode resolver, não é o de querer aparecer, mas o de como quer aparecer, e esses deputados estão aparecendo graças a um bom trabalho. Será que estamos tão "blasés" que não conseguimos nem mesmo afirmar isto?

Sim, defina-se: bom trabalho tem sido o desbaratamento dessa quadrilha interestadual e a prisão de alguns de seus membros importantes. E o que todo mundo espera é que não se fique apenas nisso, que se chegue aos "capi", que se tomem providências também a médio prazo e que não se finja que o custo delas não será ainda mais alto do que vem sendo. Crime organizado significa crime internacionalmente organizado; logo, o combate a ele também deve ser internacionalmente organizado. Envolve operação com outros países e, nessa guerra, a barra vai pesar várias vezes. Lembre-se da "Tangentopoli", a Operação Mãos Limpas dos italianos: lá a coisa também começou como reação rápida a uma quadrilha; de repente, se converteu num enfrentamento penoso das máfias em geral e, sobretudo, de suas "cabeças" nas instituições públicas — isto é, juízes, policiais e políticos. Aqui não há razão para ser diferente. O Senado, que jamais cassou um dos seus em 137 anos de história, não pode mais fazer pose de virgem. O Judiciário precisa mergulhar em autoexame profundo. A Polícia tem de sair do primitivismo se quiser mudar sua imagem junto à opinião pública, de cúmplice para cumpridora. E será que o Brasil vai ter a coragem de uma reforma institucional desse porte?

Do outro lado (rebolemos mais uma vez), o fatalismo local diz que "o Brasil é assim mesmo" e, então, já acolchoa a decepção futura. Em vez de exigir que as coisas sejam levadas às últimas conseqüências, antecipa o tudo-acaba-em-pizza que diz condenar. Nesse aspecto, as revelações da CPI são até certo ponto uma espécie de bem simbólico ou anti-simbólico: derrubam alguns dos mitos mais caros da brasilidade. O mito de que somos um povo pacífico, por exemplo, não "cola" com as descrições dos métodos de extermínio dos Hildebrandos por aí. Também o mito de que o Brasil é uma nação à beira da fragmentação regionalista, e de que deve portanto caminhar no sentido da centralização, não fica de pé diante dos fatos: este país está integrado até mesmo na clandestinidade. Aqui ficamos na situação daquela quase "boutade" de, salvo engano, André Gide, que discutia a colaboração de franceses com os nazistas e então perguntou: "O que tínhamos a lhes opor?" Diante de todos esses horrores que vêm estragar nosso Natal, que temos a lhes opor? A idéia de que máfia é coisa de italiano ou japonês? A idéia de que a chacina no Shopping Morumbi não passou de imitação delirante de americanismos? A idéia de que é um pecado "aparecer"? No entanto (e vamos gingando), achar que tal banho de sangue na geléia geral tupi nos trará uma redenção catártica é incorrer em outro mito.

Nessa pelada entre ilusões, quem vai para a várzea é o autoconhecimento nacional. Há uma infinidade de coisas para fazer, que exigem organização e coragem; e como organizar e encorajar um país onde um terço das crianças não tem nem sequer certidão de nascimento? Ao menos reconhecer a gravidade da situação — encarar o espelho sem desculpas — já seria um ganho tremendo. O problema não é que o brasileiro acredite que o país tem "vocação para a grandeza". Também não é que ele não acredite. O problema é que ele acredite que o Brasil tem uma vocação para a grandeza e para a frustração dessa vocação. Por isso sentimos estar sempre na UTI e sempre vegetando... A guerra entre os dois Brasis, enfim, continua: o Brasil da realidade contra o Brasil do imaginário. Precisamos de uma CPI da mentalidade.

Fiat lux
(17/6/2000)

Fernando Henrique Cardoso disse certa vez que o presidente do Brasil tem de responder a 500 anos de problemas, e é verdade. Mas o problema de seu governo é justamente que em diversas ocasiões tem agido com o amadorismo e o oportunismo que caracterizam a gestão pública nos 501 anos do Brasil. E a culpa não é do presidencialismo.

O governo FHC — ele, sua equipe, seus aliados políticos — lutou muito no Congresso, por exemplo, pela emenda da reeleição, mas pouco falou em reforma política, afora os balões de ensaio sobre o anacrônico parlamentarismo. Abateu a inflação, mas a custo de juros altos e asfixia (ora hemorragia) cambial. Abriu a economia, mas fez pouco pelas exportações, mantendo a vulnerabilidade externa. Privatizou e melhorou a administração do patrimônio público, mas sacrificou a receita na agiotagem oficial. Fez a necessária Lei Fiscal, mas não a atrelou à reforma tributária, que impediria que governos justifiquem gastos ampliando impostos. Criou mecanismos de incentivo ao investimento em cultura e aprovou cotas de proteção ao cinema nacional, mas distribuiu abatimentos fiscais polpudos e não desenvolveu uma ação direta nos problemas estruturais da produção cultural.

Sei que muitas dessas diretrizes fazem parte dos planos do governo e que o Congresso não colaborou em muitas. Mas não houve um projeto nacional articulado, coeso, que apontasse para o mesmo sentido, com cronograma. É conveniente explicar tantas meias-reformas pela "realpolitik", pela necessidade de negociar com a oligarquia empreiteira e corrupta que domina a política brasileira, ou pela miopia da oposição, que não enxerga longe. Mas o loteamento de cargos dos três Poderes, as liberações de verbas em troca de votos, os jogos de influência e as omissões estudadas não habitam a "zona de amoralidade" que a política requer. São, além de imorais, ruins para a sociedade, porque drenam o erário pela corrupção e incompetência e consagram a mentalidade imediatista tão brasileira. O resultado foi a falta de investimentos em áreas sociais — que aumentaram, mas menos do que poderiam — e em infra-estrutura, como prova, agora, a crise energética.

Mas só se desilude quem se iludiu. O governo fez muito bem ao eleger como prioridades a derrubada da inflação e a privatização de setores como as telecomunicações — duas medidas que não só corrigiram defeitos do passado, mas também deram padrões para o futuro, estimulando uma evolução que é de toda a sociedade, não apenas do governo. E fez mal ao pôr de lado o que não era "prioritário" por não ter resultado a curto prazo. Apenas nos últimos dois anos tem começado a fazer projetos mais demorados e duradouros, como nas áreas de pesquisa e irrigação. É tarde e é pouco.

O ogro pilantrópico
(23/7/2000)

Foi o próprio Fernando Henrique Cardoso quem deu a chave certa vez: os problemas começam no financiamento das campanhas. Por sinal, o presidente vem se especializando em denunciar em palavras os males que ajuda a criar em atos e, sobretudo, omissões. Diga-se o que se disser, ele conhece as mazelas brasileiras. Mas todo mundo já jogou a toalha quanto ao seu governo, vendo que, nesse ringue, ele quer dividir conosco o papel de observadores. A mídia caiu na armadilha de tentar ou reiterar sua inocência (os que são favoráveis a priori) ou incriminá-lo nem que por tabela (os que são opositores a priori). Seguindo a sina latino-americana de tentar tudo personificar em vilões ou heróis, a opinião pública perde mais tempo preocupada com os modos pessoais de FHC do que com a absurda arquitetura político-institucional contra a qual ele pouco age. Mesmo porque, como já advertia o outro, política exige um temperamento de primeira e um intelecto de segunda, e Fernando Henrique os tem invertidos.

O problema central do dito capitalismo da América Católica continua a ser a confusão entre público e privado, a apropriação da máquina pública em todas as esferas por uma nomenclatura que se organiza em torno de licitações, concessões, fiscalizações e, recentemente, privatizações, tungando a ordem pública para benefício cartorial. Em uma palavra, é o patrimonialismo. Como diz Renato Janine Ribeiro em seu mais recente livro, *A Sociedade contra o Social*, o que temos no Brasil é "a virtude privada e o vício público". Eis FHC: como indivíduo, parece virtuoso; como homem público, é no mínimo conivente com uma rede profundamente viciosa.

A impressão é que ele quer passar à história como o homem que debelou a inflação, privatizou áreas estratégicas e deu um ou outro "start" em certas áreas sociais. A economia vai bem, apesar dos custos (econômicos e políticos) da política cambial adotada para conseguir a reeleição; e os dois próximos anos parecem que serão de crescimento razoável. A densidade telefônica aumenta a passos largos, e alguns setores foram obrigados a se modernizar com a abertura à competição internacional. Há mais crianças na escola, e a mortalidade infantil diminuiu. E se o país conseguir iniciar a transposição do Rio São Francisco, então... os prós ganhariam dos contras. Mas a vida fora da academia não é tão simples. FHC não conseguiu romper com o Estado patrimonialista, pai da corrupção sistêmica, que a história lhe legou; não conseguiu fazer com que o Brasil investisse maciçamente em educação e saúde, e nem sequer se deu conta do valor simbólico de garantir a segurança nas ruas. E isso pelo simples fato de que os donos do poder continuam os mesmos, reacomodados com aqueles que FHC nomeou. Não espanta que Luiz Estevão seja amigo de Collor; que haja tantos militares em nós górdios do lobbismo; e, sobretudo, que tantas empreiteiras (como latifúndios, retransmissoras de TV, times de futebol) estejam nas mãos de políticos.

É o ogro pilantrópico, que converte todo município do país em uma Propinópolis, com a assinatura automática dos três Poderes. Um dos segredos americanos, percebido há tanto tempo por Tocqueville (*A Democracia na América*), é a eficácia dos tribunais de contas, independentes e técnicos, onde político não tem vez nem voz. Mas dizem — a chamada intelligentsia nacional diz — que os males do governo FHC vêm da rendição aos estrangeiros. Não. Vêm, antes, da rendição aos empreiteiros. Por que você acha que duas das reformas que mais poderiam mexer com esse esquema arcano, a política e a tributária, não saem do papel?

Quando perguntaram a Bill Clinton o que lhe dava popularidade, ele respondeu sem desculpas bacharelescas: "É a economia, estúpido." Se Fernando Henrique quiser descobrir a razão de sua impopularidade, deve fazer uma pequena alteração: "É a política, estúpido" — essa arte dos pobres de espírito.

Meditação sobre a meia garrafa

(11/2/2001)

Quase não existem meias garrafas nos restaurantes brasileiros. Na carta de vinhos, nem 10% dispõem da versão "redux". Se você estiver com alguém que não bebe, ou se os dois querem beber pouco em seu almoço, nada feito. Claro, pode pedir uma taça — cobrada com exorbitância e sem saber, na maioria dos casos, nem sequer a safra do que está tomando ou há quanto tempo a garrafa está aberta. Só há uma conclusão: a meia garrafa não compensa para os donos de restaurante brasileiros, que fazem do vinho seu principal foco de ágio. Já tive a sorte de comer em restaurantes estrelados de Milão, Paris, Nova York ou Lyon, sozinho em boa parte das vezes, e em todos eles a carta de vinhos trazia a grande maioria com a opção da meia garrafa. Mas o consumidor brasileiro de bom poder aquisitivo tem vergonha de protestar contra um preço surreal, temendo que desconfiem de sua situação econômica...

Estive no Vale dos Vinhedos, em Bento Gonçalves (RS), vendo o resultado do choque competitivo causado pela abertura e estabilização da economia nos últimos anos. Eles mesmos chamam de "o efeito da garrafa azul", isto é, o impacto causado pela vulgarização desses vinhos alemães, como o Liebfraumilch (que chamo de Liebfraumicho), na consciência dos produtores nacionais, há décadas acostumados com seus métodos rudimentares e sua inércia produtiva. Pensaram: "Podemos fazer vinhos melhores do que esse e mais baratos." E foi o que, gradualmente, fizeram. Ou seja: não há indústria nacional competente sem concorrência externa, direta ou indireta, especialmente num país tão grande, onde o mercado interno pode conter demandas mal conhecidas ou latentes. Mas os restaurantes locais já estão cobrando caro pelo vinho fino nacional de destaque, como os da linha

"Reserva" da Miolo e Valduga ou os da Don Laurindo. Assim, fica difícil competir com portugueses, chilenos e argentinos equivalentes. Apelo patriótico será insuficiente. E cortar importações será um tiro no próprio pé da evolução ainda necessária.

Muitos outros setores se beneficiaram da abertura à competição. A indústria têxtil, por exemplo, foi, tal como a vinicultura, obrigada a atualizar máquinas e know-how para não perder mercado. O resultado foi um salto de produtividade e a conquista até mesmo de mercado estrangeiro, agora que a moda brasileira está na moda, graças a modelos como Giselle Bündchen e a estilistas inventivos que perceberam a necessidade de investir na imagem (em muitos aspectos falsa, mas não é isto que importa neste momento) da "sensualidade" dos brasileiros, que contam de fato com belas praias e mulheres. Vinhos e moda estão ligados a indústrias de serviço e entretenimento como o turismo, a culinária e o esporte, que hoje movimentam muito dinheiro "globalizado". Ou você acha que o Brasil pode viver sem isso?

Não pode. E tudo que puder ser feito para melhorar a competitividade brasileira será importante, ainda mais porque o país tem baixa poupança interna e alta vulnerabilidade externa. É preciso que o dinheiro circule, que o Custo Brasil — impostos em cascata, infra-estrutura precária, fiscalização institucional deficiente, corporativismos setoriais — seja combatido, que o crédito e a liquidez sejam mais acessíveis a mais gente. O mandato de dom Fernando II vai acabar e, com a colaboração histriônica de um Congresso onde o "rigor" político de um Inocêncio Oliveira pode existir, as reformas dos sistemas tributário, político e judiciário, entre muitas outras (mercado de capitais, Previdência, códigos legais), não sairão. FHC e a maioria dos congressistas foram eleitos para reformar o Estado, não apenas estancar a inflação a custo de juros altos e privatizar áreas estratégicas como a telefonia sem converter o ganho em abatimento da dívida interna ou investimento em reorganização social. E muito menos para fechar o país à história.

O Estado, em suas três esferas e em seus três níveis administrativos, ainda é o principal obstáculo à produção nacional, por sua obesidade, confusão e ineficiência, que favorecem a cultura dos intermediários e tornam proibitivo o custo da distribuição pelo vasto território nacional. A carga tributária só faz aumentar (chegou agora a 32% do PIB), mas o cidadão sabe que seus impostos não são devolvidos em forma de educação, saúde, pesquisa e segurança. Este é fato básico da sociedade brasileira. E de nada adianta fingir que o sertão da burocracia oficial pode de repente virar o mar da justiça social. É pela ausência de uma autêntica reforma do Estado que as cidades vêem suas periferias aumentarem de tamanho e violência, que as novidades do mundo moderno não chegam a mais que 2% da população, que o êxodo rural superpõe o índice inédito de assentamento, que as fundações privadas não podem ganhar escala em seu apoio à ciência e à cultura, que a corrupção encontra brechas incessantes para atuar, que os mecanismos de crédito (seguros, empréstimos, incentivos) são tão complicados, que a economia informal dispara, que a natureza é incendiada, etc. Como estar satisfeito num país onde não pode haver confiança na Justiça, que é cega, surda e muda?

A meia garrafa, portanto, não está ausente dos cardápios brasileiros apenas porque os donos de restaurante são usurários. Mas porque há um usurário-mor, o Estado, que põe direitos individuais como última prioridade.

Balanço de JK
(4/11/2001)

A discussão sobre o melhor presidente da história do Brasil é infinita e até inútil, por faltarem parâmetros de comparação. Mas, depois da monarquia de dom Pedro II, dois deles marcaram a identidade brasileira mais que todos, por isso mesmo batizando eras: a Era Vargas e a Era JK. Getúlio Vargas era um autocrata, estabeleceu a ditadura do Estado Novo (1937-45) e forjou uma unidade republicana quase a fórceps; mesmo na segunda fase, governou sempre de cima para baixo, com um Estado patriarcal. Pode-se defendê-lo como consolidador da nação brasileira, mas é difícil exaltá-lo, como faz certa esquerda arcaizante ainda hoje. Juscelino Kubitschek se torna, assim, a referência central, o grande estadista moderno do Brasil, o presidente que redefiniu a identidade do país em período de tempo curto e vibrante.

O maior trunfo da biografia de Claudio Bojunga, *JK — O Artista do Impossível*, é captar toda a abrangência da era. O que há de irrefutavelmente "moderno" em JK é que as realizações de seu período são não apenas de seu governo, mas de toda a sociedade, com a qual criou nova forma de diálogo — jovial, democrático, otimista. É por isso que todo presidente posterior tenta emulá-lo, FHC que o diga. Mesmo a esquerda que o criticou ferozmente pela atração das multinacionais automobilísticas, chamando-o de "entreguista" para baixo, hoje o tem como modelo de soberania, tal como elogiado por Lula.

Culturalmente, o fervor dos anos JK que Bojunga descreve muito bem no miolo do livro vem justamente dessa fricção entre o internacional e o nacional, os desejos simultâneos de aprender com o mundo desenvolvido e dialogar de igual para igual com ele. Tanto a busca do teatro e do cinema nacionais como a música popular exportada pela bossa nova, assim como a poesia de João Cabral e a ficção de Guimarães Rosa, para não falar de jornalismo (Bojunga não deixa de destacar a revista *Senhor*) e movimentos de vanguarda na pintura (concretismo, Bienal), brotaram daquele intenso debate. O próprio futebol iniciou sua era de ouro, afastando o banzo da derrota de 1950.

Há armadilhas aí. Primeiro, na velha tradição personalista latino-americana, atribui-se demais ao governante o que era um avanço da sociedade em geral, e o exagero de adjetivos e metáforas do livro quase o converte em hagiografia. Segundo, Bojunga não é convincente em sua defesa da transferência da capital para os condomínios de Brasília (que Paulo Francis acreditava ter facilitado a sustentação do regime militar de 64) e da política econômica geradora de inflação de JK (baseada na substituição de importações e nas obras de autarquias). À maneira de Getúlio, JK acreditava no Estado como indutor-chefe das transformações sociais, fazendo pouco, porém, pela educação do trabalhador brasileiro. Idealizou Brasília como puxadora do desenvolvimento do interior do Brasil, mas apenas hoje, mais de 40 anos depois, o Centro-Oeste começa a se modernizar, apesar dos coronéis que ainda fazem política lá nas maquetes de Niemeyer.

Mas, mesmo com todas as contradições, JK definiu um rumo para o País — o de abraçar o capitalismo democrático ocidental, valorizando tanto o mercado interno como a interação externa — que até hoje não foi integralmente abraçado. FHC e, muito menos, Lula não têm seu espírito empreendedor, sua capacidade de combater o fatalismo tupi. Um novo JK, menos gastador e mais educador, seria o presidente perfeito que não teremos.

Contra o elogio da ignorância

(2/12/2001)

Uma praga a erradicar com urgência no Brasil é o elogio da ignorância. A tendência continua sendo a de exaltar o "intuitivo", o "espontâneo", em detrimento de qualquer forma de conhecimento rigorosa e ampla. Do futebol ao jornalismo, os único QIs que contam são o Quociente de Inspiração e o Quem Indica, sintomaticamente associados. Em tempos de populismo de mídia, essa mistura não poderia ser mais nociva. O jogador de futebol que é "brasileiro" por excelência é o malandro esperto. O escritor tem orgulho de desconhecer a gramática e os clássicos. O músico pop acha que não tem de saber ler partitura, nem sequer ter noções de harmonia e história. O "homem do campo" é um forte, não precisa de saberes técnicos e máquinas. O jornalista é mal informado. Mesmo o cientista só entende de sua área e não vem a público escrever para o que chama de leigos. Cultura, enfim, não serve para nada, e os que lêem são uns excêntricos que só querem fazer pose.

Isso começa a mudar. Em duas ocasiões recentes escutei opiniões muito interessantes sobre o papel da cultura na vida cotidiana de qualquer pessoa. Uma foi de um agrônomo que conheci em minha viagem pelo cerrado, José Martins, que comentou as dificuldades de convencer os produtores a adotarem métodos mais modernos e, citando os que dão atenção aos padres que acham que genética é obra do demo, resumiu: "Quando o sujeito não tem cultura, assimila a primeira informação." A outra foi do Lopes, o profissional que corta meu cabelo e que me contou dos problemas que surgem quando um talento da tesoura começa a despontar, decide abrir seu próprio negócio, ganha muito dinheiro e, "como não tem cultura", se deslumbra com o sucesso, perdendo-se em drogas e dívidas. Taí. Duas definições de cultura que nada deixam a dever aos trololós acadêmicos. Sem um repertório de informações qualificadas e contextualizadas, contraposto à realidade — repertório que só se adquire lendo, livros e jornais —, as chances de quebrar a cara são muito maiores. O conhecimento não traz felicidade, mas sua ausência pode trazer infelicidade.

Além disso, a criatividade não é subproduto da boemia, de um dom divino que premia alguns eleitos e os dispensa de estudar e trabalhar. Os maiores artistas brasileiros sabiam (sabem) das coisas. Os dois maiores ficcionistas da literatura brasileira, Machado de Assis e Guimarães Rosa, tinham erudição e virtuosismo. Tom Jobim, João Gilberto, João Donato e outros fizeram da bossa nova o que ela é graças a seus conhecimentos musicais abrangentes, de Chopin a Noel. Mesmo Volpi, pintor tido como "simples", se tornou o que se tornou depois de viagem de estudos à Itália. Em *Os Maias*, Eça de Queiroz criou uma cena irônica em que a personagem se extasia diante de um arroz doce, comenta o atraso de Portugal e ressalva: "É isto o que temos de melhor: a simplicidade." Nada contra o arroz doce. Tudo contra o elogio da ignorância.

Do dengo à dengue

(28/1/2002)

A auto-imagem do brasileiro como povo afetuoso e pacífico tem incrível resistência. Obviamente, como todo mito, tem raiz na realidade, mas de modo parcial e com implicações na estrutura social que são muito complicadas. Veja os problemas de planejamento, no momento tão evidentes em áreas como a energética. Veja os problemas de higiene, de que a dengue é um exemplo tão grosseiro. Veja os problemas de segurança, que estão apavorando a sociedade, ameaçada pelo narcotráfico e pela violência, compelida a ver no espaço público o sinônimo de mal-estar. E ainda há quem se gabe de este ser um país de harmonia social, espécie de experiência única na humanidade, em que o convívio das raças é a virtude que absolve qualquer outro pecado. Desorganização, inconsciência e preconceitos, velados todos, são ainda mais nocivos.

Bem à moda brasileira, a segurança é um assunto em que muito se discute e pouco se faz. Muitos especialistas recomendam a fusão das polícias, que Mario Covas tentou implementar, mas o lobby corporativo no Congresso não teria deixado. Seria uma forma de ajudar a criar uma ampla reformulação e limpeza do sistema, em que os policiais têm território marcado e os bandidos são heróis comunitários. Um caminho convergente é a ação do Judiciário, uma "operação mãos limpas" que desbaratasse os comandos do crime organizado. E outro, claro, é a mudança do sistema prisional, celeiro de criminosos. Mas vencer os interesses e a selvageria institucionalizada parece cada dia menos possível. Decididamente, segurança não é preocupação de pequeno-burgueses.

Para começar, seria preciso fugir à oposição entre os que acham, como Paulo Maluf, que "bandido bom é bandido morto" e os que atribuem, como

Eduardo Suplicy, a criminalidade à causa exclusiva da "desigualdade social". Como o Estado-pai jamais fez sua parte, o narcotráfico dominou as regiões — como as periferias das grandes cidades — aonde ele não chega nem mesmo para trazer sistema de esgoto, enquanto o contingente da segurança privada — financiada pela "elite" que vê até glamour na blindagem de seus carros — ultrapassou o da pública. E o PSDB é bastante cúmplice dessa situação, pois em seus delírios de social-democracia, acreditando que o Brasil possa se converter numa grande Escandinávia com um mix de austeridade fiscal e assistencialismo de R$ 15, tem sido criminosamente omisso a pretexto de poder fazer pouco.

O caso da dengue chama menos atenção, mas é significativo. Faz pensar em episódios da história brasileira como a revolta da vacina e as dificuldades que sanitaristas como Oswaldo Cruz tiveram em convencer a população a adotar essas "modernidades". (Enquanto isso, nossa intelligentsia pesquisa apenas o cientificismo de parte dos pensadores da época, como se fosse o único lado da questão.) Os governos justificam sua derrota dizendo que "o povo não colabora", o que é fato; mas também é fato que ao governo não cabe somente liderar campanha de conscientização, porque a proliferação do mosquito está relacionada à agressão do meio ambiente useira e vezeira neste País. Mais uma vez, a questão tem dois lados e ambos estão errados.

Supostamente o Brasil seria livre de máfias, racismos e guerras e abençoado pela natureza. O conceito não resiste a uma semana de notícias.

Confetes e serpentinas

(18/3/2002)

Um estudo patrocinado pelo Sebrae e coordenado pelo sociólogo italiano Domenico de Masi diz que "o Brasil pode se diferenciar como o país da exuberância natural, da concórdia entre os povos, da hospitalidade e da alegria", segundo leio. "É uma terra que remete à juventude, à beleza, à saúde e à criatividade (...). Para mudar a imagem externa do País, é preciso primeiro melhorar a interna, principalmente o complexo de inferioridade do brasileiro." Masi então sugere "agregar valores" a pão de queijo, cachaça, moda, turismo, esportes, etc.

Intelectuais, como se vê, não raro se parecem com publicitários. São incapazes de ver conexões mais sutis e irônicas entre as coisas e, mesmo quando a linguagem é empolada, simplificam tudo ao panfleto. Não à toa as teses de Masi sobre o "ócio criativo" colaram aqui como em nenhum outro lugar. Dariam até uma versão da canção: "Esse italiano é que tem razão/ Só faz o que manda o seu coração." Ele não se dá nem um minuto de reflexão sobre as características brasileiras que exalta. A natureza é bela, mas maltratada e mal explorada; enquanto se chama a Amazônia de "pulmão do mundo" e se sonha com sua intocabilidade, o mogno caminha para a extinção e a biodiversidade é patenteada por laboratórios estrangeiros. A concórdia entre os povos estanca nos índices sociais, expressão nua e crua da herança escravocrata. E certamente se trata de um povo em média caloroso e hospitaleiro, mas mesmo culturalmente essa "alegria" não pode ser explicada de modo reducionista, afinal a tristeza é senhora desde que o samba é samba.

Mais importante, o estudo não vê que há uma relação direta entre essa auto-imagem do "país tropical, abençoado por Deus e bonito por natureza", e o tal complexo de inferioridade, tão criticado por autores como Nelson

Rodrigues — cujos personagens estavam longe de harmônicos e sorridentes. Justamente por achar que o Brasil tem "tudo" para ser o "país do futuro" é que esse futuro não é construído com a determinação e a dignidade necessárias, gerando uma frustração narcisista. O brasileiro não é tão criativo assim: o desperdício de talentos é ofuscante de tão evidente, e ele trabalha muito mas trabalha mal. Sobretudo, não sabe o que quer ser: vive ainda o dilema de ser ou uma Europa nos trópicos ou um Estados Unidos mais relaxado; de qualquer forma, a ênfase fica nos adjetivos. Daí sua capacidade "ociosa".

Todo povo se acha eleito por alguma coisa; por isso o ufanismo é nocivo em qualquer lugar. O Brasil é um dos países mais autocentrados do mundo, por seu isolamento lingüístico e econômico. Não precisa de confete, precisa é sair da serpentina de si mesmo. Como dizia Bernard Shaw, a juventude é uma beleza, pena que seja desperdiçada com os jovens. Ou vamos de novo à prata da casa, para não ser acusado de antipatriótico: como recomendava Nelson Rodrigues aos jovens, envelheça, Brasil. Maturidade não é antônimo de alegria.

Notícias da Lua

(27/5/2002)

Juntei meus caraminguás, paguei à Nasa e passei as férias na órbita lunar. Quando voltei, fui me informar sobre o que tinha acontecido na pátria varonil nas três últimas semanas. Acho que a redução da gravidade afetou meu senso espacial, pois não reconheci o lugar onde vivo. Me disseram que o presidente Fernando Henrique Cardoso estranhou os dados do IBGE que revelaram aumento de consumo e diminuição da renda. Não acreditei, porque é óbvio que FHC sabe que a economia informal nunca esteve tão ativa. Depois me disseram que Lula, aquele favorável a impostos de renda de 50%, prometeu "romper com o sistema econômico atual sem rasgar os contratos"; pior, me disseram que todo mundo está acreditando que isso seja possível, pois o candidato petista está com cerca de 40% de intenção de voto nas pesquisas. Já o governista José Serra diz que não fará política industrial em favor do empresariado atrasado do país, justamente ele que me disse ignorar o trabalho de Ronaldo Sardenberg à frente do Ministério da Ciência e Tecnologia, como se C&T nada tivesse a ver com desenvolvimento econômico na Era Digital. Aí me contaram que todos os políticos e jornalistas protestaram contra o aumento do risco-país pelas agências de investimento porque as eleições ainda estão longe. Foi mais difícil ainda de acreditar, afinal foi esse ridículo sistema político brasileiro que antecipou na TV e nas pesquisas as eleições em mais de um ano. Também me informaram que Anthony Garotinho e Ciro Gomes sempre falam algo sobre "reter" investimentos externos, mas, sinto muito, não posso acreditar que os dois eminentes candidatos tenham fórmulas lícitas de fazer isso sem travar o fluxo de caixa.

Não, não posso crer, enfim, que todos os nossos políticos necessitem de um cursinho básico de economia. Não posso crer que isto seja o Brasil, seja o meu país. Vade retro, difamadores da pátria. Com brasileiro não há quem possa, são 170 milhões em ação, pra frente Brasil!

Objeção de consciência

(12/8/2002)

Objeção de consciência é, se não me falha a memória, uma expressão militar para bloquear a admissão de um sujeito que seja excessivamente crítico da instituição. Pois foi a expressão que me ocorreu enquanto escutava a opinião de amigos, conhecidos e articulistas sobre as eleições, principalmente depois do debate dos candidatos no domingo passado. Queria fazer uma objeção de consciência a esse raciocínio suicida que vai endossando a polarização eleitoral: por que as pessoas já estão optando por um candidato como se não houvesse primeiro turno? "Ah, eu prefiro o Lula ao Ciro, porque ao menos o Lula é de um partido orgânico", diz-se de um lado. "Ah, prefiro o Ciro ao Lula, porque ao menos o Ciro é preparado ou confiante ou bonito", diz-se do outro. Não à toa 1989 parece ser, esse sim, o ano que não terminou.

Não se trata do argumento bastante plausível do "só nos resta votar no mal menor". Os dois turnos existem, supostamente, para que as pessoas votem, no primeiro, em quem consideram o melhor ou o menos ruim e, no segundo, não votem em quem consideram o pior. Mas o que estamos vendo agora é que a intenção dos outros passa a determinar a de cada um, como numa ficção de Borges. Amigos que, por exemplo, votaram em Fernando Henrique Cardoso, por concordar mais ou menos com sua proposta de modernizar a economia, agora dizem que José Serra não tem "carisma" — o que parece comprovado pelas pesquisas — e já escolheram Lula, pois a classe média bem informada não vê com bons olhos os arroubos de Ciro, cujo programa prevê a possibilidade de antecipar eleições. Em vez de votarem no Serra como mal menor, já pensam no anti-Collor. Enquanto isso, os que rejeitam o PT se dispõem a aderir a Ciro, o anti-Lula da hora.

Repare que estou me referindo a pessoas com bom grau de instrução, inclusive as que escrevem em jornais. Independentemente da opção individual, elas se submetem a esse jogo de espelhos como se ele fosse natural, espontâneo. O que está ocorrendo é o contrário: como já escrevi, os candidatos estão atuando como Zeligs, adaptando-se às circunstâncias convenientes, e por isso suas propostas têm muito mais pontos em comum do que divergentes. Todos se consideram de centro-esquerda; Garotinho até mesmo se disse de esquerda (!) e não foi contestado. Todos falam nas reformas tributária e previdenciária, pregam mais exportação e substituição de importações, prometem aumentar os gastos sociais etc., etc. Mas nenhum explica como, quando e onde essa plataforma neodesenvolvimentista será aplicada. É difícil discordar de tais itens, mas é fácil prever que seus efeitos não serão os desejados.

Não espanta que raros dos chamados formadores de opinião notem isso. Eles mesmos ajudaram a criar esse pseudoconsenso, essa convergência de retóricas. Durante anos repetiram que o governo FHC é "neoliberal", por exemplo. Mas o que o neoliberalismo — como passou a ser conhecido — defende é a redução do intervencionismo estatal e a ampliação do comércio internacional. E o que o governo FHC fez foi o contrário: ampliou a participação do Estado no PIB, como a carga tributária que chegou a 34%, e agiu muito pouco para aumentar exportações e importações, que somadas não chegam a 12% da economia nacional, menos de 1% do comércio internacional. Até sujeitos inteligentes como José Murilo de Carvalho e Luiz Carlos Mendonça de Barros, em entrevistas recentes, não vêem isso. Murilo disse que não adianta a vinda de multinacionais para o Brasil, porque elas substituem empregos por máquinas; Mendonça reclamou dos "exageros liberais" do tucanato, confundindo a visão tecnocrática de Pedro Malan com liberalismo.

Substituição de importações não pode ser outro nome para subsídios a empresas pouco competitivas, que desconhecem a inovação tecnológica. Para as exportações aumentarem, é preciso investimento pesado em infra-estrutura, além de mais crédito e menos burocracia; e é difícil imaginar, por exemplo, que o Brasil possa construir uma ferrovia do cerrado para Santarém sem participação de grupos estrangeiros. O aumento dos gastos públicos nas áreas sociais tem de ser por sua racionalização, não pelo caminho inflacionário; Keynes sempre foi o primeiro a dizer que o déficit só pode ser um recurso de injeção emergencial na economia quando houvesse antes uma sucessão de períodos de superávit. E as reformas tributária e previdenciária exigem composição com o Congresso, o que a mixórdia partidária em curso mostra que será difícil.

É por isso tudo que certos assuntos não entraram ainda no debate eleitoral, nem deverão entrar direito. A reforma política só é mencionada aqui e ali, mas nunca soa urgente. No entanto, a própria doença do pesquisismo vem da burrice desse sistema. Me refiro a coisas que não ocorrem em nenhum país civilizado, mas ocorrem no Brasil: a campanha eleitoral começou quase um ano antes; governadores são eleitos no mesmo pleito que o presidente, além de senadores e deputados; políticos trocam de partido e fazem alianças com a consistência de uma geléia; o voto é desproporcional e obrigatório. Como se percebe, uma mistura explosiva. Outros assuntos que mal e mal aparecem na campanha são os que não se traduzem apenas em números. Para ficar numa só área, o ensino não merece nem o rótulo de arcaico, porque nas priscas eras pelo menos os alunos sofriam exigências. Mas nenhum candidato comenta a inadequação desse ensino à realidade moderna e brasileira. Eles parecem falar para um Brasil abstrato, assim como os jovens brasileiros são treinados para guerras que jamais lutarão, enquanto a violência corre solta nas cidades e fronteiras.

Alergia, alergia
(26/8/2002)

Não é de estranhar a ausência de idéias na atual campanha eleitoral, em que os candidatos defendem cinco ou seis medidas em comum e apostam nas pequenas variações de "estilo" para simbolizar mais ou menos qual governo gostariam de ter — e, dados os imbróglios sistêmicos e circunstanciais, dificilmente terão. Tudo é ao mesmo tempo óbvio e vago; sinais de fumaça seriam comunicação mais eficiente. É possível que alguém diga que política é "isso mesmo", justificando a facilmente justificável alergia popular aos políticos. Mas o que é sempre espantoso é como até os brasileiros bem informados não entendem que o progresso de um país passa por transformações de mentalidade, autônomas em relação a metas numéricas e pactos políticos.

Veja mais dois dos temas quase ausentes na campanha e tratados de modo risível nos programas de governo: educação e justiça. O que se propõe para a educação é resumido em valores a investir e índices a atingir e, em alguns casos, propostas como a do PT de cotas para negros nas universidades. Ninguém fala em mudar o conteúdo ensinado, o ideário arcaico que fundamenta o sistema todo. No caso da Justiça, há menções sobre a necessidade de reforma, a aceleração dos processos, o aumento do rigor punitivo etc. e tal. Mas o arcabouço da Roma Antiga continua todo lá, arruinado mas imponente, tão alheio à realidade quanto um cartão-postal. Sem mudar essas duas áreas, mesmo que se acerte a política econômica e se faça a reforma política — outras duas probabilidades baixas —, o Brasil vai continuar governado por príncipes que acham que podem tudo e terminam não conseguindo quase nada.

Talvez seja este o último país "marxista" do mundo, onde se acredita que apenas as condições materiais definem o curso da história, sendo o resto "superestrutura". No máximo, concedem às artes e à educação o poder de tirar crianças da rua e das drogas, como se fossem gestos de solidariedade. O problema é que o clima cultural — o que o poeta W. H. Auden chamava de "climate of opinion" — influi bastante na história, como provam essas distorções educacionais e jurídicas do Brasil. Até os poucos que lêem são maus leitores, por exemplo, porque acham chato, inútil, cansativo. Ou seja, mesmo quando a pessoa tem dinheiro para comprar livros e publicações, ela não o faz ou faz de modo tosco, porque tal hábito não faz parte dos valores nacionais. O exemplo jurídico? Veja a atual mania de conceder "direito de resposta" a tudo que é crítica política: trai um senso precário do que significa a liberdade de expressão. Não bastaram as experiências autoritárias do passado tupiniquim.

Essa frouxidão moral e intelectual, co-responsável por ser este um dos países mais socialmente desiguais do mundo, tem várias expressões que a reforçam. Não vou nem citar, desta vez, falsos mitos nacionais como o da "democracia racial", uma ideologia da superioridade da miscigenação que comete exatamente o erro que diz condenar: põe o estigma racial à frente do ser humano. Pense, então, no conceito mais que septuagenário da "antropofagia". Supostamente seria admirável, pois propõe rejeitar a importação subserviente de modelos importados. Mas o que termina exalando é a presunção ridícula de que os brasileiros são por essência mais originais que os povos ditos civilizados, cujas culturas seriam tristes e travadas, enquanto nós — skindô, skindô — somos divertidos e sensuais, mais até que italianos e cubanos. No entanto, a quantidade de plágios e parasitismos praticados neste país é amazônica.

Basta pensar no motivo por que um escritor subamadiano e político provinciano como José Sarney, o capitão hereditário do Maranhão e membro da Academia Brasileira de Letras, escreve: "A grande contribuição do Brasil ao mundo é a alegria." Ou lembrar Antonio Carlos Magalhães desfilando por Salvador como se fosse Policarpo Quaresma de cocar. As oligarquias, que amarram o Brasil a um padrão social em que educação e justiça são privilégios de classe, são as primeiras a exaltar a alegria inscrita no DNA nacional. Alergia, alergia.

Política em pó
(14/10/2002)

Não quero soar como estraga-prazeres da "festa cívica", mas três coisas desta campanha, entre tantas outras, atentaram contra a democracia à moda da casa: 1) a duração de praticamente um ano, desde que uma série de filmes publicitários do PFL lançou o nome de Roseana Sarney; 2) a escolha de seis cargos na mesma eleição, especialmente os de presidente e governador; 3) a convergência de propostas dos candidatos, todos se dizendo de "centro-esquerda". Democracia supõe controle social da atuação dos políticos, e os dois primeiros itens diluem esse controle. E supõe pluralismo, troca de idéias, para que tudo não seja reduzido a marketing. Não por acaso, até agora ninguém propôs corte de gastos, mal se falou no combate à corrupção (!) e no conteúdo da educação, e a queda das importações se tornou dogma.

*

Você viu o relatório do Bird sobre educação e tecnologia na América Latina, divulgado esta semana? Está tudo ali: a necessidade de aumentar a inovação e a capacitação e, para isso, o papel da abertura às importações e à competição. Mas, pelo jeito, aqui se vai continuar acreditando na intuição tropicalista.

*

Você também deve ter lido sobre a União Européia, que convidou outros dez países (os do Leste Europeu, mais os bálticos e Chipre e Malta) para compor o bloco comercial. Parâmetros macroeconômicos são exigidos.

Ou seja, para ampliar o comércio internacional ("globalização") não cabem premissas subkeynesianas que vêem benefício temporário em gerar inflação. A economia mudou, embora tantos economistas continuem os mesmos.

*

Lula tem tudo para ganhar enquanto José Serra disser quase o mesmo que ele diz, sem o seu carisma de humildade. Serra não é muito diferente de Lula; parece ligeiramente menos intervencionista e heterodoxo. Mas Lula, que tanto diz querer negociar, não pode fugir às perguntas. *The Economist*, por exemplo, sugere que ele siga Tony Blair e nos primeiros dias já institua a autonomia do Banco Central e defina regras austeras. Temos todo o direito de duvidar.

*

O governo Fernando Henrique Cardoso termina num curioso paradoxo: tanto seu legado como seu desgaste favoreceram Lula. O legado, porque Lula hoje é obrigado a defender medidas e metas que no ano passado jamais sonharia defender. E o desgaste, porque Lula conseguiu simbolizar mudança sem exagero num ano em que o desempenho do Brasil está sendo para lá de medíocre.

*

O voto em Lula — e o PT sabe — é em muitos aspectos conservador. Exprime um vago desejo de mudança? Não, exprime antes um vago desejo de que alguns retrocessos — desemprego e violência, sobretudo — sejam revertidos. Lula, se for eleito, o será mais para arrumar do que para transformar.

*

O programa do PT, mais que o dos outros, prevê gastos públicos acima do disponível na atual conjuntura e estrutura. E quem vai governar não é Lula, mas o partido, que se acostumou a ocupar a máquina pública como cogumelos à sombra. E que será feito da aliança com José Sarney, Orestes Quércia, o ex-malufista José Alencar e outros? Poucos parecem entender o custo econômico desse programa e o custo político dessas alianças, mesmo depois de oito anos de FHC (que fez, diga-se de passagem, uma aliança bem menos heterogênea). Para governar, não basta ter uma prancheta generalista e "vontade política".

*

Reforma política já! Ok, gente como Quércia, Maluf, Pitta, Eurico Miranda e Collor foi rejeitada. Mas e os retornos de Jader Barbalho e Antonio Carlos Magalhães ao Senado? E o neto de ACM? O filho de Ratinho? E o Prona de Enéas e Havanir e seus estafetas barbudos? A reforma política, claro, não vai evitar que pessoas estapafúrdias votem em políticos estapafúrdios, mas pelo menos pode cercear seus poderes. Fidelidade partidária, cláusula de barreira, suspensão de direitos eletivos, correção da representatividade — tudo isso já deveria ter sido adotado, como em qualquer democracia decente.

*

Acaba de sair nova edição de *O Príncipe*, de Maquiavel, livro obrigatório. E com um prefácio que é ouro 18 quilates: *A Originalidade de Maquiavel*, de Isaiah Berlin, um dos maiores ensaístas do século 20. Berlin mostrou como a originalidade de Maquiavel não foi dissociar política e moral, mas distinguir a moral realista e a moral cristã, teológica, que sempre trabalha com a hipótese de uma determinação final para o comportamento humano. Há coisas incompatíveis e insolúveis na vida real, notou Maquiavel. E por isso algumas das melhores virtudes cristãs — generosidade, respeito — são ainda mais consistentes quando associadas à coragem e à criatividade que cada indivíduo, munido de observação empírica e de espírito público, livre das ilusões criadas pelas aparências, pode desenvolver. Só quando abandona o ideal da conciliação plena é que o homem pode realmente conciliar contrários de forma virtuosa. Olhaí, Lula. É como dizia o velho De Gaulle: "Em política, ou se trai o país, ou o eleitorado. Prefiro trair o eleitorado."

Lulalogias

(25/11/2002)

Não faz nem um mês que Lula foi eleito e até agora houve pouca novidade, mas o período está sendo um prato Fome Zero para a análise simbólica. Na verdade, desde a campanha já se podia ter discutido o assunto, porque ali ficou muito claro o que o PT e Duda Mendonça pretendiam. Está certo que as alternativas ajudaram: Roseana teve de renunciar, Ciro morreu pela boca, Serra pareceu não conseguir empolgar nem a si mesmo. Mas Lula conseguiu romper com seu tradicional índice de rejeição e ir além do desempenho do próprio PT, apesar do crescimento do partido no Congresso. E isso não pode ser tido como obra simples da moderação política, ainda que nossos articulistas insistam em ler resultados eleitorais como processos estritamente racionais.

O que acho que Lula sempre teve — o que dá base ao seu carisma, assim chamado — é a superposição de indignação e ternura. Ele parece ser um sujeito realmente preocupado com a justiça social e ao mesmo tempo é informal, amistoso, boa praça; tem a barba e a voz grossa do ativista, mas o jeito naïf do homem cordial; o discurso clama por mudança, mas o olhar pede "uma chance". A maturidade não só tem lhe ajudado a ser mais responsável, mas também lhe acrescentou cabelos grisalhos que chamam consideração: o radicalismo, dizem esses fios brancos, é coisa do passado, e isto aumenta a dignidade desse passado. O que antes parecia rebeldia agora parece encarnar o tal grito dos excluídos, misturado ao alarme da classe média. O que antes parecia afetuosidade da pessoa agora parece um recurso do político, a batuta negociadora, apaziguadora. Para um país envergonhado de sua realidade e orgulhoso de sua sentimentalidade, que nos últimos anos tem falado mais e mais sobre as urgências solidárias, nada poderia soar mais adequado.

Só que seria limitador dizer que Lula significa um neogetulismo, embora seja tentador. Ele mesmo fez elogios ao "pai dos pobres", aludindo à proposta não cumprida de Fernando Henrique Cardoso de acabar com o Estado getulista, e elogiou o desenvolvimentismo de JK. (O atual presidente também vende a imagem de negociador simpático, descontraído, otimista. Mas é "cool" demais, além de professoral. Basta ver que é chamado ou pelo nome inteiro ou pela sigla dele. Já Lula, dado a diminutivos e dono de um apelido que curiosamente ecoa o de ídolos nacionais como Guga e Xuxa, trouxe à imprensa a dificuldade de se referir a ele sem perder o protocolo que o cargo exige.) Foi pedir a bênção de intelectuais como Celso Furtado e Raymundo Faoro. Teve sua maior votação no antiliberal Rio de Janeiro e foi apoiado por todos os oligarcas que vinham sendo alijados do governo FHC. Lançou a bandeira do fim da fome, mesmo sem ter a estaca, e entrou no clima populista da TV Globo. Disse que seu herói é Tiradentes. Falou, enfim, com esse Brasil onde o "terceiro setor" decolou nos últimos anos e o cinema recente pôs quase todo seu foco na violência.

Mas essa não é a estratégia; é parte dela. Há um cuidado do PT em não se apoiar demais no tom carismático; o partido está ciente de que terá de controlar as "pressões utópicas", na expressão usada pelo historiador Kenneth Maxwell em seu equilibrado artigo para a *New York Review of Books*. Prova disso é a força de seus dois futuros ministros José Dirceu, o braço esquerdo, e Antônio Palocci, o direito. Dirceu faz, como se diz hoje, a "blindagem" na política, a começar pela contenção das forças internas do PT e de aliados como o MST; falou explicitamente na necessidade de o PT dialogar com instituições, não com pessoas. Palocci fica entre Lula e o mercado, dizendo muito do que este quer ouvir, com elogiável propriedade; como um Malan menos tecnocrático, impede aumento irreal do salário mínimo, defende o ajuste fiscal, descarta a centralização do câmbio.

O que está em questão, no entanto, é o poder efetivo dessa estratégia, diante das necessidades, dúvidas e circunstâncias atuais e futuras. Uma coisa é defender as reformas que a sociedade já vê como consenso; outra é definir suas arquiteturas. Na questão tributária, para ficar num só exemplo, não basta mexer na estrutura dos impostos, mas é preciso também redesenhar a dos gastos. O próprio carisma deve inspirar cautela redobrada, porque é da sua essência não ser controlável, como bem souberam Getúlio e JK. "Hay que enternecerse, pero sín perder la firmeza jamás." O futuro do governo Lula vai depender dessa combinação entre os aspectos quentes e frios do presidente e seus escudeiros. O risco é um lado ferver e evaporar, e o outro congelar e se quebrar. Excesso de carisma e cautela, juntos, raramente dá bom caldo.

O homem-grampeador
(23/2/2003)

Quando acordou, Carlos Antônio viu que tinha se transformado num grampeador. Sua perna direita estava preta e chata; a esquerda carregava uma fileira de grampos cor de cobre. Pesavam muito e Carlos Antônio não conseguiu se levantar. Não alcançava nem mesmo a campainha com que costumava chamar todas as manhãs as empregadas. Gritou. Ninguém ouviu, nem sequer o segurança que deveria estar no corredor. No quarto, apenas uma réstia de luz por baixo da porta dava sinal de vida. Procurou relaxar, mas, olhando para a sombra de suas pernas na parede, ficou aflito. O passado começou a invadir sua mente.

Desde pequeno, Carlos Antônio lia livros e artigos sobre os grandes estadistas da história. Logo começou a formar opinião sobre eles. Achava Marco Antônio um fraco e Richard Nixon um injustiçado. Não se lembrava exatamente dos títulos que tinha lido, embora assegurasse ter lido Maquiavel e todos os clássicos da ciência política. Mas se lembrou claramente da primeira vez em que grampeou alguém. Sua primeira namorada, Gabriela, tentou devolver uma traição que sofrera de Carlos Antônio e ele pediu ao pai que grampeasse a linha telefônica dela, para escutar sua conversa. "Um beijo, tchau" foi o suficiente para que Jader, o flerte de Gabriela, nunca mais fosse visto naquela província.

Carlos Antônio tomou gosto. Quanto mais grampeava, mais forte se sentia. Eram dossiês atrás de dossiês, interceptações atrás de interceptações. Ele não podia ver uma linha telefônica que logo a grampeava. Computadores, painéis eletrônicos, reuniões confidenciais — nada passava ao largo de seus aparelhinhos, de sua obsessão registradora. Quanto mais alto ia em sua carreira, mais grampomaníaco ficava. Sentia-se como um "Big Brother" da capital; todos, amigos e inimigos, namoradas e ex-namoradas, parentes e jornalistas, eram fichados, vigiados e ameaçados, na mesma rapidez com que o nome de sua família se espalhava por praças e avenidas e pelas bocas dos cantores e sacerdotes de sua terra natal.

Grampear era poder. "Se Mefistófeles tivesse nascido na era eletrônica", pensava, "Fausto não teria lhe dado tanto trabalho." Muitos tentaram imitá-lo, poucos puderam igualá-lo. Carlos Antônio via seguidores seus não só na política, mas em todos os setores: cartolas, mecenas, líderes sindicais, poetas — os clones proliferavam, mas nenhum tão esperto quanto ele, ninguém com arquivo tão grande e implacável quanto o seu. Mesmo quando sofria derrota, Carlos Antônio sabia que, de grampo em grampo, o poder estava no papo de novo. De repente, tudo mudou. "Só pode ser um pesadelo", pensou ele, olhando de novo para suas pernas em forma de grampeador. "Daqui a pouco acordo e tudo volta ao normal." Tinha empresas, amantes, um povo inteiro para cuidar.

Beijou o santinho do cordão do pescoço e, num esforço extremo, ergueu o corpanzil e jogou as pernas para fora da cama. No movimento, uma perna caiu abruptamente sobre a outra e seu tornozelo direito ficou grampeado no esquerdo. Quando tentou ficar em pé, perdeu o equilíbrio e desabou como um arquivo de ferro no chão. O barulho foi ouvido nos locais mais distantes.

A máscara que sorri
(1/6/2003)

A questão central sobre o Brasil é como este país conhecido por seu povo afetuoso pode ser também um dos países onde menos se respeita o outro ser humano. Em Sergio Buarque de Holanda, a cordialidade do brasileiro é um impedimento para a modernização do país, uma vez que confunde demasiadamente o público e o privado, o contratual e o pessoal. Em Gilberto Freyre, essa atmosfera de aproximação social teria a vocação da democracia. O ponto é justamente o que fazer a partir dessa herança dúbia, mas Sergio Buarque tem uns pontos de vantagem. Afinal, a sensação de intimidade pode cada vez menos encobrir as deficiências da civilização. Nesta sociedade que se diz pacífica, para ficar num exemplo, morrem dezenas de jovens todo fim de semana. E, em 2003 d.C., ela continua recordista em injustiça social.

Isso não significa que se deva abrir mão da alegria, da criatividade, da flexibilidade. Mas significa, primeiro, ter consciência de que esses valores não podem desculpar a falta de educação, a bagunça, a sacanagem. Significa abandonar essa conveniência e convivência que faz alguém alegar o "Você sabe como são as coisas aqui" para se omitir ou para participar de esquemas de propina, sonegação, etc. Significa entender que cumprir as leis, treinar com disciplina e manter a organização dão melhores resultados até no futebol, no lazer e no carnaval. Em segundo lugar, significa contestar inclusive se o papel dessa auto-imagem do brasileiro como hospitaleiro e tolerante, tão propagandeada pelas oligarquias políticas e artísticas, não alimenta o clima do "deixe estar para ver como é que fica".

Tudo bem, aqui não há conflitos étnicos nas ruas, pelo menos os assim declarados; tudo bem, os séculos de confisco estatal deram ao brasileiro uma capacidade de adaptação e improviso; tudo bem, há muitas riquezas naturais no País que podem trazer um futuro melhor. Mas nada está bem se os negros e mulatos escuros continuam discriminados no mercado profissional e nos locais públicos; se a flexibilidade ou "jeitinho" é meio de burlar o bem coletivo em defesa do interesse próprio; se tantas riquezas continuam inexploradas ou selvagemente exploradas, enquanto se clama por soberania. Qualquer pessoa ao mesmo tempo esperta e decente sabe que o tapinha nas costas pode ocultar uma forma medrosa de desdém.

No sábado retrasado, era para eu ter participado de um evento na Bienal do Rio sobre "O Brasil tem jeito?". Por motivos pessoais, não pude ir. Mas a resposta é simples: enquanto precisar perguntar se tem jeito, dificilmente terá.

O recalque contra a esperança
(22/6/2003)

O discurso de Lula na última terça-feira, demagógico e destemperado, é um sinal de alerta. Quase completados seis meses de governo, ele começa a perceber que, num país com democracia ainda tão rarefeita, popularidade não garante muita autonomia de vôo. As turbulências que já começaram parecem afetar sua estabilidade tremendamente, e o pior é que tendem a se intensificar nos próximos meses. Como diz o historiador Kenneth Maxwell, o futuro do governo Lula será jogado neste segundo semestre.

O que o ex-presidente FHC falou — apesar de, como sempre, não conter mea-culpa nenhum — é sensato em alguns aspectos. Se seu governo falhou e muito ao se bastar excessivamente no fluxo de capitais estrangeiros de curto prazo, demorando a perceber a necessidade de superávits maiores e de reformas estruturais, o de Lula está carregando demais a tinta no desaquecimento da economia e pagando o preço político de sua guinada eleitoral.

Com arrecadação ascendente, superávit primário de 6% do PIB (graças ao contingenciamento de quase todas as verbas públicas), saldo da balança comercial de mais de US$ 9 bilhões até o momento, empréstimo do FMI e queda do dólar, a taxa de juros de 26,5% — baixada agora em risível meio ponto porcentual — não precisava ser tão draconiana. Pois o país entra no segundo semestre com a economia paralisada, com desemprego, inadimplência e informalidade cada vez mais altos, e só mesmo os sonhadores e chapas-brancas podem acreditar que em 2004 tudo vá melhorar razoavelmente.

Os custos políticos não são menores. Como o PT virou o macacão no segundo trimestre de 2002, ciente de que tinha de "fazer o jogo do mercado" para ganhar as eleições, chegou ao governo com dois problemas: partes importantes de sua base social, como sindicatos e servidores, além dos "radicais" — muitos dos quais apenas dizem o que Lula dizia ainda no fim de 2001 —, se sentiram traídos (e por isso o chamam de Luis Inácio "Judas" da Silva); e ninguém sabe direito até agora quais rumos tomar, como se pode ver pela proposta de reforma tributária — a qual é mais importante que a previdenciária, embora menos urgente, e não pode ser apenas um acerto entre União e Estados para garantir a carga fiscal sobre a sociedade. O capitalismo moderno ainda é um mundo recente para os caciques do PT, incluindo Palocci.

O balanço do primeiro semestre também tem em sua lista negativa o marketing furado do Fome Zero, a omissão no caso do grampo de ACM, a tentativa de dirigismo nos patrocínios culturais, o aumento do número de ministérios, o excesso de discursos palanqueiros (que chegam a três num mesmo dia), o comportamento pouco democrático da cúpula do partido, a ocupação fisiológica da máquina, a hesitação quanto à CPI do Banestado, etc. — com destaque para a atuação internacional de Lula, que, ao contrário do que os articulistas locais dizem, tem sido pouco mais que tosca, com excessiva "latinidad" e propostas impraticáveis como o fundo mundial para a fome.

As gafes do presidente vêm se somar a essa série de confusões. A última foi nesse mesmo discurso, quando disse, ao estilo Collor & Ciro, na presença da primeira-dama, que "pernambucano não nega fogo". Também seu recalque anda incontido, como ao afirmar que não poderá viver em Paris depois do mandato (quem sabe Havana?) e fazer mais um elogio à própria ignorância — o que talvez explique a nulidade que seu governo tem sido nas áreas de educação (em que seu ministro só faz chorar por verbas e criticar o Provão) e pesquisa (vide o sucateamento da Embrapa). A austeridade fiscal, a mudança de tom em relação aos organismos multinacionais e ao capital privado e a defesa da reforma previdenciária são avanços do PT demonstrados neste primeiro semestre. Mas se não se tornarem realidade, estancando como o PSDB no falso dilema entre monetarismo e desenvolvimentismo, o drama se perpetuará como farsa. E a farsa, todo mundo sabe, é muito mais dolorosa.

"Só no Brasil"

(9/11/2003)

O desabafo é comum, principalmente quando acontece algum escândalo ou se divulga mais uma estatística, e vem num tom entre a indignação e a autocomiseração: "Só no Brasil" — acompanhado de um balançar de cabeça. No entanto, muitas coisas não são exatamente assim, então se criou um bordão como resposta, dito em tom de galhofa, mas não sem melancolia, quando um escândalo ou estatística se dá em outro país: "Se fosse no Brasil..." — acompanhado de um levantar de sobrancelhas. Afinal, aquele que repete "Só no Brasil" a todo instante soa, não raro, como se estivesse eximido desse "defeito de nascença". Falar mal do Brasil é fácil e, por isso mesmo, nem sempre justo.

Mas, se o "Só no Brasil" trai boa dose de ingenuidade, como se tudo "lá fora" fosse maravilhoso, o "Se fosse no Brasil..." pode ser pior. Vide o exemplo da corrupção. Basta explodir um caso num país do chamado Primeiro Mundo como os EUA, a Itália ou o Japão e alguém solta, triunfante: "Está vendo? Em todo lugar é assim. Se fosse no Brasil, iam dizer que é coisa de subdesenvolvido." Até mesmo o presidente do Supremo Tribunal Federal, Maurício Correa, justificou o esquema dos juízes federais revelado pela Operação Anaconda, nesta semana, dizendo que a corrupção "é da condição humana". O fato, porém, é que a corrupção no Brasil, onde a menor delas abre caminho cultural para a maior de todas (pois quem rouba R$ 5 do tesouro público está pronto para roubar R$ 5 bilhões), atinge proporções sistêmicas e permanece quase sempre impune como só em alguns países africanos. A corrupção é humana; a burrice, também.

Diversas outras realidades inegáveis suscitam o "Só no Brasil". Só no Brasil as taxas de juros reais são tão altas? Não, há alguns em pior estado, mas verifique quais são esses alguns. Só no Brasil existe a aposentadoria integral para funcionário público? Provavelmente não, mas ela não pode ser encontrada em países que sabem distribuir alguma riqueza. Só no Brasil há esse grau de substituição de pessoas nos cargos técnicos a cada troca de administração? Claro que em Botsuana ou Bangladesh deve ser ainda maior, mas veja o tipo de contra-exemplo que precisamos buscar. Só no Brasil tamanha injustiça social? Não, se pensarmos em termos de índices como analfabetismo e mortalidade infantil — muito maiores numa Ásia Central, para não falar de Etiópias —, mas nem na ex-URSS há regiões tão mais pobres do que outras.

O que se vê, em suma, é que o "Só no Brasil" vale para comparações com países que atingiram o pleno desenvolvimento — ou mesmo para alguns outros em desenvolvimento, já que China, Índia e a própria Rússia, países também grandes e com ainda mais frágeis tradições democráticas, estão criando condições melhores que as do Brasil para os próximos 50 anos, a começar pela dívida pública menor e pelo comércio internacional maior. O problema não é a comparação com sociedades mais desenvolvidas; é fingir que o Brasil não tem condições de se desenvolver como elas e, logo, concordar com os que não fazem nada pelo bem coletivo porque "em todo lugar é assim".

E é claro que se pode usar o mesmo "Só no Brasil" para falar de coisas boas. Só no Brasil, Pelé. Só no Brasil, Gisele Bündchen. Só no Brasil, Caetano Veloso. Mas olhe onde acabamos nos enfiando... Só no Brasil, a Amazônia que desconhecemos e, logo, mal exploramos. Só no Brasil, a segregação racial não declarada. Só no Brasil, um presidente que faz praticamente tudo que criticou em 20 anos de vida política. Etc., etc... E quem disse que para contribuir com esporte, moda ou música para o mundo é preciso não se entregar aos supostamente frios rigores da civilização? Chega de se achar um país especial; a única coisa especial no Brasil é essa maneira de se achar especial. Só no Brasil, "só no Brasil".

A semana
(16/11/2003)

A semana, crédulo leitor, foi de gafes políticas e crimes chocantes; mesmo que quase toda semana seja de gafes políticas e crimes chocantes, somos obrigados a reconhecer a capacidade de umas e outros nos espantarem mais uma vez. O presidente confessa "in loco" sua ignorância sobre um continente ao qual diz devermos tanto; um ministro não quer pedir desculpas às pessoas de mais de 90 anos que mandou para as filas enormes e inúteis; um casal de jovens é atrozmente assassinado por um menor de idade que logo estará de volta às ruas. Se rimos das gafes, sabemos que não é o melhor dos remédios; se choramos com os crimes, é porque não temos remédio. E assim seguem as semanas, irremediáveis, por mais que os doutores no poder ofereçam remendos, emplastros, promessas homeopáticas. "A doença alarga as dimensões do homem para si mesmo", receitou o ensaísta Charles Lamb, que não viveu no Brasil, organismo ao qual não faltam dimensões, mas apenas grandeza.

Se você pensa que vai se refugiar num bom livro ou numa sala de cinema, tome cuidado. Num longo vôo para João Pessoa, ida e volta, fui lendo o livro da semana, aquele que todos estão comentando, *Ditadura Derrotada*, de Elio Gaspari, o terceiro dos cinco volumes de sua heterodoxa história do regime militar. Gaspari fez muito bem em lançá-lo isoladamente. Os dois primeiros volumes se complementavam ao narrar o golpe militar de 64 e a ascensão da linha-dura nos anos seguintes até a articulação da máquina repressiva; são dois tomos de som e fúria, ainda que emitidos nos corredores e porões do regime. Agora, não. Os bastidores estão mais agitados que nunca, com todas as revelações que Gaspari diligentemente fichou dos arquivos da dupla Geisel-Golbery; o exercício do poder, porém, não poderia ser mais melancólico, improvisado, atabalhoado, solitário. Não são meras coincidências.

Não há rigorosamente nada de surpreendente na afirmação de Geisel de que "esse troço de matar", embora bárbaro, era necessário. Se ele pensasse de modo diferente, não teria sido escolhido para sucessor de Médici ainda em 1971. O que o livro de Gaspari revela é o quanto o regime brotou e se cristalizou a partir do medo da anarquia social, inclusive da anarquia social nas próprias Forças Armadas, e segundo um projeto que nem saiu dos esboços. O conceito da repressão como um mal provisoriamente necessário me chamou menos a atenção do que o fato de duas boas cabeças como as de Golbery e Geisel, além das muitas besteiras que disseram e cometeram, terem comandado um governo na verdade tão desastroso. Afinal, o tremendo sucesso econômico do chamado "milagre", que embasava a aprovação do governo pela grande maioria do povo brasileiro, não foi convertido em sucesso político nem mesmo por uma cúpula interessada em desmontar o próprio autoritarismo, ciente da própria inadequação. O regime não caiu nem de duro nem de maduro. Caiu de quatro.

Nem seria preciso, cínico leitor, o longa-metragem do Casseta e Planeta, *A Taça do Mundo É Nossa* (só algumas boas piadas, especialmente as com Che Guevara, e muitos problemas de direção, que não costurou bem o narrativo com o "sketchy"), e seus personagens do período — o general de pijama, o guerrilheiro filhinho de mamãe, etc. — para buscar consolo no fato de que, além de podermos estudar melhor o regime, podemos rir dele também. Um ciclo se cumpriu; quase quarenta anos do início e vinte anos do término se passaram; já existe, assim, o distanciamento que a história pede. Mas, se rimos por último, não rimos melhor, pois continuamos rindo para não engasgar, a cada novo sapo que a democracia engole. E, como dizia o romancista, as estrelas nos olham lá de cima indiferentes ao nosso riso como ao nosso choro.

Entre o poder e o país
(8/2/2004)

O que ainda não está claro para muita gente é o fato de que o PT tem um projeto de poder, não um projeto de país. Aqui e ali, pode até ser que esses projetos coincidam. Na maioria dos casos, porém, a politização cria acomodações, obstáculos e indecisões de alto custo para esta democracia capitalista. Os programas de médio ou longo prazo que o governo lança são muito alardeados e mesmo assim não engrenam. Um deles, claro, é o Fome Zero, que até o presidente Lula agora reconhece que não vai além do mutirão assistencialista. Outro é o PPP, a parceria entre investimentos públicos e privados na área de infra-estrutura, que assim como os tais "marcos regulatórios" (as regras e metas para setores como o energético) corre o risco de não ser mais que uma carta de boas intenções e cara execução.

Os focos maiores estão em outros lugares. Muito analista se pergunta por que, por exemplo, China e Índia recebem mais investimentos estrangeiros do que o Brasil, que tem câmbio flutuante e certa estabilidade institucional. É fácil: os investimentos financeiros temem o alto custo do Estado nacional, a dívida interna de quase 60% do PIB, rolada a juros de agiota; e os investimentos produtivos temem o custo do emprego, por causa dos encargos trabalhistas, e as teias tributária, jurídica e burocrática (e o problema não é a quantidade de funcionários públicos, mas seu custo e a falta de critérios técnicos). Não há ambiente para o investimento que não o oportunista. Na China e na Índia, a combinação de mão-de-obra barata, mercado de consumo potencial, saúde fiscal e vigor produtivo são, apesar dos problemas, combinatória bem mais atraente.

Isso não significa que esse seja o caminho brasileiro, antes de mais nada porque aqui a renda per capita e a liberdade civil são muito maiores.

Significa apenas que, como o Brasil precisa da poupança externa, deve acordar para essas realidades. E tais reformas seriam extremamente úteis também para o mercado interno, principalmente se acompanhadas da melhora e expansão do ensino. Mas eis o mal do governo petista: para cada mudança estrutural necessária, do sistema judiciário ao agropecuário, do educacional ao político, há dois conceitos vagos e opostos em sua equipe. Vide a recente lei de biossegurança, que dá margem a decisões baseadas no preconceito e não na ciência (área em que a Índia brilha). Não por acaso o choque burro entre o lobby ambientalista e as atividades produtivas se espraia pelo território nacional. Ao PT interessa mais acumular poder do que ajudar o país a tomar o rumo do progresso socioeconômico.

Bingobrás

(29/2/2004)

As metáforas para a estratégia anticrise do governo Lula são conhecidas e foram lembradas ao longo da semana: é como o marido que pega a mulher com o amante na sala de sua casa e manda tirar o sofá; é jogar o bebê fora com a água do banho; é gritar fogo para o fósforo enquanto a casa se incendeia. Pior ainda, o partido sempre foi a favor da regularização do jogo e agora recorre a uma MP — esse instrumento que diziam ditatorial — para determinar o fechamento dos bingos, enquanto planta a idéia de estatizá-los. E, como se não bastasse, volta a falar em financiamento público das campanhas eleitorais, o que sugere outras metáforas, como botar a mão na cumbuca dos outros. Também sugere uma confissão de culpa, porque afinal Waldomiro Diniz era assessor de José Dirceu, tesoureiro da campanha de Lula.

Eu poderia entrar no mérito desses dois assuntos. Poderia dizer que não vejo nada em permitir a existência de casas de jogos, desde que fiscalizadas. E que sou contra o financiamento das campanhas partidárias com dinheiro público, porque seria achacar ainda mais o contribuinte sem lhe dar garantia nenhuma de que os esquemas de doação — na grande maioria já clandestinos — serão impedidos. Alongar-se nesses temas, porém, é sucumbir à tentativa do governo de desviar o foco do caso Waldomiro Diniz.

Como se sabe, o País está coalhado de Waldomiros — e essa questão embute não só a ridícula arquitetura jurídica e burocrática da administração pública brasileira, mas também a propensão cultural brasileira à corrupção, da qual o "jeitinho" é um dos aspectos conhecidos. No entanto, isso não atenua — pelo contrário, reforça — a culpa do PT, que sempre colheu votos pregando moralidade. Não venha dizer que "moralidade" é preocupação pequeno-burguesa. O que está em jogo, afinal, é o velho problema do sistema latino-americano: a apropriação da máquina oficial para interesses privados, a ineficiência estatal, a falta de critérios técnicos e transparência na gestão pública. Os uspianos petistas adoram criticar o que julgam ser o liberalismo; o fato é que o Brasil ainda não consolidou um mínimo de mentalidade liberal, pois esta pressupõe uma distinção entre as esferas pública e privada.

O PT, que sempre se disse de esquerda, apenas aprimora essa tradição, instalando sua patota em todos os recantos do oceano público, da Embrapa ao Ministério da Cultura, sob o comando tentacular de Dirceu. Ou seja, como disse o próprio Lula em outro contexto (para defender seu arrocho fiscal), a esquerda brasileira é conservadora. Nesse sentido, os bingos é que podem ser boa metáfora — um lugar aonde as pessoas vão porque não têm o que fazer, sonham ficar ricas por sorte, não por suor, geram riqueza informal para poucos e saem ainda mais pobres e vazias. O que pode ser mais a cara desse governo e do Brasil? A estatal do Bingo, a Bingobrás, já existe: é o próprio Estado brasileiro. A sorte já foi lançada, e os perdedores serão os de sempre.

A falta que a educação faz
(28/3/2005)

O primeiro exemplo da falta que a educação faz é o próprio presidente do Brasil. Lula voltou a dizer, num de seus incontáveis discursos, que "eles não acreditavam que um torneiro mecânico, sem instrução, pudesse governar o Brasil". Antes de mais nada, quem são "eles"? Bush, FHC, Mario Amato, Regina Duarte? O que falta a Lula não é diploma, é estudo — e estudo exige esforço, humildade, concentração. Com um pouco mais de estudo, Lula, no mínimo, poderia abandonar a paranóia do "eles" e ser mais preciso e coerente em seus discursos. Pois, enquanto despeja sua retórica de provérbios banais e hipérboles sebastianistas, seu governo pateticamente bate cabeça várias vezes ao dia, entre factóides e grosserias. Com a educação em quinto plano.

No máximo, a instrução que Lula poderia ter adquirido nos 20 anos em que viveu da política sem exercer mais que um cargo público relevante faria dele um presidente muito melhor. Ainda que não exista diploma para presidentes, não há chefe político que possa cumprir parte razoável de suas promessas se não tiver um certo número de informações para comandar sua equipe. Tudo ficou ainda mais complicado quando Lula mudou seu discurso, a partir de 2002, para ganhar as eleições; sem os conceitos pseudo-esquerdistas do passado, ele já não sabe o que pensa e não pensa o que diz.

Como montar, assim, um bom time de ministros e assessores, exercer liderança sobre eles e despachar com eficiência? O folclore político ganhou vários acréscimos recentes com as gafes cometidas por Lula e companhia, como garantir a um conselheiro da Anatel que ele viria a ser... conselheiro da Anatel. Se ele se desse ao trabalho de despachar com os ministros ou realmente ouvir os setores da sociedade, o anedotário seria ainda maior.

Mas por que não o faz? Porque não tem informação e compreensão suficientes para travar um diálogo sobre, digamos, agricultura com Roberto Rodrigues sem causar mal-estar nos presentes, já que imagina, no íntimo, que a solução para o campo brasileiro seja assentar todas as famílias sem-terra para plantar jerimum.

Também não governa de fato porque se julga acima do bem e do mal — como um pequeno Napoleão, disse a historiadora Maria Silvia de Carvalho Franco — e, logo, deixa essas coisas práticas para o braço esquerdo José Dirceu e o braço direito Antonio Palocci, com seus assessores suspeitos e ciúmes mútuos. Neto de Getúlio e filhote de Jango, de seu populismo sindical, de seu peronismo à moda açucarada da casa, Lula continua vivendo de subir no trio elétrico, lançar palavras de ordem e semear o caos, sem noção da complexidade da economia e da sociedade em que vive. Simplesmente não pode enxergá-la.

Aqui entra o segundo exemplo da falta que a educação faz: o Big Brother da TV Globo. Naquelas Solanges e Cidas há a prova mais cabal, o Provão mais contundente, do péssimo estado do ensino brasileiro — uma gente que não sabe falar "brócolis", acha que a África é um país, confunde "masoquista" com "narcisista", diz "personal trem" e "ofurunco", não sabe quantos minutos tem uma meia hora... e ainda por cima é arrogante! Tal como Lula, que realmente acredita ser um homem do povo subvertendo uma história de 500 anos, se orgulha de saber muito pouco e não está interessado em aprender de verdade. Essa pretensão nascida do despreparo, essa bazófia fundamentada em ignorância, é, até aqui, a marca mais lamentável de seu governo.

A esquizofrenia no poder

(18/4/2004)

Era uma das frases de efeito em maio de 68, um evento aí do século passado: "A imaginação no poder." Não quer dizer muita coisa, apenas que os governos poderiam ser menos burocráticos e autoritários. Mas não deixa de ser irônico que o governo Lula, com tanta gente oriunda da contracultura, exerça o poder de forma tão pouco imaginativa, tão dura, apática e confusa. Seu slogan é outro: "A esquizofrenia no poder." Esquizofrenia, diz o *Houaiss*, é uma psicose cujos sintomas "apontam a existência de uma dissociação da ação e do pensamento, expressa em uma sintomatologia variada, como delírios persecutórios, alucinações", etc. Diagnóstico preciso, ainda que de mau gosto.

Essa dissociação, por sinal, está ligada à idéia de utopia que a contracultura e o PT alimentavam tão ansiosamente. Depois da guinada eleitoreira em 2002 e depois de o partido ter sido sensatamente convidado por FHC a assumir suas responsabilidades perante o mercado financeiro, o governo se viu diante do programa Utopia Zero. Como seu DNA tem dificuldade para se adaptar a tal realidade, entrou em parafuso psicológico. No começo, o otimismo infantil da população embalou seus delírios de grandeza; aos poucos, porém, as fichas foram caindo e o bingo das grandes esperanças, fechado. A sociedade passou a ver todos os defeitos do partido, entre outros a leniência com a corrupção de seus altos funcionários, e o governo entrou nessa rebordosa da qual não parece capaz de sair. Mesmo que a dona Marisa mande podar a estrela do PT no jardim do Alvorada, idéias e ações continuam escassas e descasadas.

O que está mais claro do que nunca é a divisão da equipe ao meio, como um cérebro sem o corpo caloso para ligar os hemisférios. Um governo que tem um vice-presidente que pensa de modo oposto ao do ministro da Fazenda, um ministro da Agricultura ao da ministra do Meio Ambiente, um presidente do BNDES ao do presidente da República; que defende o arrocho fiscal e aumenta os gastos em conta corrente; que implanta políticas intervencionistas, mas não tem o que investir; que fala em "Universidade para todos", mas não sabe quantas bolsas são distribuídas no país; que acha que o capital produtivo é mais importante que o financeiro e pouco faz para desatravancar a produção — um governo assim não pode funcionar a contento.

Além disso, a própria qualidade da equipe é desigual. A maioria dos ministros está fazendo um trabalho muito ruim, de muita retórica e pouco resultado, de muito show e pouco senso, embalados na ideologia juvenil de um mundo em que o Estado realiza a justiça social por meio da "vontade política", não da eficiência gestora — do assembleísmo, não da racionalidade. Enquanto isso, os cargos técnicos da máquina pública são ocupados por "companheiros de luta" que nunca administraram nem sequer uma oficina mecânica. Na luta entre utopia e necessidade, dança a competência, o sentido dos fatos. Uma instituição como a Embrapa, ilha de excelência em pesquisa, é supostamente "voltada para a agricultura familiar" e termina paralisada.

O governo não é, claro, o único culpado pelo caos social que o país vive neste momento: invasões de terras produtivas pelo MST, guerra de gangues do narcotráfico no Rio, greves e mais greves abusivas ou não. Mas sua inação e sua incoerência dão margem e corda para esse descontrole. Incapaz de fazer valer a lei, de tomar iniciativas eficazes para proteger o cidadão de bem, de combater fraudes e estimular a economia formal, que moral pode ter? Se não tem firmeza para punir um Waldomiro Diniz, como pode impedir que as pessoas usem e abusem da "esperteza" para fraudar verbas e desrespeitar contratos? Se vive oscilando da paranóia à megalomania, enfim, que consistência pode ter?

Por que o governo Lula é conservador

(1/8/2004)

Durante anos Lula e o PT se disseram e foram ditos de esquerda. Se ser de esquerda é não ser conservador, ser a favor de mudanças que beneficiem cada vez mais o coletivo e dêem liberdade de escolha ao indivíduo, então está claro que eles não são. Não eram no discurso de oposição e não são no exercício do poder. Você pode pensar que eles mudaram daquela época para esta. Mas até na razão dessa mudança eles não foram nada senão conservadores: queriam esse poder que agora têm, permeado por seu partido, mas não outro poder. O modo como estão as coisas da máquina pública é ideal para eles.

O governo Lula é conservador porque seu discurso e sua ação em áreas como educação, ciência e tecnologia são atrasados. Não faz debate sobre a mudança do conteúdo escolar. Defende leis draconianas para o meio ambiente, enquanto não faz nada para evitar recordes de desmatamento e não dá o devido apoio a instituições como a Embrapa, cujas pesquisas ajudam a diminuir a quantidade de agrotóxicos e doenças. Seu comandante, Lula, é contra aborto, transgênicos, células-troncos, contra energia nuclear, contra tudo que cheire a modernidade. Seu conservadorismo moral e intelectual também se expressa nas declarações machistas e hiperbólicas. Ele fala o tempo todo, como se estivéssemos na época do regime militar, em fé, em família "estruturada", em pátria amada, apelando ao sentimentalismo fatalista do povo brasileiro — só que manda plantar a estrela do PT no jardim do Alvorada. E tem uma tal concepção da liberdade de expressão que tenta cassar visto de jornalista.

O governo Lula é conservador porque é conivente e comprometido com o "status quo" da política nacional, dominada por oligarquias e corporativismos, e com a corrupção que grassa no país. O número de assessores suspeitos é espantoso, e os escândalos se sucedem: Waldomiro, Geap, Banco do Brasil, Banco Central, Ágora, Polícia Federal, Vampiros... A impressão que dá é a de que seus ministros só sabem montar equipes com esse tipo de gente. O governo também não se empenha a sério em reformas estruturais como a previdenciária, a tributária e a administrativa, para não falar da política e da judiciária, as quais poderiam romper com o capitalismo de Estado brasileiro, com as desigualdades regionais, com a cultura da servidão que ainda marca o Brasil. Não, neste país de analfabetos e miseráveis, o presidente se gaba de não ter estudado o quanto podia, enquanto manda comprar avião de R$ 160 milhões e churrasqueira de R$ 3 milhões. Quer tradição brasileira mais espúria que essa? Pois o PT a conserva e a estimula.

E o governo Lula é conservador não exatamente por sua ortodoxia econômica, por sua austeridade fiscal, pela continuidade das políticas tucanas, mas porque as adotou para agradar aos mercados e agora também não sabe como ir além delas, não sabe como se desprender da bitola tecnocrática. Como não tem o foco na liberação das forças produtivas, seduzido sempre por intervencionismos (como o BNDES comprando ações de privatizadas), e acha que a distribuição de renda depende exclusivamente de grandiosos programas sociais (como o sumido Fome Zero), continua perdido. Não negocia acordo comercial com os EUA por preconceito, não consegue atrair investimento para infra-estrutura por falta de um projeto confiável, não faz idéia de como gastar melhor o que tem para gastar. Não ataca a dívida pública e presta péssimos serviços sociais, ignorando a segurança das pessoas nos campos e cidades.

Assim, os benefícios que surgem são para uma minoria, as liberdades individuais são constantemente ameaçadas, o Estado continua drenando mais e mais os recursos da sociedade. O governo é conservador na economia, na moral e na política. Mas quem fala mal do PT é de direita...

De Getúlio a Daiane
(27/8/2004)

Mesmo com tantos artigos, programas, livros, eventos e debates sobre Getúlio Vargas, 50 anos depois do suicídio, o que ainda se sabe é que pouco se sabe. Talvez por isso ele atraia mais romances históricos do que a boa biografia moderna, isenta, que seria tão fundamental. O que predominou, por cima da visão de uma pessoa e um período contraditórios, de herança ambígua, foi a de um líder, um estadista, que não apenas batizou uma era, mas também a moldou à sua imagem e semelhança — mais um artífice de seu tempo do que um produto. E isso não é verdade para ninguém. Eis por que também o suicídio foi menos comentado do que a carreira ou então visto como último grande gesto político.

Tive a impressão, nessas "comemorações", de que Getúlio não foi um ditador, um tirano fascistóide que mandou censurar, torturar e matar e prendeu Graciliano Ramos e Monteiro Lobato, um antidemocrata melancólico que veio do caudilhismo e tinha impulsos destrutivos e autodestrutivos. O tempo lhe deu um tom pastel, uma pátina de suavidade, que não coincide com os fatos. É como se o Estado Novo tivesse sido de um autoritarismo "leve"; como se suas contribuições à fundação do Brasil moderno — como a legislação trabalhista e a industrialização estatal — só pudessem ter ocorrido sob o signo da arbitrariedade e do paternalismo; e como se a virada de casaca durante a guerra, quando ele passou para o lado dos EUA à força da conveniência, não tenha sido sintomática.

O suicídio sempre me soou como ato extremo de alguém que sente a "honra" manchada e, acima de tudo, sente que não pertence mais àquele tempo, incomodado com as leviandades e as amarras que uma democracia imatura pode implicar. Por isso a extensão do seu espectro até 50 anos depois: talvez nem ele imaginasse que sua martirização fosse projetar sombra tão vultosa. "Getúlio matou Vargas", disse Carlos Heitor Cony. E o eternizou, acrescento eu — a tal ponto que até hoje há quem sonhe com o Estado-tutor, o Estado que conduz a sociedade e a economia, o Estado como topo da pirâmide, locomotiva do progresso, etc. Sim, Getúlio significou o fim da República Velha, uma derrota parcial das oligarquias rurais; mas manteve a confusão entre público e privado, o desenraizamento das virtudes liberais nos trópicos, a ilusão de que o governo pode tudo se tiver "vontade política".

O suicídio também perpetuou toda uma auto-imagem do Brasil, oscilante como Getúlio entre o complexo de inferioridade e o de superioridade. Afinal, os elementos mais fortes da identidade nacional se consolidaram na Era Vargas (1930-54) e foram espertamente reforçados por ele, como a música (samba), o futebol e o orgulho da mestiçagem (Gilberto Freyre) — a idéia de que temos algo de formidável a dar ao mundo, coletivamente, num esquema passional e ufanista que o governo Lula hoje tanto endossa. Daí a excessiva dependência da cultura e do esporte para com o Estado e as estatais. Daí, num "duplo twist carpado" da história, o endeusamento e a conseqüente demonização dos que representam o Brasil e encarnam sua ambição de grandeza imediata.

Vem da retórica da era getulista, que seduziu escritores em fuga da Europa belicista e racista — como mostra Alberto Dines em sua biografia de Stefan Zweig agora relançada, *Morte no Paraíso*, e como insinua o roteiro do filme *Olga* no momento em que ela vê as praias do avião —, essa mania de transferir sem piedade todos os recalques e desejos do "Brasil grande" para alguns heróis, de esperar pelas medalhas como os índios esperavam por miçangas, de esquecer que existem adversários do outro lado. Botaram sobre os ombros da jovem Daiane ("a melhor do Ocidente", segundo Galvão Bueno), por exemplo, o peso de 170 milhões de torcedores — o que não há joelho que agüente, como bem soube Ronaldo em 1998.

Daiane foi mais madura que a maioria ("As pessoas querem que eu chore") e assumiu seu erro, mas, ainda que tendo a complacência pelo fato de que não "temos" tradição em ginástica (reparou como o "nós" aparece durante a Olimpíada?), não calou todas as justificativas e acusações sentimentais. Seu talento jamais poderia falar mais alto que o tiro de Getúlio.

O mal do nacionalismo

(19/9/2004)

Qualquer pessoa, pelo menos em sociedades que saíram do estágio tribal, sente pertencer a uma nação; tem o que Machado de Assis chamou de "instinto de nacionalidade". Alguns vínculos afetivos com seu país se manifestam, especialmente quando se está no exterior, de forma mais clara em coisas como o idioma, as comidas, as canções, os gestos familiares, as memórias partilhadas, as ocasiões de confronto até mesmo esportivo com outras nacionalidades. Se você quer que sua vida melhore, em qualquer sentido, quer que sua cidade e seu país melhorem, pois é afetado pelo lugar e tempo em que vive. E é razoável dizer que toda nação teve uma fase de autoafirmação, de encantamento adolescente por si mesma, até que passou à autoconfiança, à maturidade.

Agora, como o próprio Machado escreveu, tudo isso se trata de um "certo sentimento íntimo" que não se trata de definir cabalmente, de defender em bloco, de converter em causa acima de todas as causas. Mesmo com todos os laços psicológicos, é possível qualquer indivíduo viver, e feliz, em outros países. Culturas se influenciam, e quanto mais o mundo criar fronteiras porosas, mais a humanidade poderá respirar. O nacionalismo como ideologia, de fachada patriótica, só alimenta a ignorância ou o ódio em relação aos outros. Confundido com a religião, provoca mais estragos que tudo; afinal, como já escrevi, todo povo se julga eleito de alguma forma. No Brasil, por exemplo, o presidente Lula vive a repetir Policarpo Quaresma sobre a beleza da terra e a humildade do povo — como, e este é o ponto, se precisasse acreditar nisso.

Às vezes me perguntam por que mantenho uma seção chamada "Por que não me ufano", que alguns parecem entender como "Por que odeio meu país". Não odeio, não. Parafraseando Hannah Arendt: como poderia odiar algo que é parte de mim? Sou muito interessado pela cultura brasileira e me dedico a estudá-la, como o leitor mais atento percebe; e não vejo muita graça nesse outro esporte nacional que é o de falar mal do Brasil o tempo todo — o que é sintoma da mesma auto-obsessão. Mais uma vez, a identidade nacional é o menor problema do Brasil; nesse vasto território, que conheço bastante, me sinto sempre "em casa". Mas considere: o país é também campeão do mundo em injustiça social, e acho indispensável reservar um espaço para apontar sistematicamente essas tantas mazelas e imaturidades. Entre elas, está o próprio nacionalismo que levou um conde, Afonso Celso, defensor de dom Pedro II, a escrever no início da República um livro que vendeu como banana, *Por Que me Ufano do meu País*.

Se não existissem tantos afonsocelsos e policarpos, ninguém precisaria se ocupar deles. Mas eles existem, como se viu em episódios como o de Vanderlei Cordeiro de Lima, o bom cordeiro transformado em Ulisses da honra tupi por ter continuado a correr a maratona depois de atacado pelo lobo irlandês. Ninguém se pergunta: algum atleta de qualquer outro país faria diferente? Toda vez que o Brasil soube olhar para fora e para dentro ao mesmo tempo, como nos anos 50, sua cultura ferveu e adensou. Mais importante: se eu fosse americano, russo, francês ou alemão, igualmente não me ufanaria. Ufanar-se é a mais fácil e, logo, a mais perigosa das muletas emocionais. Tal como o sujeito que acha que seu parente ou parceiro está sempre certo por ser seu parente ou parceiro, ou o que acredita que sua cidade ou empresa não pode ser criticada porque está nela há anos — entre outros inúmeros exemplos —, aderir ao sentimentalismo coletivo em substituição àquele instinto particular é fugir da realidade. E, portanto, fazer mal ao bem comum.

Lucro abaixo do equador

(24/10/2004)

O projeto da Ancinav, ainda cheio de problemas e ameaças, excluiu na semana passada a proposta de taxar em 10% os ingressos de cinema. Caiu na real de que o cidadão é que ia pagar a conta, com bilhetes mais caros e menos estréias no interior. Mas um de seus defensores disse, em outra ocasião, que os lucros das distribuidoras e exibidoras — na maioria estrangeiras — estavam altos; logo, seriam suficientes para absorver o novo imposto. Relaxe, leitor, não vou entrar na questão específica. O que me importa é notar como essa mentalidade antilucro ainda é forte ao sul do equador. Se os grupos multinacionais estão ganhando dinheiro, o que vem permitindo que construam mais e mais salas e invistam na co-produção de filmes brasileiros, além de pagar impostos e gerar empregos em território nacional, então viva o lucro!

Outro exemplo dessa tímida assimilação do capitalismo entre nós é a noção, que ouvi até de jornalistas em cargos importantes, segundo a qual "se uns ficaram mais ricos, é porque outros ficaram mais pobres". Mesmo economistas renomados usam a imagem do "bolo a ser dividido", como se o bolo fosse de tamanho e formato fixos, como se houvesse um montante máximo e manipulável de renda a ser partilhada entre as pessoas. Veja o caso brasileiro: há apenas 80 mil milionários aqui, mas muita gente acredita que são eles que causam a pobreza de mais de 40 milhões! Isso é um simplismo absurdo. Sem acumulação de capital não há sociedade que funcione, pois não haverá liquidez para investimento e, portanto, geração de emprego. O problema é que aqui o crescimento do PIB não está atrelado ao desenvolvimento social, o que depende de melhor dinheiro e gestão para educação, saúde, saneamento, justiça, etc. O grande concentrador de renda no

Brasil é o Estado, a máquina pública com sua ineficiência e corrupção, que tira dos pobres para dar às curriolas e oligarquias.

A reportagem do *Fantástico* sobre o dinheiro do Bolsa Família foi só mais um exemplo disso. O dinheiro sai do governo federal — do contribuinte — e não chega aos realmente necessitados, porque os prefeitos entregam a seus familiares, em geral abastados. Se isso acontece com tal esmola, imagine com a grana braba das grandes obras, na farra política das licitações engatilhadas em campanha. Enquanto isso, o governo Lula não move um charuto para queimar as teias burocrática e tributária que enredam as empresas, aumenta os impostos e os juros, aprisiona os investimentos sociais para poder exibir ao FMI e ao mercado financeiro um superávit primário alto, não faz acordo comercial com os EUA por preconceito ideológico, investe pouco em ciência e tecnologia, desdolariza a dívida interna, mas encurta seus prazos, faz ou deixa o dólar cair, etc. São todos sintomas dos mesmos vícios pré-capitalistas do Brasil.

Quem festeja o crescimento de PT e PSDB no cenário político esquece que, apesar de implicar um avanço em relação aos outros partidos, isso não significa que o Brasil esteja caminhando para o capitalismo verdadeiramente democrático, capaz de levar salário e cidadania para a grande maioria da população. No ritmo em que vai, e até porque os outros países também evoluem — fato singelo que costuma ser esquecido pelos analistas brasileiros —, essa realidade vai demorar mais um século. Para acelerar, é preciso contestar o conceito de Estado social-democrata que vigora no PSDB e, menos, no PT atual. Aparentemente, é bonito: não queremos nem o Estado "mínimo" (se é que ele existe em algum lugar, a não ser na África) nem o estatismo socialista (que deu errado em toda parte, até na China); queremos um meio-termo, que tem livre-mercado mas faz a rede de proteção social. O que ninguém explica é como, de repente, converter um aparelho estatal tão viciado e perdulário.

A social-democracia no sentido estrito deu certo em países escandinavos, mas poucos no Brasil notam que, além de serem pequenos e homogêneos e de terem reduzido impostos nos últimos anos (pois o capitalismo internacionalizado exige setor produtivo mais dinâmico), eles têm economia bem mais aberta, ou seja, o comércio internacional representa boa parcela de sua riqueza. E um exemplo das dificuldades de aplicar o esquema social-democrata são as agências reguladoras criadas — em cópia malfeita dos

EUA — pelo governo FHC, que defendem contratos que fazem o preço das tarifas públicas pressionar sistematicamente a inflação, como se ainda vivêssemos numa economia indexada. Já o PT, com seu conceito vago de "desenvolvimentismo", ainda sonha com a volta do Estado-empresário, ou melhor, empreiteiro.

Mal passamos, enfim, pelo liberalismo no sentido contratual, pelo respeito à distinção entre público e privado como premissa. Em todo país desenvolvido o Estado não é nem mínimo nem máximo, mas tem de prestar bons serviços sociais e estimular pontos letárgicos da economia, com atenção especial para a preservação das regras da boa competição, sem a qual o lucro não precisa investir em trabalho. No Brasil, o Estado presta maus serviços e estrangula os setores produtivos, premiando os cartéis e cartórios. Qualquer outra discussão é fugir do foco. E solapar, como jesuítas da Era Digital, o bom progresso.

Digesto Antropofágico

(14/11/2004)

A antropofagia não nos uniu. Nem socialmente, nem economicamente, nem filosoficamente.

—

Contra a idéia de "uma única lei do mundo". Contra individualismos e coletivismos.

—

Tupy and not tupy, that is the question now.

—

O que é meu e o que não é meu me interessam.

—

Freud já não explica tudo. O cinema americano já não informa muito.

—

O mito da sexualidade continua na mão dos oligarcas. No país da bunda exposta, sem topless.

—

A rítmica religiosa é cada vez mais a ladainha com catarse evangélica. Que não assimila Darwin nem a genética.

—

Chega do desrecalque do colonizado. Contra a aliança da violência velada com a violência urbana.

—

Terminou a idade de ouro americana. O selvagem e o civilizado só se encontram na barbárie.

—

Temos capacidade da lógica. É preciso exercê-la melhor.

—

Contra os desequilíbrios e as inquisições interiores.

—

Não queremos tabus nem totens. Objetividade ajuda. Precisamos aprofundar o realismo.

—

Roteiros. E consistências.

—

Fizemos carnaval. Mas isso não se transformou em capacidade real de abraçar as diferenças. Contra o tapinha nas costas. Contra o machismo de homens e mulheres.

—

A favor da alegria, informalidade e sensualidade. Mas sem comer o trabalho, o direito e a cidadania.

—

Sublimar é preciso. Sim ao exagero como arma de humor crítico, não como explosão de carência infantil.

—

O ufanismo e o hibridismo mentem. O brasileiro esquece a tolerância sob a cordialidade e faz da fusão confusão.

—

Chega da saudade da felicidade que teríamos tido. A alegria não é só nossa e não é prova de nada. Não temos nem um "a mais" nem um "a menos". Contra a esquizofrenia subdesenvolvida.

—

Contra a mania de fugir do concreto e se esconder na fé. Pela ciência. Pela tecnologia. Pelo saber-fazer de Machado, Tom Jobim e Pelé.

—

A nossa independência agora tem de ser em relação aos nossos mitos convenientes. O futuro como obra, até onde nos pertence.

—

Pindorama também castra e discrimina. E muito. Chegou a hora de digeri-la.

A gravata de Lula
(21/11/2004)

Não há um litro de sangue socialista em Lula. É uma das coisas que se confirmam no documentário de João Moreira Salles, *Entreatos*. A história de Lula é a de um operário que se tornou líder sindicalista e depois político; é também a de um homem que quer ascender socialmente, que chega à classe média e partilha seus valores burgueses, que não está interessado em revolução ou acredita em uma sociedade sem classes. Reflete, portanto, a história da industrialização tardia do Brasil e da busca honrosa pelos direitos políticos e materiais dos trabalhadores dessa indústria. Lula se apropriou de jargões e conceitos que a intelectualidade de esquerda lhe transmitiu, mas sua percepção nunca o deixou travado na ideologia. É mais um cristão paternalista do que um agente anticapitalista.

Em boa parte do filme, feito durante as últimas semanas da campanha de 2002, ele está preocupado com o que não pode falar e com que gravata vai usar. Chega a dizer que jamais se acostumou com o macacão de metalúrgico, mas que no terceiro dia de terno e gravata já se sentia ótimo. Vemos, assim, a ambição e a vaidade de Lula como ninguém havia mostrado. E elas são positivas, não negativas. Muito do carisma de Lula, afinal, vem do fato de que não é um radical por natureza, mas alguém que quer melhorar de vida e não se conforma diante das dificuldades impostas a ele e sua categoria. (Quem acha que o capitalismo não precisa dessa pressão organizada desconhece, por exemplo, o quanto ela ajudou a democratizar o mercado nos EUA.) Um momento simbólico é quando conta que, procurado para o censo do IBGE certa vez, deu a informação de que ganhava mais de dez salários mínimos.

Lula, de resto, se mostra o macho brasileiro típico: gosta de cachaça, feijão e futebol, de impressionar a namorada com seu carro, de contar vantagem e piada, de tirar sarro e soltar palavrão; ri e chora fácil; escuta Roberto Carlos e Zeca Pagodinho; sonha com o conforto do Palácio; deixa de caminhar na praia por não ter companhia. É também o político brasileiro tradicional, que confunde conciliar e conchavar, que nada entende de administração, que fala o que as pessoas querem ouvir e não exatamente o que pensa. Deixa, por exemplo, escapar descrença nas estatísticas de crianças de rua e famintos. E diz temer, caso eleito, a força da máquina federal, da "agenda institucional" que poderia afastá-lo dos "alicerces do PT" como os sindicatos, os teólogos da libertação e os estudantes e impedi-lo de mudar o "modelo econômico". A julgar por isso, deve continuar com o sono ruim. Ou alega falta de mobilidade?

O que o documentário também deixa claro, com sua tática de incorporar acidentes e bastidores, é o quanto a guinada do PT em meados de 2002 foi feita para ganhar a eleição, não por um debate "orgânico" — o qual os admiradores sempre ressaltaram como bel-característica do partido. Numa das cenas, Gushiken e Duda mostram a Lula uma lousa onde está escrito, entre outros itens, que a Carta ao Povo Brasileiro deve ser invocada para "neutralizar o discurso terrorista", isto é, para vender a imagem paz & amor. Por ironia, comunicaram um Lula muito mais real. O lançamento desse documentário simultaneamente ao de Eduardo Coutinho, *Peões*, série cansativa de entrevistas com participantes das greves do ABC em 1979-80 que dariam origem ao PT, parece mandar um recado ao presidente, na linha "Não esqueça seu passado". Mas o adequado seria: "Cuidado para não se enforcar na gravata."

PT revisões

(12/12/2004)

Encontro num bar um amigo que já não encontrava havia tempo, Diogo, conhecido nos anos de faculdade por usar boina à Che com broche de estrela vermelha. Ele parece meio alto, ou melhor, cabisbaixo; depois de vários chopes, já apóia os braços na mesa para não escorregar para o chão.

— Diogo, tudo bem?
— Tudo. Quer dizer... na medida do possível, né?
— Que aconteceu?
— Você ainda pergunta? Fiquei 20 anos esperando o PT chegar ao poder. Você sabe disso. Agora já faz dois que ele está lá...
— E?
— E é essa porcaria que você está vendo. O governo FHC III. O Palocci é o Malan, o Meirelles o Fraga, o Dirceu o Serjão... até o Lula parece o Fernando Henrique, que viaja o tempo todo e se porta como rainha da Inglaterra, como se o Brasil vivesse num mar de rosas, apesar dos fracasso-maníacos.
— Mais ou menos...
— A política econômica é a mesma: juros altos, impostos crescentes, acordo com FMI. E tem as alianças com a direita, enquanto as verbas sociais estão congeladas. Aliás, os ministros das áreas sociais são piores ainda!
— Mas o crescimento neste ano está sendo bom, pode passar de 5%...
— E crescimento basta? O PT nunca pensou assim. O Brasil dos militares cresceu muito mais, vários anos seguidos. E esse crescimento é daquele tipo que só gera emprego barato, que quase não distribui renda, que não reduz a pobreza. — Diogo engole seco. — Garçom! Mais uma! Uma pro meu amigo aqui também.

— Obrigado. Mas, olha, a coisa lá em Brasília é enrolada. Tem muito partido político, muito coronel, muita barganha...

— E muita corrupção, né? O PT... quem imaginou que o PT fosse se meter com gente como esse Waldomiro Diniz? E sair negociando cargos e apoios com ACM, Sarney, Maluf, Quércia? O PT é o PMDB do século 21! Isso para não falar das tentativas de censura, das "regulamentações", da Ancinav...

— É, Diogo, eu...

— Eu sei que algumas pessoas disseram que o PT não era o partido ideológico e moderno que dizia ser. Mas o PT vendeu a alma para ganhar a eleição e ficar no poder o máximo de tempo possível. E isso é que derruba.

— Mas o que você queria? Calote na dívida? Fim dos latifúndios? Salário mínimo de R$ 500 apenas no papel? Estatização? Nem o povo quer isso.

— Eu sei, eu sei... Mas se ponha no meu lugar... Eu acreditava no Lula... achava que um operário chegar ao poder iria corrigir 500 anos de injustiça... que não ia mais ver gente catando comida no lixo, assaltando nas esquinas, parindo oito filhos... — Diogo esvazia a caneca.

— Pega leve, amigo. Acho que vou levar você para casa.

— E pensar que não tenho mais inimigos... Isso dói também, sabia? Eu achava que os EUA eram causadores da nossa pobreza, que a elite brasileira era a mesma desde dom João VI, que a globalização ia acabar com nossa cultura... Agora começo a achar que a coisa é bem mais embaixo.

— Os problemas continuam; as soluções é que são mais complicadas do que a gente sonhava na juventude.

— E eu já nem sou nenhum jovem.

— Pois é. Vamos?

Diogo suspira, solta um soluço e, com ar de criança desolada, faz que sim com a cabeça.

— Vamos. Mas, antes, a saideira. Garçom!

Vinte anos esta manhã
(6/2/2005)

Foram burocráticas as comemorações dos 20 anos da reabertura. Aquele foi tudo menos um momento burocrático. Ser adolescente então era uma confusão de sensações maior que a habitual para a idade; acima de tudo, o provincianismo do País era sufocante. Por mais que as passeatas que fizemos pelas Diretas-Já não tenham tido efeito imediato, eram um movimento, um gesto de inconformismo, e nisso já havia o consolo de ver o brasileiro agindo contra suas inclinações culturais. Antes do desejo do direito limitado do voto havia a vibração ilimitada de poder expressá-lo. Para uma geração que havia passado a infância apenas desconfiando da modorra vigente, incluído aqui o escapismo odara do final dos anos 70, aquilo era mais do que podíamos imaginar. A queda do Muro de Berlim, cinco anos depois, só veio confirmar que o futuro não era apenas a democracia; era abandonar a ilusão de sistemas estáticos.

Tudo era difícil num país que parecia isolado do mundo, um quase-continente com alma de ilha. Os primeiros exercícios intelectuais bastaram para nos revelar o sertão de idéias ao redor: Dostoievski não se encaixava no Bananão — ou melhor, tinha tudo a ver com nossa vertigem de angústias. Brasília parecia longe e habitada por pessoas ao lado de quem não sentaríamos à mesa. Os jornais cheiravam a naftalina. Ou, então, ficar sabendo por alto do que estava sendo criado e debatido nos países desenvolvidos era melancólico: poucos filmes e discos iam chegar, e muito tempo depois de seu lançamento; as editoras não traduziam quase nada; nossos intelectuais acreditavam em socialismo ou então trabalhavam para o governo; era impossível descobrir a verdade sobre momentos históricos do País, que pareciam fantasia nas apostilas escolares; a TV dava enlatados de super-heróis no horário nobre; e até a seleção de Zico, Sócrates e companhia ofereceu catarse inversa à esperada.

De repente, e com força especial em São Paulo, muito começou a mudar. Editoras como a Brasiliense traduziram rebeldes americanos e lançaram jovens brasileiros. Cineclubes produziam pequenas romarias para ciclos de Fellini, Truffaut e Fritz Lang. Conferências da Funarte mostraram que tínhamos intelectuais, poucos mas inquietos, e Jorge Luis Borges falou no Masp. O tablóide *Leia Livros* nos informava sobre rumos literários. Paulo Francis trazia de Nova York um mundo de referências modernas e aparecia dentro de museus na tela da TV. Novelas como *Roque Santeiro*, minisséries como *O Tempo e o Vento* e os documentários do *Globo Repórter* inflaram clima de libertação, exibindo rima de criatividade e popularidade. E os jornais estampavam na primeira página as fotos das multidões nas ruas, bregamente alegres.

Ninguém ciente acreditava que fosse ser rápido e fácil. Fomos submetidos a uma série de frustrações. Ver Sarney no poder era inconsolável. Ler a Constituição de 1988 dava, como dá até hoje, ânsia de vômito, assim como, depois, o debate entre o ingênuo e o falso, Lula e Collor — seguido do roteiro de horror cafona, com personagens como PC Farias, que nem Zé do Caixão seria capaz de inventar. E a inflação saindo da órbita terrestre.

Mas hoje, 20 anos depois, e com todos os problemas que o Brasil insiste em não enxergar, não há razão para que mais da metade dos brasileiros diga que a democracia piorou o País, como vejo em muitas enquetes. O Brasil pode até ter piorado em muitos aspectos, e o maior símbolo são as periferias favelizadas e violentas das grandes cidades, que deveriam ser a preocupação central. Só que a democracia não é a causa ou o obstáculo.

O que vale nela é justamente ser um sistema instável. Nunca está pronto, nunca está acabado. Ela não faz uma nação mais rica ou mais pobre. Na realidade, como têm estudado economistas como Amartya Sen, ela pode retardar um pouco o enriquecimento coletivo — e gerar decepção amarga em países que não têm muita ou nenhuma tradição democrática, como a Rússia, onde ela se atrelou ao conceito de corrupção — e, no entanto, são os regimes autoritários que não o conseguem estender por muito tempo. Da Cuba de Fidel à União Soviética de Stalin, da África dos Idi Amins à América do Sul dos militares, é só verificar: a economia pode viver uma primeira fase de prosperidade, mas em seguida vai explodir ou definhar de maneira inelutável, deixando custos materiais tão grandes quanto os mentais — como, para ficar na Rússia, se viu na usina de Chernobyl, no naufrágio do Kursk, na violência na Chechênia.

Os ganhos da democracia não se medem claramente, mas são evidentes. Voltando ao Brasil: sem ela, antes de mais nada, não poderíamos saber cada vez mais das muitas mazelas sociais e morais; ao mesmo tempo, não poderíamos comemorar a existência de benefícios que nem sempre se refletem no PIB e no IDH, e que vão muito além do direito de escolher entre Lula e Fernando Henrique. Exemplos: a oferta cultural de uma cidade como São Paulo; a liberdade de imprensa ainda por chegar a certas regiões; e a relativa abertura ao mundo, até mesmo porque acentua a percepção do atraso. Sem ela, aquele adolescente que fui — ao qual diziam, por exemplo, que fazer um jornalismo mais sério e opinativo só traria desgosto — hoje estaria em outro país ou dimensão.

Sem ela, por fim, não teríamos entrado de alguma forma nesse fluxo de novidades e diversidades que irrompeu a partir dos anos 90, com tecnologias como PC, internet, CD, TV a cabo e DVD, avanços médicos e, sim, a internacionalização da economia — que nos permite comprar aquelas revistas importadas que antes não encontrávamos nem em bancas de aeroporto. Se você não vê a importância disso, não vê a importância da democracia.

Sinais de terceiro-mundismo

(6/3/2005)

— Um presidente que faz 24 discursos por mês, quase sempre crivados de leviandades, megalomanias e erros de gramática e informação. Que não entende a responsabilidade de seu cargo, a primazia da função sobre a pessoa que a desempenha. Que supõe que o Estado seja uma "mãe", provavelmente do tipo que mima e não educa. Que acha que veio salvar um país de séculos de opressão.

— Regiões rurais ou urbanas de extrema pobreza e violência, abandonadas pelo poder público desde sempre. A liberdade de informação, os serviços de educação, saúde e justiça e as possibilidades de melhora em vez de esmola, nessas regiões, são escassos; a cidadania só existe na hora de pagar imposto e multa ou trocar voto por emprego.

— A máquina estatal em perpétuo crescimento, cada vez mais drenando o que é produzido pela sociedade. Os impostos não param de subir, enquanto os serviços sociais não param de piorar.

— A arquitetura trôpega da maioria dos sistemas públicos: partidário, jurídico, prisional, sindical, previdenciário, tributário, agrário, administrativo. São cheios de brechas, contradições e obstáculos; logo, dão corda para o desvio, a corrupção, o desperdício, o privilégio, a brutalidade, a lentidão. São fábricas de corporativismo e clientelismo.

— O direito político como obrigação: voto obrigatório, horário obrigatório para a *Voz do Brasil* nas rádios, propaganda política em todo intervalo na TV. Tal onipresença da retórica política é inversamente proporcional à representatividade da classe política.

— Uma classe empresarial e financeira que, mesmo com lucros estratosféricos, quer ainda mais favores do governo, sendo no mínimo conivente com os esquemas de licitação que quase sempre embutem superfaturamento e suborno. Seu medo de competir, de inovar e de reduzir margens de ganho.

— O absurdo apego à burocracia. Burocracia para tudo: para abrir e fechar empresa, para comprar e vender coisas, para casar e divorciar, para empregar e demitir, para ter ou renovar documentos, para gerir universidades, etc.

— A confusão geral entre sentimento e mérito. A supremacia dos laços pessoais — por sangue, casamento ou compadrio — sobre os valores técnicos. Uma aversão generalizada contra a ciência e a racionalidade, que seriam chatices ou prisões. A exaltação da inspiração em detrimento da dedução.

— A cultura da contravenção e do "jeitinho". Como o poder público é excessivo em algumas áreas e omisso em outras, historicamente se desenvolveram valores que justificam a ilegalidade, a incorreção e a informalidade. Artistas exaltam os malandros; comentaristas esportivos aplaudem os "bad boys"; gente com instrução joga lixo nas ruas; o crime é sempre explicado como gesto de desespero de quem não tem o que comer. A incapacidade de dizer "não" a uma sugestão de propina para apressar um benefício ou para evitar um desconforto.

— A oscilação histérica da opinião. O vilão de hoje é o herói de amanhã e vice-versa. O complexo de inferioridade prestes a se tornar o de superioridade. Nessa gangorra emotiva, desaparecem a análise inteligente, o bom senso, a capacidade de admiração, as nuances e complexidades; o palpite vence a idéia. E o caminho do meio fica ocupado por aqueles que, na verdade, jamais têm a coragem de descer do muro para derrubá-lo.

— O domínio das fofocas sobre questões concretas e a confusão entre ambas, o que em alguns casos provoca um linchamento moral para o qual não há cura. Todo país tem seus tablóides e programas sensacionalistas, e justamente por isso os veículos sérios se distinguem com a sobriedade.

— Intelectuais que não sabem escrever para o público, e pessoas que escrevem para o público de forma antiintelectual. A extrema dependência da produção artística e acadêmica em relação ao dinheiro público, mesmo que sob a forma de incentivo ao patrocínio privado.

— A obsessão antropológica que converte manifestações culturais em discurso ideológico, que toma o reconhecimento mundial de áreas como o futebol e a canção popular em pontos de honra, motivos de orgulho, explicações simbólicas das virtudes nacionais que a "elite" tentaria ocultar.

— A suposição de que a identidade nacional se caracteriza por traços exclusivos como a alegria e a sensualidade — e a idéia de que um progresso econômico semelhante ao ocorrido em outros países tende a apagar tais traços.

— A incapacidade de perceber que todos os itens acima estão relacionados.

Os sete pecados do governo Lula

(17/4/2005)

Lula disse na semana passada, depois de comungar sem confessar, que não tem pecados. Bem, cada um sabe de sua vida particular. Mas, como governante, ele e seu governo têm pecados que nenhum frei, nem mesmo da Teologia da Libertação (aquela que alguns chamam de "progressista"), pode expurgar em pouco tempo. Vou me limitar aos pecados capitais:

Soberba ou vaidade — "Mãe de todos os vícios", segundo Tomás de Aquino, se manifesta toda vez que o presidente diz que, por ser de origem proletária, veio salvar o Brasil de 500 anos de inferno capitalista. Ou quando desdenha a educação formal porque não precisou de diploma universitário para atingir o maior cargo político do país que considera o melhor do mundo. Ou quando seus asseclas principais o comparam com Jesus, Moisés e outros personagens.

Preguiça — Ou: Macunaíma no poder. O presidente, para não falar de seus filhos, e os ministros, para não falar de suas mulheres, não trabalham. Despachar, para eles, é um verbo do dicionário de candomblé. Ocupam o tempo com discursos, viagens, factóides, lobbies, nomeações para todos os escalões — sem critério exceto o do interesse. Falam em reforma, mas jamais metem a mão na massa. Não estudam seus assuntos e não conseguem cortar gastos, aprimorar gestões, administrar planilhas. Claro, a dispersão convém.

Inveja — Esse é o menos disfarçado dos pecados do atual governo. Lula quer ser FHC, Dirceu quer ser Serjão, Palocci quer ser Malan. Ficaram tantos anos atacando o governo anterior que, numa reversão que só a inveja explica, hoje incluem no programa de partido todos os pontos que atacavam: meta de inflação, superávit fiscal, dólar flutuante, boas relações com o

FMI, etc. A tal ponto que não sabem como derrubar os juros, pois, como a dívida caiu pouco e os investimentos continuam baixos, não dá para tirar o olho do risco-país.

Luxúria — Esse pecado também é visível por toda parte. Por exemplo, quando o presidente viaja em seu Airbus "sob encomenda", o Aerolula, para ser santificado como inimigo da fome por ditadores africanos, em meio a gafes e bravatas. Ou em seus roupões de algodão egípcio e jantares regados a Château Pétrus. Ou quando se gaba de seu desempenho sexual.

Ira — Não é apenas uma explosão de raiva, mas o sentimento de orgulho que se converte em desejo de vingança. Aos inimigos, os petistas sempre dedicam a ira; em vez de contrapor argumentos e exercitar a tolerância, tratam de desqualificá-los moralmente ou cerceá-los juridicamente. E, novamente como de hábito, ninguém conhece melhor a ira do governo petista do que os antigos aliados, quer "radicais", quer "históricos". Essa postura não raro aparece travestida de "regulamentação" de setores como a imprensa e a cultura.

Gula — No sentido estrito, basta olhar as barrigas do Executivo. No sentido amplo, é a voracidade com que o governo avança no bolso dos contribuintes, engolindo toda migalha que vê pela frente. Os impostos sobem, a arrecadação dispara, os agiotas comemoram. E é também a gula por mais e mais poder, expressa na maneira como todas as estatais são ocupadas por políticos e o número de funcionários públicos não pára de aumentar.

Avareza ou cobiça — Esse pecado seria o mais negado pelo atual governo, já que anuncia "generosidades" a toda hora. Mas, ao mesmo tempo que esbanja em juros e luxos, ele é avaro, extremamente avaro na prestação de serviços sociais. Oferece "bolsa-esmola", que freqüentemente cai em mãos abastadas, mas deixa o ensino, a saúde e a segurança (cadê o "maior plano nacional de segurança jamais feito"?), por exemplo, piorarem a cada dia. Quanto mais dinheiro extrai da sociedade, menos lhe devolve. Ave-Maria, rogai por nós.

Quem te viu, quem te vê

(19/6/2005)

A semana pedia uma ópera-bufa, com versões de árias como *Cuore ingrato* (Bolso ingrato), *Una furtiva lacrima* (Uma suspeita lágrima) ou *Il mio misterio è chiuso in me* (O ministério se fechou para mim), ou o roteiro de um filme B, lotado de canastrices e sexismos, tipo *Brasília Babilônia* ou *A Dama do Mensalão*. Mas o que descobri foi uma versão para uma canção de Chico Buarque, *Quem te viu, quem te vê*, não sei se feita por um daqueles deputados que estenderam faixa no Congresso com esses dizeres, em referência ao fato de o PT não apoiar a CPI dos Correios. Mais provavelmente, é de um desses incontáveis viúvos do partido, ora de luto por sua inocência perdida. Eis a letra:

Você era a mais agressiva das patotas dessa ala
Você era contra tudo e eu militante mala
Hoje lá no Alvorada a sua festa continua
Suas noites são de gala, nosso tango está na rua.

Hoje o ideal saiu, lá lalaiá, procurando você
Quem te viu, quem te vê
Quem não a conhece nem tem que ver pra crer
Quem jamais esquece não pode sobreviver

Quando a CPI iniciava, você era a mais atuante
Criticava o FMI e a taxa de juros escorchante
Hoje a gente anda distante da utopia de Leningrado
Você usa algodão egípcio, eu me sinto mumificado.

(refrão)

Minha inocência ia sempre na cadência dos barbados
O meu sonho se embalava no dogma do Fidel Castro
Hoje em desespero escuto as notícias do mensalão
E recordo que sobra Duda e Waldomiro de montão

(refrão)

Toda eleição eu fazia boca de urna e luta de classes
De vermelho me vestia pra que o povo se engajasse
Agora já sei com tristeza por que foi que um certo dia
Quem brincava de plebéia vestiu Daslu & companhia

(refrão)

Hoje rasguei a carteirinha, você vai visitar a Líbia
Vejo que você insiste na desculpa das companhias
Se você sentir coceira, por favor não pague à vista
Recorra ao seu Delúbio, faz de conta que é a vítima.

O labirinto da corrupção

(3/7/2005)

O que os escândalos do governo Lula mostram é um antídoto à desculpa tipicamente nacional de que corrupção existe em todo lugar. Afinal, revelam um padrão que, como gosta de dizer o presidente, "nunca, em mais de 500 anos de história", foi muito diferente do que é agora. Portanto, tem uma especificidade, e sem olhar para ela o problema não será combatido e atenuado. Sim, há grandes casos em países desenvolvidos, bastando citar Enron e Parmalat, e há até mesmo países mais danosamente corruptos, como muitos africanos. Mas a questão não é apenas de número e grau; é de gênero.

"O mexicano não é uma essência e sim uma história", disse Octavio Paz sobre um dos seus grandes ensaios, *O Labirinto da Solidão*, em que investiga a relação entre os valores culturais do país e o domínio histórico do Estado por oligarquias e corporações que resistem à modernidade. "A América hispânica não teve século 18", escreveu. "Não tivemos nenhum Kant, Voltaire, Diderot, Hume." A América portuguesa, como sabia Machado de Assis, também não. E foi nesse lusco-fusco dos laços pessoais sobre os critérios técnicos, nessa penumbra pela qual o PT sempre se moveu, que o saque ao Estado se tornou a praxe. A reação à corrupção não pode ser restrita ao alarmismo classe-média.

Logo, não é por acaso que a crise atual foi disparada pelas diferenças partidárias dentro de esquemas de loteamento de monopólios, de empresas que dominam seus setores como Correios, IRB e geradoras elétricas, para não falar de bancos estatais e fundos de pensão. São esses os grandes leitos de propinas e desvios, do caixa 2 operado por políticos e burocratas e escoado facilmente para contas no exterior. Como a legislação é falha e a Justiça ineficiente, essas turmas amarram financiamentos de campanha a licitações e concessões, que por sua vez dão corda a superfaturamentos e fraudes de todo tipo. (Isso não significa que o financiamento público seja a solução. Pode ser apenas mais uma fonte de achaques, já que não impede por si só as doações "por fora".) Disso tudo deriva o poder de empreiteiras, agências de propaganda, sindicatos e outros grupos ungidos com a verba dos contribuintes.

A máquina pública é uma caverna de delúbios, um labirinto de waldomiros. As reformas administrativa, política, judiciária e tributária deveriam servir para limitar sua ação, para reduzir a impunidade que nasce desse troca-troca entre público e privado em tantos níveis. Menos cargos políticos, menos partidos, menos sobreposições, menos impostos — o Brasil deveria adotar o lema dos minimalistas, "menos é mais", e quem sabe aproveitar os 20 anos da Constituição em 2008 para revê-la a sério. Além disso, é preciso um choque de gestão e moralização, o que o atual governo já não tem credibilidade para fazer, e, mais ainda, um debate cultural, pois a exaltação tupi do jeitinho, do conformismo e da patotagem é o meio onde se multiplicam os roedores do dinheiro coletivo. Iluminismo neles!

PT decepções
(10/7/2005)

Reencontro Diogo, meu colega de faculdade petista, "petelho" de usar boina à Che, que não via desde dezembro, como contei aqui. Ele está no mesmo bar, à mesma mesa, só que agora diante de copinhos de cachaça em vez de canecas de chope. Há sete meses, estava agoniado com os juros altos, com a aliança com a direita, com escândalos como o de Waldomiro Diniz, com a péssima atuação do governo nas áreas sociais, com as tentativas de censura e "regulamentação". Chegou a chamar o PT de "PMDB do século 21"... Agora Diogo parece prostrado, catatônico, procurando onde enfiar a cara de vergonha e estupor.

— Diogo, tudo bem?
— Essa pergunta de novo?
— Desculpe, é o hábito. Faz... quanto tempo mesmo? Desde dezembro do ano passado.
— É. Feliz ano velho, meu caro.
— A coisa tá feia...
— Feia? Bota feia nisso! Aposto que nem você imaginava algo tão feio assim.
— Claro que não. Sempre achei que os petistas tivessem idéias atrasadas e inclinações populistas e sempre desconfiei daquela máscara de honestidade. Bastava olhar... Porto Alegre, Santo André, certos amigos "empresários"... Waldomiro... E depois o aparelhamento das estatais, o rolo compressor de Zé Dirceu e seus operadores. Mas...
— Mas?
— Mas outra coisa é você ver tudo isso se materializar, e nessa proporção. É ver esses caras saindo da sombra, esses que chamo de "répteis sub-

reptícios", Delúbio, Pereira, Valério... Figuras de bastidores que o Genoíno e o Dirceu botaram para armar um esquema impressionante.

Diogo vira de um gole só mais uma caninha.

— Impressionante! Tem uma capilaridade e uma profundidade que parecem inéditas. Envolve várias estatais, mesadas a deputados, caixa 2 de campanhas... Centenas de milhões de reais... Eles literalmente tomaram de assalto a máquina pública. O Delúbio é o melhor símbolo disso. Deram o cofre pra ele em 2000 e desde então o PT se transformou.

— Antes fosse só isso... O Delúbio mesmo era um professor da rede pública de Goiânia que largou o cargo para virar sindicalista e deu um "jeitinho" pra continuar recebendo salário. Não é a cara do PT; é a cara do Brasil. E esses meios que historicamente sustentaram o partido, os meios dos sindicalistas e dos servidores, nunca foram muito salubres, foram?

— Tem razão...

Agora sou eu que tomo um gole.

— Para mim, a comprovação material da conexão PT-Valério, revelada pela *Veja* na semana passada, é a pá de cal no governo Lula.

— Para mim, também. Tenho amigos que ainda tentam se iludir, dizendo que a corrupção é um mal histórico, que afeta todos os partidos, etc. Mas é o PT que está no comando! E foi o PT que se valeu da imagem ética para chegar lá!

— Pois é. E o Genoíno ainda tenta nos convencer de que governo e PT não são a mesma coisa... Ele só se esqueceu de avisar o presidente, que mandou podar a estrela do partido no jardim do Alvorada.

— Também tem um monte de gente da direita dizendo que o Lula não sabe nada.

— A direita ama o Lula, meu amigo. Mas você acha mesmo que os homens mais próximos dele faziam todas essas coisas e ele não era informado?

— Só sei que hoje vejo como ele é despreparado. Despreparado intelectual, administrativa e emocionalmente. Até hoje, quinta-feira, não ouvi o Lula falando "Eu não sabia de nada"! Tudo que fez foi dar três ministérios pro PMDB, você acredita?! De duas, uma: ou ele é o bobo da corte, ou o Pilatos!

Diogo, para meu espanto, cai na gargalhada, mas logo a interrompe, lembrando sua tristeza. Chama o garçom e pede mais uma.

— Calma, Diogo.

Ele começa a soluçar e lacrimejar.
— Calma? O sonho acabou. Meu ideal morreu!
— "Bebi fel e gasolina."
— Como?
— Nada, nada, só lembrei um verso. E ainda há uma terceira hipótese: o Lula sabia de tudo e inclusive indicou parentes e amigos pro esquema.
— Eu sei... E ainda há quem diga que pelo menos o PT tinha a virtude do idealismo. Hahaha! — Diogo finge ironicamente a risada, enquanto enxuga os olhos furiosos. — Roubar em nome de um ideal deveria ser crime duplo!
— E você deveria ir pra casa agora. Deixa que eu pago a conta.

Notas pós-diluvianas

(24/7/2005)

Caráter se comprova na crise. A estratégia de Valério, Delúbio e Pereira, ratificada por Luís Pilatos Lula da Silva em Paris, é atribuir tudo a usual caixa 2 em doações eleitorais. Com tal desprezo pela justiça e pelo contribuinte, assumiram já um crime, sem enganar ninguém sobre os outros. Afinal, se o dinheiro era para pagar dívidas de campanha, por que o PT está tão endividado? E por que pediu empréstimos apenas a Valério, a quem deu tantos contratos milionários com estatais? Parece uma criança maldosa que aponta para o irmão e fala: "Eu fiz, mas ele também fez." Certas pessoas se conhecem não pela mentira, mas pela forma como tentam justificá-la.

*

O que a PF precisa para iniciar a Operação Dilúvio e apreender documentos do PT na sede nacional, uma vez que se confessou irregularidade de tal dimensão? Não se preocupe com a reação de Lula: ele disse que governo é governo, PT é outra coisa... Como brasileiro, Lula não desiste nunca. Mesmo que precise cuspir no prato em que literalmente come há 25 anos.

*

Os que queriam mais provas agora já estão fartos delas. Tudo indica que, articulado pela Casa Civil, o esquema usou propinodutos de estatais até bancos para irrigar cofres de políticos e partidos por meio da rede de lavanderias de Marcos Valério, o come-quieto. Os contratos de serviço público eram dados como garantias dos empréstimos; as retiradas nos bancos, justificadas como doações de campanha. Centenas de milhões de reais fluíram por esses escaninhos ilegais e regaram a mão de dezenas de políticos e seus laranjas. E provavelmente ainda há por descobrir mais estatais, intermediários e beneficiários.

*

Trata-se de uma quadrilha de corar PC Farias no túmulo. Eu que anulei meu voto em 1989 posso dizer: Lula não é Collor, mas ficou muito parecido.

*

Quem quer ver quais teriam sido os benefícios "pessoais" de petistas para aí sim se convencer de que o dinheiro público foi parar na privada, digo, em mãos privadas, também pode ir anotando: os saques realizados no Banco Rural de Brasília, como o da mulher de João Paulo Cunha, o jipe de Sílvio Pereira, a ex-empresa e a revista do cunhado de Gushiken, a venda da empresa do filho de Lula para a Telemar, etc. O desvio não foi para a causa guerrilheira, mas para a calça dos ex-guerrilheiros, dos companheiros de armas e maracutaias, dos picaretas com ou sem anel de doutor. Encare-se.

*

O momento não é para desconversas de intelectuais, com seu gosto por opor ação e abstração. É claro que, como tem sido feito aqui, se deve discutir um novo sistema político, as origens históricas da corrupção à brasileira, os erros da dita "esquerda" que só começou a defender a democracia — que é necessariamente capitalista — nos últimos 15 anos. Mas não venham com essas teses de que "hoje o público e o privado se confundem" ou "não existe ética sem bem-estar", nem expressões como "zona cinzenta de moralidade", "preservar instituições", etc. Quem roubou deve ser punido. Quem deixou roubar, também. Se a impunidade persistir, não há sistema perfeito que ela não desmorone.

*

Outras desconversas: "A economia está protegida pelo rigor fiscal e vigor exportador" (mas continua crescendo pouco e concentrando a renda); "Só estão fazendo esse barulho porque é o PT" (nem o pior inimigo do PT imaginava que ele fosse capaz de ir tão longe); "Lula já não sabe o que é certo e o que é errado" (ele sabe, ele sabe...); "É bom que tudo isso esteja acontecendo, porque aí as reformas serão feitas" (por quem?); "O risco é haver uma descrença na democracia" (risco maior para ela é que não se cumpram as leis); "Sempre houve compra de votos no Brasil" (ainda assim, quem acusa deve provar e quem comprou deve pagar). É preciso discriminar todos os culpados, e não descriminalizá-los. Se a maioria dos políticos rouba e a maioria dos empresários sonega, isso significa apenas que o trabalho — punir seriamente e mudar estruturas — é muito, muito grande.

*

Onde estão todos aqueles — 99% dos "formadores de opinião" — que diziam que a democracia brasileira demonstrou maturidade ao escolher um ex-operário como presidente? A maior prova da imaturidade dessa democracia era a suposição de que ele "chegar lá" significasse o início do fim da injustiça social. Pois ele mesmo acreditou nisso. Está há 30 meses discursando a mesma coisa; fez marketing social e só produziu fiascos (Fome Zero, Primeiro Emprego, etc.); deixou de governar, de gerir, de sanar o Estado. Misto de Policarpo (somos um povo eleito por natureza), Macunaíma (ai, que preguiça) e Brás Cubas (herdeiro mimado que queria atingir a glória com uma panacéia), ficou posando de símbolo e deu carta branca à sua trupe ignorante, que fez negra a realidade.

*

Sempre houve vários tipos de críticos do PT. O mais comum era o que tinha pânico de suas bravatas socialistas, de suas poses radicais. Depois da eleição de Lula, todos se converteram em seus furibundos defensores, enquanto uma parte dos antigos começou a criticar sua traição aos valores ditos de "esquerda", como reserva de mercado, descontrole fiscal, reestatização, etc. Mas uma coisa nunca mudou: a concepção que o PT tem do Estado como um condutor da sociedade, algo acima dela, a ser ocupado pelas pessoas "certas". Daí ao leninismo tropicalista de Dirceu & cia. foi um passo só. Como seu aliado José Sarney, o PT sempre foi obcecado por uma coisa só: "pudê".

*

Mais de 40% dos brasileiros, segundo o Ibope, acham que Lula tem envolvimento com o esquema de corrupção. Então por que ele ainda lidera a pesquisa de intenção de votos para 2006? Porque os virtuais oponentes não têm projeção nacional, porque ainda é cedo e porque a maioria da população não entendeu direito o que aconteceu. É simples de explicar: o dinheiro que o governo mais e mais leva do seu bolso, cidadão, foi parar na conta de políticos, não nos serviços de educação, saúde, segurança, etc. E você elegeu Lula acreditando que ele poria fim a isso. Pobre Brasil.

Mais notas pós-diluvianas

(31/7/2005)

Duda Mendonça mandou o presidente Lula investir nas classes C, D e E, já que A e B foram para o beleléu nas pesquisas. E tome acusação às elites, à imprensa, aos donos de diplomas, e tome exaltação ao coração, à esperança, à origem humilde. Bem, o povo pode ser ignorante, mas sabe para o que Lula foi eleito. Parece ser uma questão de tempo para que os protestos se multipliquem e para que a imagem de Getúlio, digo, de Lula se deteriore até o ponto em que ele veja ainda mais reduzidas suas chances de reeleição — o fim que tanto temia, como declarado no filme *Entreatos*: o de Lech Walesa. Um sindicalista engolido pela máquina pública que tanto sonhou comandar.

*

Dias depois, porém, a estratégia parece outra: agora o presidente diz que a economia ainda é "muito vulnerável". Não era um espetáculo de crescimento? Mas o objetivo é claro: Lula quer dizer que, se não continuar sendo "blindado", o Brasil vai passar maus bocados, como se viu na alta do risco-país na segunda-feira. Ou seja: apela às mesmas "elites" que antes acusou. E elas — do STF ao mercado, da mídia ao PSDB — o estão poupando enquanto podem, pelo simples fato de que não querem que José Alencar ou Severino Cavalcanti assuma. Melhor um Lula na mão do que duas maritacas voando.

*

No dia em que alguém escrever sobre o 18 Brumário de Lula Bonaparte, não poderá deixar de transcrever a seguinte passagem do livro de Karl Marx: "Torna-se imediatamente óbvio que num país (...) onde o Estado enfeixa, controla, regula, superintende e mantém sob tutela a sociedade civil; (...) onde, através da mais extraordinária centralização, esse corpo de parasitas adquire uma ubiqüidade, uma onisciência, uma capacidade de acelerada mobilidade e uma elasticidade que só encontram paralelo na dependência desamparada, no caráter caoticamente informe do próprio corpo social — compreende-se que em semelhante país o Congresso Nacional perde toda a influência real quando perde o controle das pastas ministeriais, se não simplifica ao mesmo tempo a administração do Estado (...) e não deixa a sociedade civil e a opinião pública criarem órgãos próprios, independentes do poder governamental. Mas é precisamente com a manutenção dessa dispendiosa máquina estatal em suas numerosas ramificações que os interesses materiais da burguesia estão entrelaçados da maneira mais íntima." Isso foi escrito em 1852 e, portanto, quando fala em "dependência desamparada", Marx não se refere explicitamente ao Fome Zero...

*

Há indícios de que alguns representantes do braço mineiro da aliança PSDB-PFL usaram a Lavanderia Valério. Que sejam punidos, caso se comprove, e que esses partidos não venham com a desconversa de que "já é história". Isso não muda o fato de que o PT fez dessa lavanderia o aqueduto central de seu esquema paralelo, a matriz de sua rede de desvios e propinas, estendendo-a do saque a estatais até o saque de deputados. Deu sistemática, volume e alcance amazônicos à estrutura, ainda tão cheia de igarapés que não podemos medir com exatidão. E afogou o pouco que restava de espírito à máquina.

*

Ninguém vai dizer o quanto a Justiça e a imprensa ficam mal na fita depois que se soube que um personagem tão tentacular como Marcos Valério jamais viera à luz?

*

CPIs costumam se perder pelo teatro. Ver essa gente interrogando, quando muitos deveriam ser também interrogados, é aflitivo. Faltam objetividade, clareza, serenidade, consistência. E a demora para tomar medidas, como pedir a prisão de Valério? Enquanto isso, a operação "abafa, esconde e queima" — que já acontecera em Porto Alegre, Santo André e no caso Waldomiro — continua ativa nos bastidores e no Brasil afora. Mas ainda podemos ser salvos pela ópera. Não fosse o gosto de Roberto Jefferson por drama lírico, os R$ 3 mil de Maurício Marinho não teriam virado os R$ 200 milhões (?) de Marcos Valério. E ainda dizem que a cultura é inútil...

Farofa fascista
(21/8/2005)

Toda crise é didática para quem souber se distanciar emocionalmente. Nesta, o mais arraigado defeito da cultura brasileira não poderia estar mais claramente demonstrado: a acochambração, a malandragem, a ideologia que poderia ser batizada de "todomundofazismo" porque diz que, se todo mundo faz, ninguém deve pagar — ou seja, uma forma tupi de fascismo, de rasgar a Constituição, subjugar a cidadania e impor o consenso. Não deixa de ser simbólico que o verbo da moda venha do jargão militar, "blindar".

Esse é o verdadeiro "pensamento único" do Brasil. Leio, por exemplo, a seguinte frase do cineasta Fernando Meirelles: "Há razões de sobra para discutir o impeachment, mas, como sabemos, nos últimos 30 anos pouquíssimos políticos foram eleitos com verbas declaradas oficialmente." Primeiro: isso não significa que não se possa e deva punir agora. Segundo, e mais importante: a irresponsabilidade de Lula não se limita a ter se omitido em relação ao caixa 2 das campanhas do seu partido. Há ainda provas documentais e testemunhais dos pagamentos de Valério a mando de Dirceu, com conhecimento de Lula, para o próprio PT e para outros partidos e seus políticos, até com uso de paraísos fiscais, em troca da obtenção ou ampliação de contratos com estatais. Se um presidente da República pode permitir isso, o que não pode?

Outro tipo de reação esdrúxula é a dos intelectuais petistas, dos professores, jornalistas e artistas vinculados ao partido que sempre disseram que Lula era um líder trabalhista, "socialista democrático", e não um político fisiológico e oportunista. Daí a série de conferências que está sendo preparada por alguns deles sobre "o silêncio dos intelectuais", com patrocínio da Petrobrás, em que vai ficar claro como não entendem que sua função é ser independente e cético, e não engajado e bitolado. Melhor que fiquem em silêncio, já que são incapazes de vir a público e dizer: "Nós erramos." Afinal, nem sequer viram que o governo FHC só fez aumentar o peso do Estado sobre a cabeça da sociedade.

Há exceções, claro. Hélio Bicudo, por exemplo, disse à *Veja* que "Lula é mestre em jogar as coisas para baixo do tapete", citando as acusações — abafadas e queimadas como tantas outras no momento — contra o "empresário" Roberto Teixeira, amigo do presidente. Reação melhor que a de muitos outros petistas da velha guarda. Mas a pergunta que fica é: por que não disse antes? Por que continuou sempre com o PT, partido no qual Lula mandava a ponto de ter concorrido quatro vezes à Presidência?

Não há como negar que Lula é irresponsável, além de despreparado. Não falta prova nenhuma. Para haver o processo de destituição não é preciso que ele ou sua família tenha se beneficiado pessoalmente, como os jardins da Dinda. Basta que a sociedade queira. Mas, com uma "direita" rapinante (Sarney, Severino, ACM), uma mídia míope, um mercado satisfeito e uma "esquerda" arcaica (MST, PSOL, UNE), a opinião pública poderá enxergar a maior lição da crise? Como dizia José Bonifácio, o que vigora é um "despotismo mole e açucarado" — tão mais nocivo porque servido como farofa de banana.

A cultura da concessão

(4/9/2005)

Outro dia eu estava no carro de uma emissora, sendo levado para casa, quando o assunto governo Lula surgiu, trazido pelas ondas do rádio. O motorista fez um muxoxo indignado e soltou: "Quanta corrupção..." A moça que vinha de carona, amiga dele, emendou: "É tudo ladrão. E eu votei neles." Uns 15 minutos se passaram, enquanto a conversa enveredou para futebol e outros temas. De repente, ela se lembrou de contar uma história para o amigo: em sua conta bancária, no mês anterior, aparecera um valor alto, depositado pelo supermercado onde trabalha como caixa, e ela foi ao gerente perguntar o que era aquilo. O chefe saiu, investigou e voltou com a explicação: tratava-se de um engano, pois aquele valor era o da movimentação do caixa dela no dia anterior. E pediu a ela que transferisse de volta a quantia, o que ela fez. Comentário do motorista: "Ah, mas eu não devolvia, não!"

Nesta semana, no carro de uma universidade, outro motorista, sabendo que sou jornalista, veio falar da corrupção, xingou os políticos em geral e desfechou: "Não dá para confiar em mais ninguém neste país." Meia hora de estrada depois, comentou a notícia do dono de uma mala com R$ 200 mil que deu ao homem que a encontrou no metrô R$ 120 em agradecimento. "Pô, R$ 120! O cara tinha que ter dado muito mais!" Parecia supor a existência de uma taxa-honestidade.

Corta para Joaquim Nabuco. Em outros países uma figura como ele seria tema de baciadas de livros e artigos, e seus próprios livros seriam lidos nas universidades. Nabuco, ou Quincas, o Belo, não foi apenas um dos líderes da campanha abolicionista, à qual dedicou energia parlamentar e panfletos memoráveis, mas também um escritor de primeira, autor de *Um Estadista do Império*, sobre a geração de homens públicos à qual pertenceu seu pai, Nabuco de Araújo, e das memórias de *Minha Formação*, às quais o melhor elogio que posso fazer é que se comparam à obra-prima *A Educação de Henry Adams*. Nabuco, aliás, me faz pensar nos brilhantes fundadores da república americana, apesar de monarquista — um monarquista que batalhou pela abolição que Dom Pedro II vivia adiando, e batalhou pelo exclusivo fato de que punha a "dignidade humana" acima de tudo.

Pois estou lendo agora seus recém-lançados *Diários*, em dois volumes, com prefácio e notas de Evaldo Cabral de Mello. Volto a Nabuco na semana que vem, inclusive para falar dos seus não poucos defeitos, mas eis o tipo de anotação que esses diários revelam: "O Deodoro é um caga-ouro. No Tibete, mandam aos príncipes como presente em caixas de ouro os excrementos secos do dalai-lama. Os do nosso são esses decretos de concessão distribuídos pelo ministro da Agricultura aos parentes, amigos e sócios do governo."

A entrada é de 9 de março de 1891. Deodoro, sim, é Deodoro da Fonseca, presidente da República eleito pelo Congresso nove dias antes. Nabuco abandona a diplomacia e se revolta contra ele não porque monarquista, mas porque homem público de outra cepa ou, como ele diria, de outra "têmpera".

Retorno para os dois motoristas. Há quem diga que esse gosto por "se dar bem", na significativa expressão coloquial, é resultado das gerações seguidas de achaque burocrático, de despotismo velado, que obrigaram o povo a desenvolver o jogo de cintura, a ginga que a seleção mostra no futebol, para driblar os poderosos. E há quem diga que o comportamento das autoridades é reflexo ampliado de toda a cultura brasileira, de sua conivência com a contravenção, como nos bate-papos de atletas com traficantes, como se um povo inerentemente corrupto só pudesse ter uma classe dirigente corrupta. Eu acho que absolver o jeitinho ou o jeitão é a mesma coisa. Nabuco, naquele 28 de fevereiro, descrevia assim a responsabilidade da minoria civilizada: "O nosso dever consiste em manter o nível moral superior ao político."

Pobre Nabuco. As concessões douradas a parentes e sócios continuam. Os caciques da República, não importa sua origem social ou regional, fazem agora até propaganda do prêmio dado a um cidadão pobre que devolve dinheiro encontrado, ao mesmo tempo que promovem o trânsito livre de malas de dinheiro entre servidores e contraventores. "Não existem provas", diz o Deodoro do momento, mesmo diante dos extratos bancários. E lhe concedem perdão.

Depois da inocência

(11/9/2005)

Fernando Gabeira disse que a esquerda precisa parar de pensar em termos de utopia e socialismo e de fazer o "elogio da ignorância" tão bem simbolizado por Lula-lá. Luis Fernando Verissimo enterrou a Velhinha de Taubaté, o que equivale a dizer que a notícia da queda do Muro de Berlim chegou à intelectualidade local. Marcelo Coelho, em gesto raro, pediu desculpas aos leitores por ter sido ingênuo em relação ao PT, que supunha mais ético e menos fisiológico do que os outros partidos brasileiros. Também se ouve agora com freqüência o conceito aqui formulado de que o PT tinha "um projeto de poder, não um projeto de país". Ufa.

E agora? O consenso é que há um "vazio de idéias" no Brasil, como indicam os seminários realizados em toda parte. Mas ele já existia antes, encoberto pelo conluio entre miopia acadêmica, complexo de culpa classe média e alarmismo oligárquico. Por exemplo: para a esquerda, o centro é a direita envergonhada; para a direita, a esquerda desavisada. Bem, se ser de direita é favorecer o autoritarismo e votar em Collor e ser de esquerda é defender o assistencialismo e levar Lula a sério, o futuro a nenhum dos dois pertence. Os jornais não poderiam ser mais eloqüentes, ainda que por motivos involuntários: vire as páginas e você verá Severino, Maluf e o PT no mesmo balaio de gaiatos. Que as idéias antigas estejam indo para o lixo já é uma boa idéia.

Em oito anos o PSDB, travado por crises (externas e internas), erros (como o câmbio fixo e o apagão elétrico) e "oportunismos" (como a reeleição aprovada sem uma reforma política), não conseguiu convencer a sociedade de que um Estado mais enxuto poderia ser também mais justo. O Estado, afinal, não ficou nem mais enxuto (já que as privatizações não serviram para diminuir o peso de juros e tributos) nem mais justo (o avanço nos índices sociais não evitou explosão da informalidade e violência). Em quase três anos o PT, que ganhou a eleição quando fez suposto movimento para o centro, para essa vaga e confusa social-democracia, convenceu menos ainda.

O governo Lula ficou no mesmo embate paralisante — lembra? — entre "monetaristas" ou "neoliberais" (os hiperortodoxos que só vêem o aumento de juros como modo de combate à inflação) e "desenvolvimentistas" (os que acreditam em políticas industriais por subsídios e programas sociais por compensações), num grau de esquizofrenia ainda maior, devido ao pedigree utopista. Por que você acha que o presidente cita tanto JK, a quem, aliás, a esquerda acusava de entreguista por ter aberto o país às multinacionais? É o mito da moderna democracia brasileira: de um lado, paternalismo social; do outro, energia empreendedora. Mas sem clareza sobre prioridades como a educação e a produtividade.

Este é o país, enfim, em que uma pessoa que fez até a sétima série do ensino fundamental não consegue deixar um bilhete correto na porta da geladeira e, para ser contratada, custa para o empregador o dobro de seu salário. Todas as reformas de que o Estado necessita — representativa, tributária, administrativa — devem convergir para a mudança dessa realidade. Tal agenda, pouco a pouco, entra na sociedade: menos impostos e mais conhecimento. Um Estado com carga dinamarquesa e retorno sudanês, coalhado de vícios corporativistas e clientelistas, não vai se tornar virtuoso da noite para o dia, com a mera ocupação da máquina pelas "pessoas certas" e ajustes superficiais; é preciso reduzi-lo e redefini-lo com inteligência, como se faz modernamente. Enfrentar a mais perniciosa tradição brasileira, a da autoridade que tira com uma mão e afaga com a outra, é a única grande idéia.

Notas antimessiânicas

(18/9/2005)

Para o chanceler Celso Amorim, "Lula é nosso guru, nosso guia espiritual". Para a professora Marilena Chauí, o PT só está na berlinda porque foi "o principal construtor da democracia brasileira". Para algumas publicações petistófilas, embora seus diretores se digam decepcionados e traídos — principalmente pela política econômica —, a crise só adquiriu a proporção presente porque Lula é metalúrgico, e não sociólogo. É muito engraçado ver essas pessoas se comportando como os pobres coitados dos grotões aonde Lula vai prometer maná, que o querem tocar como a um rei taumaturgo, na expressão do historiador Marc Bloch, iludidos por seu poder de cura espiritual e material. E não é por outro motivo que o PTgate tem realçado o lado messiânico de Lula, que se vê assim, um enviado de Deus para redimir cinco séculos de opróbrio, como demonstram tantas de suas metáforas e hipérboles desde muito antes de ser presidente (o vermelho da bandeira do PT é o sangue de Cristo, etc.) e as respostas absurdas que tem dado à atual situação. O governo Lula está a pedir seu Roa Bastos, seu García Márquez; é realismo mágico puro.

*

Lula, como seu governo, é criatura bifronte, bipolar, e seu lado realista nunca se desliga. Não pense que ele, por se achar acima do bem e do mal, protegido no pedestal de mito, não saiba o que fez e, acima de tudo, não saiba o que quer. Quando ele declara na Guatemala que "qualquer outro estaria abaixo de zero" nas pesquisas, diz na cara dura que não vê problema no pagamento de viagens de seus familiares com dinheiro do fundo partidário e se nega a responder quem o teria traído, não está apenas soltando mais bazófias, confiante em sua aura sebastianista. Está de olho em 2006. Sua aprovação vem caindo rapidamente, mas ainda é alta: 50% acreditam nele, não o consideram nem corrupto nem incompetente. Os juros começaram a cair, o que pode ajudar o crescimento a ser mais razoável no ano que vem. E ele deve calcular que a crise, com seus muitos focos — a cassação de Jefferson, a propina de Severino, a prisão de Maluf —, tende a arrefecer até a virada de ano. Por ironia, os zeladores do status quo, com medo dos eventuais sucessores e da instabilidade econômica, protegem Lula com a alegação de que não teve favorecimento pessoal. A irresponsabilidade geral pode custar ainda mais. Se não em 2006, depois.

*

A dita esquerda mitifica Lula por sua trajetória sindical e critica seu governo porque, na frase de Antonio Candido, foi "moldado pelas elites". A dita direita demoniza Lula por seu passado socialista e critica seu governo com termos como "bolchevismo" e "stalinismo". O que não percebem é que Lula tem o pior da tradição brasileira, não importa a corrente política. Basta ler a entrevista do historiador José Murilo de Carvalho à boa revista *Pesquisa Fapesp*, em que aponta a concepção local do Estado como fonte dos direitos do cidadão, criticando sua terrível burocracia e a confusão entre público e privado, e cita pesquisas que mostram que a maioria da população acha que políticos devem ajudar familiares e, ao mesmo tempo, que sonegar impostos é justificável. Lula diz o tempo todo que o Estado, como uma mãe, deve "cuidar" das pessoas — e tome programas assistencialistas desviados, cotas étnicas fantasiosas, propagandas e discursos populistas. Se há geração de emprego e crescimento da economia, mesmo que ambos em níveis medíocres, é porque ele, governo, os realiza — não a sociedade, a conjuntura, a história. Lula acha que é o PT e o PT acha que é o Estado. Estamos, assim, sob o governo da PTbrás, uma nova oligarquia que é tão velha quanto a injustiça social brasileira.

*

Escrevi que o PT e seus aliciados, ops, aliados tomaram de assalto a máquina federal, como já tinham feito em algumas municipais e estaduais. Não faltam provas para demonstrar que esses partidos receberam verbas ilegais provenientes de contratos e transações com dinheiro público, tudo sob comando dos dirigentes petistas. Só na frase anterior estão implícitos três crimes: eleitoral, fiscal e administrativo. Mas a temporada de cassações começou e as CPIs ainda têm muito a esclarecer. Tudo indica que os valores não se limitam aos R$ 56 milhões das "dívidas" de Valério com o PT. O esquema tinha diversos braços, dos fundos de pensão aos bancos estatais, das agências de publicidade às ações de telecoms; e só com o Banco do Brasil as empresas de Valério tinham faturamento anual de R$ 300 milhões. Mas o brasileiro, de índole frouxa, já não agüenta o assunto e, como dizia Machado de Assis, não ousa encarar as contradições muito tempo. Por não ir ao fundo, não sai de lá.

O homem-bigode

(17/11/2005)

Quando nasceu, Zé Ney parecia ser um menino comum de família rica do chamado "interior profundo" do Brasil, exceto por um detalhe: seu proeminente buço. Todas as visitas reparavam na bizarra penugem, mas nada diziam. Na escola, porém, não foram poucas as vezes em que sua mãe precisou ir apanhá-lo, ele aos prantos, depois da saraivada de gozações dos outros meninos. Garoto precoce e tinhoso, aos 11 anos Zé Ney já tinha um vasto bigode, vestia terno como se fosse farda e já tomara uma decisão: seria um ilustre estadista e escritor, uma espécie de Cícero dos trópicos, e tão poderoso que seus amigos iriam lhe pedir perdão e emprego — os quais concederia com um sorriso paternal e maroto.

Como se levava muito a sério, logo foi cercado por um séquito de bajuladores e parentes que aplaudiam tudo que dizia e fazia. E ele mais dizia do que fazia: falava sem parar, discursava, escrevia artigos cheios de adjetivos para os jornais, dava aulas e ordens. Tudo de um jeito calmo, cordial, com doses medidas de sorriso em meio à seriedade. Distribuía mimos aos muitos empregados e seus filhos — um resto da compota de doces, uma trouxa de roupas usadas — e prometia que, quando chegasse "ao topo", pagaria salários decentes para eles. Tinha um repertório especial de deferências para as mulheres e sempre as citava em primeiro lugar: "Senhoras e senhores..." Perto delas, ninguém podia repetir seu apelido de infância, "escovão", que elas logo o defendiam.

Quando discordava de alguém, Zé Ney jamais o criticava: fazia uma piada, dava um tapa em suas costas e descontraía o ambiente. "A alegria é a maior contribuição do Brasil para a cultura mundial", dizia sempre. Para se vingar do divergente, mais tarde procurava um amigo seu e, com a lábia que emanava entre os fios de seu bigode, trocava a promessa de um emprego pela inexplicada interrupção de convites ao outro. Logo passou a ser conhecido também na capital, onde circulava com desenvoltura entre os poderosos. Começou a comprar terras, usinas, tudo que simbolizasse poder. O bigode era, agora, seu maior aliado: escondia a fragilidade de sua alma, disfarçava o vazio de suas idéias. Foi também nessa época que descobriu o paletó atravessado de três botões, para lhe dar aparência ainda mais respeitável.

Assim Zé Ney conseguiu ser suplente de deputado federal, depois deputado e depois governador biônico de seu Estado, pois se dava às maravilhas com o regime militar. Pouco depois, não tendo publicado mais que meia dúzia de poemas e contos, chegou à Academia Politiqueira de Letras. Foi o dia mais importante de sua vida. O bigode, que pintava e penteava com esmero, não poderia ter melhor acompanhamento do que o fardão; Zé Ney se sentia uma espécie de Napoleão, felizmente sem precisar ir ao campo de batalha. Nem quando, mais tarde, comprou uma ilha só para sua família — uma ilha que era a demonstração mais cabal de que a natureza do Brasil é a mais exuberante que existe — a sensação de glória foi comparável.

Havia um problema: precisava escrever algum romance. Pensou: quem faz sucesso na literatura brasileira? Era, então, Jorge Amado. Pois decidiu que iria imitar o escritor baiano, adaptar seu estilo — com suas exaltações do erotismo mestiço — ao cenário de sua terra natal. Os intelectuais franceses iriam apreciar muito. E assim fez. Como era um senador da República, sempre na situação, teve boas vendas. Mas glória pouca é bobagem. Zé Ney teria em seguida a chance de chegar ao cargo supremo da nação. "A sorte ajuda a quem se ajuda", repetia, e os arranjos da política e do destino o colocaram lá.

Não foi tão bom como entrar na APL; fracassos econômicos, políticos e sociais se produziram, e alguns jornalistas ainda tinham a desfaçatez de tratá-lo como aqueles colegas de escola do distante passado. Até censurou o filme anticatólico de um artista francês. Mas o que importava era estar na História — com H maiúsculo — sem muito esforço, exceto uma distorção de fatos aqui, uma manipulação de dados ali. "Quem tem amigos tem tudo." Dali por diante era só administrar a reputação. De vez em quando, conseguia ter uma idéia, como a de voltar ao Parlamento por outra província. Escreveu mais dois ou três livros, tratou da carreira dos filhos, criou uma Fundação com seu nome para projetos sociais, festas de casamento e restaurantes. Passou por alguns problemas, como o que interrompeu a ascensão política de sua filha. Mas, quem quer que fosse o presidente, Zé Ney estava ali para dar apoio.

De repente, depois de tantos sonhos realizados, recebeu o maior dos choques: perdeu a igreja onde mandara construir seu mausoléu, reincorporada ao patrimônio público. Chorou, disparou telefonemas, deu entrevistas para sua cadeia de jornais, rádios e TVs. Nada. Coçou o bigode — velho tique, que o acompanhara desde menino —, coçou tanto que a tinta preta lhe sujou os dedos. O que estava acontecendo? Como ele, depois de tantos triunfos, ficaria sem o triunfo maior? Um imortal não pode ser enterrado como uma pessoa comum! Foi então que julgou ouvir as risadinhas maliciosas dos amigos de infância, incomodando sua consciência como uma nuvem de marimbondos.

Síndrome de originalidade
(4/12/2005)

É comum ouvir que o Brasil, pelo território, idioma e composição étnica, tem uma "obrigação de originalidade" ou, na expressão dos acadêmicos, uma "singularidade" como país, uma espécie de lugar reservado entre os grandes, uma contribuição única a dar ao mundo — que já começou a ser dada e tem muito mais ainda. Tal discurso, não por acaso, mistura o complexo de superioridade e o de inferioridade; na velha discussão sobre se o brasileiro é pessimista ou otimista, as duas correntes estão erradas. O brasileiro vive numa gangorra emotiva, e quanto mais ela oscila, mais essa suposta obrigação distrai e trava sua psique. Originalidade, afinal, pode ser interpretada de várias maneiras. Dou como exemplos alguns livros, sobre diferentes períodos históricos, que acabam de ser lançados por aqui.

Em *Império à Deriva*, Patrick Wilcken, jornalista australiano radicado na Inglaterra, faz boa narrativa de um contexto histórico completamente original: a transposição de uma corte para sua colônia. Descreve, sem trazer novidades, mas de forma clara e viva, o período em que a aristocracia portuguesa se instalou no Rio de Janeiro a partir de 1808. Diz, por exemplo, que a corrupção característica da corte de Dom João assumiu "uma forma concentrada" no Rio. "O afluxo repentino de milhares de burocratas exilados criou um terreno fértil para os abusos (...). O roubo em nome da Coroa disseminou-se à larga." Essa "imensa estrutura burocrática enxertada numa modesta base colonial", em que os ricos "desenvolveram um horror ao trabalho braçal", acrescento eu, criou também uma realidade marcada por contrastes anacrônicos, convenientemente acobertados pelos costumes. Não é à toa que Dom Pedro II, como Lula e tantos outros governantes futuros, sonhava conciliar contrários da forma menos trabalhosa possível.

Às vezes o principal inimigo da originalidade é essa sua obrigação. Gostei muito de *Santô e os Pais da Aviação*, de Spacca, não só porque o desenho e o enredo fazem uma bela HQ, funcionando como "storyboard" de um longa-metragem que basta dinheiro para filmar, mas também porque ele não cai no ufanismo do "pai da aviação", no singular, e deixa claro como o avião foi resultado da competição de uma série de inventores em países diferentes. Escrevi isso uma vez, e os patrioteiros vieram patrulhar. Na abrangente pesquisa de Spacca, os irmãos Wright não são agentes do imperialismo americano que querem roubar a primazia brasileira; Santos-Dumont tampouco é o ingênuo inimigo das patentes e o "criador" do relógio de pulso. Ao mesmo tempo, o livro o celebra como um tecnólogo de gênio, original em sua combinação de técnica e estilo — e por isso mesmo merecedor de todas as honras nacionais.

O mito da originalidade coletiva brasileira não surgiu com a publicação de *Casa Grande & Senzala* em 1933, mas deu um grande salto com ele. Em *Gilberto Freyre — Um Vitoriano dos Trópicos*, a historiadora Maria Lúcia Garcia Pallares-Burke mostra o papel das idéias da antropologia anglo-americana em sua defesa da mestiçagem brasileira. Até então, a mescla entre brancos e negros era vista como importante para "branquear" a população, segundo um racismo que, velado, continua firme e forte na atualidade. Freyre implantou o conceito de que o Brasil é uma "democracia racial" em potencial, dono de uma vocação para esse regime inerente a suas condições étnicas. O modelo da acomodação que encontrou nos liberais vitorianos como Carlyle foi transplantado para a célula "familiar" do engenho nordestino. Às avessas, acabou incorrendo no mesmo equívoco: o de colocar a questão racial como determinante. A originalidade brasileira já estaria preparada em sua índole afetiva; era como se o uso das escravas como objeto sexual pelos senhores de terra pudesse dar base sólida para nova forma de civilização.

Ao folhear o lindo livro de fotos de José Medeiros, *Olho da Rua*, assim como ao ver o documentário *Vinicius* (já em CD, com as belas interpretações de Mônica Salmaso, Yamandú Costa e Caetano Veloso) ou ler as memórias de Danuza Leão, há uma sensação de que especialmente aquele Rio dos anos 50 viveu e simbolizou o sonhado equilíbrio entre doçura e modernidade, construindo o futuro e ao mesmo tempo comungando com a natureza — o projeto original do Brasil. São os tempos da bossa nova, de

Niemeyer e Burle Marx, de grandes escritores e pintores, de Pelé e JK, da união do popular com o sofisticado. Mas esses "híbridos" expressam pessoas e movimentos originais, não um projeto consensual de originalidade — não uma utopia tornada real para a grande maioria. Manifestações criativas não traduzem necessariamente as virtudes de uma nação. A espontaneidade que pode ser boa para o futebol, por exemplo, pode ser desastrosa para a política...

Já vi dizerem que o brasileiro nasceu para isto, que foi feito para aquilo, que "a nossa" é driblar intuitivamente como Garrincha ou viver desregradamente como Vinicius (dois talentos que, significativamente, poderiam ter mantido a excelência por mais tempo); que o brasileiro não sabe fazer ciência, tecnologia, pensamento abstrato. Por que uma coisa precisa eliminar a outra? Sem querer, ratifica-se a imagem do Brasil como um país incapaz de certas coisas; Oswaldo Cruz, Mário Schemberg, o Projeto Genoma seriam exceções que confirmam a regra. É como se a visão da identidade precisasse excluir a complexidade, como se a originalidade fosse mais uma dádiva que uma conquista. Singular, de fato.

História da ilusão

(25/12/2005)

Este ano vai ser lembrado por muitos como o da decepção com o governo Lula, disparada sobretudo pela revelação do esquema de distribuição ilegal de dinheiro para o PT e os partidos aliados. Mas há outras decepções que se desdobram dessa. Uma se refere à reação a ela, da parte não só de políticos da situação e da oposição, mas também de intelectuais e jornalistas e da população em geral. Outra é com o próprio país, que segue sempre em seu vagar lento, mesmo quando os ventos sopram a favor.

O PT sempre foi criticado por se dizer de "esquerda", defendendo arremedos utópicos como o "socialismo democrático", ou por ser "radical", agindo como oposição leviana (conforme reconhece hoje o próprio presidente Lula), que sempre votou contra coisas como Plano Real, privatização ou reforma da Previdência. Seus defensores acreditavam que o partido fosse o porta-voz do bem-estar nacional, capaz de tirar da pobreza a maioria da população, subjugada por uma oligarquia que se reveza no poder há 500 anos, etc.

Quando o PT virou casaca, lançando aquela carta ao povo brasileiro em meados de 2002, depois de Lula levar dois sustos na campanha (Roseana Sarney e Ciro Gomes), a aclamação veio dos dois lados. Os antigos críticos passaram a aplaudir a "maturidade" do partido, que teria tomado, por exemplo, consciência da austeridade fiscal para impedir a volta da inflação. Os petistas, mesmo históricos, passaram a acreditar nesse meio-termo social-democrático, uma conciliação de estabilidade monetária e investimento social que ao menos seria um ritual de passagem para um "novo" Brasil. Nesse processo tipicamente brasileiro de acomodação, calcado na simbologia de Lula como "alguém que veio lá de baixo", o ilusionismo coletivo se instalou. A aprovação do governo foi aos píncaros; raríssimos articulistas não se deixaram levar pela moda.

Mesmo com o crescimento medíocre do primeiro ano, o clima continuou. E mesmo com a adoção cada vez mais rígida do modelo macroeconômico do governo anterior, que consiste em aumentar juros para pagar uma dívida que os juros só fazem aumentar (o "enxugar o gelo" que Dilma Rousseff diria muito tempo depois), Lula tinha a reeleição garantida. Sua exaltação da ignorância; as gafes como a estrela do PT num jardim público e o Aerolula; os escândalos como o de Waldomiro Diniz; os fiascos do Fome Zero e do Primeiro Emprego; os entendimentos com José Sarney e outros oligarcas regionais — nada disso era suficiente para que as pessoas percebessem a farsa daquele "amadurecimento".

Então vieram à tona os depósitos feitos em dois bancos por ordem do tesoureiro do PT, Delúbio Soares, guiado pelo ministro José Dirceu, e do publicitário Marcos Valério, que tinha contas do Banco do Brasil e de muitas outras estatais, para parlamentares em vésperas de votações. Depósitos documentados; relações testemunhadas. E mais uma série de falcatruas apareceu: dinheiro em cueca, depósito em "cash" para Coteminas, favorecimentos a parentes em empresas estatais ou privadas, licitações viciadas ou ilícitas, etc., etc.

O governo reagiu da maneira mais grotesca, a ponto de Lula reconhecer o crime do caixa 2, pelo qual seu partido não foi punido. A oposição, quase toda de rabo preso, se bastou com as cassações de Roberto Jefferson e Dirceu. Os intelectuais e jornalistas, salvo meia dúzia, foram na linha de Marilena Chauí, para quem a crise foi fabricada pela mídia e conspirada pela "direita". A maioria dos eleitores se desiludiu, diante de tais fatos, e desistiu de acreditar em Lula. Também contemporizou, pois "todos roubam mesmo" e a economia não está em recessão, e não teve a dignidade de ir às ruas e protestar. Deve estar aí, à espera de uma nova ilusão.

Para a minoria que enxerga a realidade, tais reações foram tão atrozes quanto os casos de corrupção. Eis de novo, nítido "como nunca antes" (para usar a expressão que Lula repete todo dia), o Brasil velho — que não é sério, que perpetua privilégios à sombra do poder, que não consegue sair dos interesses mais imediatos e rasteiros. Eu sempre disse que o problema do PT não era ser diferente, era ser igual. O governo Lula conseguiu ser pior que o FHC porque, entre outras coisas, teve um cenário internacional muito mais favorável e, mesmo assim, não elevou a média de crescimento econômico. Tampouco deixou marcos históricos. Teve méritos tão escassos — e herdados, como o Bolsa Família e o salto exportador — que não compensaram o aprendizado que sua passagem pelo poder teria até mesmo às avessas. Fez uma política externa bravateira e improdutiva. E fez muito pouco nas áreas que mais importam: educação, tecnologia, infra-estrutura, corte de impostos, reforma política.

Não se trata apenas de trocar a oligarquia que nos dirige, mas a mentalidade dominante dos botequins e arquibancadas às diretorias e universidades. O futuro dá muito trabalho.

De JK a Lula
(8/1/2006)

No domingo, a entrevista de Lula no *Fantástico*; na terça, a estréia da série *JK*. Até o mais incauto dos espectadores deve ter sentido o contraste. A grandeza de Juscelino Kubitschek é mitificada ao extremo pelo estilo novelão, mas a pequenez de Luiz Inácio teve uma de suas mais chapadas demonstrações. A mãe de Nonô dizia: "A única herança que vou deixar para você é a educação." Lula, que já chorou por sua mãe ter "nascido analfabeta", desdenha o estudo e não citou uma única herança educacional de seu governo. O primeiro, apesar de não ter feito um governo notável pela educação, ao menos sabia onde estava e aonde queria ir. O outro não sabe nem o que se passa fora de sua sala.

Mas o contraste não pode ofuscar as numerosas meias-tintas. O JK da realidade era outro. A série, bem produzida, mas de texto ingênuo e toques de "realismo mágico" (mortos que aparecem, etc.), promete muito e entrega pouco, a julgar pelos dois primeiros capítulos. Juscelino é um herói quase sem defeitos, e o "quase" entra aí mais para reforçar o heroísmo do que para relativizá-lo. É o filho perfeito, o irmão perfeito, o aluno perfeito, o amigo perfeito. É a conciliação sem conflitos entre o pai sonhador e a mãe prática. Como candidato a médico em meio a um surto de gripe espanhola, não teme nem erra. Mesmo que freqüente bordéis e atrase o pagamento da pensão em Belo Horizonte, não deixa de ser como um samaritano. A invenção de um personagem irreal, o coronel Licurgo, que prega moralidade puritana e transa com negras e rameiras grunhindo como um escravocrata anacrônico, serve para dividir em a.J. e d.J. a história do Brasil. Ouvir alguns minutos de bordões nacionalistas dos modernistas num lobby de hotel é suficiente para que Juscelino encarne a utopia do país do futuro, dengoso por natureza.

Há muitos capítulos pela frente. Divulga-se que os erros de JK como político serão devidamente mostrados, mas está dado o tom. Na criação de Brasília, por exemplo, talvez se ouçam críticas ao custo inflacionário da empreitada. No entanto, dificilmente será contestada como idéia. Os autores, Maria Adelaide Amaral e Alcides Nogueira, atribuem o desenvolvimento do centro-oeste à construção da capital futurista. Os fatos dizem que isso só foi acontecer nos últimos 15 anos graças à abertura comercial, ao fim da inflação alta, ao investimento de agronegociantes do sul e sudeste e ao trabalho de pesquisa da Embrapa. Não foi por decreto, de cima para baixo.

É nesse aspecto que JK ganha uma dimensão que não tem, mas que o faz parecido com tantos presidentes antes dele, como Getúlio, e depois, como FHC e Lula, que muitas vezes disseram nele se espelhar, ainda que na época a dita "esquerda" o tenha criticado ferozmente por franquear o Brasil às multinacionais. Eis o conceito: as conquistas do país são menos da sociedade que do Estado; o processo de desenvolvimento é uma obra artificial dos chefes de governo, como uma locomotiva a puxar o trem. Alguns biógrafos de JK parecem atribuir a ele até a bossa nova, o cinema novo, o surgimento de Pelé, todo o saudoso momento de explosão cultural do Brasil pós-1954. Lula atribui a si próprio o boom das exportações e até os dissídios salariais acima da inflação, como se estivesse ainda no alto de um caminhão com megafone.

Pedro Bial fez uma entrevista muito boa porque, ao contrário dos outros, contestou e acuou o presidente. Lula passou recibo — "como nunca antes", para usar sua expressão messiânica de costume. Abatido e gaguejante, não conseguiu nem mesmo seguir a cartilha que os marqueteiros lhe prepararam desde que a crise estourou. Sim, mais uma vez se disse traído, sem identificar por quem, e mais uma vez afirmou que o PT cometeu erro gravíssimo, sem dizer qual a punição que cabe ao partido. Mas precisou repetir tantas vezes que uma pessoa é inocente até prova em contrário, mesmo diante das provas citadas por Bial, que o público viu o vazio de seu governo, viu o despreparo e a desfaçatez de seu representante. Lula não tem noção do cargo que ocupa; desconhece o sentido da responsabilidade pública. Em qualquer país um ministro que faz o que José Dirceu fez, do caso Waldomiro até o favorecimento à ex-mulher, para não falar dos caminhos abertos para Marcos Valério aos cofres públicos, seria afastado imediatamente. Se fosse para esperar nossa Justiça, ficaria três mandatos no cargo até a sentença final... E o problema não é parecer honesto; é ter condições de responder a denúncias tão consistentes.

Só faltaram intervenções semelhantes no bloco de perguntas sobre economia. Lula não foi instado a explicar como é que o Brasil pode ter um crescimento de 2,4% num momento em que a economia mundial está como está. (Atenção, analistas oficiais: a principal causa da queda do risco-país não são as virtudes da economia brasileira.) Nada fez pela infra-estrutura, pelos investimentos produtivos, pelas reformas estruturais. Esvaziou as agências reguladoras, não conseguiu as PPPs, aumentou impostos e despesas públicas. Aproveitou o deserto de notícias na mídia de fim de ano para plantar ações como um plano emergencial para estradas que não é mais que isso, emergencial, e que exige contrapartidas que os Estados não podem dar. O único objetivo de seus gastos é tentar salvar sua campanha de reeleição.

JK, para o bem e para o mal, foi um fazedor. Não fez muita coisa que dizem ter feito — e, iludido ou não, apoiou o golpe militar de 1964 —, mas soube captar o momento da nação. Raposa, tirou o bode da sala brasileira e apelou à sua índole otimista e compassiva. Não ficou soltando bazófias por ter "vindo de baixo", não fez comparações mentirosas com governos anteriores, não disse ser mais ético que todas as pessoas que votaram nele. Estudava e enfrentava os problemas e parecia acreditar nos rumos escolhidos, os quais não confundia com as concessões necessárias. É por esses motivos que não existe, e nunca existirá nem mesmo nas teleficções, uma Era Lula.

Pindoramania

(15/1/2006)

Num texto de 1967 sobre "o caráter nacional brasileiro no século 20", escrito para uma revista de sociologia de Filadélfia e incluído na antologia *Palavras Repatriadas*, Gilberto Freyre comenta a observação de Aldous Huxley sobre o desdém da cultura nacional ao esforço sistemático e à ação metódica, à ciência e ao planejamento. E completava: "Brasileiros de nossos dias podem ainda ser fracos em física ou em ciências naturais. Alguns deles, mesmo sendo católicos, podem continuar acreditando na astrologia, no espiritismo e na feitiçaria." Freyre, que apoiou o golpe militar de 1964, diz em seguida que o caráter nacional está mudando e planejamentos econômicos estão sendo feitos, mas "não tanto", pois seria "improvável" sua adesão absoluta a essa mentalidade.

Observo algumas coisas curiosas. Primeiro, fica claro que Freyre, ao contrário dos que o tentam transformar num definidor da identidade nacional, não considera esse "caráter" pronto. Poucos parágrafos antes, afirmou que "os brasileiros estão a tornar-se plenamente conscientes da originalidade da sua civilização (...) e suficientemente arrojados para se apresentar perante o mundo como um povo que, na sua música, na sua arquitetura, na sua cozinha, na sua forma de jogar o futebol, é diferente dos povos mais maduros e clássicos, de civilizações mais apolíneas". Isso não significa que considere a vocação brasileira a índole "dionisíaca" que gente como Zé Celso e Armando Nogueira insiste em classificar. Para ele, a civilização brasileira é de "síntese", um meio-termo criativo e precursor entre apolíneo e dionisíaco, capaz de conjugar doses de método com improvisação, a ciência com o ócio.

Mesmo assim, é um pensamento ingênuo. Basta ver que é dele que parte seu elogio ao regime militar. Para Freyre, o "movimento revolucionário de

1964" conjugava idealismo com realismo e, portanto, se desenvolvia "de uma forma suavemente brasileira, como se desenvolveram as revoluções da independência, do abolicionismo e da República, as quais acabaram realizando o que era essencial aos seus objetivos". Essencial? Os marcos históricos brasileiros se caracterizaram na maioria das vezes por não ir a fundo, por não encarar a sério os desafios da modernidade democrática. A tal suavidade, admirável em tantos aspectos, é de certo modo um disfarce dos problemas. Mas na ideologia conciliatória de Freyre não havia espaço para ironias e ambigüidades.

Essa ingenuidade é, claro, causada por sua visão antropológica de que o dado racial é fundamental. Ao exaltar a miscigenação, que seria a única arma contra o racismo — e para ele o racismo brasileiro tinha a virtude de não ter "traços grosseiros", como se isso fosse mais facilmente superável —, Freyre associou a ela o tal caráter sintético da civilização "eurotropical" brasileira. No texto anterior do livro, *Mistura de raças e interpenetração cultural: o exemplo brasileiro*, escrito para um seminário na ONU em 1966, ele observou que a maioria dos brasileiros já havia perdido então o "complexo de inferioridade" derivado dos preconceitos raciais de outrora; eles não tinham mais vergonha de seus hábitos, de suas combinações, e estavam felizes e orgulhosos. Freyre não viu nem que essa era uma meia-verdade — pois o brasileiro continua a oscilar do complexo de inferioridade para o de superioridade, mais vítima da síntese do que sua vitória — nem que não fazia sentido criar uma mitologia, um auto-enfeitiçamento a partir dela. Traços são traços, não a composição toda.

Diante das violências e mazelas brasileiras 40 anos depois, Freyre não saberia o que dizer. Idem, diante da resistência ainda presente a esforços sistemáticos e métodos científicos. Esse "vitoriano dos trópicos", como o chamou Maria Lúcia Garcia Pallares-Burke em livro recente que já citei aqui, não percebia que, para o brasileiro em geral, é como se a afetuosidade e o planejamento fossem antônimos — e que inclusive no planejamento tecnocrático dos economistas do regime militar havia o mesmo descaso dos "intuitivos" com as sutilezas da realidade. Continuamos fracos em física e ciências naturais, e até em escritores de gênio como Guimarães Rosa encontramos excessiva desconfiança em relação ao chamado "progresso técnico".

Afinal, a civilização é triste, nós é que estamos mais perto da alegria coletiva, não é mesmo? Este mal poderia ser batizado de Pindoramania:

o conceito de que o Brasil é muito diferente de seus colonizadores e só será a grande nação que nasceu para ser se atender ao coração e desligar a cabeça. Por outro lado (ih, lá vem essa mania colonizada de respeitar a complexidade das questões...), não faltam exemplos de que não é preciso abrir mão dos dons musicais e futebolísticos para produzir ciência e tecnologia de nível internacional. De Santos-Dumont e Oswaldo Cruz aos projetos como o genoma e muitos outros da Fapesp, do eixo Campinas—São Carlos, da Embraer ou da Embrapa, há provas nas diversas disciplinas e regiões. O que falta é aprofundar e ampliar, é investir pesado nessas áreas que hoje mais do que nunca são fundamentais para a consistência de uma civilização. Para além de costumes e credos, civilização não existe sem esforço.

Bula do Brasil
(18/6/2006)

Um amigo que mora na Suíça me pergunta como é possível que Lula, depois de tantos erros, desvios e tropeços, esteja aparentemente caminhando para a reeleição. Sabe que não se trata apenas do escândalo do mensalão, o dinheiro comprovadamente transferido de empresas que vivem de licitações públicas para os cofres do PT e aliados. Esse já seria motivo suficiente. Mesmo assim, o governo teve muitos outros fracassos e não cumpriu quase nada de suas promessas. Bem, há uma série de explicações razoáveis. Isoladamente, porém, não bastam; como se diz nas bulas de remédios, há "interações medicamentosas".

Uma é a explicação dada por Bill Clinton: "É a economia, estúpido." O preço da comida até caiu em alguns itens, a geração de empregos melhorou um pouco, o salário mínimo foi aumentado, o Bolsa Família chega a mais pessoas, as exportações deram um salto, os mercados bateram recordes de movimentação. Está certo que o crescimento do PIB tem sido inferior à média mundial, a formalização dos empregos infla as estatísticas, o déficit da Previdência explodiu, a carga tributária é inédita, a economia mundial vive bonança que havia muito não vivia, os juros e créditos fazem a alegria dos bancos. Além disso, os aspectos positivos só foram obtidos porque o governo seguiu a política econômica que Lula tanto criticou no governo anterior e — para ganhar as eleições, não por um amadurecimento ideológico — só passou a defender em meados de 2002. No entanto, a percepção cotidiana das pessoas, que nada entendem desses outros temas, é a de que a economia melhorou pouco, mas melhorou. E seus maiores índices de aprovação são naquelas regiões onde o que o cidadão espera do poder público é uma dentadura de graça.

Outro fator é o discursivo, o simbólico. Lula se vende como um pai dos pobres do novo século. Numa estratégia neopopulista, usa seu carisma de imigrante e operário que superou a fase "radical" para dar vazão ao ressentimento social que, não por acaso, é latente no Brasil. Note que cada vez mais a palavra "elite", que originalmente designa as pessoas mais qualificadas de uma sociedade, se tornou um palavrão no Brasil, pronunciado como tal na boca de conservadores católicos ou de auto-aclamados socialistas. Nela não se encaixam apenas os banqueiros, empresários e servidores que sonegam e corrompem e são alvos de operações da PF; a mesma vala comum é reservada para pessoas honestas e trabalhadoras que deveriam sentir culpa por ir a restaurantes caros ou comprar roupas de grife. O mais irônico é que, como prova o documentário de João Moreira Salles, *Entreatos*, o sonho de Lula sempre foi abandonar o macacão, vestir um terno, comprar um carrão e ser "bon vivant". Ele é ao mesmo tempo "vítima" da elite e membro dela.

E por que Lula se compara o tempo todo com Fernando Henrique Cardoso? Não é apenas por motivos freudianos ou angústia da influência. É porque, além de o antecessor ser em todos os sentidos um representante da tal elite, ele sabe que nas ruas se diz que "o FHC teve oito anos, deixa o Lula ter oito também". Mesmo que tenha sido contra a reeleição, desde o início do mandato bate na tecla do "quatro anos é muito pouco". Também está ciente de que, apesar das dezenas de legendas, o Brasil caiu numa espécie tropical de bipartidarismo, pois todos os demais partidos giram em torno desses dois. Ingênuos diziam e ainda dizem que PT e PSDB deveriam se aproximar, mas o paradoxo é que, ao mudar de atitude, Lula parece tão tucano quanto qualquer outro. Uma idéia vagamente social-democrática de combinar o econômico e o social — "monetarismo" e "desenvolvimentismo", superávit fiscal e programas assistenciais — é a mensagem que seu governo tenta e, como os resultados são mais estáveis, consegue passar aos crédulos eleitores.

Nessa tática de comunicação, que inclui hipérboles messiânicas e mostra a raposa política que é "nosso guia", entra também o movimento feito a partir da entrevista de Roberto "Sai daí, Zé" Jefferson, há pouco mais de um ano. Lula não teve pudor ao se eximir de responsabilidade e lançar ao fogo seus companheiros mais próximos nos últimos 25 anos. Da forma como o falso herói Jefferson modulou a denúncia, Lula só cairia se fosse pego com dinheiro em sua própria cueca. Além disso, como escrevi, ele não é um desconhecido que confiscou a poupança e multiplicou a inflação, feito Collor, embora a dupla Valério-Delúbio seja uma reencarnação de PC Farias. Lula conta acima de tudo com a conivência do brasileiro médio. O sujeito que diz "Todo mundo rouba" (ou, na variante mais educada, "Corrupção tem no mundo inteiro") e por isso perdoa Lula, mesmo que ele tenha sido eleito para acabar com ela, tacitamente reconhece que, no lugar dele, faria o mesmo — e de fato faz, ao não emitir nota fiscal, ao comprar DVD pirata, ao superfaturar recibo de lanche, etc. Na terra da malandragem, Lula é apenas o que "chegou lá".

Logo, pouco importa se em seu governo a maioria dos setores piorou. Na educação, muita propaganda foi feita sobre o acesso às universidades, mas nada se fez para atacar os problemas do conteúdo arcaico do ensino básico e do verdadeiro gargalo que é o ensino médio. Na infra-estrutura, o setor energético não recebe investimentos, as estradas e ferrovias estão em pandarecos, o BNDES prefere dar dinheiro para o metrô de Caracas. Na ciência e tecnologia, instituições como Embrapa e INPE são aparelhadas e politizadas, enquanto as empresas desconhecem inovação. Na agricultura, os grandes produtores, demonizados, estão quebrando por conta do dólar. Na cultura, no meio-ambiente, na saúde, na segurança — em quase todos os ministérios a situação é igualmente sofrível. Mas, com comida na barriga e consolo no cérebro, a maioria continua imune à superdose de Lula.

O espetáculo do simplismo

(8/10/2006)

A divisão brasileira mais relevante é a mental. O que se viu na leitura dos resultados do primeiro turno das eleições foi um espetáculo de simplismo. Está certo que votar é um gesto binário — mesmo que você desista de escolher — e que a experiência manda optar pelo "mal menor", mas no calor das campanhas o tom é o bem contra o mal, de acordo com o ponto de vista de cada um, e não só entre os políticos. Para dizer o mínimo, isso não explica muitas coisas — e esconde muitas outras. Nem tudo cabe num mapa de duas cores.

A sensação de que o Brasil se mostrou dividido nas urnas provocou duas conclusões preponderantes. Uma é a de que temos de um lado os ricos e do outro os pobres, algo como uma luta de classes regionalizada, e que se os pobres preferem Lula é porque ele fez políticas inéditas e sólidas que os beneficiam. Esse é um argumento muito comum entre petistas e populistas, que julgam que a função primordial do Estado é amparar os desamparados. A outra conclusão diz que os eleitores de Lula são os menos instruídos, logo são os que têm menor senso crítico e menor rigor ético. Costuma-se ouvir tal interpretação de quem pensa que amparar os desamparados é função que o Estado deve dispensar.

O que ocorre na verdade tem muito mais graduações e ironias. Primeiro, há muita gente da classe média urbana que votou em Lula. São pessoas que acreditam que seu governo reduziu a pobreza e é tão corrupto quanto os anteriores ou que isso não faz muita diferença; não são necessariamente ignorantes ou coniventes. Segundo, esses eleitores também escolheram Fernando Henrique para a reeleição em 1998, tanto que ele venceu no primeiro turno, pelo motivo semelhante de ter aumentado o poder aquisitivo das classes mais baixas. Então quando votavam nos tucanos não eram ignorantes e coniventes?

Essas mesmas regiões, tão "civilizadas", elegeram — agora e antes — políticos como Paulo Maluf, para não falar de Russomanno, Clodovil, Enéas... Caso seguisse esse tipo de raciocínio em bloco, eu me perguntaria do que serve tanto estudo e tanta riqueza. Também é meia-verdade a noção de que o capitalismo das regiões sul e sudeste se fez apesar do Estado, e não graças a ele em boa parte. Muitos banqueiros e empresários fizeram fortuna com o impulso da máquina pública, com favores políticos das mais variadas espécies. São Paulo, além de contar com migrantes nordestinos como mão-de-obra, não é apenas um produto da livre iniciativa.

Nada disso, porém, não quer dizer que grande parte dos trunfos de Lula não venha da herança outrora "maldita" de FHC — não só a estabilidade monetária e o salto das exportações, mas também a política social. Olhando por esse ângulo, também vale notar que Alckmin simplesmente é desconhecido da maioria do eleitorado de norte e nordeste. E, se tem um critério que todo eleitor brasileiro valoriza, da Ilha de Marajó à Lagoa dos Patos, é o conhecimento pessoal. Lula se alimenta desse discurso e do "carisma" que vem de sua origem, não apenas da Bolsa Família (e muito menos do salário mínimo, porque nos grotões a economia é bastante informal), mas essa não é a única estratégia possível; caso fosse, oligarcas como Sarney e Collor — esses aliados de Lula — não continuariam recebendo votos como maná.

As nuances também não obscurecem a realidade brasileira, em que a desigualdade social coincide em alta freqüência com a desigualdade regional. O que é preciso levar para as regiões mais atrasadas é produtividade e liberdade — não só o choque de capitalismo que Mario Covas mencionava, mas o processo todo do capitalismo democrático, que zele nos mais diversos setores pela competição regrada, como acontece com a fruticultura na região de Petrolina. E o governo Lula, ineficiente na infra-estrutura, na pesquisa tecnológica e no comércio internacional, tem prejudicado bastante o agronegócio, o que explica parte da votação de Alckmin no sul e no centro-oeste.

Não é verdade que o Brasil esteja dividido entre "os mano" e "os doutô". Ele é mais complexo do que supõem as fantasias da esquerda e da direita, assim chamadas. E tal bipartidarismo não consegue dar conta da grandeza do desafio adiante. Não à toa os discursos se parecem tanto. Não à toa se limitam ao dueto estabilidade monetária & bolsa social. Não à toa falam tão pouco de assuntos fundamentais como o saneamento, escasso no semi-árido como nas periferias urbanas, ou a abertura econômica. Pior: não à toa ambos parecem incapazes de realizar reformas que advogam, como a política e a tributária. A opção não é entre um Brasil e outro, mas entre ação e retórica.

Ficções políticas
(22/10/2006)

O Clube dos Polianas dizia que o segundo turno seria importante para que houvesse debate de propostas. Não houve. E o que é mais curioso na guerra de números e acusações entre os candidatos Lula e Alckmin é a sensação de que eles falam de outro país. Nos seus discursos, o Brasil só precisa de um ou outro ajuste, ampliar uma ou outra tendência vigente (queda dos juros, aumento da Bolsa Família) e — shazam! — o Primeiro Mundo será aqui. Nem parece que a educação fica na lanterna de todos os exames, que a renda média é menor do que era há 12 anos, que metade da população não tem rede de esgoto nem emprego formal, que ladrões e corruptos seguem impunes.

*

Fico pensando em Koizumi, primeiro-ministro do Japão até há pouco. Dizem no Brasil que em quatro anos um governo não pode fazer muita coisa. Koizumi privatizou os Correios, enfrentando a poderosa máfia estatal, cortou gastos improdutivos e tirou o país da paralisia econômica que durava mais de 10 anos. Também lançou questões como a reforma da educação, excelente nas estatísticas, desatualizada no conteúdo, e adotou medidas para estimular uma mentalidade mais inovadora, que brilhe no software como brilha no hardware. No Brasil, teria menos votos que Cristovam Buarque. Por aqui não existem estadistas porque eles não sabem, como dizia De Gaulle, que às vezes é preciso escolher a nação em vez do eleitorado.

*

É melhor rir do que chorar quando se ouve dos representantes do atual governo que não é preciso fazer nada para combater o déficit público porque o crescimento de 5% a partir dos próximos anos será suficiente para cobri-lo. Segundo tais luminares, como Guido Mantega e Tarso Genro, "as condições estão dadas" para esse ritmo de crescimento, em referência à inflação baixa (em grande parte por causa do câmbio valorizado e da economia desaquecida) e à redução dos juros (cuja taxa real, de cerca de 10%, ainda é a maior do mundo). Eles simplesmente ignoram o que fazer para aumentar a taxa de investimentos ora em 20% do PIB — e com queda no ingresso estrangeiro — e fingem que isso nada tem a ver com as contas públicas. É a mesma desconversa monetarista sobre "fundamentos" que o governo FHC usava.

*

É preciso tirar o chapéu para a turma de Duda Mendonça que faz a campanha de Lula. Botaram Alckmin de volta à defensiva ao ressuscitar a crítica às privatizações. Enquanto isso, Lula se gaba das exportações em seu mandato, nas quais dão show ex-estatais como Embraer e Vale e o setor de telefonia celular. E ele ainda se compara com Juscelino Kubitschek, que, se vivo fosse, faria de tudo para abrir a economia brasileira ao dinamismo da era digital.

*

Tucanos mandam mensagens agressivas porque eu disse que Lula só perderia para ele mesmo — tanto que o dossiê Vedoin foi o que levou ao segundo turno — e que Alckmin não havia tirado voto nenhum no debate. Mas desde o ano passado está claro que a aprovação popular de Lula resiste aos escândalos de toda espécie. Um dos motivos é o que aquele assessor de Bill Clinton diria de forma adaptada: "É a comida, estúpido". Lula, em tantas coisas uma repetição de FHC, usufrui de uma situação muito parecida com a do tucano em 1998, quando reeleito em primeiro turno: inflação baixa, redução da extrema pobreza, aceitação dos mercados interno e externo. Assim como para o banqueiro Olavo Setúbal, para o mais desnutrido dos brasileiros não existe muita diferença concreta entre Lula e Alckmin.

Logo, Lula tem direito a mais quatro anos. Não se trata de um embate entre puros e impuros.

*

Também é de gargalhar a tese de que a grande mídia foi "vencida" pela vontade popular. No primeiro ano de mandato, quando Lula flutuava em uma aprovação de quase 90%, só me lembro de três ou quatro articulistas que alertavam para o despreparo e a cobiça dele e de sua trupe. Quando se anunciou o PIB de quase 5% em 2004, quase ninguém se deu ao trabalho de notar o efeito estatístico (os três anos medíocres que vieram antes) e a insustentabilidade do ritmo (dada a incompetência da gestão, a falta de infra-estrutura, etc.). Depois dos casos Waldomiro e mensalão, aí sim ele passou a ser a mais criticado, mas exclusivamente no tom moralista. E isso não impede que muitos jornalistas e intelectuais ainda declarem que, se ACMs e Sarneys fizeram todas essas coisas feias, Lula não pode ser acusado de não ser diferente deles, embora tenham nos jurado o contrário por mais de 20 anos. Ou digam que ele aproxima ricos e pobres, mesmo que todo dia fale mal de uma elite à qual julga não pertencer.

*

Outro sinal é a falta de protestos contra a proibição de que comentaristas em rádio e TV — como Arnaldo Jabor na CBN e o pessoal do *Manhattan Connection* no GNT — não possam emitir sua opinião. Cadê as entidades de classe, cadê os defensores da liberdade de expressão? Estão discutindo se a imprensa deveria ou não ter publicado a foto do dinheiro do dossiê, flagrado nas mãos de petistas (ou alguém botou lá à força?) e escondida pela cúpula da PF? Nesse quesito estamos anos-luz atrás de países desenvolvidos, onde todos os jornais declaram seu voto em editorial e todos os opinadores criticam livremente. Imagine David Letterman fazendo com Lula o que faz com Bush toda noite em seu talk show... Certamente iam querer extraditá-lo.

*

Fico também pensando no que não soubemos desta campanha do futuro vencedor das eleições. O que envolve o acordo entre Lula e o PMDB de Sarney, Quércia e Renan? Quantos cargos terão nos ministérios, no BNDES, nas estatais como Petrobrás, Banco do Brasil, Correios e Caixa, que por sinal sustentam a indústria cultural nacional? Onde está José Alencar? O que faz José Dirceu? Lula parece herói de western: todo mundo que o acompanhava foi derrubado e ele continua em pé, como se premiado pelo destino. Mas os coadjuvantes apenas se fingem de mortos, e o roteiro prevê vida longa a todos eles.

Depois das urnas

(5/11/2006)

Lula foi reeleito porque as pessoas acham que ele merece oito anos como FHC. Só se tivesse feito um estrago na vida econômica é que ele seria enxotado do poder pelas urnas. Foi isso que Duda Mendonça ensinou ao PT em 2002, fazendo dele o principal tributário do desgaste de oito intensos anos de tucanato.

*

O pobre vota em quem lhe garante comida mais barata no prato. Seja o candidato latifundiário, seja pau-de-arara. Se for "um de nós", há uma razão a mais para anistia. E muitos da classe média vão junto: se minha vida não piorou, posso escolher alguém que tem feito "algo pelos pobres" — mesmo que pudesse ter feito muito mais. Brasileiro é tudo menos exigente.

*

Alckmin só venceu em sete Estados e só em Roraima obteve mais que 55% dos votos. Fica difícil falar, portanto, em "país dividido" por regiões e mesmo por classes. Lula teve vitória ampla nos chamados grotões, sim; mas nas regiões mais desenvolvidas é que faz sentido falar em divisão, jamais em hegemonia tucana. Tanto é que foi onde Lula mais reconquistou espaço do primeiro para o segundo turno. Com quase 61% dos votos válidos, praticamente repetiu 2002.

*

Achei divertida a quantidade de articulistas que tentaram explicar por que Lula ganhou as eleições ou por que Alckmin perdeu. Depois é fácil... São os "engenheiros de obra feita". Antes a maioria apostava em derrota ou vitória apertada e dizia clichês como "segundo turno é outra eleição".

*

Por que os antilulistas, em particular, erraram tanto sobre o destino de Lula? Primeiro, porque têm preconceito — Lula seria um ditador ou lançaria guerra civil — e não conhecem o Brasil; supõem que mensalão pode ferir como inflação ou demissão. Segundo, e mais importante, por "wishful thinking", por confundir desejo com realidade; queriam tanto Lula fora, e se achavam tão poderosos a ponto de derrubá-lo, que se esqueceram de respeitar os fatos.

*

Alckmin pode ser um político menos populista e ter apresentado um programa ligeiramente melhor (corte de gastos e impostos, abertura comercial, retomada das agências reguladoras), mas o PT tomou posse das conquistas mais claras do PSDB, como a queda da inflação, os programas sociais e o impulso exportador. O candidato tucano deveria ter usado linguagem mais clara: "O Brasil está parado", "Não é verdade que o PT pode fazer mais pelos pobres", etc.

*

O que cola mesmo, na maioria de qualquer classe, é a noção "getululista" de que o Estado deve ser uma espécie de Robin Hood — colher impostos dos ricos para distribuir renda aos pobres. Como se a imensa dívida social do país não tivesse sido causada justamente pelo Estado. E como se não fosse a sociedade que alimenta o Estado, e sim o contrário.

*

Lula foi contra o Plano Real. Agora se gaba da inflação em 3%. Lula foi contra a privatização. Agora se gaba dos lucros e das exportações das grandes empresas. Lula foi contra a reeleição. Agora está reeleito.

*

Até na reeleição, calcada no declínio dos índices de extrema pobreza, o governo Lula segue o anterior. É claro que o PSDB fez coisas que o PT não fez: enfrentou tabus como inflação e privatização e lançou alguns outros instrumentos de modernidade como a lei fiscal. Mas não adianta negar acertos relativos do governo Lula, como dobrar o Bolsa Família (ainda que sem a contrapartida do planejamento familiar e com o prejuízo de outros investimentos sociais) e algumas medidas macroeconômicas (desdolarização da dívida, aumento das reservas, etc.). Poucos, mas politicamente profícuos.

*

"A mídia precisa de auto-reflexão", soltou o presidente do PT Marco Aurélio Garcia, enquanto militantes do partido agrediam repórteres em Brasília e a PF interrogava jornalistas da *Veja*. Ele disse também que o mensalão foi apenas "esquema irregular de financiamento de campanha". Se foi irregular, então por que ainda não foi punido? Se foi para financiamento de campanha, por que foram feitos depósitos pessoais a políticos aliados no BMG e Rural? E por que Marcos Valério ganhou tantas licitações públicas no governo Lula?

*

Em matéria de corrupção o PT teve poucos concorrentes na história. O problema não é só o dinheiro perdido; é o atropelo das instituições e dos valores. Do caso Waldomiro ao dossiê Vedoin, passando pelo valerioduto, pela quebra do sigilo do caseiro e pelo caso das cartilhas, o acúmulo de escândalos verdadeiros, comprovados, foi extraordinário mesmo para os padrões nacionais. O máximo que ele fez, por causa das pressões, foi afastar seus protagonistas, mas até agora nenhum deles vê o sol quadrado.

Algumas coisas o PT nunca vai recuperar: acima de todas, a qualificação — que ouvi durante anos e anos de amigos, parentes e colegas — de "único partido ideológico" do Brasil, que seria menos corrupto, que jamais faria aliança com oligarquia, que seria porta-voz do desenvolvimentismo contra o neoliberalismo e que seria eficiente, como teria demonstrado em prefeituras. Não.

*

No cômputo geral, depois de 9 anos de planos suicidas e demagogos oligárquicos, devemos ir para 16 anos de crescimento medíocre, sem reformas a fundo, com a máquina pública a vampirizar mais e mais a atividade econômica, como se vê nessa espécie de apagão do setor aéreo. Por que você acha que Lulinha agora só faz discursos cheios de amor para dar?

MUNDO

Carta a Marx
(14/11/1997)

Querido Karl,

Sei que deve parecer estranho que alguém mande uma carta para um morto, mesmo porque aí onde você está não deve haver luz suficiente para enxergar estas palavras. Mas, como você pode imaginar, muita gente continua a querer ressuscitá-lo do sono eterno, como um Lázaro ateu — ou melhor, como um Moisés ateu, pois o que se espera de você são mandamentos verbais definitivos. Certamente o número de pessoas que andaram batendo à porta de seu caixão deve ter diminuído sensivelmente nos últimos anos, mas decidi alertá-lo de que sua tão desejada paz não parece estar a caminho, não. Não se engane com o aparente silêncio que o rodeia. O espectro do consumismo ronda sua lápide.

Por aqui está tudo muito diferente e confuso. As flutuações financeiras obrigam as economias a reequilíbrios mais difíceis do que os dos bailarinos russos. O capitalismo criou um monte de coisas novas: globalização, neoliberalismo, Quarteirão com Queijo, videogame. Os filipinos falam inglês, os japoneses usam bermuda e os brasileiros acham que estão numa "nice" com sua "bike". As empresas estão tão boazinhas que o operário, quando fica triste, pode pregar um pininho vermelho no quadro de avisos para solicitar carinho e compreensão dos colegas e superiores. Desde 1989 não resta nenhum comunista sobre a Terra, e mesmo alguns que se dizem "socialistas" não estão muito convictos do que pretendem colocar no lugar. Até a múmia de Lenin saiu da cena pública, e Fidel Castro andou aparecendo sem o uniforme.

Mas nem tudo mudou, e é por isso que estou lhe escrevendo — me dando ao trabalho de escrever uma carta em vez de um e-mail, porque imagino que você não tenha computador aí. (Se quiser, tenho o telefone de um contrabandista bastante correto. Posso falar com ele para lhe dar um desconto.) Como disse, o sistema financeiro anda fazendo uma barulheira dos diabos — e isso, caro Marx, tem feito pessoas invocarem seu santo nome em vão. Eles dizem que, mais do que um panfletário do socialismo, você foi um crítico do capitalismo, um pensador tipo David Ricardo ou Adam Smith — a quem você tanto respeitava — que analisou crua e friamente o sistema do capital. Dizem que você, como um Jesus Cristo ateu, mostrou que a ganância cumulativa dos ricos leva a um empobrecimento cada vez maior dos pobres. Em suas palavras, que os donos dos meios de produção obrigam os trabalhadores a produzir mais em menos tempo, lucrando com o aumento da produtividade, e que este aumento da produtividade não faz aumentar os salários. Essa exploração, acredita-se, foi definida com um conceito bastante sutil, "mais-valia", que você retirou de Ricardo e preencheu de denúncia social, num livro inacabado cujo título é *O Capital*.

Dizem mais, Karl: dizem que, em contrapartida ao empobrecimento da classe dominada, você previu, como um profeta Ezequiel ateu, que a classe dominante levaria a Taxa Geral de Lucro a um ponto tal que cartelizaria toda a economia e a condenaria à atrofia e, pois, à morte. Não, não, nem todo mundo leu em *A Ideologia Alemã* que, nesse estágio, ou o proletariado teria consciência e assumiria o controle dos meios produtivos, ou tudo iria por água abaixo. Karl, lamento informar, mas há muitas outras coisas que você escreveu e quase ninguém leu, ou que quem leu fingiu não entender. Você foi a favor daquela corrida cobiçosa para o Oeste americano, em que índios e mexicanos foram mortos por pessoas cujo único interesse era enriquecer às custas dos outros. Você jamais acreditou no estabelecimento do socialismo-seguido-de-comunismo num país subdesenvolvido, em que as forças de produção não estivessem livres e prósperas, atuando a todo vapor. Você nunca disse que uma classe de intelectuais auto-eleitos poderia conduzir a economia a um nível em que o trabalho assalariado estivesse extinto, por força exclusiva de vontade política. Mas um monte de pessoas — incontáveis mesmo, Karl — não deu ouvidos a suas ressalvas. Quiseram "queimar etapas históricas" que você, voraz leitor de Hegel, não pensava que pudessem ser queimadas pelo homem.

O pior, Karl, é que entre essas pessoas havia um bocado de homens inteligentes. Alguns deles estão vivos, mas eles renegam o passado ou dizem não estar arrependidos. "Pega bem" ter sido rebelde na juventude, você sabe como é. Garante vagas no Congresso Nacional e jetons bastante polpudos. E para que olhar para trás com os olhos críticos? O passado só existe na memória e, portanto, deve ser idílico. Os milhões de homens mortos, de livros censurados e de famintos multiplicados não importam. Os nazistas devem pedir perdão, mas os comunistas, não — eles estavam querendo o bem universal, o paraíso terreno, e foram as forças do conservadorismo que solaparam seus ideais. Que culpa tiveram? Acreditam num coletivismo em que você nunca acreditaria, mas as intenções eram as melhores possíveis. Justificam qualquer violência.

E esse é meu medo agora, Karl. Há quem ache que você está vivo porque o capitalismo continua aí, enriquecendo os ricos e empobrecendo os pobres, causando desemprego, miséria e ressentimento. A tal globalização não passa de um avanço nesse processo, uma forma de neocolonialismo virtual. Não faz diferença nenhuma para o moscovita ter ou não ter um McDonald's na esquina e um Nike no pé: ele continua a ser explorado. Agora, em vez de derrubarem napalms na cabeça dos asiáticos, as superpotências estão lançando derivativos contra os pobres coitados, derrubando Estados Nacionais com a especulação digital e manipulando suas políticas econômicas com multinacionais hiperpoderosas. Para completar, o esporte é o ócio de povo. Michael Jordan e Ronaldo ganham salários astronômicos dos Grandes Capitalistas Mundiais para ocultar, em rede internacional de TV a cabo, a opressão sofrida pela maioria silenciosa. (Esses ruídos de pagode que você deve ouvir de vez em quando são apenas outro mecanismo de cooptação das massas. Elas são ideologicamente silenciosas.)

Piores ainda, Karl — embora você não possa entender, porque escrevia com pena e nanquim —, são essas maquininhas que eles colocam nas casas das pessoas para que elas não saiam e não vejam os meninos de rua abordando as BMWs, para que não conheçam o lado verdadeiro do progresso. Se alguém disser que a tecnologia, especialmente a partir de agora, pode aumentar a produtividade e permitir um acesso maior das classes inferiores aos bens de consumo, será xingado, Karl. E é tudo culpa sua! Sim, é claro que quando aquela prefeita petista disse que "por definição todo empresário é ladrão" não sabia que repetia seu inimigo Bakunin, o anarquista. Foi como ela entendeu a mais-valia. Mas quem mandou você se meter a fazer previsões, à trocar o diagnóstico pelo prognóstico e, ainda por cima, receitar o remédio? Sei que você escreveu muito pouco sobre o socialismo e sua ascensão inevitável, mas quem mandou você escrever tanto sobre o capitalismo e sua queda inevitável? Você iria se espantar ao saber que indústrias estão entre as que mais rendem hoje: turismo, comunicações, entretenimento — que não produzem exatamente mercadorias.

Agora tome: já estão dizendo aí que essas "megacorporações" globalizadas demonstram que você estava certo sobre a cartelização do capitalismo, etc. Felizmente, eles agora têm uma dificuldade a mais: não sabem o que sugerir para substituir o capitalismo, a menos que aprendam com o inimigo e, num passe de mágica política, dêem um novo nome a uma velha ambição — "neo-socialismo", "Consenso de Moscou" ou coisa que o valha. Mas sei bem o que você quis fazer: como nos chamados "economistas liberais" já havia críticas sensatas e recorrentes ao capitalismo, você decidiu radicalizar para ficar na história — ops, perdoe, na História. Azar o seu, você que não entendeu que a história é um pesadelo e que, bom filho de rabinos, pensou que a redenção não tardaria. Então agüente: a história vai de novo bater à sua porta e não deixá-lo descansar. Só não diga que não o avisei.

Mistérios de Manhattan

(21/11/1997)

Diga o que quiser de Nova York, da "Big Apple" e seu apelo vulgar ao consumo, da puerilidade otimista dos americanos, mas a Grande Maçã nunca é maçante. O problema é que Nova York, como toda cidade realmente sofisticada — Paris, Veneza, Viena, Barcelona, Londres —, não se deixa interpretar facilmente. Os turistas que a confundem com uma Miami mais chique e grandiosa, onde podem comprar bugigangas eletrônicas e ver musicais biônicos, estão menos ainda equipados para entendê-la. Nova York é realmente um paraíso de consumo, mas não é kitsch, não é nova-rica como as milhões de pessoas que nela desembarcam nesta época do ano. E tem uma qualidade muito mais rara do que se pensa: é cosmopolita até a medula, e não só porque, como certas caricaturas grotescas abaixo do Equador, possuem restaurantes de todas as cozinhas mundiais.

Uma das coisas mais gostosas a fazer em Nova York é andar. A cidade, tida como agressiva — mesmo depois da extraordinária ação anticrime do prefeito reeleito Rudolph Giuliani —, convida às caminhadas. Talvez apenas Paris seja mais "andável" do que Nova York. Todo mundo anda muito, ao contrário de São Paulo, e você vê executivas extremamente bem vestidas (as nova-iorquinas podem ser as mais elegantes do mundo) atravessando ruas com tênis ao pé. Percorrem-se vinte, trinta quarteirões sem dificuldade. A cidade tem fama de ser caótica, mas para quem vem de São Paulo a organização é espantosa; um estudo comparativo da engenharia de tráfego nova-iorquina com a paulistana iluminaria nossas deficiências como sociedade civil. O primeiro impacto que tive quando visitei Nova York pela primeira vez se expressou mais ou menos assim: "Mas... mas Nova York é bonita!" Os filmes de Scorsese talvez estivessem poluindo minha mente.

Nova York tem aquilo que as grandes cidades do mundo têm: apesar de sua grandeza e agitação, cria rapidamente um senso de intimidade. Você se sente em sua cidade; o hotel se torna sua casa, aonde chega depois de um dia de atividades, carregando uma sacolinha do mercado ou da doçaria ao lado; o mapa da cidade logo fica diagramado em sua mente, mesmo porque as ruas são numeradas e regulares. Em pouco tempo você se acostuma com a forma seca — de quem não tem muito tempo para atendê-lo, e não de quem não tem paciência ou consideração — como balconistas, motoristas e informantes tratam os clientes. Os arranha-céus que impressionam também compõem a geometria simples da cidade, que parece dizer com Fred Astaire: "O segredo é fazer parecer que é fácil." Ao contrário do que diz Rem Kolhaas naquele seu polêmico manifesto de 1978, *Delirious New York*, o gigantismo dos prédios não indica que existe um caminho fácil e irrestrito do chão às estrelas. Nova York é um pouco diferente do resto dos Estados Unidos nesse sentido: parece pretensiosa e positivista, mas a mística de seu cotidiano é de trabalho e dúvida constantes.

Woody Allen é um sujeito que conhece bem a Nova York por trás do mito, a qual filma brilhantemente. Note que em todo filme dele há um grupo de pessoas ao redor de uma mesa de restaurante, ou turmas de amigos se visitando em casa, e repare como eles conversam. Fala-se muito, mas o papo nunca é aborrecedor ou monotemático, saltando daqui para lá; ironias e brincadeiras não excluem abordar assuntos sérios, "highbrow", polêmicos. Há uma sociabilidade articulada nessa cidade aparentemente frívola e atomizante. (Outro filme que capta bem o tom da conversa nova-iorquina é *Seis Degraus de Separação*, de Fred Schepisi. E um livro ácido sobre esse mundo é *Answered Prayers*, de Truman Capote.) Não foi à toa que surgiram na cidade publicações como *The Smart Set* (dirigida pelos cáusticos H.L. Mencken e George Jean Nathan nos anos 20), *The New Yorker* (ainda hoje, apesar de baixas, refinada e mordaz como os famosos membros da mesa redonda do Algonquin), *Esquire* (ora deficitária, sem um décimo do glamour que teve), *The New York Observer* (apimentado e culto) e muitos outros, afora os jornalões e vanguardosos. O caldo de cultura protestante misturado ao dos imigrantes — sobretudo judeus, irlandeses e italianos — criou ali um estilo muito próprio, caracterizado por humor inteligente, senso de destino e vivacidade, que quem não provou não viveu.

Sim, Nova York vive sob o delírio de ser centro do mundo, e alguns nova-iorquinos se parecem muito com o protagonista da *Fogueira das Vaidades* de Tom Wolfe, que se julga Senhor do Universo. Todo mundo quer ser o número um, e talvez por isso eles não sejam corteses como os londrinos, nem charmosos como os franceses, nem divertidos como os italianos. Sim, é uma cidade que vive do consumismo, da turistada e do "big business". Certas regiões são bastante hostis ao passeio, e a qualidade dos serviços é imperfeita. Mesmo assim, há muitas compensações. O ritmo "workaholic" não domina a cidade, que mantém bolsões de civilidade e tranqüilidade surpreendentes. Passar algumas horas dentro da Morgan Library ou sair do Metropolitan no final de uma tarde de outono ou primavera e sentar-se na escada para observar a luz alaranjada do sol sobre os prédios são experiências dignas de muitas cidades européias. Não só há restaurantes para todos os gostos, mas sobretudo para todos os bolsos. Pode-se comer muito bem com US$ 30. O custo de vida de Nova York, claro — à parte o preço do aluguel —, é relativamente inferior ao de São Paulo: você paga em geral pelo que a coisa vale, e as alternativas são muitas. Não é obrigado a engolir extorsões maquiadas de pompas como aqui.

A vida cultural, especialmente, é muito mais rica e consistente do que a de qualquer outra cidade, inclusive Londres, e Nova York pode ser bastante romântica para quem souber assimilá-la. Nestes cinco dias que passei lá vi exposições maravilhosas de Rauschenberg, Diebenkorn e Schiele, da obra gráfica de Picasso e da coleção pessoal de Degas, entre outras; assisti a um bom musical, *The Life*, de Cy Coleman; comprei discos, vídeos, revistas e livros às pilhas. O consumo, afinal, não é o problema — apenas sua versão obsessiva e inercial, o consumismo. A América não é o limite.

Também a variedade de bairro para bairro é estimulante, e você nunca se sente numa dessas cidadezinhas embonecadas da Suíça, por exemplo: Nova York é realista e criativa ao mesmo tempo. Respeita e promove sua própria história, e sua arquitetura oferece achados memoráveis, desde fachadas antigas a ângulos moderníssimos. O clima é também um dos melhores do mundo. Vivem-se as quatro estações — cada uma a seu tempo, cada uma com suas cores, seus cheiros e suas peculiaridades. E uma cidade, enfim, se julga pelos interiores e exteriores que oferece e, mais importante, pelo diálogo entre eles. Há interiores fabulosos em Nova York: do museu Guggenheim à livraria Rizzoli, do MoMA a pequenas galerias do SoHo. Mas eles de nada serviriam se você saísse deles e só se deparasse com cimento, poluição e barulho. Nova York projeta perspectivas inusitadas sobre o andarilho o tempo todo, com sua topologia cubista; não à toa *As Senhoritas de Avignon*, de Picasso, o quadro fundador do modernismo, está abrigado lá. Também assim a cidade transmite, à maneira do jazz, uma dinâmica de improvisos e modulações — como vemos, para citar outra tela do MoMA, na pintura *Broadway Boogie-Woogie* do nem-tão-abstrato Mondrian. Essa mescla de sensualidade e competitividade é evidente até para o mais passivo dos sacoleiros. São Paulo ou Gênova são muito mais agressivas.

Nova York já foi melhor, eu sei. Toda uma geração de jornalistas culturais brasileiros, como Ruy Castro e Sergio Augusto, se embeveceu — justificadamente — com a música, o cinema, a dança, o jornalismo, o humor e a prosa produzida na Nova York dos anos 20 aos 60. Hoje a coisa mudou de figura. Mas, essencialmente cosmopolita, a cidade não entrou em crise, e ainda continua a abrigar talentos de origens diversas com a mesma generosidade esperta que sempre a marcou — de Michael Feinstein a Robert Hughes, de Adam Gopnik a John Pizzarelli, de Peter Martins a Martin Amis. Um crítico de arte inglês, Kenneth Clark, em seu livro e série de TV *Civilização*, disse que ela, a civilização, se caracteriza por dois únicos fatores: a crença no alargamento das faculdades humanas (a crença em que, com um pouquinho de bom senso e boa vontade, podemos tornar as coisas mais benéficas para todos) e a proteção ao talento individual. À sua maneira, esquiva e nervosa, Nova York, como a Estátua da Liberdade, mantém essa tocha acesa em direção ao mundo. E Donald Trump algum vai apagá-la tão cedo.

Vozes da América

(16/10/1998)

Na semana passada, enquanto o Congresso americano votava ruidosamente a abertura do processo de impeachment contra Bill Clinton — e o Brasil barganhava socorro no FMI —, o auditório Voice of America, lotado, era todo-ouvidos para uma só voz: Gore Vidal. Vidal foi a Washington como parte de uma conferência de que participei, promovida pelo Woodrow Wilson Center e pela United States Information Agency (USIA), e fez um discurso que jamais se ouviria de um esquerdista brasileiro. Por quê? Porque foi, em uma só palavra, um discurso libertário. Vidal protestou contra o que chamou divertidamente de "citizen harassment" — o crescente molestamento do cidadão em toda parte do mundo e especialmente nos EUA, cuja tradição individualista Vidal abraça e abençoa (esse é seu conservadorismo, mas deixe para lá). É preciso entender a opinião de Vidal no contexto deste país. Ao contrário do Brasil, onde é necessário carregar uma carteira repleta para não ser importunado, nos EUA o cidadão não é obrigado a portar nenhum documento, nem mesmo a identidade. E ninguém perde tempo e paciência, ou vê seu carro detido, se não estiver com a carteira de motorista. A idéia é que o ser humano não requer um documento para provar que é um ser humano.

Vidal acha que esse princípio — iluminista e fundador — está se estiolando na América. Daí a histeria moral que está pondo Clinton em risco por ter feito criancices extraconjugais na Casa Branca, no que está longe de ser original. O que é engraçado, noto eu, é que Clinton moldou seu marketing democrata em cima da iconolatria de John Fitzgerald Kennedy, mas está sendo perseguindo por um antimarketing republicano moldado em cima da iconofobia de Richard Nixon. JFK se deliciou com amantes nas dependências da Casa Branca, e parecia ter com Jackie (depois "O") um casamento arranjado em termos financeiros como Bill parece ter com Hillary (vide Whitewater); mas era um príncipe educado e tinha seu irmão Bob, outro juquinha, para varrer vestígios "seminais" para debaixo dos tapetes persas que Jackie comprou para a Casa Branca.

Clinton e Hillary não têm classe, e isto atrapalha bastante. Como Kenneth Starr está pegando Clinton? Martelando a frase "obstrução da justiça", que na psique americana ressoa de imediato Watergate. Toda a pressão, por sinal, é para que ele renuncie, livrando o Congresso de aprovar um impeachment contra o qual a opinião pública ainda se manifesta. Não se trata, pois, de um puritanismo coletivo. Qualquer sujeito na rua observa que o erro de Clinton não foi o adultério, mas a mentira, esquecendo-se de pensar que ela veio depois dele; afinal, que o político mais poderoso do mundo esteja sendo derrubado pelo "fellatio" de uma estagiária é ridículo. Tudo faz parte de um ressentimento republicano que encarnou em ódio a Clinton, cujo governo se beneficia da prosperidade obtida pelos republicanos (governo Reagan e Bush) e que só está onde está porque o candidato adversário, Bob Dole, não tinha carisma nenhum.

Como se sabe, as campanhas republicana e democrata eram praticamente iguais — corte de impostos, ação social, etc. — e Clinton era criticado dentro de seu partido por tê-lo "republicanizado". Seu único diferencial, o programa de saúde pública, foi vencido pelo Congresso de maioria republicana. Logo, o que restava era fazer o marketing da prosperidade e tocar seu saxofone para vender uma imagem jovem, à la Tony Blair. Mas: 1) quem tem noção do que é o sistema jurídico americano, baseado em legislação exígua e jurisprudência farta, entende a gravidade da situação em que Clinton se meteu; 2) há um desgaste óbvio causado pela exposição à mídia, o qual atinge políticos em geral e pode, isto sim, acabar derrotando Clinton.

Clinton deveria ter lido com cuidado *O Lado Negro de Camelot*, de Seymour Hersh, para ao menos perceber que a imagem, na política, é exatamente aquilo que, mais ainda nos dias de hoje, articula as esferas pública e privada. JFK pode ter posto seu cargo em risco tendo espiãs e arrivistas como amantes, mas sempre tratou de manter um hiato entre as esferas ali onde lhe interessava mais. Projetou, sem se meter em fria, uma imagem de virilidade e juventude que lhe foi muito útil; também soube cercar-se dos famosos "best and brightest". Clinton foi vítima dessa ansiedade da influência.

Não soube projetar a mesma imagem ("fumei, mas não traguei") e cercar-se da mesma "entourage". A propósito, é muito mal assessorado. Me lembro dele, por exemplo, pedindo perdão ao presidente de algum país africano (Nigéria, salvo engano) pelo fato de que EUA negociaram escravos no passado. Resposta: não havia por que pedir perdão; os países africanos também lucraram com o comércio de negros, caso contrário ele não teria existido. Nenhuma performance verbal de Gore Vidal — que não gosta de Clinton, mas se vê obrigado a defendê-lo — dá jeito nesse sujeito. Haja caipirice.

Além disso, JFK, como outros presidentes marcantes deste país, sempre fez questão de validar o projeto americano para o planeta todo (ao menos para o hemisfério capitalista), a exemplo da viagem à Lua. Clinton, num momento de hegemonia inédita dos EUA no planeta, parecia sempre mais preocupado em tratar de questões nacionais. E se existe algo de que os americanos não gostam é de que o mundo inteiro ria deles.

Noites brancas
(11/6/1999)

Você pode imaginar ruas de São Paulo e Rio de Janeiro sendo fechadas por causa de efeméride literária? Pois foi o que vi na Rússia no fim de semana passado. Domingo foi o bicentenário de Pushkin e os russos converteram a ocasião em verdadeiro evento cívico, com discursos, declamações, espetáculos, etc. Mais até do que na França, na Rússia os escritores são motivo de orgulho e culto. De todos, Pushkin é o mais celebrado, o poeta nacional; crianças aprendem a decorar seus poemas nas escolas; uma indústria de interpretações sobre sua vida e obra só faz aumentar; russos e não-russos debatem acirradamente sobre como traduzi-lo.

Neste aniversário, dada a democracia de consumo que engatinha no país, Pushkin virou marca de vodka, e os jornais alertam para o risco da overdose Pushkin (segundo o anglófono *Moscou Times*). Mas, como Mozart ou Michelangelo, dizem os russos, a grandeza de Pushkin resiste. O chato é que — também dizem os russos — é intraduzível. Li *Eugene Oneguin* em inglês, motivado pela polêmica entre Nabokov e Edmund Wilson; acabo de ler *A Dama de Espadas*, contos e alguns poemas na tradução de Boris Schnaiderman e Nelson Ascher; e comecei *O Cavaleiro de Bronze* na tradução que a Ars Poetica promete para o segundo semestre e me adiantou gentilmente. Percebo a força, o jogo entre a estrutura clássica e a intensidade romântica, a ambivalência moral do gênio.

Mas sinto a ausência de que os russos se queixam nas traduções. Dei a edição brasileira de *A Dama de Espadas* para minha guia russa ler. Nadia é formada em português pela Universidade de São Petersburgo, sensível e culta; depois de analisar um pouco, ela diz que ali não há Pushkin e completa: "Ele era poeta mesmo na prosa." Realmente, mesmo eu que nada sei de russo acho o texto sem sal, sem cor. Talvez seja preciso ser outro Pushkin para traduzir Pushkin...

*

"Noites Brancas", além de ser um título de Dostoievski, é como chamam as noites de junho e julho em São Petersburgo, em que só escurece por uma ou duas horas (na semana que vem haverá noites que nem chegarão a escurecer). Muito estranha a sensação de dormir em plena luz. A cidade é bonita, mas chamá-la de Veneza do Norte é exagero. O que há em São Petersburgo — Leningrado é a mãe, ou melhor, a madrasta — é o passado cultural, sobretudo literário, e a ambigüidade entre a arquitetura apolínea e sua atmosfera dionisíaca. Quase todos os grandes escritores russos tiveram ligação fortíssima com a cidade. Visitei especialmente os endereços relacionados com Dostoievski, como a pensão onde Raskolnikov comete seu *Crime e Castigo*. Dostoievski odiava esses palácios neoclássicos amarelos, que fiquei imaginando como seriam no inverno... Brrr.

*

O museu Ermitage, de Petersburgo, é como o Louvre, a National Gallery de Londres ou o Metropolitan: enorme e lotado. O que fazer para não entrar em desespero ou morrer de cansaço? Vá direto ao que chamam de "Western art", ou seja, pintura européia do Renascimento ao Modernismo — àqueles 500 anos (1450-1950) mais revolucionários da arte. Com um detalhe: passo direto por todas aquelas galerias de arte francesa do século XVIII, as quais, excetuando Chardin, me interessam pouquíssimo (Nattier, Boucher, Fragonard — essa gente). Me levaram a ver muita arte russa, mas foi entrar no Ermitage e esquecê-la.

*

O motorista, Serguei, está desempregado. Sente saudades do tempo da União Soviética, quando trabalhava numa fábrica e não tinha problemas para sustentar a família. Em toda a Rússia há uma desilusão evidente com a vida nova, a democracia que queriam há quinze anos, e não são poucos os que acham que pelo menos antes tudo funcionava. A principal acusação de Nadia, a guia, ao socialismo é que havia muita falsidade. Ela, ao contrário de Serguei, prefere a liberdade atual, ainda que seu padrão de vida tenha piorado (seu pai recebe US$ 20 — o salário mínimo oficial — como aposentado) e que a corrupção seja tão grande (ou apareça tanto). Nas duas cidades, pessoas com emprego e tudo saem no final do expediente para trabalhar com táxi — sem identificação e sem pagar imposto, é claro. Tudo no país é muito barato, especialmente para um paulistano: táxi, comida, combustível, café, qualquer gasto sai no máximo pela metade do preço comum. A concentração de renda é muito grande: 0,5% da população detém mais de 40% da renda nacional, num país com PIB de US$ 400 milhões. Como erguer um capitalismo moderno num país que nunca teve democracia? Putin, para Nadia, é um viciado em poder que derruba primeiros-ministros para se manter como única alternativa aos comunistas. O futuro, claro, só pode parecer incerto.

*

Os livros também são muito baratos, custam em média US$ 5. As tiragens são altíssimas. Um exemplo estonteante são os quatro volumes de Nabokov lançados em 1990, com seus contos e romances escritos originalmente em russo. Venderam 1,7 milhão de exemplares!

*

Um velho problema é a grafia das palavras russas em nosso alfabeto. No Brasil a falta de padrão impera. Tchecov, por exemplo, pode ser também Tchekov, Tchekhov, Tchécov e assim por diante. O grave é que, em seu caso, não há som de "c", e sim de um "h" aspirado: Tchiérrov seria a melhor alternativa, só que não existe "h" aspirado em português... Mas um padrão tem de ser estabelecido.

*

Dando cabeçadas de sono, enquanto vejo na TV o jogo medíocre entre Rússia e França, de repente dou um salto com o toque do telefone:

"Beautiful girls for massage?" Isso foi em Petersburgo, onde fiquei num hotel ruim. Mas em Moscou, onde fiquei no célebre e suntuoso Metropol, a coisa não era muito diferente: no saguão de cada andar havia duas ou três "massagistas" sorrindo para os turistas, confortavelmente sentadas. Dito assim, soa mais degradante do que é, mas dá uma idéia da situação. Quer dizer, a mídia, como sempre, exagera, e fazer turismo na Rússia é tranqüilo e agradável. Mas quem chamou o Brasil de país de contrastes nunca esteve aqui.

*

Os russos, por tudo isso, ainda estão despreparados para a democracia moderna. Conseguem ser mais desorganizados e cartorialistas do que os brasileiros. As instituições são menos sólidas, e a economia de crédito contemporânea ainda tem muito a percorrer: raros lugares aceitam cartão de crédito ou mesmo "traveller check", o que obriga o turista a carregar resmas de rublos nos bolsos, já que a correspondência nominal do câmbio é alta (US$ 1 = 24 rublos). Os carros nas ruas de Moscou estão em média velhos ou amassados, embora, naturalmente, aqui e ali se vejam emergentes em seus Hyundais. Em igrejas e museus há um preço para estrangeiros e outro para russos, dez vezes menor. Tudo é cobrado, até o guarda-objetos à entrada dos museus. Diversas instâncias do dia-a-dia exigem papéis desnecessários e discussões prolixas. Bom exemplo é a obtenção de visto nos consulados, onde se requer a confirmação de reserva por parte dos hotéis russos, de preferência os que eles conhecem... Mas, como diz Nadia, o caminho não tem volta. Aos trancos e barrancos, como nós, eles caminham para a democracia de consumo. O custo jamais seria pequeno.

*

Tanto Moscou como São Petersburgo, apesar de ruas esburacadas, trânsito bagunçado, barulheira etc, possuem metrô amplo, muito verde, anel rodoviário e rios limpos que fazem parte da vida civil.

Lições de 1989
(15/10/1999)

É muito raro na história, mesmo na nossa era audiovisual, que saibamos estar testemunhando um marco histórico. Há dez anos o Muro de Berlim caiu, picaretado pela população cansada de proibições e privações ideológicas, de sistemas fixos e finais. Depois da queda o mundo não mudou em muitos aspectos, mas mudou em alguns determinantes. Dez anos, claro, é muito pouco tempo para que tenhamos certeza do que mudou e, menos ainda, se para melhor ou pior. Mas 1989 é um marco e assim será lembrado daqui a cem anos. Na existência moderna em que tantas coisas são incertas, ele não deixa de ser um referencial importante para que se iniciem as conversas.

Elas já se iniciaram, na verdade. Mas a mim têm parecido excessivamente confiantes, seja entre os pessimistas, seja entre os otimistas. Começo pelos pessimistas, justamente porque neles existe a tendência de negar, para além de conclusões morais, o mero fato de que o muro caiu e, no símbolo e na prática, entramos em outra fase da história. O mais tedioso é ouvir os apocalípticos que converteram a palavra (ruim em si) "globalização" em fonte de todos os males. Manchetes de jornais nos asseguram, por exemplo, que a internacionalização da economia ampliou o desnível entre países pobres e ricos, não só empobrecendo os primeiros, mas também enriquecendo os segundos. Estatísticas são, na mania mais idiota da atualidade, brandidas como prova dessa injustiça crescente. Bem, um olhar menos passional verifica que algumas variáveis fundamentais ficaram de fora. Nesta semana, nasceu o sexto bilionésimo ser humano do planeta (no cálculo da ONU); se você observar os gráficos, há trinta anos a população mundial era a metade. Mas onde surgiram esses três bilhões de pessoas? Nada menos que 95% delas nasceram nos países em desenvolvimento. Logo, quando se diz que estes países empobreceram, não se pode omitir tal dado.

Então por que os ricos enriqueceram? Além de ter crescimento populacional controlado (ou até negativo, em alguns casos), porque se beneficiaram fortemente dessa abertura comercial e financeira amplificada pela queda do muro e do fim do socialismo em quase toda parte. Os problemas que eles enfrentam, mesmo assim, não são poucos: o desemprego, a volatilidade, os próprios excessos decorrentes de uma cultura da "satisfação garantida ou seu dinheiro de volta". Mas o fato é que há hoje um número bastante maior de sociedades desfrutando de progresso e liberdade do que havia — ou do que jamais houve. Os efeitos da tecnologia e da democracia sobre a produtividade e a comunicação são tremendos. Alguns países têm demonstrado desenvolvimento consistente ao entender e assimilar essas novas formas de riqueza. Não vou citar o caso óbvio dos Estados Unidos, que, para inveja indisfarçável dos europeus, cresce continuamente sem gerar desemprego ou inflação. Vou citar outros como Holanda, Espanha e Austrália, que têm sabido se valer do mercado internacional sem afetar sua capacidade competitiva e sua autonomia política. Nesses países a melhora econômica beneficia todas as classes sociais, diminuindo os índices de pobreza, aumentando e distribuindo a renda ao mesmo tempo. Este é o verdadeiro capitalismo democrático, ainda rudimentar em países como o Brasil.

Outro espectro que os pessimistas apontam no horizonte é o das diferenças culturais. Num dos principais livros publicados neste decênio, *O Choque das Civilizações*, Samuel Huntington afirma que o mundo será repartido em grandes regiões incompatíveis entre si. É um panorama bem diferente da uniformidade planetária vista pelo Consenso de Washington ou pessoas que acreditam em Nova Ordem Mundial, Era do Conhecimento e Papai Noel. Aqui passo aos otimistas. O outro grande livro do período pós-muro, *O Fim da História*, de Francis Fukuyama, é o sinal inverso dos tempos. Resume o pensamento daqueles que imaginam que a democracia liberal se tornou modelo universal, requerendo no máximo ajustes locais — "think global, play local" — para funcionar em qualquer franquia. A estratégia deles é argumentar que os problemas que a tal Nova Economia gera são sempre menores do que parecem (a exemplo do governo brasileiro, ainda querendo se escorar no fato de que as Cassandras da economia erraram nas previsões sombrias da pós-desvalorização). Comprei, por exemplo, a edição de outubro da revista americana *Business 2.0*, uma espécie de *Wired* sobre negócios, cuja pretensão é delinear as "novas regras" para os novos tempos. Não há uma única linha divergente nas 264 páginas da revista. Tudo é como se, havendo profissionalismo e atualização, as empresas atuais fossem a garantia de dinamismo pleno e, corolário, de avanço coletivo. Fusões, corporações, "gadgets" e a Internet estão aí para garantir um tipo de moto-perpétuo civilizatório — daquilo que eles entendem como civilização.

Dois livros recém-lançados no Brasil também são exemplos claros: *O Lexus e a Oliveira — Entendendo a Globalização*, de Thomas L. Friedman, e *Diplomacia*, de Henry Kissinger. O livro de Kissinger já tivera uma primeira edição, mas com muitos erros de tradução e revisão; então a Francisco Alves decidiu reeditá-lo, embora alguns erros persistam. É, sob pretexto de discutir 300 anos de história diplomática, uma defesa arguta e culta da política externa americana. O que um intelecto como George Kennan faz com argumentos, Kissinger tenta fazer com fatos. Segundo ele, a diplomacia européia sempre se pautou pelo "sistema de equilíbrio de poder", mais interessado em manter a estabilidade do que a paz. A pressão de países como Rússia ("expansionismo messiânico"), o orgulho ferido dos alemães ("sem senso de moderação") e a decadência do império britânico levaram o continente a passar por pelo menos seis guerras importantes entre 1848 e 1914, com os desdobramentos que se viram na Segunda Guerra. Mas em 1945 os EUA, que já detinham 1/3 do PIB mundial, dominaram as negociações internacionais com a idéia — diz Kissinger — de que "democracia, legalidade e livre-mercado são valores Universais". Nem preciso ironizar.

O livro de Friedman é ainda mais nu e cru na defesa de que a americanização do mundo — a dita globalização — é uma bênção descida sobre os povos. Com o fim da Guerra Fria, diz o autor, a geopolítica deixou de ser questão de Estado. É o que ele chama de "Rebanho Eletrônico", ao lado dos supermercados e dos fundos mútuos globais, o que vai conferir maior ou menor peso relativo a um país. Os donos do novo poder, segundo Friedman, "não se importam mais com a cor da fachada do país. O importante é a fiação interna do país, o nível do sistema operacional e do software instalado no hardware, e se o governo é capaz de proteger a propriedade privada". Ou seja: os regimes políticos serão julgados pelos tecnocratas, a partir desses princípios tão livres de ambigüidade quanto um relógio. Mas, primeiro, a democracia liberal não é um trunfo apenas americano, uma invenção de seu admirável e infalível mundo novo; segundo, embora realmente hegemônica, não está garantida "ad aeternum". Gente como Friedman acha que, enquanto os EUA estiverem à frente do mundo, só haverá focos de conflito local — Bósnia, Iraque, etc. — e a paz reinará ao menos no mundo civilizado. "O primeiro instinto das grandes potências, no atual sistema de globalização", escreve ele, "é não partir para a briga". A globalização como panacéia deveria ser seu título.

Mas não é preciso ir muito longe para ver que o mundo não é tão simples assim. Nesta semana a Áustria elegeu para seu Parlamento um líder declaradamente nazistóide. E a TPM por causa da taxa de juros americana deu mais dor de cabeça. Muitos americanos, diga-se, estão preocupados com o superaquecimento de sua economia, o qual a torna dependente de investimentos estrangeiros "en masse". É uma bobagem, enfim, supor que globalização garanta paz e progresso eternos a quem seguir suas regras; antes de mais nada, estas regras estão longe de ser precisas ou definitivas. O fato é que o que prefiro chamar de capitalismo de consumo se mostrou um poderoso atrativo para grande diversidade de culturas. Sou pela democracia liberal, logo fiquei muito feliz com as imagens da queda do muro, e acho que podemos estar seguros de que um país que não investir pesado em tecnologia e educação não pode se valer da economia moderna de forma estável e duradoura. Mas pensar, como pessimistas e otimistas, que a globalização é questão de estar "dentro" ou "fora" — como se fosse ideologia absoluta — é empobrecer o debate terrivelmente. Essa é a maior lição de 1989. Ou deveria ser.

La isla perdida

(10/12/2000)

Publicitários de todo o mundo, uni-vos e parti para Cuba. Vejam, por exemplo, os motivos que Fidel Castro apontou para o desmoronamento do bloco soviético, com um significado que talvez tenha passado despercebido: centralismo, burocracia, corrupção, "deslumbre com a sociedade de consumo" e "descuido com a educação ideológica". Os dois últimos são os mais curiosos. Fidel, que tem o gênio da propaganda, está dizendo que não se descuida da educação ideológica do povo cubano e de ministrar a ele o desprezo pelo consumismo à moda americana. Também aponta outra estratégia: o poder público, em Cuba, não é ostentatório e onívoro, não da forma como era na Rússia e no Leste Europeu.

O mais interessante é a simbologia criada em torno dessa concepção de Estado. A farda indefectível do comandante Castro representa o estoicismo batalhador, capaz de resistir às tentações do "american way". Representa retidão e bravura, dentro da cultura cubana do macho, que tanto seduziu Ernest Hemingway. Fidel também preferiu promover o culto à personalidade de Che Guevara, o guerrilheiro comunista, cuja imagem é multiplicada "ad nauseam" em Cuba e no mundo inteiro. Toda a mitologia da Revolução, na verdade, tem Che como protagonista. Basta pensar nas fotos de Alberto Korda (*Guerrilheiro Heróico*) e nas canções de Carlos Puebla (*Hasta Siempre, Comandante*), que lhe dão um ar tão romântico quanto industrioso. Se Che não fosse tão bonito, talvez a Revolução não tivesse durado tanto.

Fidel entra mais com a oratória, com a "educação ideológica". Articulado, bem informado, faz discursos de horas seguidas e, como na entrevista que deu aos jornalistas brasileiros, não se exime de promessas tipicamente Banana Republic, como "triplicar o conhecimento dos cubanos" e estar "no melhor momento do país desde a Revolução". Mas a única hora em que realmente se engajou no que dizia foi quando perguntado se os EUA são uma democracia. Passou metade do tempo querendo provar que não, por causa dos bolsões de pobreza e da sanha intervencionista do que chama o tempo todo de "ianques". É a mais velha tática aglutinadora: eleger um inimigo único, óbvio e poderoso.

Ódios tão intensos, claro, são subproduto do amor. Pouca gente lembra que Fidel, jogador de beisebol e fã de Abraham Lincoln, fez a Revolução em 1958-59 com esperança de conquistar o apoio americano. (Lula diz que, se não fosse pelo socialismo, Cuba hoje seria um Haiti. O mais provável é que se tornasse Porto Rico, semelhante em atrações turísticas e musicais.) Como fez muitas desapropriações e nacionalizações, inspirado por Che, que chamara para a guerrilha, perdeu o apoio em 1961. Declarou-se "marxista-leninista", e então a ex-URSS não lamentou ter uma pedra cubana no sapato centro-americano. Até 1989, Moscou manteve a colônia com a compra de mais de 80% de seus produtos e o envio de armas poderosas.

Mas aí o Muro de Berlim caiu e a fazenda-modelo de Fidel, também. Foi outro momento significativo da entrevista: o comandante reconhecendo que o fim da URSS pesou mais na atual penúria de Cuba do que o bloqueio americano, embora "cruel" sejam "os dois juntos". As duas áreas que mais alardeia, a saúde e a educação, se tornaram indefensáveis. A saúde é destacada na medicina preventiva e comunitária, mas faltam remédios e equipamentos. A educação atinge a todos, mas é doutrinária, excessivamente politizada, devotada a colocar Cuba como ponto focal da história. Outros serviços públicos são piores ainda. A comida, nada saudável, é racionada. O transporte é pífio. Prostituição, mendicância e contrabando campeiam, à sombra de um apartheid monetário e geográfico entre o mundo dos turistas e o dos cubanos. A habitação é calamitosa: casas arruinadas convertidas em cortiços.

Quando o bloco soviético desmoronou, El Comandante executou mais uma tacada de mestre: foi às ruas e pediu desculpas ao povo por tê-lo feito acreditar em sociedades que se diziam igualitárias e não eram. É por isso que seu regime, o último socialista a cair, permanece há uma década. Cuba é dominada por outdoors com bordões revolucionários e imagens de Che, José Martí (o patriarca da independência em relação à Espanha) e, muito menos, Fidel, num método hipnótico. Mesmo a pobreza vigente é capitalizada pelo comandante para convencer pessoas como Lula de que há democracia e ética no regime. O bloqueio americano é uma bobagem arrogante, mas não há por que culpá-lo por tudo. O governo de Fidel é acima de tudo um regime policial (guardas têm presença constante no país). Ele diz que só prende quem arma complô com os americanos para matá-lo, mas, em sua visão, qualquer opositor a Cuba será, por corolário, admirador do império ianque. E que o exílio de 1 milhão de cubanos se deve apenas à vontade de ter eletrodomésticos e outras seduções imperialistas.

Essa propaganda da auto-renúncia antiianque deu o poder de Fidel sobre o povo cubano, que pode até falar mal do regime, mas quase sempre fará a ressalva: "Mas eu amo Fidel." Ele paternalmente doutrina seus habitantes, remetendo-os sempre aos ideais da Revolução. Sabe, também, do apelo que Cuba e a Revolução exercem sobre a dita esquerda de outros países. A música, as bebidas, os charutos e mesmo as lendas são marcantes. Intelectuais como Lezama Lima, Nicolas Guillén e Alejo Carpentier colaboraram inicialmente com o movimento que propunha erradicar o analfabetismo e as doenças e os erradicou. Mas o preço se mostrou altíssimo. Primeiro, fazer isso numa ilha politicamente isolada e com a mesada soviética era bem mais fácil. Segundo, a perseguição a homossexuais (que levou outro grande escritor, Severo Sarduy, a se mandar de Cuba), a censura à arte não panfletária (que tirou Guillermo Cabrera Infante do alto comando da Revolução e o converteu no maior inimigo verbal de Fidel) e todos os atos tirânicos não são nada inspiradores. E não é preciso olhar para Cuba para aprender como eliminar o analfabetismo e prover saúde de qualidade a todos; muitos países maiores fizeram isso e melhor.

Posso, enfim, entender que Cuba fale ao coração de certa elite boêmia brasileira, mas é incompreensível que lhe fale à cabeça.

Dois séculos

(24/12/2000)

O século 20, que agora sim chega ao fim, vai ser lembrado no futuro como um dos séculos mais divididos da história. Não só pela ideologia, que chegou literalmente a separar o mundo em dois blocos, o capitalista e o socialista, um sob a influência americana, outro sob a soviética. Mas também pela cultura, incluído nela (em seu sentido mais amplo) o comportamento. O hiato entre a arte de vanguarda e o grande público, por exemplo, ainda é presente. A força de linguagens novas e ao mesmo tempo lineares, "conservadoras", como o cinema, a TV e a música popular, se dissocia da literatura, da música erudita e das artes plásticas — que neste século combateram as harmonias fáceis, as narrativas diretas, as figurações literais.

E o século também, por tudo isso, parecerá dividido em duas metades cronológicas: nos primeiros 50 anos, uma história de guerras tecnologicamente cruéis, estadistas de porte grandioso, gênios das artes e das ciências, regimes totalitários e/ou massificantes; nos últimos 50 anos, uma história de liberação comportamental consumista, política do espetáculo para a opinião pública intensificada, "normalização" do chocante conhecimento moderno, abertura à democracia à moda americana. Não foi por acaso que o historiador Eric Hobsbawm — grande admirador de jazz e cinema — chamou o século de "era dos extremos" e o delimitou do início da 1ª Guerra (1914) à queda do Muro de Berlim (1989).

Logo, a tarefa do início do século 21 é reencontrar formas de fugir aos extremismos sem se acomodar no cinismo do meio-termo, na demagogia da moderação, no tédio do consenso. Não será nada fácil: parece haver um impulso na natureza humana ao jogo rudimentar das dicotomias (e aqui penso também numa palavrinha típica do século, "dialética", com seu vetor para síntese final). Muita gente critica, por exemplo, o tal "pensamento único" que predominaria nesta era de globalização neoliberal, etc. Mas os opositores do pensamento único também cultivam um pensamento único: o de que o capitalismo moderno implica necessariamente o aumento da exclusão social.

Em países subdesenvolvidos como o Brasil, isso é traduzido no simplismo seguinte: os ricos são ricos porque os pobres são pobres; países ricos enriquecem se os mais pobres empobrecem. A divisão do século começa em cada mente.

Direita e esquerda, por exemplo. Tradicionalmente, a direita tem uma concepção de Estado autoritária, vinculada a instituições conservadoras como Exército e Igreja. A esquerda quer para si a exclusividade da crítica ao status quo, mas tem uma concepção de Estado igualmente autoritária. O paternalismo burocrático é marca histórica de ambas. Mas, como se vê no Brasil, agora se chama de direita os que pregam o Estado mínimo, um novo "laissez-faire" inspirado na revolução tecnológica. A esquerda atual é a que fala a minorias, defende a solidariedade, etc., numa rejeição à novidade que não raro conta com o apoio de... Exército e Igreja. Bem, nenhum dos extremos está certo. E o meio caminho depende do país onde você está e das circunstâncias de cada um. Lamento sinceramente que o Brasil ainda não tenha percebido isto direito, às vésperas de decisões tão importantes como a formação do bloco das Américas e de pressões internas cada vez maiores pelo saldo da hipoteca social.

Culturalmente, um emblema da divisão do século são as diversas polêmicas que o atravessaram. Eliot ou Pound? Picasso ou Matisse? Ella ou Billie? Maradona ou Pelé? Cinema americano ou cinema europeu? Mário ou Oswald? — etc. em profusão. Na maioria das vezes, as comparações foram reduzidas a torneios de colégio, rendendo pouca novidade analítica. O que aponta outra dicotomia atual, que promete avançar bem no século que começa daqui a uma semana: o analógico versus o digital. Que não deixa de ser a velha briga entre o quantitativo e o qualitativo, em roupagem nova e contexto renovado. Ou a velha briga entre Ocidente e Oriente, entre seus conceitos de tempo, ciclo e novidade, ou, como se vê nos filmes do Irã à China, entre a estandardização e a tradição. Taí. Podíamos começar o novo século tentando perceber o que há de velho nele. Afinal, o choque entre velho e novo que marcou o século 20 dá a voltagem presente em todos os outros choques. O futuro não dura muito tempo.

Balas de estalo

(4/2/2001)

Adivinhe de quem é o seguinte texto. Não vale consultar universitários nem as cartas:

"Seu campo de produção, a pequena propriedade, não permite qualquer divisão do trabalho para o cultivo, nenhuma aplicação de métodos científicos e, portanto, nenhuma diversidade de desenvolvimento, nenhuma variedade de talento, nenhuma riqueza de relações sociais. Cada família camponesa é quase auto-suficiente; ela própria produz inteiramente a maior parte do que consome, adquirindo assim os meios de subsistência mais através de trocas com a natureza do que do intercâmbio com a sociedade. A grande massa da nação francesa é, assim, formada pela simples adição de grandezas homólogas, da mesma maneira como batatas em um saco constituem um saco de batatas.

"(...) Os pequenos camponeses são, conseqüentemente, incapazes de fazer valer seus interesses de classe em seu próprio nome, quer através de um Parlamento, quer através de uma convenção. Não podem representar-se, têm que ser representados. Seu representante tem que, ao mesmo tempo, aparecer como seu senhor, como autoridade sobre eles (...). A influência política dos pequenos camponeses, portanto, encontra sua expressão final no fato de que o Poder Executivo submete ao seu domínio a sociedade."

Se você respondeu Karl Marx, parabéns, ganhou um liquidificador. O trecho é de *O 18 Brumário de Luís Bonaparte*.

Sim, sim, o discurso tecnocrático dos donos do poder, sua crença neoliberal no lucro como panacéia, sua visão reacionária da economia ("primeiro é preciso crescer o bolo, para depois dividir"), sua presunção de que a História chegou a um fim, etc., são muito chatos e limitados. Mas de nada adiantam as ilusões de uma esquerda atrasada que finge reconhecer a realidade do processo histórico para além de nossas boas intenções igualitárias e que, no entanto, pensa com esquematismo insuperável.

Quem viu o economista Amartya Sen no *Roda Viva* de duas semanas atrás se deu conta disso. Há um subkeynesianismo no pensamento brasileiro que acredita que o Estado tem a necessidade de gerar dívidas para corrigir mazelas sociais, idéia que Keynes repudiaria com veemência, ainda mais se ciente de como é o Estado brasileiro, de sua ineficiência histórica nos três Poderes. Amartya Sen até tentou explicar que não existe justiça social onde não existe liberdade econômica, mas duvido que o tenham ouvido. É por isso que todo político de esquerda brasileiro que assumisse o governo federal, assim como a direita nacionalista, trataria logo de cortar importações e aumentar impostos, isolando o Brasil do competitivo e fundamental comércio internacional, com um protecionismo que é mais suicida que estratégico.

Além disso, como o colunista de economia do *Financial Times* Martin Wolf não se cansa de lembrar, desigualdade é diferente de injustiça. Os pobres de países mais globalizados (excluído o Brasil, que não tem nem 1% do comércio mundial) estão melhores do que há uma década, e a riqueza dos ricos aumentou mais. Como sabe qualquer leitor de Marx, eis a velha equação capitalista em momentos de transformação no modo produtivo. E o aumento da pobreza em regiões como África e Índia não é fruto direto das políticas financistas de organismos internacionais. Mas, ao contrário do que dizia Marx, o destino irrevogável do capitalismo não é a cartelização engessante e pré-revolucionária.

Também pega bem dizer, à maneira parlamentarista tucana, que polarizações como Davos vs. Porto Alegre não levam a nada, como se ambas as partes tivessem porção idêntica de erro. Tal crença num meio-termo simétrico ou "terceira via" não pode deixar de lado o reconhecimento de que a educação universal, a pesquisa tecnológica e o consumo interno são fatores determinantes em qualquer processo de crescimento moderno com distribuição de renda. Como dizia Machado de Assis, "é do centro que vem o mais intenso".

O socialismo é incompatível com a democracia. A expansão da democracia não passa pelo socialismo, mas a redução profunda das mazelas sociais passa necessariamente pela democracia.

Carta do Japão

(12/8/2001)

Por mais que você se informe sobre um país, ele nunca é o que você encontra. Como eu nunca tinha vindo ao Japão, procurei ler diversos livros e artigos sobre ele antes de chegar. Convivi bastante com japoneses minha vida inteira em São Paulo; estudei o primário numa escola japonesa, Colégio Pioneiro, e depois o ginásio e o colegial no Bandeirantes, onde pelo menos metade dos alunos é de origem oriental; tive amigos e namoradas descendentes de japoneses. Mas conhecer o país é outra história. Se há incontáveis estereótipos dando idéia ou preconceituosa ou glamourosa sobre a realidade da vida em qualquer país, imagine no caso do Japão. Além disso, os próprios países costumam ser presas dos estereótipos que criam sobre si mesmos. É por isso que os japoneses olham para o que está acontecendo em sua sociedade e se perguntam sobre sua identidade, sua tradição, etc. E o que está acontecendo aqui é realmente difícil de apreender.

As noções básicas do que é o Japão e de quem são os japoneses já não funcionam. Um dos livros que li, bastante interessante ainda que controverso, é *Dogs and Demons*, de Alex Kerr. Kerr é um americano que vive no Japão há quase 20 anos e está impressionado com a rapidez das mudanças. Para ele, o país assimilou muito mal a modernidade e vem deteriorando sistematicamente suas melhores qualidades: o respeito à natureza, o senso de design, a simplicidade de comportamento. Estive em Tóquio, Kyoto, Hiroshima e Yokohama e passei também por Osaka e Nagoya. O pouco que vi confirma as críticas de Kerr: as cidades não são bonitas (com exceção de Kyoto, como noto adiante), a natureza foi coberta por concreto, o frenesi modernoso é visível apesar da estagnação econômica do país. E uma burocracia digna de países socialistas ou latino-americanos levou o setor público à bancarrota.

Os japoneses já fizeram a opção pelo capitalismo de consumo há muito tempo. Desde a Segunda Guerra, graças aos EUA, o país cresceu por meio das exportações de automóveis e eletroeletrônicos e desfrutou uma paz que não desfrutava havia muito tempo. Entrou sem cautela na economia da bolha, levando o setor financeiro ao inchaço máximo; logo, a explosão. Agora já são dez anos sem crescimento, a não ser o dos gastos públicos. Defensores do keynesianismo perderam aqui mais um suposto exemplo da capacidade dos governos de induzirem a economia "in toto". Ao mesmo tempo, este é o segundo maior PIB do mundo, e os desníveis sociais são bastante reduzidos. Apenas, ao contrário da européia, a social-democracia japonesa demorou para perceber os novos tempos.

O novo e badalado primeiro-ministro, Junichiro Koizumi, quer tirar o atraso, reduzir a máquina pública e dar novo rumo à produção industrial e ao currículo escolar dos japoneses. O mundo se pergunta se ele conseguirá fazer isso em curto tempo. Nesse processo, a cabeça do viajante se vê diante de contradições. A fama deste povo não corresponde à realidade salvo em alguns ângulos. Japoneses são conhecidos por defender o silêncio, mas falam bastante e espalham avisos sonoros por toda parte. Também exageraram na poluição visual das cidades, embora tenham uma tradição arquitetônica que preza o simples e o contido. Seu convívio social é todo codificado em torno dos valores da modéstia e da harmonia, porém sua história é marcada pelo militarismo e pela xenofobia. Têm traços de machismo e individualismo, mas são gentis e solícitos. Etc., etc.

Como diz Alex Kerr, tanta confusão se deve também à antiga separação dos visitantes em japonófilos e japonófobos. Ambos são incapazes de explicar como o povo que atraiu tantos ocidentais por sua cultura da serenidade é o mesmo que viaja em bandos de fotógrafos ruidosos pelo Ocidente, atropelando os outros em lojas e museus que parecem venerar. Decididamente, visões mais complexas do Japão são necessárias. Da minha parte, eu esperava ver mais beleza no Japão, e os japoneses me asseguram de que realmente o Japão era mais belo. Mas também não gosto das visões apocalípticas de que ocidentais parecem gostar tanto. Os japoneses, na média, são eficientes e confiáveis — dois atributos que certamente fazem grande uma pequena nação. Ou talvez eu seja vítima de outro mal dos viajantes: procurar em outros países o que não encontram no seu...

*

Kyoto é a cidade mais perto daquilo que imaginávamos ou queríamos ver no Japão. Não é "high-tech" como Tóquio, nem provincianamente feia como as cidades que parecem uma só à medida que o trem-bala avança para o sul. E não só porque é tradicional, salpicada de templos budistas, ou porque tenta absorver o impacto das modernidades, como a limitação à altura dos prédios. Mas sobretudo porque tem espaços públicos — parques, pátios, varandas e passeios que tornam a vida em Kyoto mais charmosa, mais variada. Há centenas de templos em Kyoto. É curioso pensar que o zen, com sua defesa da meditação silenciosa e estóica, nasceu no período dos samurais em reação ao budismo aristocrático que predominava até então, com estátuas e símbolos elaborados. Muita gente no Ocidente se rendeu ao zen-budismo — ou "zé-bundismo", como dizia o *Pasquim* — na contracultura, ignorante da associação entre a filosofia e um código de honra rígido, militar. Me pergunto se na arte do bonsai, em que o homem intervém constantemente na natureza, existe uma vontade mais de dominar a natureza do que de respeitá-la. Seja como for, os jardins de Kyoto são um dos patrimônios da beleza.

*

"Peregrinei" até a igreja (protestante) Ibaraki Kasugaoka, feita por Tadao Ando em 1989, no caminho de Kyoto para Osaka. Ando é um mestre em abrir incisões e módulos para a entrada de luz e natureza nos ambientes. Nessa igreja, fez a cruz como uma janela na parede atrás do altar, e este altar fica abaixo da audiência, ao contrário do normal. Conversei com um jornalista e editor especializado na arquitetura de Ando, Yuki Fuchigami, e está claro que ela parte da associação óbvia entre o minimalismo zen e o credo modernista. Ando pegou a tradição budista e materiais modernos como concreto e vidro e fez uma coisa nova e pessoal. "Ele cria um espaço espiritualmente enriquecedor", disse Fuchigami. "E é para isso que serve a arquitetura."

*

Como estou 12 horas à frente do Brasil, posso informar como será o futuro. Estando no Japão, é claro que fui levado a conhecer suas maravilhas tecnológicas. Na Toyota vi o carro elétrico e o carro híbrido, movido a eletricidade e a gasolina, e o projeto de chegar a 90% das peças recicláveis. Na NTT vi celulares que mandam e-mail, tocam música e tiram fotos e vi uma simulação de e-comércio em Internet de banda larga conectada a 100 Mb/s. O Japão é um país caro em muitos aspectos, mas os carros e os "gadgets" são impressionantemente acessíveis. Há tecnologia em tudo aqui, até na privada; os táxis têm mapa de navegação com comando de voz; há luminosos, máquinas e telões em toda parte. E, se houvesse um trem-bala entre São Paulo e Rio, ele faria o percurso em duas horas, o mesmo que por avião, considerando o tempo que se perde para chegar ao aeroporto e a antecedência necessária para embarcar.

América
(16/9/2001)

Eu já havia escrito o que se segue a esta abertura antes do atentado contra as torres do World Trade Center. Que incontáveis "formadores de opinião" (sempre com aspas) no Brasil tenham dito que os ataques são uma prova dos males da globalização conduzida pela arrogância americana deixa tudo mais desolador. Não porque a política externa americana não seja arrogante em tantos aspectos, mas porque o fanatismo terrorista — de qualquer nacionalidade — não pode ser justificado de forma nenhuma. E não consigo deixar de ver nesse ato bárbaro o ódio à tolerância, energia e sofisticação que Nova York representa.

*

Já escrevi aqui sobre "a irresponsabilidade dos intelectuais", criticando sua bitola ideológica e seus numerosos enganos utópicos ao longo do século 20, quando apoiaram regimes totalitários e atiraram naquela que é sua melhor arma, a liberdade de expressão. Reclamo especialmente que não tenham nem sequer a coragem de pedir desculpas por tantos erros. Mas basta folhear os jornais e revistas para ver que justamente eles, os intelectuais, que por definição deveriam estudar as lições da história e evitar a argumentação simplista, continuam presos à mesma visão esquemática da realidade.

De um lado, há os triunfalistas, os pensadores tecnocratas ou simplesmente conservadores que insistem em "leis" vencidas sobre os mecanismos da economia ("Primeiro é preciso crescer o bolo, para depois dividir") ou da cultura ("A natureza humana não é assim") e que acreditam em verdades universais como o "modelo americano" — que eles querem dizer reaganiano —, a ser seguido em toda parte como se fosse o único caminho sobre as águas, embora eles mesmos se dêem o direito de não seguir sempre essas regras. Esse tipo de pensamento pode ser visto em muitos economistas ("Ah, essa falsa ciência", poderia dizer Millôr), nas bases de políticas externas (Consenso de Washington, FMI, etc.) e em livros como os de Francis Fukuyama (*O Fim da História* e *A Grande Ruptura*) ou Paul Johnson. Um amigo chama isso de "fundamentalismo liberal", mas sou dos que entendem este adjetivo como inaplicável àquele substantivo.

Do outro lado, há os apocalípticos, os teóricos e articulistas que ainda não entenderam o que está errado com Marx, que acham que a economia americana é "frágil", que a democracia é um sistema "falido" (segundo Eric Hobsbawm) e que a solução dos problemas sociais é uma questão de unir a boa vontade e a prancheta. Isto pode ser visto em alguns intelectuais de países com forte tradição esquerdista, como França (vide *Le Monde Diplomatique* ou o livro de Vivien Forrester, *O Horror Econômico*), Alemanha e Itália, e nas regiões subdesenvolvidas, como América Latina.

Eles desesperadamente procuram modelos para emular — a China é a bola da vez, por supostamente conciliar crescimento capitalista e soberania nacionalista — e acham que a atual "recessão mundial" é sinal de que uma nova sociedade está a caminho, como se a desaceleração nos EUA e na Europa (recessão, mesmo, só no Japão) não fosse subproduto da exuberância irracional, de um ciclo de crescimento turbinado por inovações tecnológicas e especulações financeiras. E como se a Europa e a própria Ásia não tenham se beneficiado de abertura comercial e redução estatal.

O resultado é óbvio, como países como o Brasil testemunham: atrás de rótulos como "globalização" persiste uma baita retórica sentimental, extremista. (É por isso que você vê a imprensa daqui dizer que os países ricos "arrastam o mundo para a recessão", mas nunca verá dizer que "arrastam o mundo para o desenvolvimento".)

O pior da globalização é fazer supor que existe uma única forma — ou duas únicas formas — de um país resolver seus problemas. No Brasil, o Estado ainda precisa estar presente em diversos setores, investindo com mais intensidade em infra-estruturas, inclusão social e pesquisa tecnológica, por exemplo, além das áreas como educação e saúde; simultaneamente, ele precisa racionalizar sua carga burocrática e tributária e é incapaz de desempenhar um papel social-democrata, devido a esse seu histórico e ao tamanho e diversidade do território. Não se trata de terceira via, mas de uma nossa terceira via.

Mas deve haver a premissa: em todos os países com melhor desenvolvimento humano, o capitalismo democrático é quem governa. E a sociedade digital, baseada em tecnologia, comunicação e consumo — que exige uma economia dinâmica e flexível —, já veio e já ficou.

Pensamentos soltos
(23/9/2001)

Civilização não é uma linha reta e ininterrupta, nem um banco de dados ao qual recorremos para resolver problemas novos. É referência, não essência. A guerra ora iminente não se trata de uma guerra entre civilização e barbárie, embora mostrem esses conceitos em jogo. A história está muito saturada de ocasiões em que povos ditos civilizados cometeram as maiores barbáries.

*

O terrorismo pode ser espalhado pelo mundo, mas tem algumas caras e fronteiras, sim. O Taleban é contra meios de comunicação: não há cinema, TV, rádio; mulheres só podem sair cobertas às ruas e não podem trabalhar; imagens são proibidas, como os budas que dinamitou. É um estado totalitário, prestes a matar quem não pensa como eles. O meio-termo lhes é inimaginável. O terrorismo é um mal global, mas sociedades radicais o produzem em outra escala.

*

Em todos os filmes de ação americanos o sujeito sofisticado — com estigmas da civilização européia — é "do mal", enquanto o mocinho usa a força para o bem. Torço, como todo o mundo, para que os EUA encontrem o meio-termo e escapem ao populismo vulgar e ao gigantismo militarista que tantas vezes, por sinal, já estiveram juntos. A retórica johnwayniana de Bush, ainda que mesclada a pedidos de tolerância étnica, não pode prevalecer.

A opinião pública está sedenta de sangue e, com exceções, a mídia endossa. Felizmente, a parcela da elite que tem espírito público e controle emocional já se movimenta.

*

Saddam Hussein poderia trabalhar em academias e jornais brasileiros, que dizem, como ele, que "os EUA colheram o que semearam". Como notou Vargas Llosa, o antiamericanismo cresce com a ajuda dos multiculturalistas que acham que as diferenças são identidades a preservar de todo e qualquer contato. O relativismo absoluto também é uma forma de absolutismo.

*

Israel é um ponto nevrálgico. Foi criada na divisão do mundo pós-guerra entre EUA e URSS para "indenizar" os judeus pelo holocausto e para manter uma cunha ocidental naquela estratégica região árabe. Mas não podia arrogar um direito superior àquela porção de terra, que logo tratou de expandir violentamente. A paz, ali, é difícil e esquiva.

*

Não é verdade que o Taleban e o fundamentalismo islâmico em geral sejam resultados da política externa americana na região. A Ásia Central, antes sob acachapante domínio soviético, depois da queda do muro se tornou o maior foco mundial de conflitos, pulverizada em fragmentos discordantes. Sentada sobre um barril de petróleo, é uma ameaça latente à humanidade. E é ridículo achar que a culpa pelo atraso de países africanos e asiáticos ainda se deve ao "colonialismo" ocidental. Cada nação é a primeira culpada por seu destino.

*

Todo país, da França ao Japão, da Argentina à Alemanha, da Índia ao Brasil, agiria da mesma forma: uma onda patriótica com sede de vingança abrindo um baú de preconceitos. Mas os EUA são mais poderosos e precisam ouvir os conselhos de moderação de seus aliados ocidentais, até mesmo para não provocar novos ataques de horror. E têm de avaliar sua própria culpa — por exemplo, a venda de armas interna e externamente.

*

Se deve ou não haver retaliação, é uma pergunta quase ociosa. É o mesmo que, no Brasil, fingir que não existe um crime organizado, baseado no tráfico, sob desculpa de que é "produto da desigualdade". É preciso garantir a segurança, mesmo que se sacrifique um pouco o ideal politicamente hipócrita da paz plena. O mais aguardado é que haja um ataque ao Afeganistão até tirarem o Taleban. O mais importante seria que houvesse uma longa ação antiterror coordenada pelas nações ocidentais e orientais. Não fazer nada seria uma barbaridade.

*

Além de rever os valores que conduzem sua política externa militarista, os americanos poderiam rever outros. Timothy McVeigh é uma aberração, mas não deixa de ser também expressão de uma sociedade hipercompetitiva, neurótica, que oprime moralmente quem não é bem-sucedido e bem adaptado. Os adolescentes com complexo de Rambo não são um desvio da norma, mas um de seus subprodutos.

*

As críticas à não-participação na conferência do racismo e à não-assinatura do Protocolo de Kyoto por parte dos EUA nada têm a ver com a guerra em curso. Indenização pela escravidão é uma medida demagógica e o protocolo está longe de consensual até mesmo entre ambientalistas. Os EUA deveriam dialogar mais; no entanto, essas grandes assembléias internacionais também se tornaram surdas a eles. O pior é que, pelo que se percebe, os movimentos antiglobalização, que exaltam milícias criminosas como as Farcs, tendem a ficar ainda mais radicais agora. E a esquecer as contribuições americanas à tolerância e à liberdade.

*

Pode-se dizer que Jesus Cristo fundou o humanismo, o universalismo, ao dizer "atire a primeira pedra quem nunca pecou", sugerindo um novo credo que escapava do ritualismo punitivo das religiões semitas, como o judaísmo e o islamismo. Que o Deus cristão não é irado e vingativo e pode ser interpretado em imagens. Mas o problema é que a Igreja Católica inventou o conceito de "pecado original" e na Idade Média passou a perseguir os ímpios tal como, agora, os fundamentalistas islâmicos.

*

Nem todo islamismo é fundamentalista. A civilização árabe foi responsável por grandes avanços humanistas nos séculos 13 a 15, quando a Europa vivia as trevas inquisitoriais. Até mesmo a proeminência dos países ibéricos na navegação que descobriria o Novo Mundo se deve aos conhecimentos levados por muçulmanos em física, matemática, filosofia e astronomia.

A questão é que, com o Renascimento e, depois da chegada ao Novo Mundo, com o Iluminismo e toda a cultura moderna posterior, a civilização ocidental deu um salto de desenvolvimento humano e se tornou a própria tradução da palavra. No livro *Civilização*, de Kenneth Clark, essa história é contada em torno de dois valores básicos: a "crença no alargamento das faculdades humanas" e a "proteção ao talento individual". Quando os renascentistas começaram a assinar as obras de arte, o indivíduo foi refundado. E se iniciou o mundo moderno, mais rico e mais justo.

*

Em meu livro *Questão de Gosto* listei comportamentos e valores associados à idéia de civilização, desde "Não faltar luz" até "Poder ler Proust, Joyce ou Mann no original" ("poder ler", e não "ler"). Sou contra essa noção de que a vida ordinária não tem idéias e de que o repertório culto é secundário, decorativo. A ocidental é, desde Montaigne, uma cultura da vida. A dos fundamentalistas é uma cultura da morte, como mostram seus rituais de autoflagelação. A facilidade com que se sacrificam em nome de Alá é inassimilável.

*

A paz vinha evoluindo mundialmente, desde o fim da URSS. Os atritos remanescentes, pode verificar, envolvem religião. Agora o maior temor é que se reduzam mundialmente as liberdades civis, que haja uma escalada da discriminação, do racismo, das proibições ao direito de ir e vir. Na guerra, a esperança é a primeira baixa. Só os fatos podem mudar a antevisão de apocalipses. O chato é que a mídia inconscientemente parece desejar apocalipses.

Terror & teoria

(14/10/2001)

Osama bin Laden é, como todo tirano ou candidato a tirano, um mestre da propaganda: fez o Ocidente criticar o Ocidente por supostamente promover uma guerra contra o Islã, quando na verdade é ele que deseja promover uma guerra contra o Ocidente. Explorou, como sempre fazem os tiranos, o complexo de inferioridade das pessoas, chamando as supostas vítimas a se tornarem carrascos. De Hitler a Fidel, de Stalin a Mao, de Leopoldo a Pol Pot, as ditaduras mais sanguinárias sempre começaram pelo controle das informações.

Hoje, na era da TV, isso ficou muito difícil. Restou a contra-informação. Com seus ataques a símbolos americanos, matando mais de 3 mil americanos e não-americanos, Osama tentou destravar o ódio latente, intermitente, contra a supremacia dos EUA. Infelizmente, embora o Taleban e a Al-Qaeda estejam rumo ao fracasso, sua vitória talvez venha a ser a simbólica. Não se trata de não poder criticar os EUA. Os EUA erraram e erram em várias ocasiões, principalmente porque a mentalidade da guerra fria ainda domina parte do setor bélico e os serviços de inteligência. Mas estão mudando, como provam as tentativas de fazer a paz entre Israel e Palestina. E acho engraçado quando são criticados por fazer, por exemplo, filmes-catástrofes, rap e outros lixos culturais. Bem, simplesmente não os consumo. Milhões de pessoas mundo afora não podem dizer o mesmo, e o fazem por escolha própria.

Certos intelectuais e o terrorismo, a propósito, têm uma história conjunta. Burckhardt disse ironicamente que "terrorismo é a fúria dos literatos em último estágio". Como sabiam romancistas como Dostoievski (*Os Possessos*) e Conrad (*Agente Secreto*) e como demonstram Unabomber (formado em Harvard) ou Timothy McVeigh (justificado por Gore Vidal), a hipergeneralização, a teorização absoluta, o dogmatismo classificatório — que às vezes intelectuais defendem — se apossam do terrorista como se fosse um outro dentro de si mesmo. Não por acaso, os ditadores citados eram intelectualóides, cheios de utopia na cabeça e uma arma na mão. Sistemas fechados, que resolvem todos os problemas, tentam o orgulho intelectual e terminam apoiando preconceitos e crueldades inenarráveis.

Essa perigosa proximidade entre teóricos e terroristas é vista em ponto menor na aversão declarada — nem por isso sincera — de intelectuais à tal "vida burguesa", como se eles não passeassem com a família no shopping. Claro, consumismo, idolatria e "competitivite" (a inflamação da competição) são problemas do capitalismo moderno, mas a alternativa não está em outro sistema, mesmo porque o capitalismo, ao contrário dos outros "ismos", não foi bolado por um frustrado de gabinete com pretensões de demiurgo. Não-fanáticos de todo o mundo, uni-vos.

O ano em que vivemos em perigo

(23/12/2001)

E por falar em profecias erradas: o Taleban, que para muitos rimaria com Vietnã, foi praticamente varrido do Afeganistão com sua sócia Al-Qaeda, e o mundo fica menos ruim com o enfraquecimento desses terroristas.

Nada foi tão além da imaginação quanto os atentados de 11 de setembro. Mesmo assim, os julgamentos de primeira hora não poderiam ter sido mais tortos. "Nada será como antes", disseram alguns, misturando acacianismo e catastrofismo. "O século 21 começou em 11 de setembro", vaticinaram outros. "Os EUA colheram o que semearam", justificaram Saddam Hussein, Maradona, Baudrillard, Susan Sontag, Stockhausen e outros "gênios". Do outro lado, reacionários como Silvio Berlusconi e Paul Johnson quiseram reavivar a cruzada cristã contra o obscurantismo islâmico, esquecidos de que o Ocidente começou a ser o que é depois de pôr a Igreja em seu devido lugar. E Samuel Huntington e Francis Fukuyama, revelando mais em comum do que imaginam os leitores de O Choque das Civilizações e O Fim da História, trataram de acalmar a democracia liberal a respeito de sua superioridade.

Os fatos dizem outra coisa. Houve uma coligação inédita de países contra o terrorismo instalado no Estado afegão. Os EUA contiveram sua sanha exterminadora e conseguiram, como no Kuwait e em Kosovo, afastar ditaduras que, a pretexto de purificar o mundo — sendo o "Grande Satã" a impureza maior —, tiravam o pão e a liberdade de povos já miseráveis. O primeiro passo contra o terrorismo foi dado, e só mesmo a cegueira de socialistas e ecofanáticos pode negar que a retaliação era o mal menor em comparação com a omissão diante de um crime contra a humanidade como o cometido por Osama bin Laden — contra quem, por sinal, não haveria provas... E pelo menos na retórica os países desenvolvidos começaram a pensar mais na importância de ajudar os atrasados, de construir relações multilaterais de fato.

Mas o "fator" Osama não foi derrotado. Assim como ele não contava com a queda das duas torres, não podia imaginar em sua caverna pré-platônica que a reação ocidental fosse tão histérica, alarmista, repleta de "reflexões" sobre os avanços maléficos da ciência e da tecnologia e a superioridade ética — e estética — dos não-ocidentais. As críticas aos EUA se confundiram com rejeição absoluta ao seu modelo. O movimento palestino sofreu "binladenização", como notou o comentarista Thomas Friedman, e a direita israelense reagiu como sempre. O nacionalismo recrudesceu no mundo todo, como no Brasil, onde os defeitos da nação parecem cada vez mais causados de fora. E o clima de insegurança se acentuou nas grandes cidades, como um antraz psíquico. Nem apocalipse nem bonança, enfim — sobrevivemos.

Para cá de Bagdá

(30/3/2003)

A primeira vítima da guerra é o jornalismo. E não me refiro apenas às contradições entre as reportagens, à incompatibilidade entre as versões, mas também às opiniões que são deitadas como se seus autores fossem demiurgos, profetas ou do caos ou da nova ordem. Depois do 11/9/2001 os maniqueísmos e achismos foram freqüentes também, mas pelo menos vimos tentativas de entrar em discussões mais gerais e básicas. Agora, nessa guerra anglo-americana contra o Iraque, tem-se novamente de um lado o conservadorismo que justifica o ataque por uma suposta superioridade moral e do outro o anti-americanismo ingênuo cuja grande reação é deixar de beber Coca-Cola.

O que está sendo deixado de lado é um debate primordial: o que é uma nação? Um planeta que tem duas centenas de países e alguns milhares de etnias continua, obviamente, com muitos problemas a enfrentar. Assim é nos Bálcãs, em diversas regiões da África, no Oriente Médio, na Ásia Central — uma mistura explosiva de etnias e religiões díspares exigindo direitos de propriedade sobre os mesmos pedaços de terra.

Em alguns casos, não entendemos o que significam determinados países pequenos. Na península árabe, por exemplo, o que são Catar, Bahrein, os Emirados Árabes e o próprio Kuwait? São países, mas seriam nações? Eles vivem brigando, por causa do óleo do Golfo — enquanto a maioria das populações sofre o flagelo da miséria —, mas têm muito mais em comum do ponto de vista étnico e religioso; assim como na Arábia Saudita, o maior país daquela região, o predomínio é de sunitas, ao contrário de Iraque e Irã, onde os xiitas são maioria.

Em outros casos, como na ex-Iugoslávia, a sensação é a de que ou os países são pequenos ou as guerras serão eternas. O mesmo vale, entre tantos outros exemplos possíveis, para os curdos ou os bascos, etnias com inegável particularidade cultural (língua, costumes, etc.) comprimidas entre fronteiras nacionais difíceis de restabelecer. Em outros casos ainda, como no conflito entre Israel e os palestinos, concluir quem tem mais direito àquele pedaço de terra é uma tarefa de Sísifo, pois não há nem sequer consenso sobre critérios como os de antiguidade (os judeus dizem ter aparecido lá primeiro) e permanência (os árabes dizem estar lá há mais tempo contínuo).

Não me esqueço de quando estive na Rússia e, embasbacado pela ação de Putin na Chechênia, perguntei para minha guia, Nádia, por que tal brutalidade. Ela não soube responder, mas comentou que o desmonte do império soviético criara muitos sentimentos ambíguos. O pai dela, por exemplo, vive na Ucrânia, onde nasceu. Nádia: "Nenhum russo sente que aquilo é outro país." Já o Azerbaijão, para ela, é mesmo outro país.

Logo, a função futura de instituições supranacionais — e a meu ver elas devem existir e ser cada vez mais atuantes — não é nada simples. Quem vai definir se haverá e onde será o Curdistão? Como delimitar o tal Estado palestino "viável" de maneira que aplaque as iras religiosas? Quantos países deve ter a África de 10 mil reinos tribais, já que na maioria dos atuais 40 a guerra civil é latente ou corrente? O que fazer com a Chechênia, que, ao contrário do Iraque, não leva ninguém no mundo ocidental ou oriental a protestar nas ruas? Etc., etc., etc.

Tudo isso envolve, claro, novo papel para a ONU, que ou ela assume ou corre o risco de se tornar obsoleta. Por que e como dar à ONU um poder de fogo, sem superposição com a Otan, para que ela não seja apenas uma instituição diplomática perdida em burocracias, que por três vezes em uma década — Bósnia, Kosovo e Afeganistão — se recusou a apoiar ações militares contra governos que cometiam crimes contra a humanidade? Como torná-la ao mesmo tempo mais multilateral, expandindo direitos de veto a mais países, e mais eficaz, com capacidade de lutar por essas tantas causas?

Uma coisa me parece certa. Os EUA não são apenas George Bush II — e a tradição de política externa do país, seja democrata, seja republicana, o inspira fortemente —, mas ficam bem piores quando esse tipo de gente está no poder. E por quê? Porque, ao contrário do que a maioria das pessoas pensa, sobretudo no Oriente Médio, os EUA não são uma sociedade 100% laica, secular, materialista. Ela tem também um forte componente de religião, de idealismo, de messianismo, que estudiosos como Tocqueville,

Edmund Wilson e Robert Hughes cansaram de demonstrar. E é esse salvacionismo moralista de parte da sociedade americana que está montado nos Tomahawks agora. O terrorismo faz as vezes do comunismo: justificaria qualquer ação contrária.

O problema de Bush II não é ser contra a expansão de um fundamentalismo islâmico armada sobre a parceria de tiranos e terroristas. Seu problema é representar uma facção da sociedade americana que é muito parecida com esses fundamentalismos quando seus interesses estão em jogo. A comparação entre as sociedades não dá para a saída. A liberdade e a tolerância que se encontram nos EUA, especialmente em Nova York, são inassimiláveis pelas sociedades teocráticas. Mas também incomodam boa parcela dos próprios americanos como Bush II, que, apesar de usar a tecnologia bélica que usa, já deixou bem claro o quanto desconfia da ciência e do agnosticismo. Eis a questão.

Algumas reflexões sobre Arnold, o bárbaro

(12/10/2003)

Há algumas vantagens subestimadas na eleição de Arnold Schwarzenegger para o governo da Califórnia. Primeira e melhor, ela nos poupa de vê-lo nas telas durante pelo menos três anos. Segunda, acentua o lado ridículo da democracia atual, trocando de vez os canastrões amadores — os políticos que vêm do meio jurídico, das universidades, do mundo dos negócios, etc. — por canastrões profissionais, atores bem-sucedidos, que nunca poderão ser acusados de estar "representando um papel". Antonio Fagundes para presidente do Brasil!

*

Uma defesa séria de Arnold seria observar que, como se sabe desde a Roma dos Césares, política também é espetáculo e, logo, o bom político é aquele capaz de duas coisas: montar uma boa equipe, por critérios técnicos, e usar o carisma para dizer que algumas coisas estão melhores do que a oposição diz e aquelas que ainda não estão boas em breve estarão. Arnold não terá problemas no segundo quesito, pois conseguiu driblar acusações de ter elogiado Hitler, participado de bacanais e cometido assédio sexual; desconfia-se até mesmo de que, como estamos falando da Califórnia, com seus 125 candidatos, entre os quais uma estrela pornô e Larry Flint, tal biografia só reforçou seu carisma.

*

Quanto à eficiência administrativa, é só evitar um novo apagão e corrigir a rota do déficit fiscal, ou seja, não cometer os erros do antecessor, Gray Davis, que com seu carisma zero cairia mesmo que republicano. Nada impede que Arnold passe no teste; Ronald Reagan, por exemplo, podia ser um tapado, mas fez aquilo que se propôs a fazer como presidente: vencer a Guerra Fria. E, claro, no estado mais rico do país mais rico, a responsabilidade do governador é proporcionalmente pequena, e nem mesmo o maior fã de Conan supõe que Arnold possa resolver tudo sozinho. Seu governo só vai se dar mal se ele acreditar nisso — ou melhor, se sua equipe o deixar acreditar nisso.

*

Também não vi comentarem a maravilha desse instrumento democrático, o "recall". Já pensou no Brasil? Governos que não evitaram apagões e estouraram o erário poderiam ser destituídos em menos de um ano. O problema é que isso significaria tirar quase todos os presidentes e governadores da nossa história recente: FHCs, Malufs, Itamares, Garotinhos, etc., etc.

*

Por falar em política do espetáculo, quantos dos políticos brasileiros não fizeram sua carreira graças à mídia? E na maioria dos casos sem a determinação de Arnold, um fisiculturista austríaco e inexpressivo que chegou ao topo da mais americana das indústrias, Hollywood. Garotinho era radialista. ACM, Sarney, Quércia e muitos, muitos outros são donos de TVs, rádios e jornais de sua região. Marta era estrela da TV Globo. Sem Duda Mendonça, Lula continuaria o sindicalista enfezado, em vez do presidente cuja popularidade é ainda maior que a de seu próprio governo. Lula para astro de Hollywood!

*

Agora a sério: Arnold não é muito diferente dos outros políticos, de lá e daqui; mas o que sua eleição simboliza, mais do que a "sociedade do espetáculo" ou "a confusão entre ficção e realidade", é, para mim, a vitória do mau gosto, da ausência de ironia, da futilidade com que a maioria das pessoas, mesmo nos países onde quase todos os cidadãos têm seus direitos básicos atendidos, encara a vida hoje. É a vitória não da barbárie como encarnada por Arnold em tantos filmes de ação, não da barbárie da violência como defesa de uma forma de "civilização" por Bushs ou Saddams — mas da barbárie comezinha, da microbarbárie de todo dia, da barbárie que se instalou no lugar das idéias, da barbárie dos descerebrados que perdem tanto tempo diante da TV e do espelho sonhando em ser ricos e famosos graças à aparência ou à lábia. O pior de Arnold não é sua esquisitice, é sua normalidade.

Passagem pela Índia

(1/2/2004)

Índia sempre foi para mim, mais que as imagens coloridas dos pontos turísticos, a Índia enigmática dos romances de Salman Rushdie (*Crianças da Meia-Noite*) e E. M. Forster (*Passagem para a Índia*) e dos ensaios de V. S. Naipaul (*Índia — Um Milhão de Motins Agora*) e Octavio Paz (*Vislumbres da Índia*). Ou seja, eu já esperava um país confuso e pobre, especialmente uma cidade confusa e pobre como Mumbai — a antiga Bombaim —, a qual Rushdie e Naipaul, que lá viveram por bastante tempo, descrevem tão bem, interessados como são no rumo pós-colonial do país. Mas nada, nem verbo nem imagem, prepara você integralmente para o que encontra num lugar tão peculiar e caótico.

Quando cheguei a Mumbai, sozinho e sem condução, fiquei preocupado com a bagunça e a privação que logo se manifestam. Mais de 60% das habitações da cidade são favelas. A urbanização — esgoto, calçada, iluminação — é mínima. E não se vê a miséria aqui e ali, mas em toda parte. Além disso, o Fórum Social estava lotado, numa festa de etnias agitadas e aglutinadas, e transitar por ali não era simples. Cinco dias mais tarde, encerrada minha passagem pelo país, saí com a sensação de nunca ter visto uma multidão tão dócil, um caos tão inofensivo, pelo menos para o indivíduo. Depois que você capta o sotaque do inglês e o jeito deles (que, por exemplo, dizem "sim" com um balançar lateral da cabeça), os indianos têm uma maneira cordial de conquistar sua confiança.

Encontrei num crítico cultural indiano, T. G. Vaidyanathan (conhecido como TGV, morto em 2002), autor de *Mr. Naipaul's Round Trip and Other Essays*, em que escreve sobre literatura, cinema, psicanálise e cricket (o "futebol" deles, que jamais ouviram falar de Pelé ou Ronaldo), algumas explicações interessantes para esse modo de ser. O indiano, diz ele, não concebe o indivíduo como as culturas ocidentais; adquire a noção do que é por meio da teia de relações a que pertence — o aglomerado de famílias, seus costumes e sua religião e, acima de tudo, a relação com o "guru", uma espécie de padrinho que está longe do sábio incontestável da caricatura. Até mesmo nos filmes de Bollywood, a indústria do cinema cuja capital é Mumbai, o que parece ser uma história de romance a dois — pelo que percebi depois de ver muita TV com legenda no hotel à noite — termina se resolvendo com a intervenção de amigos e parentes, não com uma súbita decisão emocional daquele casal isolado.

O mistério, naturalmente, continua, como aqueles autores todos viram: o mistério de uma nação que reúne 1 bilhão de habitantes das mais diversas línguas e crenças (uma diversidade muito maior que a tão decantada diversidade brasileira), num sistema de castas repleto de ritos e códigos — e que ainda assim é uma nação, democrática, sim, e relativamente livre de violência, pelo menos a cotidiana. Ao mesmo tempo, essa nação está se abrindo para o mundo, crescendo e se modernizando, e fica difícil prever o efeito da ocidentalização sobre uma sociedade agregada em bases tão próprias. Paz e Naipaul, em especial, mostraram preocupação com os choques entre islamismo e hinduísmo, ainda que os entendimentos com o Paquistão estejam se iniciando. Não saí apaixonado pela Índia, mas agora seu mistério, para mim, é ainda maior.

Escalas do horror

(21/3/2004)

O que ainda não foi compreendido a respeito do terrorismo atual, de fatura ou inspiração islâmica, é que ele trabalha com escalas de tempo diferentes da habitual. Assim que se noticiou o ataque bárbaro aos trens de Madri no dia 11, por exemplo, um grupo terrorista tentou assumi-lo em nome de uma "resposta às cruzadas", ou seja, a eventos acontecidos há mais de cinco séculos, quando nem na Europa Ocidental existia o capitalismo consumista e tecnológico que tanto choca os fundamentalistas hoje. Esse terrorismo, em outras palavras, é produto de um mal-estar que acumula séculos. Ao mesmo tempo, porém, age cada vez mais de acordo com o presente, com a geopolítica, com os efeitos históricos imediatos, escolhendo um local ou data que carreguem mensagens simbólicas.

O atentado de 11 de setembro de 2001 em Nova York, com quase 3 mil vítimas civis, foi o exemplo maior. Não importava se era Bush ou Clinton no poder; importava atingir o orgulho americano da forma mais contundente possível. Em Madri, dois anos e meio depois, a idéia foi atingir um lugar público às vésperas de uma eleição nacional. Quem quer que o tenha cometido, a Al-Qaeda ou algum grupo islâmico associado ou não a ela ou à ETA, talvez não soubesse que seria tão bem-sucedido em mudar os rumos políticos de um país que apoiou os EUA na estúpida tomada do Iraque; mas certamente queria chamuscá-los.

O candidato de Aznar liderava todas as pesquisas até aquele momento, mesmo tendo defendido Bush. Depois dos 201 mortos, mais gente foi às urnas e elegeu o adversário de Aznar — o premiê que, apesar de o ataque não ter todos os traços da Al-Qaeda (não foi suicida, por exemplo), cometeu o absurdo erro de atribuí-lo sem provas à ETA. Se um atentado serviu para provocar os EUA a invadir o Oriente Médio, o outro serviu para aumentar o descontentamento da maioria das pessoas lá e no resto do mundo em relação aos EUA.

Em alguns dos países islâmicos, a maioria da população não é a favor do fundamentalismo e da violência, mas considera "justificável" esse tipo de ação — entendido como reação, entre outras coisas, ao suporte americano às arbitrariedades de Israel. Já os países não dominados pelo islamismo não sabem como reagir a tal jogo de escalas temporais. Reacionários reagem na mesma moeda, invocando a suposta superioridade da civilização ocidental cristã e defendendo a guerra contra um país primitivo por motivos maquiados. A maioria não-americana reage da forma como os espanhóis reagiram, esquecendo que até os iraquianos se dizem mais felizes sem Saddam (assim como os afegãos sem Taleban) e menosprezando o ódio desses terroristas à própria idéia de civilização materializada desde o Renascimento.

O terrorismo basco é difícil de entender, já que a grande maioria dos bascos não quer nem saber de independência. A ação de um grupo como o IRA na Irlanda é menos enigmática, visto que envolve conflitos religiosos antigos e arraigados. Mas qualquer forma de terror, especialmente aquela que atira contra alvos inocentes em massa, é atroz. O problema é como combatê-lo. Certamente não se trata de ir ocupando em dominó as regiões que o fomentam, porque isso só traz mais ressentimento e justificação. E certamente não se trata de buscar apenas a "negociação pacífica", porque afinal existe uma declaração universal de direitos humanos, uma arquitetura (imperfeita) de ordem internacional e um dever de respeito às culturas diversas.

Os terroristas islâmicos não são uma organização que tenta expressar o sofrimento de uma etnia marginalizada. São sociopatas que se valem dos medos e das incertezas de uma cultura que odeiam para dividi-la e para ampliar os poderes ao máximo. Querem não só reverter mais de 50 anos de existência de Israel; querem reverter mais de 500 anos de hegemonia dos não-islâmicos. Se fazem essa confusão, nós não podemos fazê-la. O combate ao terrorismo atual deveria envolver todas as nações possíveis e começar pelo alerta de que não existe vitória final sobre ele, que quanto mais acuado mais tende a ser violento. Infelizmente, não vejo próximo esse tipo de cooperação racional. O que há é o emocionalismo pró ou contra — o horror, este em outra escala.

Disque Moore para Maniqueísmo

(25/7/2004)

A pergunta é: precisamos de Michael Moore para enxergar melhor os defeitos de Bush e de seu governo? No novo documentário de Moore, *Fahrenheit — 11 de Setembro*, não há rigorosamente nenhuma informação nova, embora haja um bocado de especulações velhas. Ele faz uma colagem de imagens e notícias de veículos como CBS e *Washington Post*, aplica associações baratas ou fora do contexto e, mais uma vez, tenta manipular emocionalmente o espectador que, como deixa claro, considera ignorante. Quando está certo, não é original; quando é original, não é convincente.

O filme começa e termina com a apologia deslavada ao Partido Democrata. Bem, nesta semana novamente ficou comprovado que já na administração Clinton a rede terrorista Al-Qaeda planejava um atentado em território americano. Por que Clinton não é acusado por Moore de não ter zelado pela segurança do país? Mais importante: será que Clinton — ou Kerry, auto-intitulado "herói de guerra" — teria reagido de maneira muito diferente ao 11 de setembro? Moore tampouco se importa com a geopolítica da Ásia Central depois da derrocada do regime soviético, provavelmente porque a desconhece. A família Bin Laden, sim, tinha antigos laços econômicos com o Texas, mas isso não impediu Osama, antes patrocinado pelos EUA, de se tornar inimigo da aliança com os sauditas.

Moore também parece ter descoberto que a guerra traz vantagens financeiras para quem a comanda. Mas os interesses de Bush e seu comissariado nos negócios do petróleo já foram exaustivamente esquadrinhados — basta acompanhar o noticiário. E, mesmo assim, é ingênuo pensar que era apenas esse o desejo dos "falcões" da Casa Branca; invadir o Iraque foi também uma tentativa de dividir o mundo islâmico ao derrubar um tirano incômodo e ameaçar novas intervenções. Ou seja, em certo sentido o governo Bush é pior do que Moore pensa.

Tão graves quanto o simplismo do conteúdo são os recursos formais do documentário de Moore, cujo título por sinal é inspirado num livro de Ray Bradbury, que reclamou da ausência de crédito. (Ironicamente, *Fahrenheit 451*, filmado por Truffaut, é uma referência à temperatura em que livros são queimados — tal como não raro fazem os fundamentalistas islâmicos.) É fácil mostrar os políticos se maquiando para a mídia; é fácil sair de megafone dando voltas na Casa Branca ou pedir que os congressistas alistem seus filhos na guerra; é fácil encontrar soldados e cidadãos que digam bobagens patrióticas; é fácil encontrar gente que foi indagada pelo FBI; é fácil filmar longamente uma mãe chorando por seu filho morto em combate; etc., etc.

Em geral gosto de ver panfletos políticos de humor satírico, se bem que o filme arranca apenas algumas risadas de quem já não esteja predisposto a aplaudir. Mas a demagogia egocêntrica de Moore, por mais que possa ajudar a fazer barulho para Bush ser derrotado, continuará sendo unilateral, reducionista, maniqueísta. É tão americano, isso.

Notas do subterrâneo

(12/9/2004)

Nem o Dostoievski dos *Possessos* poderia ter descrito ou imaginado. O massacre de Beslan, no dia 3, foi de uma brutalidade que não poupou detalhes. Tal era o calor dentro da escola que as crianças bebiam urina com os sapatos, usando meias como filtros, em meio aos explosivos que os seqüestradores haviam espalhado. Uma mulher libertada teve de optar entre levar a filha e o filho. Pessoas foram fuziladas, decapitadas, carbonizadas. Mais de 350 mortos. As fotos são chocantes: fortes expressões de dor e medo, pais correndo para abraçar suas crianças, mães chorando seus bebês mortos. Um pesadelo, o pesadelo da História com "h" maiúsculo. Um enredo inverossímil como só a realidade sabe ser. Stalin, em sua lógica peculiar, dizia que não nos importamos com a morte de centenas de desconhecidos, mas nos contorcemos de dor com a perda de um parente ou amigo. É mentira.

*

O horror é um só, mas somos obrigados a repartir nossa indignação contra o terrorismo tão bárbaro e contra a truculência russa na Chechênia e na negociação. E a repulsa ao terrorismo deve ser maior. Ele não fala em nome de ninguém, não pode ser justificado política ou socialmente, não contribui nem mesmo às avessas para que o mundo seja mais pacífico. Governos islâmicos foram perfeitos em sua recusa a atos como esse, que só fazem mal à imagem do Islã. Notei certa vez que o mundo significativamente não protestava contra o que a Rússia de Putin faz na Chechênia, rica em petróleo e de população muçulmana, mas não se cansou de queimar bandeiras americanas quando o governo de Bush decidiu derrubar o Taleban do

Afeganistão. Ainda assim, o foco do planeta deveria ser a união de forças para tirar poder e ousadia das organizações terroristas internacionais, começando com o apoio dos próprios países islâmicos. Só que Putin, como Bush, ou pior que Bush, pensa militarmente: vai ser bárbaro com os bárbaros e incitar ainda mais os massacres.

*

É preciso redescobrir as grandes perspectivas, sem recair nos velhos preconceitos. Desde a Segunda Guerra Mundial, com o posterior desmoronamento de impérios como o soviético, surgiram nada menos que 60 países. Esse desmoronamento destampou antiquíssimas rivalidades étnicas, como as do Cáucaso, e os fundamentalismos. Na Ásia Central, pode-se dizer que boa parte das fronteiras é ficção: elas não traçam diferenças de identidade lingüística, religiosa e cultural. Toda uma nova arquitetura geopolítica seria necessária, a começar pela criação do Estado palestino sob as leis internacionais, a terminar por formas de governança supranacional que impeçam genocídios e expansionismos. Soa "racional demais"? Sob o domínio do medo, são as paixões que provocam o terror.

América, América

(31/10/2004)

Bill Clinton disse que a América está "culturalmente dividida". Não é de hoje. Os EUA foram fundados sobre a dupla hélice do puritanismo e do materialismo, ou do idealismo e do individualismo. De certo modo, é esse conflito o DNA de sua energia produtiva, de sua visão construtiva do futuro; é o que fez da nação a mais rica do mundo. Em diversas ocasiões históricas, desde a Guerra Civil até o governo Nixon, a polarização ganhou magnetismo trágico ou dramático. O problema é que em muitos desses momentos decisivos houve a superposição da América "profunda", de raiz religiosa, hipernacionalista, dada a regrar a moral alheia. É uma dimensão inextricável da América. Mas o país e o mundo sempre ganharam quando esteve aquietada.

George W. Bush representa esses EUA retrógrados não só porque invadiu o Iraque, na tradição da política externa do porrete ("big stick") que tanto mal faz à imagem do país, mas também por suas posições em tantos temas, especialmente os morais. É contra aborto, casamento gay, pesquisa da célula-tronco, é a favor da pena de morte, etc. (No Brasil, como se vê, estaria com a ampla maioria.) Não é simplesmente um conservador, uma pessoa que teme pelo excesso de opções que são atribuídas ao indivíduo moderno, mas um reacionário, que acha que o mundo está indo em caminho infeliz e por isso deve ser vigiado e punido.

Torço, logo, para que John Kerry vença. O que não sei é se ele representa o que os EUA têm de melhor. Kerry, como senador, apoiou o ataque ao Iraque e, assim, não tem como convencer o homem comum americano de que a medida de Bush não serviu para tornar mais seguro o país, não atacado nestes três anos. O fato de pertencer ao Partido Democrata não faz dele o presidente americano que o mundo sonha, mais multilateral, solidário e pacifista, bastando lembrar o comportamento dos democratas na Guerra do Vietnã. Além disso, em países desenvolvidos, o governo não molda como quer a sociedade; é ela que tem de iniciar um processo de autocrítica.

Curiosamente, ninguém critica a América como os americanos. Ao contrário do que disse Caetano Veloso, eles sabem ir ao próprio fundo. Pense, por exemplo, em Philip Roth, que vem agora com *The Plot Against America*, deliciosa narrativa que imagina como teria sido se o aviador Charles Lindbergh, um herói nacional e anti-semita feroz, tivesse vencido Roosevelt nas eleições de 1940. Prefiro o Roth mordaz e anárquico de outros romances, mas eis um grande escritor, dono de fraseado e imaginação impressionantes, a ironizar as neuroses do país — "a segurança pessoal que tomei como certa, sendo uma criança americana de pais americanos numa escola americana numa cidade americana numa América em paz com o mundo".

Ou então leia livros que acabam de ser lançados no Brasil como *América*, do genial desenhista "udigrudi" Robert Crumb, que em personagens como Whiteman, o típico cidadão patriota e medroso, entra na mentalidade bushista. Ou *Todos os Homens do Xá*, de Stephen Kinzer, em que esse jornalista do *New York Times* mostra como o apoio americano ao golpe do xá Mohamed Reza, em 1953, por pânico (isto é, pavor infundado) do comunismo, alimentou o fanatismo islâmico que tomaria o poder 26 anos depois. Ou *Plano de Ataque*, de Bob Woodward, que descreve minuciosamente como a Casa Branca elegeu Saddam Hussein como bode expiatório e mostra que a vocação missionária de Bush o cegou. Na frase de um brilhante antidemocrata americano, H. L. Mencken: "O pior governo é o mais moral."

A natureza ilegível

(2/1/2005)

Diante de tragédias da natureza como a da semana passada, em que um tsunami que matou mais de 200 mil pessoas no sul da Ásia, muita gente se pergunta onde estão os deuses ou o que a humanidade fez para merecer tanta provação. "A natureza não tem objetivo, embora tenha leis." A frase do poeta John Donne não poderia ser mais correta. Mesmo assim, a maioria quer uma explicação ou, para ser mais preciso, uma expiação, tal o sentimento de impotência que sentimos ao saber de tais eventos e ver as imagens.

É claro que, à maneira de Voltaire, pode-se observar ironicamente que os entes superiores não zelam por nós, ao permitir que tanta dor seja espalhada. Ou então rir das pretensões humanas de medir, prever e controlar a natureza, enquanto exploramos Marte e nos comunicamos via satélite. Ou, ainda, culpar a humanidade por ocupar tão burramente o meio natural, superpovoando regiões sujeitas a atritos tão poderosos das placas tectônicas.

Mas, como diria Karl Popper, nenhuma explicação é suficiente, por mais que a gente recorra à poesia, à filosofia ou à ciência. O homem não é tão ruim assim, porque vem aumentando sua capacidade de prever e compreender esses fenômenos e também a solidariedade internacional para salvar o que ainda se pode salvar. E o homem não é tão bom assim, já que não tem ainda como antecipar catástrofes com precisão e verá aqueles países pagarem o preço da pobreza e do irracionalismo, do drama social que já foi acumulado.

Houve até a falta de um simples alerta naquelas horas que separaram o tremor de 9 graus e a chegada do tsunamis, das ondas gigantes que saltam sobre a praia depois de atravessar, velozes e quase invisíveis, o alto-mar. Isso para não falar do ambiente que é tão propício às epidemias, as quais agora ameaçam duplicar o número de mortos. Nada disso quer dizer que a "mãe natureza" seja domável como vemos em tantos livros escolares e produtos audiovisuais. As leis naturais são um mistério muito maior que os objetivos sobrenaturais supostos pela nossa mente propensa a mentiras.

Depois de Marx e Freud

(24/4/2005)

Já não vivemos num "mundo marxista e freudiano", como Paulo Francis dizia que vivemos. Essa notícia não parece ter chegado a muita gente ainda, especialmente entre os intelectuais de países periféricos como o Brasil. Não é a primeira nem a última vez em que as mudanças de fundo demoram a ser vistas na superfície; pense na arte moderna, que demorou pelo menos duas gerações para deixar de ser vista pela maioria como "paranóia ou mistificação" — e hoje Picasso lota museus. O fato é que muitas das principais idéias de Karl Marx há tempos não podem esclarecer a economia moderna, e Freud já não explica muita coisa da psique humana. São dois autores que vale muito a pena ler, não só pela importância que tiveram, mas, Freud em especial, pelas realidades que descreveram. Só que suas teorias hoje são instrumentos de interpretação muito menos satisfatórios.

A economia e a história não funcionam como Marx acreditou que funcionassem. Sobretudo no capitalismo moderno, um conceito como "mais-valia", que ele tomou emprestado de clássicos como David Ricardo, não pode ser a chave explicativa do "sistema". A acumulação de capital na mão de uma classe dominante não vem mais apenas da exploração da mão-de-obra operária, forçada a produzir mais mercadorias em menos tempo. Os ganhos de produtividade dependem mais ainda da tecnologia, do grau de conhecimento e inovação aplicado numa cadeia produtiva, e da competição, da habilidade administrativa de explorar mercados de consumo promissores. O motor da história não é, portanto, a luta de duas classes, a dominante e a dominada. A busca do lucro pode favorecer a cartelização, sim, mas os Estados desenvolvidos têm recursos institucionais para zelar pela competição e qualidade. E o sistema financeiro, com toda sua instabilidade, dá acesso a uma liquidez supranacional que Marx jamais imaginaria possível, pois tinha certeza de que o lucro geral tenderia a zero no futuro.

Conceitos centrais de Freud, que por sinal criticou os regimes marxistas por acharem que o problema não está na natureza humana, também estão em desuso. O "complexo de Édipo", por exemplo: não faz sentido definir todas as facetas do comportamento a partir de um mito básico, o de que todo filho deseja a mãe e por isso é obrigado a reprimir e transferir esse desejo. A libido não é uma energia essencial que se materializa de qualquer forma a qualquer instante, como um dique sempre a transbordar. O inconsciente não é o depósito dos traumas e frustrações que termina por governar nossas atitudes; nem toda carência é sexual, nem todo sonho traduz um desejo irrealizado. Os aspectos fisiológico e cultural não podem ser separados: a mente é um produto do cérebro e, como tal, suas atividades têm expressão orgânica. Sim, o homem não pode controlar todos os seus atos, e por isso a mente cria jogos para si mesma que envolvem fantasias e sublimações. Mas a interação dela com o corpo, assimétrica e complexa, não se restringe a pulsões sexuais.

Como nas discussões que se acentuaram depois do 11 de setembro de 2001 (EUA x Europa, religião x ciência, globalização x nacionalismo) ou em efemérides como os centenários de Raymond Aron e Jean-Paul Sartre (Aron mais sensato, Sartre mais brilhante), hoje ainda vemos que as velhas dicotomias do século 20 — século dividido entre Marx e Freud, apesar dos tolos esforços de combinar ambos — continuam dominando muitos debates públicos. Em alguns outros, porém, formas menos reducionistas de compreender a história e o indivíduo, que fogem tanto ao determinismo como ao indeterminismo, começam a surgir. Há muito por descobrir e refletir ainda. Que o século 21 beba desse frescor.

O desencanto

(26/6/2005)

Lendo na imprensa sobre os impasses da União Européia, o centenário de Jean-Paul Sartre e a crise do "mensalão" petista, é impossível não sentir o desencanto de muita gente. O sonho da Europa como bloco, como superpaís capaz de fazer frente à riqueza americana e à aceleração asiática, ganha fissuras. A imagem libertária de Sartre se choca com sua crença em absurdos como o maoísmo. E a esperança de que o PT seria mais ético e competente do que os outros partidos brasileiros explode como uma estrela, ejetando poeira e sombras (ou Sérgios Sombras). A ilusão política não é nem a mais banal nem a mais cara das ilusões, mas é a que mais deixa vestígios.

O modelo econômico europeu enfrenta esgotamento, como disse o comissário de comércio da UE, Peter Mandelson. O custo alto de previdência e protecionismo tira a competitividade e, com isso, aumenta o desemprego. É a falência do chamado Estado de bem-estar social, situação tão bem ironizada em *A Invasão dos Bárbaros*, de Dennis Arcand, que poderia ter se chamado *O Declínio do Império Europeu*. A solução é fazer reformas, como a trabalhista e a tributária, sem abrir mão do amparo social que caracteriza o modelo, repudiando populismos e xenofobias. Mandelson: "Podemos unir globalização e justiça social; podemos abrir os mercados e estreitar o abismo entre vencedores e perdedores." Todos nós que admiramos a Europa, por seu estilo de vida mais sofisticado e secular, torcemos por isso.

Raymond Aron concordaria. O centenário do cientista político, autor de livros excelentes como *O Ópio dos Intelectuais*, também está sendo comemorado neste ano — claro, com muito menos ênfase do que o de Sartre, um intelectual-celebridade por sua mistura de angústia e engajamento. Ele é descrito como antípoda de Sartre, mas o interessante é que criticou o pensamento marxista ou "esquerdista" de um ponto de vista raro no Brasil, porque liberal, progressista, humanista — de "centro", e não conservador. Quando se diz que intelectuais como Sartre aderiram a regimes tirânicos por reação a ameaças como nazismo e consumismo, que é preciso perdoá-los tendo em vista a perspectiva da época, me lembro sempre de Aron. Ou seja: não foi por falta de aviso. Lucidez e liberdade são compromissos de qualquer cidadão.

Isso não quer dizer, porém, que "é melhor acertar com Aron", como disse surpreendentemente Marcelo Coelho outro dia, ou "é melhor errar com Sartre", como disse Sérgio Augusto. Sartre, que foi uma das minhas paixões literárias da adolescência, tinha versatilidade, originalidade e sensibilidade em doses mais intensas do que Aron. Comprei, por exemplo, o belo catálogo sobre ele da Biblioteca Nacional da França, repleto de manuscritos e fotos, e, vinte anos depois, renovei minha admiração pelo que fez, em especial por sua capacidade de sair do gabinete e escrever sobre assuntos diversos — Tintoretto, Giacometti, Calder, Baudelaire, Flaubert, Genet e, naturalmente, Marx e Freud — e em gêneros diversos, inclusive romances, peças e roteiros, sempre de ângulo novo ou interessante. Isso, e não a teoria existencialista (baseada em frágeis paradoxos como o de que estamos "condenados à liberdade") ou seu casamento supostamente aberto com Simone de Beauvoir (que disse só ter descoberto o prazer sexual com o escritor americano Nelson Algren), é o que deixou de mais libertário.

Sim, muitas coisas dataram, além de suas posições políticas. Mesmo seus melhores trabalhos de ficção, como o romance *A Náusea*, se ressentem do fato de que a narrativa está subjugada à argumentação, ao recado conceitual. Mas alguma coisa ele deixa com o leitor. Não pretendo reler *A Idade da Razão*, mas recordo até hoje o final, em que o homem que passa dos 30 anos se entrega ao conformismo classe-média, incapaz de pensar em nada além de sua hipócrita ordem familiar. Livrar-se disso, no entanto, decididamente é o oposto de acreditar em esquemas salvadores, em ideologias edênicas. O intelectual do século 21 terá que ser cético como Aron e inquieto como Sartre.

No Brasil, aonde o novo pensamento sempre tarda a chegar, a decepção com o PT tem a ver com tudo isso e algo mais. As redações e universidades sempre tiveram maioria petista ou crente em "socialismo democrático" (com exceção de algumas de Economia, dominadas por tecnocratas que idolatram Roberto Campos e Mario Henrique Simonsen), então sempre convivi com pessoas que, sabendo-se privilegiadas numa sociedade brutalmente desigual, deixaram esse complexo de culpa tomar o lugar da sensatez e da atualização. Alguns ainda tentam fingir que nada está acontecendo, que a falta de ética e competência do PT é apenas efeito inebriante do poder. Agora, porém, o desapontamento é geral. Um leitor, Marcos Alves, ex-eleitor de Lula, diz que está se sentindo "um palhaço crédulo".

A questão de fundo é essa: o ser humano se ilude muito facilmente, daí o desencanto. Mas é possível viver, e feliz, sem grandes ilusões políticas e também sem fobias, manias, vícios, superstições, religiões, auto-ajudas, credulidades de qualquer tipo. Como diria Carlos Drummond de Andrade — que leu seu Sartre e teve seus sonhos ideológicos, só que foi fiel às "notícias humanas" até o fim —, é "a vida apenas, sem mistificação" que é difícil de ser aceita, em tempos de prosperidade ou pobreza; mas é melhor que mistificá-la. Quanto mais muletas o indivíduo acha que precisa, menos se apóia.

Carta a um contestador de meia-idade

(2/4/2006)

Meu caro Christopher Hitchens,

Achei interessante seu livro *Cartas a um Jovem Contestador* e imagino que possa ser muito estimulante para jovens que o leiam aqui ou em qualquer país. Mas, como acompanho há tempos seu trabalho de crítico cultural em revistas como *Vanity Fair* e livros como o que defende George Orwell, posso me dizer decepcionado. Em momentos cruciais de sua argumentação, você deixa a dever. E o que mais precisamos na atualidade é de contestadores que não reduzam suas opiniões a slogans ou temam enfrentar questões contraditórias.

Antes devo dizer que a escolha da palavra "contestador" é feliz. Opções como "radical", "dissidente" ou "agitador" têm um travo ideológico que não convém. Como você diz, é comum o pressuposto de que a esquerda socialista tem a exclusividade da contestação. E sua definição do espírito contestador é muito adequada, "uma disposição à resistência contra a autoridade arbitrária ou a opinião de massa inconsciente". Alguns conselhos, também:

"Não confie na compaixão; prefira a dignidade para você e para os outros. Não tema ser considerado arrogante ou egoísta. Olhe todos os experts como se eles fossem mamíferos. Nunca seja um espectador da injustiça e da estupidez. Procure o debate e a discussão por eles mesmos; o túmulo fornecerá muito tempo para o silêncio. Suspeite de seus próprios motivos e de todas as desculpas."

Essas frases vêm muito a calhar para o meio cultural brasileiro, em que o debate de idéias é sempre posto em segundo plano, ora pela turma do "deixa disso" e do "é melhor não responder", ora por aqueles mais interessados em desancar o oponente, em ridicularizar sua pessoa. Desculpas, então, eis o que não falta: nossos intelectuais têm a bizarra disposição de aceitar até as desconversas mais deslavadas dos políticos, toda vez em que forem, claro, de sua preferência partidária. E são incapazes de organizar um protesto ou manifesto, nem que seja em defesa de seu bem mais precioso, a liberdade de expressão. Como você, e para usar um poeta da sua língua, "I've fought many a battle" (lutei muitas batalhas), e garanto que há ambientes piores que o seu.

Também concordo com seu ponto de vista geral sobre a necessidade da crítica, da combatividade, além do alerta de que "os prazeres e recompensas do intelecto são inseparáveis da angústia". A maioria das pessoas ainda se prende emocionalmente às ilusões e aos preconceitos, que muitas vezes estão naquelas mesmas que se dizem livres de ambos. O intelectual, portanto, deve abandonar os eufemismos e as evasões e muitas vezes dizer o que elas não querem ouvir, o que lhe valerá adjetivos como "elitista" e "pessimista" e pedidos de que faça "crítica construtiva" (ou seja, como você bem observa, favorável). Dissidentes não são nem devem ser santos.

E, sim, é preciso ser cético, pois "a própria Utopia era uma tirania", sem ser esnobe ou niilista. O polemista de carteirinha, que fala o contrário de todo mundo só para mostrar que fala o contrário, não nada na contracorrente — se me permite uma citação própria —, mas na corrente do contra. E um estilo espirituoso e cortante não é, por definição, monotemático e panfletário. O atrito e a irritação, no entanto, são inevitáveis e, mais ainda, indispensáveis para a energia e a agudeza; e a solidão é a condição de quem enfrenta a credulidade e o populismo, a facilidade com que as pessoas se deixam levar pela mentira e pelo medo.

É exatamente por tudo isso que não entendo algumas de suas posições. Você apóia, por exemplo, a guerra no Iraque. Mas sabe que ela foi fundamentada numa mentira — a posse de armas nucleares por Saddam Hussein — e alimentada pelo medo instilado na população depois do 11 de setembro de 2001. E como combinar isso com a recomendação de que o jovem viaje muito e seja um internacionalista? Bush II apelou aos mais baixos instintos patrióticos, usando argumentos religiosos e racistas como os que você tanto condena no livro. "Os piores crimes", escreve com perspicácia, "ainda são cometidos em nome das velhas tolices tradicionais: a lealdade à nação, à 'ordem', à liderança, à tribo ou à fé." O que mais pedem os falcões "neocons"?

Logo, se é fácil concordar em que a globalização precisa também internacionalizar a justiça e a ética, é preciso lembrar que ela, ao contrário do que tantos dizem, não é tão-somente a aniquilação das identidades culturais e dos nacionalismos. Quando você escreve que "a concepção materialista da história não foi ultrapassada como meio de analisar as questões", acrescentando apenas a aversão ao capitalismo monopolista e suas "tendências fatais", também soa superficial demais. O problema de Marx era achar que todo capitalismo tende a ser monopolista; e a luta de classes não é o motor único da história. Contestadores devem desconfiar dos especialistas, mas também aprender com eles. Bem que notei que, entre suas infindáveis citações, nem sequer um economista pós-Milton Friedman deu as caras.

Gosto quando você observa que há "conservadores radicais", isto é, contestadores, como Edmund Burke e Thomas Paine, que defenderam direitos humanos e minorias contra as investidas dos fanáticos. Mas você também poderia ter notado que pessoas de espírito liberal, como nós, podem aprender muito com alertas conservadores. Outro dia li uma entrevista sua neste jornal em que você disse que não gosta da produção visual do cristianismo, em oposição à determinação do islamismo (e do judaísmo) de não representar Deus e seus profetas. Bem, a arte de Giotto a Rembrandt é o que mais se aproxima do que você chamaria de "revolução cultural, não violenta"; é a própria criação do mundo mental perspectivista e antidogmático ao qual você pertence. Tradições precisam ser valorizadas para que sejam contestadas e renovadas.

Minha última objeção seria a uma coisa que você não diz integralmente, mas que transparece ao longo de todo o livro. É a superestima de movimentos como o socialista e o contracultural, que parecem ter sido os únicos responsáveis pelas conquistas civis do século 20. Também me pergunto se o glamour que deposita em pessoas que rodam o mundo (ou rodavam, como Susan Sontag) defendendo causas como a antiglobalização é real; ou se não seria conveniente que elas conhecessem melhor a verdade de cada nação antes de fazer como Bono Vox e declarar apoio a políticos que agem contra a justiça e a liberdade.

Peço desculpas por tratá-lo como "de meia-idade", expressão que detesto para designar quem tem 57 anos como você. Mas não peço desculpas por contestá-lo, ainda que haja tanta coisa admirável em seu livro. Pelo menos você compreende.

Germania
(25/6/2006)

A Alemanha preparou para esta Copa uma campanha de promoção do país batizada de "Terra de idéias". Caminhando por Berlim, vejo algumas esculturas feitas para destacar pontos altos da criatividade alemã. Uma delas, na avenida Unter den Linden, é uma pilha de livros gigantes, com cerca de 15 metros de altura, em que lemos nomes de 17 autores nas lombadas. A homenagem é à invenção da imprensa por Gutenberg. O volume da base, claro, é Goethe. Há também Lutero, Kant, Hegel, Marx, Schiller, Lessing. Dos mais modernos, é legal ver Hannah Arendt, Herman Hesse e Heinrich Böll em companhia dos mais previsíveis Thomas Mann e Brecht.

Mais adiante, perto do Pergamon Museum, está a fórmula de Einstein, $e = mc^2$. Em outro ponto, ao lado do Reichstag, fica uma enorme aspirina, com o símbolo da Bayer. Existem outras, que não vi, sobre a chuteira, o automóvel e, claro, a música, de Bach a Wagner, passando por Beethoven e Schumann. Por minha descrição, parece que são esculturas pesadamente orgulhosas, mas há uma descontração em sua cor e design — tal como a descontração que o técnico Klinsmann pede à sua seleção.

A campanha também selecionou 100 "mentes do amanhã" em áreas como artes, moda, ciência, tecnologia, literatura e esportes. Na maioria delas, hoje em dia, a Alemanha deixa a dever para outros países desenvolvidos. Karl Lagerfeld, Michael Schumacher, Günter Grass, Wim Wenders, Anselm Kiefer e Jürgen Habermas — que deveriam de alguma forma ter aparecido nessa campanha — são alguns dos poucos nomes que lembramos com admiração quando falamos em cultura alemã contemporânea. O objetivo é mudar a imagem dos alemães como pessoas burocráticas, sérias demais, que não sabem ser divertidas e criativas.

Mesmo a atual chanceler, Angela Merkel, apesar do visual conservador, é oferecida como símbolo dessa nova disposição, por ser mulher, por ser simpática — aparece sorrindo ao lado de Beckenbauer nas tribunas dos estádios durante a Copa — e por ter propostas como a reforma no sistema estatal de saúde, a polêmica do momento por aqui. Para a Copa, além dessa campanha, houve apelos para que o povo tratasse os outros com mais cortesia, o que quase sempre acontece, e investimento na arquitetura de lugares como a Estação de Trem de Berlim, tão bonita quanto prática.

O subtexto, claro, ainda é a sombra do nazismo, 61 anos depois da Segunda Guerra Mundial. Filmes de ação de Hollywood, por exemplo, fizeram do vilão típico um sujeito grande, loiro, culto e frio, disposto a conquistar o mundo para si próprio, coisa que o autêntico e engraçado herói americano vai impedir depois de alguns socos e saltos. Os alemães querem mostrar que não são frios e intolerantes como diz esse estereótipo. No entanto, é impossível viajar pelo país e não sentir mais uma vez a perplexidade diante do fato de que um país tão organizado, com tão pouca pobreza, perpetrou uma das barbáries mais atrozes da história da humanidade.

A Alemanha não tem cidades tão charmosas quanto Paris, Praga ou Londres, mas a que mais se aproxima é Munique, que irradiava animação no fim de semana passado, com arquitetura e urbanização que nos fazem sentir mais próximos de Viena do que de Berlim; e esta hoje respira modernidade, com arquitetos convidados como I. M. Pei e Norman Foster. O interior do país também não se compara com os da Itália ou do sul da França, mas há belas paisagens, ótimas estradas, castelos e outras atrações para visitar. Num território do tamanho do Mato Grosso do Sul, uma população de 80 milhões vive civilizadamente — não há outro advérbio — porque os cidadãos sentem confiança em suas instituições e respeito aos seus direitos. É o país que tem mais área verde da Europa; os bosques são belos e numerosos, e fazer caminhadas por dentro deles é um hábito nacional. A ideologia brutal, racista e xenófoba do nazismo, com seu ódio à arte e à liberdade modernas, floresceu aqui?

É evidente que o país repensa esse passado. Filmes líricos como *O Milagre de Berna*, que põe o futebol como fator de reaproximação entre um pai nazista e seu filho, ou dramáticos como *A Queda*, sobre os últimos dias de Hitler num bunker, são exemplos; indo mais atrás, *Asas do Desejo*, de Wenders. Museus são erguidos, como o Memorial Judaico, em Berlim, de

David Liebeskind, no subsolo de uma área ondulada de blocos que parecem lápides cor de chumbo. A pintura de Kiefer é uma meditação não só sobre o pesadelo da história, mas sobre a arrogância de querer fixá-la.

Na literatura há obras que vão mais a fundo, e não só de hoje, como *The End*, de Hans Erich Nossack, sobre o bombardeio em Dresden, ensaio memorialístico muito bem escrito, e *Os Emigrantes*, de W. G. Sebald, perfis íntimos de quatro exilados do nazismo — para ficar em dois autores alemães. Um austríaco, Thomas Bernhard, de *Extinção*, foi quem examinou com mais coragem o estrago da noção de "povo eleito". E já há 40 anos Grass, nascido na cidade que já foi a alemã Danzig e é hoje a polonesa Gdansk, fez em *Os Anos de Cão* a descrição mais poderosa de como os autoritários se revelam como tais até mesmo quando se divertem.

Mas, passeando pela Unter den Linden, com seus prédios majestosos e simétricos, é difícil não sentir o banzo de Império Romano, uma maneira de beber no classicismo que nem mesmo a França napoleônica levou tão longe. E isso tem muito a ver com o pensamento alemão, com o idealismo de sua filosofia, sua recusa de levar em conta as contingências exteriores, de Kant a Heidegger. Vide a expressão teutônica do Romantismo, ainda mais altissonante do que nos outros países. Mesmo em Goethe, que como gênio nacional encerra os paradoxos de sua nação, há o sabor suspeito da pretensão de unir contrários numa totalidade. Daí a visão hegeliana da história como processo determinista, dotado de finalidade acessível à consciência. Se acredito em conhecer o futuro, acredito também em ser seu herdeiro.

Até no cotidiano é possível sentir a mentalidade preto-ou-branco dos alemães, bitolados demais em relação à vida prática, e nem mesmo no hardware eles levam a vantagem que os asiáticos levam (no software se destacam muito menos). Também suponho que muitos interpretem o erro do nazismo como um desvio, algo que a maioria não pôde evitar, e rejeitem teses como a de Daniel Goldhagen, de *Os Carrascos Voluntários*, a qual o título indica. O país, porém, tem a força de se reconstruir, como demonstrou já no pós-guerra, e o que podemos ver neste ano de Copa é que eles sabem que a tarefa não está cumprida. Imigrantes que trabalham aqui como motoristas, faxineiros, garçons — turcos, iranianos, gregos — dizem que na última década a integração é maior, apesar dos pesares.

Numa das cidades, vi uma farmácia chamada Apotheke Germania e me lembrei da instalação de Hans Haacke numa Bienal de Veneza, em que um vasto salão tinha essa palavra latina, *Germania*, em letras garrafais ao fundo, e o piso de calcário estava todo despedaçado; à medida que o visitante caminhava, ele estalava e se arruinava mais um pouco. Hoje os alemães celebram seu passado de forma menos arrogante, associando idéias a dons individuais, não a dotes coletivos. Danke.

CULTURA

Utilidades da cultura

(6/8/1999)

É bastante comum ouvir, até de pessoas cultas, que a cultura tem papel coadjuvante, decorativo, em relação à inteligência, aptidão ou bem-estar de uma pessoa. Como se fosse a cereja no bolo ou o verniz que novos-ricos passam para freqüentar novos ambientes. Do outro lado, tem-se aquele tom perplexo, como alguém que observa uma excentricidade, uma mulher barbada, enquanto diz "Fulano é muito culto". É como naquela pesquisa em que os entrevistados diziam que "filme de Steven Spielberg não é cultura" (vou economizar a ironia). Nem é preciso dizer que os extremos se tocam, mais uma vez.

Cultura é útil até no sentido mais vulgar ou funcional desta palavra. Você aí, pasmo que seus filhos, incitados por suas noras, briguem entre si por causa de sua herança, pare de murmurar sozinho "ingratidão, ingratidão" e vá ler ou ver *Rei Lear*. Você acolá, que não entende como um sujeito tão normal, tão correto, como o seu vizinho pôde trair a mulher ou matar um companheiro do jogo de futebol aos sábados, experimente ler alguns livros, ver alguns filmes... Não é preciso continuar a lista.

Uma conseqüência local pode ser testemunhada no descaso da iniciativa privada brasileira quanto a investir em educação e cultura, que não passa de filantropia ou marketing (se é que alguém hoje em dia consegue distinguir filantropia e marketing). Outra, na insipidez da crítica local, "inspirada" por bairrismos inacreditáveis, ideologias velhas e personalismos adjetivadores. Enquanto cultura for um dos "setores", ou um dos ornamentos urbanos — como a moda, a gastronomia ou a diversão —, em vez de ser a linguagem detrás de todas as linguagens, o setor que atravessa todos os setores, sua vitalidade real estará atingida.

A cultura pode fazer você atentar melhor para o que diz, evitando diversos mal-entendidos verbais que geram tanto desperdício de energia no cotidiano de todos. Não soa útil? A cultura pode fazer de você melhor aluno ou professor, não só por complementar a formação curricular (cultura é sempre crédito opcional nas escolas e faculdades), mas sobretudo por ajudar a contestar tal formação e, no processo, até mesmo assimilá-la com menos dificuldade. Há exemplos a mancheia. Dizem ainda que cultura serve para reforçar a identidade, mas é justamente o contrário: ela serve para perceber nuances entre as identidades, justamente com o objetivo de esgarçar limitações e não cair na rede de ironias históricas. Cultura não é apenas encontro com o país, é também desencontro, desterro, disjunção.

E há a questão existencial, digamos assim. Se nos resta o que Rimbaud resumiu, "preservar o vigor combativo e aclamar a beleza", dado o número de incertezas, frustrações e azares que qualquer pessoa sofre, o que é melhor do que a cultura para nos ensinar isso? Pois cultura é útil num sentido mais indireto, que é o de intensificar a percepção, aguçar a inteligência, ampliar sua capacidade de associar e antecipar, fazendo de você melhor ser humano, melhor profissional, não mais "feliz" ou "bem-sucedido" — e, sim, ao mesmo tempo menos orgulhoso e mais seguro, menos complacente e mais compreensivo, menos crédulo e mais produtivo, menos passivo e mais alerta.

O problema é que a escala de valores vigente — a cultura — induz uma esperança em moto-perpétuo, um otimismo viciador, uma ilusão de satisfação plena, com os outros e os objetos, movida a dicotomias baratas, para a qual a própria cultura é antídoto. O resto é cereja.

Panorama Intelectual Brasileiro

(21/2/2001)

É preciso desestatizar a intelligentsia brasileira. Como lembrava outro dia Jorge Caldeira, jornalista e escritor, na grande maioria os intelectuais brasileiros são funcionários públicos: professores universitários, diplomatas, ex-ministros e futuros ministros, etc. Até mesmo os irmãos Campos, poetas concretistas que se acham autores de uma revolução literário-comportamental, passaram a vida toda em anódinas carreiras no Judiciário. É claro que a explicação é o subdesenvolvimento cultural brasileiro, onde raríssimos vivem do que escrevem; mas a falta de coragem dos intelectuais pátrios, sua aversão ao risco, seu comodismo burocrático, seu gosto pelo poder — como Sergio Miceli descreve tão bem no livro *Intelectuais à Brasileira* — são efeitos e também causas desse estado de coisas. E as conseqüências merecem ser pensadas.

O que salta aos olhos antes de mais nada é a submissão ideológica da maioria deles. Às vezes me perguntam por que critico tanto o petismo uspiano, por exemplo. Primeiro, porque convivi e convivo muito com ele; segundo, porque sua força sobre os espaços de opinião da sociedade brasileira não pode ser menosprezada com os danos conhecidos. Se você fizer uma pesquisa eleitoral nas universidades e redações brasileiras, vai dar 70% de Lula na cabeça, inclusive — ou mesmo especialmente — nos veículos mais governistas. O problema é que essas pessoas lidam com assuntos importantes da cultura brasileira e até internacional e só sabem raciocinar em categorias políticas, não raro polarizadas, como se as artes e as ciências só tivessem valor à medida que embutissem utopias sociais — um sinal flagrante de atraso intelectual em relação aos países mais cultos. A ideologia nacionalestatista, ora fantasiada de "antiglobalizante", comanda os departamentos universitários do país.

Por que você acha que há tão poucos acadêmicos que sabem escrever para públicos maiores que suas poucas dezenas de alunos? Por que existe no Brasil essa figura do "dono do assunto", como se apenas determinadas pessoas tivessem o direito de opinar sobre personagens e temas-chaves da história brasileira? Por que não existem revistas e tablóides de ensaios e resenhas que não sejam resumos de teses tão rebuscadas quanto irrelevantes? Você já leu o *Jornal de Resenhas* da USP? Pode lembrar uma idéia original que tenha visto ali? Agora abra um *Times Literary Supplement*, um *New York Review of Books*, qualquer suplemento literário da França ou Itália e compare. Não dá para a saída. O acadêmico brasileiro escreve "batatinha quando nasce" em linguagem de Odorico Paraguaçu; é caipira e empolado ao mesmo tempo.

Nos países intelectualmente desenvolvidos não existem apenas revistas culturais com críticos exigentes e claros, mas também fundações privadas que patrocinam o pensamento e a pesquisa, e assim os intelectuais podem viver sem precisar repetir a mesma aula na mesma sala a vida inteira. Certo. No entanto, quem disse que nossas instituições públicas cumprem o mesmo papel que as desses países? Veja a Argentina, com todo o caos socioeconômico que vive, e me diga quantos prêmios Nobel já ganhou. O Brasil não ganhou nenhum. A ideologia da avacalhação, do "somos um povo alegre porque multirracial" — iletrado mas alegre, racista mas pacífico —, não deixa que a idéia original ganhe corpo. O clubismo logo trata de sufocá-la e desautorizá-la, porque a única idéia permitida é a do orientador da tese, cuja bibliografia deve ser seguida à risca (não necessariamente lida...) sob risco de recusa. São patotas esnobes e ineficientes, com a boca cheia de palavras como "socialismo" e "soberania". Que a inteligência seja salva dessa intelligentsia.

Chega de saudade

(3/6/2002)

O muro de Berlim caiu, mas Karl Marx, principalmente como filósofo da história, continua de pé atrás dos muros de muitas academias. A principal herança é essa sensação de que vivemos em perpétua crise, de que o capitalismo está sempre à beira do colapso, de que esta é uma fase da história com data para acabar. Lembra a reação ao 11 de setembro? Da direita à esquerda, quase todos os analistas viram ali o ocaso de uma era, o apocalipse a caminho. Mas na economia e mesmo na ciência política muitas das crenças marxistas já foram por terra, embora a esquerda de certos lugares teime em olhar a pobreza meramente como resultado da espoliação dos mais ricos. É na análise cultural que o "crisismo", a noção de que o precipício está logo ali, se é que já não despencamos nele, tem mais força. Filhotes da Escola de Frankfurt, mesmo os inconscientes, tratam sempre o estado das artes e do conhecimento como se fosse um desmantelamento irreversível. A modernidade é interpretada assim: uma dança sobre o caos. E em tudo que se seguiu a ela, nesta "pós-modernidade", parece haver sempre uma apatia no ar, um clima de fim de festa.

E a data considerada como a do último forró moderno costuma ser a década de 60, no máximo até a primeira metade da de 70. No Brasil e no mundo, a impressão corriqueira é a de que desde então só houve decadência. O futebol tinha Pelé e tantos outros, a MPB tinha Chico, Caetano, Jorge e Tim despontando, *O Rei da Vela* dizia que o Brasil é do Partido Dionisíaco, o jornalismo era combativo e descontraído no *Pasquim*, etc. O pop tinha Beatles, Rolling Stones, Bob Dylan, o cinema tinha Fellini e Truffaut, pensadores juntavam Marx e Freud, a contracultura prometia "a imaginação no poder", Sartre elogiava Mao, todas as artes se julgavam capazes de inaugurar uma nova era. Os que eram crianças então foram educados a já sentir nostalgia daquela breve era dourada. Ter sido jovem naqueles anos já conferia um ar de superioridade. "Eu estava lá", aquela geração se gabava para a seguinte. Mesmo ter sofrido sob um regime autoritário parecia soar como uma razão única para viver.

Cresci acreditando nisso e, de certa forma, continuo acreditando. Havia ali uma atmosfera intensa, um sabor de novidade, que hoje parece irreprodutível, por mais que tentem reproduzir (e tentam; até a boca-de-sino ressurgiu). Não há um Chico Buarque na nova geração, não há um Fellini, o pop perdeu a vitalidade de Dylan ou Jorge, os intelectuais se tornaram todos "chato-boys". Mas não agüento mais essa nostalgia, à medida que ela contamina os discursos e se torna uma prova de que um declínio se instaurou, de que tudo que houve depois do suposto "annus mirabilis" de 68 — como se 1968 fosse 1907 ou 1922 — é desinteressante, descartável. Em diversas ocasiões vejo esse espírito saudosista dominar análises pretensamente objetivas ou rigorosas ou então, numa reversão característica, dar lugar ao cinismo que se compraz com os sucessos "de massa", com o besteirol reinante no entretenimento.

Em cultura o que conta é o varejo, mais do que o atacado. Naquilo que importa, a criação de qualidade, muita coisa boa vem acontecendo. Desencantado, eu não imaginava que fosse ver obras e idéias como as que se vêem hoje, até porque no ano 2000 o mundo imploidiria mesmo. Agora sei que a verdadeira crise — aquela que, segundo a própria etimologia, cabe ao crítico apontar — é essa incapacidade de destacar o que é realmente bom, o que está acima de modas e poses; a crise central do nosso tempo é a de achar que tudo já foi melhor antes, que tudo já foi dito e feito. Papagaiada.

Por isso poucos reconhecem, por exemplo, que a melhor fase de Iberê Camargo é a última, seus 15 anos finais, quando voltou à figura e encontrou um tom trágico e irônico ao mesmo tempo — assim como a melhor fase de Cy Twombly é a mais recente, não os garranchos que o fizeram famoso nos anos 60, mas o livre cromatismo de séries como *As Quatro Estações*. Elvis Costello fez pelo menos um disco estupendo, *Painted from Memory*, em 1998. Philip Roth escreveu livros tão bons ou melhores que *O Complexo de Portnoy* nos anos 90, como *Operação Shylock* e *O Teatro de Sabbath*, e Ian McEwan faz a gente pensar em nada menos que Henry James em

Reparação; para não falar em Saul Bellow, Amos Oz, J. M. Coetzee. Milton Hatoum, na ficção, e Ferreira Gullar, na poesia, romperam a anemia que vinha tomando a literatura brasileira havia quase duas décadas.

Ensaístas estéticos como Robert Hughes e Simon Schama brilham intensamente, e os científicos como Antonio Damásio e outros que escrevem no estimulante *Edge* revolucionam o conhecimento. Luiz Fernando Carvalho amadureceu Glauber em *Lavoura Arcaica*. O melhor filme de Woody Allen, *Crimes e Pecados*, é de 1989. Edward Albee voltou à grande forma com a peça *Três Mulheres Altas*. Kenneth Branagh realizou um antigo sonho do cinema, adaptar Shakespeare sem fazer teatro filmado. Frank Gehry acabou com a divisão entre bauhausianos e pós-modernos com seu museu em Bilbao.

E chega. Chega de saudade.

Vida cultural
(17/6/2002)

Sempre acho curioso como a palavra "cultura" sugere para as pessoas, em termos práticos, algo que ocupa o segundo plano, como se cultura não tivesse utilidade, como se não pudesse nos deixar mais alertas e articulados e, portanto, mais preparados para a vida, para torná-la mais rica, mais interessante. Ou é sinal de status, ou é uma esfera pouco acessível. Cultura de verdade já serviria para derrubar essa irônica convergência de extremos. Ao mesmo tempo, por minha profissão, sinto a demanda crescente por vida cultural, a ansiedade das pessoas por orientação crítica, a suspeita ou mesmo a experiência inicial de que uma rotina pontuada por conhecimento e arte possa ser bem menos tediosa. O jornalismo cultural, por exemplo, embora tratado com certo descaso pela maioria das nossas publicações, é a vedete dos estudantes que querem seguir a profissão, como verifico nas palestras e seminários a que vou. Muita gente quer ser estimulada por um trabalho de discussão e seleção do que é melhor.

Mas o que pouco se diz é que ter uma vida cultural ativa, inquieta, que ao mesmo tempo dê prazer e faça pensar, é importante em diversos aspectos. Vejo, por exemplo, todo esse debate sobre drogas, álcool, vandalismo juvenil, etc. Raramente alguém diz que o prazer da cultura, de criar familiaridade com livros, discos e filmes, de adquirir repertório e emitir opinião, de descobrir que a humanidade não começou no ano em que nascemos, de viajar por outras formas de ser e pensar, é um prazer, além de múltiplo, estruturador. A quantidade de besteiras que deixei de fazer e a quantidade de tempo que deixei de perder, graças à cultura, são incalculáveis. Com ela você aprende a não pôr nada em primeiro plano exclusivo, a equilibrar sua psique entre vários interesses, a se livrar de dependências de todo tipo, inclusive a amorosa. Não é a frustração em um aspecto da vida que poderá ruí-la toda.

Outro dia eu estava aborrecido com alguma coisa, peguei o carro para o trabalho e liguei o CD de Tom Waits, *Alice*. Em alguns minutos, estava de bom humor de novo. E olha que significativo: são todas canções tristes, como a bela *I'm Still Here* ("Você não me olhava assim havia anos"). A inteligência das letras, a beleza das melodias, tudo aquilo concentrou minha atenção e me fez abstrair não só o trânsito ao redor, mas também aquele aborrecimento interior. Na falta de um prazer, você sempre terá outro(s). Logo, não vai querer carregar o vazio de sua alma com muletas auto-ilusórias. Isto vale para os próprios prazeres culturais: nada deve ser tido como suficiente. Amantes de livros, em especial, tendem a achar que os livros substituem — porque explicam — o mundo, assunto do magistral romance de Ian McEwan que está nas livrarias brasileiras, *Reparação*. Nada redime o Nada.

Sei que a preocupação de muitos é que, por mais que corram atrás da cultura, mais ela parece distante. Sempre há aquele livro que não lemos, aquele assunto que não entendemos, aquele "clássico imperdível" que o crítico diz que somos umas bestas por não termos visto ainda. Mas é por isso que a seletividade é importante, se bem fundamentada. Tento sempre dizer ao leitor para esquecer todos os outros lançamentos "na moda" e se concentrar neste um ou naquele outro que realmente podem marcar uma vida e uma época. Por outro lado, o leitor talvez se inquiete que eu escreva sobre tantos temas diferentes e possa dedicar, até por exigência profissional, muito do meu tempo à cultura. Mas é da cultura rejeitar escaninhos, buscar analogias e idéias atrás das formas e dos gêneros. Como qualquer cidadão, sou instado 24 horas por dia a ter opinião sobre diversas coisas, respeitando aquelas em que tenho mais domínio. Todo mundo comenta política, futebol, o livro que está lendo, o assunto da semana, o comportamento dos outros. Eu também.

Quanto ao tempo, é óbvio que cada um tem seu ritmo e que a qualidade importa mais que a quantidade. Convenhamos que ler um ou dois livros por mês e um jornal por dia, ir ao cinema ou ao teatro uma vez por semana e escutar alguns CDs mensalmente seja uma média razoável e realizável por quem tem escolaridade e renda boas. Mas estou cansado de conhecer pessoas que acham que entender de vinhos e se vestir de acordo com a moda é que é importante; Mozart e Picasso são uns chatos, ainda que sirvam para nomes de chocolates e carros. De certo modo, elas fazem tão mal à cultura quanto as que não a têm. Afinal, cultura não é adereço, é endereço. Situe-se.

Sinais fechados
(2/9/2002)

É preciso ter muito cuidado nos tempos atuais. Eu, por exemplo, cometi uma besteira no último fim de semana — ou melhor, uma seqüência de besteiras. Primeiro, li uma matéria sobre o livro de memórias de Turibio Santos, *Mentiras... ou Não?*, em que o grande violonista lembra sua carreira e os grandes músicos que conheceu, como Jacob do Bandolim. Conta, por exemplo, que Jacob certa vez leu um concerto para violão e orquestra de Castelnuevo Tedesco na travessia de barca para Niterói e, já no táxi, começou a assobiar trechos. Turibio quis corrigi-lo: "Jacob, não é bem assim, a melodia está errada." Resposta: "Estou assobiando a parte do violoncelo." Jacob tinha decorado o primeiro movimento em todas as suas linhas melódicas.

Depois li algumas entrevistas de Paulinho da Viola, motivadas por seus 60 anos. O pai dele tocou 35 anos com Jacob no conjunto Época de Ouro. Paulinho era criança e ficava escutando aquelas conversas entre instrumentos. Viu Pixinguinha ir à casa de Jacob e todos tocarem juntos, sem ninguém cantar. Lembra também Garoto, de cujo violão nasceu toda uma linhagem de mestres, como Baden Powell, e se penitencia por não ter visto o delicioso documentário de Nelson Pereira dos Santos sobre Zé Kéti. Exalta a generosidade musical de Cartola e Nelson do Cavaquinho. Observa como João Gilberto foi prenunciado por Geraldo Pereira, Orlando Silva e outros. E diz que nem mesmo se sente o autor de *Foi um Rio que Passou em Minha Vida*: "O autor são muitos."

A terceira besteira que cometi foi ir à Fnac e sucumbir à compra de DVDs como a caixa de Audrey Hepburn. E chegar em casa e rever *Funny Face*, em que contracena com Fred Astaire ao som de canções de Cole

Porter. As coisas começaram a se embaralhar na minha cabeça. Jacob do Bandolim, Cole Porter. Orlando Silva, Fred Astaire. Audrey Hepburn e o chorinho? Paulinho da Viola tomando champagne à margem do Sena e cantando *Bonjour, Paris*? Já não sabia bem onde estava, se no Rio dos anos 40 ou na Nova York dos anos 50. Só sabia que estava com a cabeça num mundo em que gentileza, bom gosto, estudo, generosidade — educação, numa palavra — era a tônica dominante, o acorde maior; em que arte era feita com prazer, mesmo quando falava do sofrer; em que talentos dialogavam entre si, movidos pela capacidade de admiração.

Mas a maior besteira que fiz nesse fim de semana foi tentar sair de casa, entre um filme e um disco, uma leitura e uma lembrança. Peguei o carro e fui pela Avenida 23 de Maio. A avenida estava empesteada de cartazes e faixas de propaganda eleitoral, como se a cidade fosse uma só quermesse e seus habitantes, os quitutes... Eu pretendia chegar ao Ibirapuera, que deve ser o único parque em cidade grande, no mundo, aonde não se chega de metrô. Não havia onde parar, nem dentro nem fora, e a memória da última vez em que estive lá em fins de semana me veio à mente, alertando para a confusão e a sujeira do parque, todo loteado por camelôs. Tentei almoçar fora, mas só consegui depois de muita espera e sofrível serviço. E de pagar quanto não valia.

Olhe que não sou do tipo que se irrita fácil, que "perde o dia" por causa da grosseria alheia — mesmo dessa grosseria que é tanto maior quanto mais seu portador possui dinheiro e escolaridade. Nunca dei importância para formalidades, cerimônias, salamaleques. E desprezo quem confunde bom serviço com servilismo. Mas cortesia e elegância são virtudes civilizadas, imprescindíveis, justamente porque mesclam o auto-respeito e o respeito ao outro. Que país curioso é este Brasil que me obriga ao desperdício de repetir lugares-comuns como "não se deve dar intimidade a estranhos" e "tem respeito quem se dá ao respeito"? Os pais não ensinam mais a dizer "bom-dia", "obrigado" e "por favor"? Ou os filhos estão surdos a eles de tanto ouvir rap, tecno, funk e outras melodias assim suaves?

Deve ser por isso que os cafajestes estão fazendo seu retorno triunfal: como as mulheres parecem mais fáceis do que nunca, eles negam qualquer sugestão de compromisso e acham que isso é ser "muderno", interneticamente anárquico ou relativista. Mas não há perspectiva sem um pouco de clareza, de organização. Fred Astaire só pode ser tão livre e leve quanto é ao dançar porque estudou e treinou até que a técnica fosse mediada pela elegância. Paulinho da Viola só faz as sutis variações de tom e andamento em sua música porque cresceu num mundo administrado pela cortesia. Mas que chance teriam hoje, quando os adolescentes falam aos berros e passam dos 30 anos; quando os filhos incomodam os outros num restaurante e os pais nem percebem?

Desisti de responder a essas perguntas e voltei para casa. Ali dentro, pelo menos, Paulinho da Viola e Fred Astaire me esperavam. Servi um champagne para Paulinho. Amendoim, Fred? Ele pediu para ouvir *Carinhoso*. Educado, atendi. Na voz de Orlando Silva, é claro.

Senso de elegância

(5/7/2004)

A deselegância está na moda. Programas de auditório na TV, pessoas que fazem cirurgias para ficar iguais a celebridades, mal-educados no trânsito, caipiras em Brasília, cantoras que mostram mais o bumbum que a voz, épicos de Hollywood, torcidas de futebol, adolescentes vestidos como rappers, George Bush vs. Michael Moore... O tempo todo esbarramos com a deselegância, com a ausência de gosto, com a grosseria tentacular destes tempos de mídia e mediocridade. Mas não se trata apenas das aparências. A elegância que mais faz falta é a interior, a mental, a que veste uma visão equilibrada de mundo.

Costuma-se menosprezar a elegância como um atributo de superfície, como se fosse apenas uma forma de disfarçar ou dourar o que se tem a dizer. Não é nada disso. A elegância é o reconhecimento de que há potenciais campos de consenso entre os seres humanos e, logo, a forma de buscá-los — nem que seja para descartá-los — tem de ser transparente, proporcional, perspectiva. Elegância é manter a sobriedade sem cair na frieza, é aceitar a complexidade da realidade mas não se conformar com a pequenez, é ser claro para resistir tantos aos eufemismos como às hipérboles. É a arte de dizer muito em pouco, de adensar sem adornar, de simplificar para não banalizar. É ser incisivo sem ser inconseqüente. É não pendurar no pescoço um cartaz que diz "Olha como sou fashion!", mas também não é ser tão discreto que se fala sozinho.

Para viver num mundo e especialmente num país tão deselegante, não se faz necessário buscar longe os exemplos de elegância. O canto de João Gilberto, a obra de Chico Buarque e sua relação com a fama, a prosa de Milton Hatoum, a poesia de Fabrício Carpinejar, as atuações de Fernanda

Montenegro ou Cláudia Abreu, o futebol de Pelé, a câmera de Luiz Fernando Carvalho, a fotografia de Cristiano Mascaro, a arquitetura de Isay Weinfeld — são todos artistas que vão a fundo justamente por não se deixar contaminar pelos sentimentos da hora nem se embriagar com seus próprios recursos. O elegante é, acima de tudo, um independente.

O eclipse dos intelectuais

(13/2/2005)

Dizem que vivemos na Sociedade da Informação, na Economia do Conhecimento e outros termos em maiúscula que tentam definir esta Era em que a capacidade de criar ou renovar sistemas e produtos tem peso relativo muito maior, como ilustra a tecnologia do dia-a-dia. Mas também vivemos numa conjuntura em que os intelectuais, paradoxalmente, nunca foram tão pouco influentes, tão pouco relevantes. Intelectuais não são aqueles supereruditos acadêmicos que escrevem para poucos; são professores, cientistas, jornalistas, escritores e artistas que trabalham com idéias e as deveriam lançar para debate público. Eles continuam a existir, mas de forma cada vez mais comodista e limitada, eclipsados por uma mídia — a começar pelos que nela trabalham — em que imperam o fútil e o superficial, em que tudo é reduzido a sentimentos.

Essas também são as opiniões de dois livros que leio agora: *Where Have All the Intellectuals Gone?*, de Frank Furedi, e *Representações do Intelectual*, de Edward Said. Furedi, sociólogo na Inglaterra e um dos 72 colunistas escolhidos pelo site *Arts & Letters Daily*, tem passagens ótimas sobre o filistinismo contemporâneo, a aversão ao debate sério, a pregação contra a "alta cultura" e a formação liberal. Critica o elitismo que supõe que a democratização da cultura implica sua banalização, tanto quanto o populismo que nivela tudo por baixo em nome da "inclusão social". Said, o conhecido autor de *Orientalismo*, morto em 2003, defende nessas conferências de 1994 a condição naturalmente exilada e amadora dos intelectuais, a necessidade de que eles se ponham à margem das convenções e dos modismos. E também ataca os intelectuais que se acomodam em cargos e especialidades, fugindo ao dever de transcender fronteiras nacionais e temáticas.

Não que eu concorde com tudo. Said, por exemplo, cita Noam Chomsky e Gore Vidal como dois intelectuais americanos "dissidentes". Mas são muito populares também e argumentam sempre do ponto de vista de uma ideologia anticapitalista. É certo que essa economia oligopolizada, de grandes corporações mundiais, cria distorções sociais e políticas, porque age para manipular o poder e anular a concorrência. Mas é em nome da sociedade aberta — onde a competição privada e a liberdade de expressão são defendidas a todo custo por sua capacidade de ofertar diversidade — que se deve lutar. Furedi também exagera ao dizer, como Russell Jacoby em *Os Últimos Intelectuais* (1987), que o sumiço dos livres-pensadores da cena pública foi causado pela imposição de uma agenda social por educadores e artistas. O domínio do discurso antiintelectual é resultado de uma combinação de todos esses fatores.

De qualquer modo, fiquei pensando no que ambos diriam do Panorama Intelectual Brasileiro (PIB). Com exceções, os intelectuais pátrios sofrem dos mesmos males que apontei outro dia nos comentaristas esportivos, por mais antiintelectuais que estes sejam — ou por isso mesmo —, como o nacionalismo (brasileiros são uma raça superior ou inferior porque "mistura de todas as raças"), o emocionalismo (herói num dia, vilão no seguinte; vide Lula) e o reducionismo (americanos e europeus são reprimidos, fazem sexo com culpa, skindô, skindô). Com isso, não realizam sua tarefa básica de se destacar dos lugares-comuns, dos mitos conformistas de seu ambiente. E expressam isso, antes de mais nada, em sua ignorância do que é o capitalismo moderno.

Os professores de ciências humanas, os cronistas de jornal e os artistas "engajados", por exemplo, mal conseguem disfarçar sua pouca familiaridade com a economia e as ciências. Acreditam, como os defensores do Fórum Social, aquele que tem Hugo Chávez como herói ideológico, que a riqueza dos países desenvolvidos vem da espoliação dos mais pobres e que o problema é a falta de um Estado "socialmente orientado", conduzido, "por supuesto", pelo espírito da compaixão. (Enquanto isso, a maioria dos economistas repete a ladainha tecnocrática, que não vê relações entre produtividade e mentalidade.) E quando fazem listas de livros recentes para ler, como vejo na revista virtual *Trópico*, não incluem nem um título sequer de ciência — nem mesmo os de grandes prosadores e divulgadores como Richard Dawkins, Antonio Damásio e James Gleick, para ficar só em três. Como se vê, muitas vezes os intelectuais são seus piores inimigos.

O prazer de reler

(6/12/1996)

O jornal *Financial Times* tem uma seção semanal chamada "Rereadings", releituras, onde é citada uma frase de Vladimir Nabokov: "Um bom leitor, um leitor ativo & criativo, é um releitor." De fato, depois de uma certa experiência de leitura, reler se torna mais importante do que ler — ou, digamos, mais prazeroso. Longe de mim sugerir que as pessoas apenas releiam e parem de ler, mas reler é uma ação definidora e definitiva. Jorge Luis Borges dizia que podia conhecer um homem através de sua biblioteca. Pode-se dizer que conhecemos um homem não pelo que ele lê, mas pelo que relê.

E que tipos de livro são os, ops, relegíveis? Vamos a uma lista rápida, na qual muitos podem ser incluídos mas da qual, em bom senso, nenhum será excluído. Primeiro, claro, os clássicos, cuja sina é exatamente a releitura. Homero, Ésquilo, Dante, Shakespeare, Cervantes, Rabelais, Fielding, Swift, Balzac, Flaubert, Dostoievski, Tolstoi. Há quem leia *Guerra e Paz* todo ano, religiosamente; cada leitura traz uma nova leitura... Proust: um dos prazeres da vida é estender — até onde possível — a leitura do ciclo *Em Busca do Tempo Perdido*; e há edições que indicam cada "leitmotiv" e personagem dos livros para que possamos localizar os tantos diálogos e passagens marcantes. O clássico fascina, de saída, pela arquitetura, pela estrutura ampla e arejada que ergue com equilíbrio sutil; na segunda leitura, a arquitetura continua surpreendendo, mas são os cantos insuspeitados, as portas giratórias e os porões que nos fazem atravessar o edifício todo de novo.

O segundo tipo é o livro dotado de estilo belo ou poderoso, tão próprio do autor que alguns parágrafos bastam para evocar seu mundo, sua dinâmica, a "música da consciência" que os grandes livros nos deixam. Joyce, por exemplo: o prazer está em abrir um de seus romances em qualquer página e reler trechos aleatórios. Em voz alta. Isto também vale para seus contos, como *Grace* (obrigue-se a ler no original sempre que puder), do livro *Dubliners*. Os contos de Hemingway, *In our Time*, também passam no teste da leitura em câmara. Alguns dos capítulos mais bem escritos e líricos da língua inglesa são o terceiro de *Nostromo*, de Conrad, e o 19 de *Huckleberry Finn*, a obra-prima de Mark Twain. De Conrad, *Youth* é um longo monólogo, escrito para ser lido em duas horas — e é prosa poética das maiores. Há também as digressões de Dick Diver em *Tender Is the Night*, de Scott Fitzgerald, olhando para os aquedutos romanos na Provença. Da língua francesa, para essas "sapeadas" inspiradoras, vá a qualquer um dos *Três Contos* de Flaubert, onde o estilo delicia pela cristalinidade. No pólo oposto, cromático e delirante, algumas páginas de *Viagem ao Fim da Noite*, de Céline, bastam para um prazer inconfundível. Tchecov, Kafka, Thomas Mann, Broch, Heine, Svevo, Lampedusa, Eça de Queirós, Cortázar — cada idioma tem seu estilista cativante.

Há uma subcategoria nesse tipo. São aqueles escritores perfeitos para ser lidos antes de escrever. Em geral, são estilistas da mais alta estirpe, mas o estilo é sempre lúcido, cadenciado e direto. Jonathan Swift, para quem escreve em inglês, ou H. L. Mencken (*O Livro dos Insultos*) e o maior estilista vivo, Philip Roth (*Operação Shylock*). Voltaire, Montaigne ou, pulando para os modernos, Raymond Radiguet (*O Diabo no Corpo*), em francês. E assim por diante: cada escritor tem seu "aquecedor" idiomático. Em português brasileiro, digamos assim, há dois escritores que são para mim o que há de mais rico e luminoso em termos de estilística: Machado de Assis e Graciliano Ramos. As primeiras páginas de *Brás Cubas* e as últimas de *Dom Casmurro*, a terrível abertura de *Angústia* ou os contos que se passam em hospital de *Infância* são textos tecidos com fio de náilon, finos e firmes ao mesmo tempo. Escritores para ler antes de escrever são em geral assim, estilistas antipreciosistas, com grande distanciamento de sua própria narração, e no entanto pessoais, inequívocos. Ninguém constrói uma frase como Machado. O ritmo de Graciliano vem com um timbre único.

Machado e Graciliano, por sinal, cultivavam os chamados gêneros "menores" e até se apropriavam dessa cultura na técnica narrativa de seus romances. *Memórias do Cárcere* e *Memorial de Aires* são desses livros que, já por sua própria natureza coloquial e descontínua, convidam à reeleitura. Memórias, diários e cartas podem ser muito chatos, mas quando são bons são releitura insubstituível. As cartas de Voltaire e Leonard Woolf, os diários de Pepys e Evelyn Waugh e as memórias de Bertrand Russell e John Ruskin — ou Pedro Nava, no Brasil — são essencialmente para reler, para volta e meia apanhar da estante e ler partes. Como as obras de Shakespeare e Proust, são livros amigos, que nos acompanham a vida toda e ocupam a prateleira mais alta.

Por fim, o melhor: a poesia. Todo poema deve ser relido, tal sua natureza sintética. Há poetas cuja música é tão poderosa — Chaucer, Villon, Dickinson, Keats, Yeats, Eliot, Baudelaire, Rimbaud, Rilke, Augusto dos Anjos, Murilo Mendes, os sonetos de Shakespeare — que é preciso reler muito para vencer a barreira lingüística e olhar o poema com maior objetividade. Há outros cuja música é enganosamente simples — Wallace Stevens, Auden, Verlaine, Pessoa, João Cabral, Drummond, Bandeira — e a releitura é condição para apreender sua verdadeira grandeza. Há também poetas que já ouvimos lendo seus próprios poemas — como Ezra Pound e Dylan Thomas — e ao reler ouvimos inescapavelmente suas vozes, com todas as asperezas e inflexões, o que também é um prazer enorme.

Nenhuma lista, porém, deve ser fechada, ainda que um releitor ativo & criativo saiba que reler um escritor continuamente é criar uma relação afetiva duradoura como quase nenhuma relação humana pode ser. É a amizade ideal. Mas, para que essa lista se mantenha aberta, também vale ficar atento ao que nossa época está relendo. George Eliot (*Middlemarch*) e Henry James (*The Golden Bowl*), por exemplo, talvez nunca tenham sido tão lidos quanto agora. São escritores de uma sutiliza assombrosa, que só gerações de afastamento permitem ver de corpo inteiro. A civilização relê o tempo todo. Na definição precisa de cultura formulada por Octavio Paz, "ser culto é pertencer a todos os tempos e lugares sem deixar de pertencer a seu tempo e lugar". Reler é manter essa válvula aberta nos dois sentidos. Conhecer é reler.

Por que escrever

(27/2/1998)

Escrever é doloroso. Mesmo aquele que parece escrever com a facilidade de quem faz xixi sofre diversos momentos de angústia, em que contesta a necessidade de tudo aquilo — o esforço, mesmo subliminar, exigido para elaborar frases que parecem sempre escapar ao sentido como a mosca à mão. Por vezes você chega a formulações que o contentam, mas este contentamento é sempre relativo, pois surge em comparação com fracassos mais aparentes do passado. Ao mesmo tempo, quem escreve sente o ato como imperioso, como um atributo orgânico que precisa ser realizado sob pena de incômodos ainda maiores. É quase uma condenação prazerosa. Sabe-se de escritores que deixaram de publicar, mas é raro aquele que deixou realmente de escrever.

Um leitor muito gentil, José Domingos de Brito, bibliotecário em São Paulo, me mandou uma compilação que fez de frases de escritores que tratam do tema acima: por que escrever? Brito juntou mais de 700 frases. Separou as frases por país, e há desde Mario Vargas Llosa ("Escrevo porque não sou feliz") a Carlos Drummond de Andrade ("Escrevo porque gosto de escrever"), de Paul Bowles ("Escrevo porque ainda estou no país dos vivos") a William Faulkner ("Escrevo para ganhar a vida"), de Lawrence Durrell ("Escrevo para me vigiar") a Carlos Fuentes ("Escrevo porque é uma das raras coisas que sei fazer"). Uns traem o que são (Barthes: "Só se escreve com o desejo e, felizmente, não se acaba nunca de desejar"), outros quase desconversam (Balzac: "Escrevo para ganhar dinheiro"), outros ainda passam delírio de grandeza (Adonis: "Escrevo para fazer eco ao que Deus disse e não escreveu"). Gosto mais do estilo de Lucio Cardoso: "Escrevo porque não tenho olhos azuis". Ou da simplicidade de Georges Simenon: "Por necessidade de me exprimir". No entanto, lendo o trabalho caprichado de Brito, fui sentindo todo o vazio dessas formulações. Essas frases não exprimem a complexidade do ato.

Para quem escreve, escrever é quase uma segunda natureza, uma função vital, mas também pode ser entendido como uma muleta, um subterfúgio para suportar a vida. Quem diz escrever por prazer ou por sofrer não está sendo verdadeiro, está omitindo a riqueza do ato sob uma dicotomia insuficiente. E quem diz que escreve porque não sabe fazer outra coisa ou porque essa é uma forma de ganhar dinheiro deixa de lado a origem do hábito, ou melhor, do vício. É preciso lembrar como se começou a escrever. Eu, por exemplo, estou seguro de que comecei em parte porque tinha lido coisas admiráveis e me perguntei se poderia fazer o mesmo, em parte porque encontrei ali um modo de descarregar meu desentendimento com o mundo. Mas por que continuei a escrever é outra pergunta. Aí, sim, foi em parte porque aquela era uma forma de autoconhecimento interessante, em parte porque me permitiria obter emprego e projeção.

Veja que não falei em auto-expressão e tampouco em dinheiro e fama, afinal há formas mais fáceis de conseguir essas coisas. Posteridade? Bem, aí repito Woody Allen: o que ela fez por mim para que eu fizesse tanto por ela? Escritores gostam de dizer que não poderiam ser outra coisa, mas, de minha parte ao menos, sei que não é verdade. E também gostam de dizer que escrevem para os amigos, mas, pelo que tenho visto, meus amigos não me lêem, e mesmo se eu não os tivesse continuaria escrevendo. Opinião de amigo raramente é sincera, inclusive porque meus amigos acham que sabem tudo que tenho a dizer. Às vezes acho que, se não escrevesse, eles teriam maior interesse pelo que penso e sinto. Mas a questão não é essa.

A questão é que também não escrevo só para mim. Caso contrário, por que publicar? Ah, mas aí há mais sutilezas. Publicar é uma boa forma de você forçar a si mesmo uma limpeza dos canos, para que a fonte jorre com energia outra vez. Energia. Escritor é mais sujeito a blecautes do que a Light. Dependendo do que você comeu, do seu humor, do clima — enfim, de tudo que possa lhe aborrecer ou entorpecer —, seu texto sai de um jeito ou outro. O sono, inimigo das boas decisões, é um dos maiores problemas: você sente as sinapses lentas, e não há auto-indução que mude a situação. O escritor não pode estar desanimado; seu texto terá algum sabor à medida que sua intensidade se manifestar, para o mal (melancolia) ou para o bem (excitação). Mas eis outra meia-verdade. Intensidade em doses grandes ou fases breves também atrapalha; ao contrário do mito, escrever em transe só gera porcaria, embora às vezes pululem alguns achados. Aquilo que você escreveu só para você, em geral, não terá muito interesse para os outros. É chato.

E como ficam os elogios? Quem diz não precisar deles é falso. Ou, se verdadeiro, estará no limite perigoso da auto-indulgência, ao qual o excesso de bajulação também leva. Elogios devem ser vistos como meios de orientação para a escrita; você os aceita ou não, só não deve se prender a eles, afinal há aqueles que você está certo de que não correspondem à realidade. (Quando dizem a Carlos Heitor Cony que seu *Quase Memória* fez alguém chorar, ele não consegue disfarçar seu desconsolo.) O grande desafio do escritor é o grande desafio da vida: olhar a si mesmo com certo grau de plausibilidade, como se estivesse de fora, impedindo que a autocrítica se torne indulgência ou acusação. Mas você consegue ter uma apreensão tão límpida de seu texto quanto ver seu próprio rosto enquanto conversa com alguém... Por isso, eu releio e treleio todo texto que escrevo, não para lamber a cria, mas para verificar o que tentei fazer, o que realmente fiz e o que não queria ter feito — de bom ou ruim.

Você tem de "objetificar" a escrita, ampliar seu grau de consciência sobre ela, pois sem isso não criará as condições para que o inconsciente e o subconsciente aflorem em acidentes bem-vindos. Note, não há a oposição binária entre controle e descontrole que, respectivamente, os defensores da forma e os da inspiração pregam. Trata-se de um processo em que a experiência e a imaginação ora se alimentam, ora se combatem mutuamente, e o escritor deve tentar monitorar o fluxo, até mesmo sustando-o às vezes. Daí os dois enfrentamentos essenciais de qualquer escritor: a pessoa e o tamanho do texto.

Precisamos acabar com esse papo vaporoso em torno da criação artística; ela é uma atividade como outra qualquer. Escrever em primeira ou terceira pessoa faz grande diferença, especialmente na ficção, cuja liberdade — não há restrição de tema ou medida — acaba na maioria das ocasiões implicando um teor autobiográfico maior. Quando Machado de Assis assumiu a primeira pessoa, em *Brás Cubas*, encontrou sua própria e rara voz, porque o modo de escrita da época pedia a terceira pessoa, o narrador onisciente que desenha o mundo ao redor. Com a literatura moderna, de que Machado foi o precursor brasileiro, a primeira pessoa se tornou dominante, e a escrita foi se afastando do desenho e se aproximando da música. Talvez por isso eu tenha sentido em minha ficção uma guinada enriquecedora quando saí da primeira pessoa e adotei a terceira, conseguindo um distanciamento criativo. Meu temperamento é mais expansivo do que o de Machado, e vivo numa época em que a ficção em primeira pessoa é a praxe — daí o estímulo da troca.

Acho, por sinal, que a literatura atual, como se vê nos romances de Philip Roth e Amós Oz, busca um meio-termo dinâmico entre esses dois pólos. Roth chegou a criar um duplo seu na obra-prima *Operação Shylock* para equacionar o problema, e Oz alternou as vozes dos protagonistas em *Não Diga Noite*. O tamanho é outro dado. A maioria dos livros é maior do que deveria ser, e há uma minoria que deveria ser maior do que é. Hemingway, por exemplo, tinha talento para a forma curta; Thomas Mann, para a grande. Essas inclinações são fatos, mas também não devem trazer regras fixas, o que seria um desrespeito para com o princípio da incerteza que está no cerne do gênio. Machado é tão bom nos contos quanto nos romances tardios.

Em resumo, eu diria que se escreve pelo conjunto de razões incluídas no livro organizado por Brito — por sucesso, auto-expressão, necessidade, vocação, infelicidade, gosto, etc. Por isso escrever e viver se aproximam tanto. É como se, escrevendo, você se refletisse no papel, sempre parcialmente e sempre tentando aumentar a parcela, mas quando se volta a si mesmo você já é, também parcialmente, outra pessoa, e por aí vai, numa oscilação ao mesmo tempo orgânica e espiritual, que explica por que o cubismo é a arte do século. A consciência é um punhado de vozes, algumas congruentes, a maioria incongruentes, que você tenta resolver em uma harmonia aberta, lutando para não cair na ilusão da simetria, pois interior e exterior se confundem, e há fatos que se concatenam e fatos que ocorrem simultaneamente, há os limites temporários e os indefiníveis. Como no cotidiano, reticências e pontos finais são ocorrências inevitáveis.

Eu escrevo para deixar emergir bóias nesse mar revolto, marcações que depois poderão perder sentido, mas que enquanto estiverem ali poderão ser referências úteis. Escrevo para me convencer.

Os bésti-sélers

(18/12/1998)

Uma das entrevistas mais divertidas que fiz na vida foi com John Grisham, autor de *A Firma*, *O Cliente*, *Dossiê Pelicano*, etc. Ele me disse com todas as letras que escreve para ser lido no metrô, isto é, sacolejadamente, daí os parágrafos curtos, os diálogos ralos, etc., perfeitos para quem não tem tempo. Também disse que seu interesse é mexer com os instintos "primitivos" do leitor — medo, atração sexual, etc. —, o que também garante acesso imediato. Por fim, admitiu que escreve já pensando no filme que será feito a partir do livro, inclusive descrevendo o personagem com características físicas que lembram um determinado ator. Fiquei um pouco desconcertado no começo. Nunca tinha visto um escritor de sucesso tão autoconsciente, tão franco ao explicar por que escreve como escreve. Nada de mistérios, de "inspiração", de causas nobres. Aos poucos fui desejando que a maioria seguisse seu exemplo, que evitasse o trololó para justificar seus personagens superficiais, suas tramas previsíveis, sua escrita frouxa. Mais tarde, entrevistei Sidney Sheldon e encontrei o mesmo profissionalismo, o mesmo desprendimento, embora menos curto & grosso do que Grisham. Esses caras são "profissa", meu amigo.

Por que conto essas histórias? Porque andei pensando na tese de José Paulo Paes — o grande tradutor morto neste ano — segundo a qual os grandes escritores, os Prousts, Tolstois, Shakespeares, só surgem em literaturas que já tenham uma tradição média consolidada e volumosa, "best-sellers" que enraízem o hábito de ler na população e criem pontos de referência para os grandes saltos. É uma visão interessante, especialmente porque vai contra esse sentimentalismo comum que acha que as obras de gênio nascem do nada, por combustão espontânea ou "inspiração divina". Mas eu queria pôr nuances nesses argumentos.

Afinal, ao contrário do que muita gente pensa, raramente o sujeito que lê Grisham e Sheldon — ou Danielle Steel ou Michael Crichton — passará por uma evolução de gosto que, um dia, o levará às complexidades de Proust e semelhantes. Disto não tenho dúvida. A questão, na verdade, é que há diversos tipos de best-sellers, ainda mal delineados.

O primeiro tipo é o citado: romances cuja trama envolve as mais antigas obsessões do homem — sexo e dinheiro — e que são feitos como "page-turners", livros que apelam por sua atenção o tempo todo, metendo-o num fluxo que alterna acontecimentos bombásticos e suspense constante, no sentido não-hitchcockiano da palavra "suspense".

Um segundo tipo, aparentado a este, é o romance policial, que teve nos ingleses Agatha Christie e Conan Doyle ou nos americanos Raymond Chandler ou Dashiel Hammett expressões perfeitas de sua intenção: nos colocar na pele de um sujeito que investiga um crime. Mas por que este tipo tem gerado superiores? Afinal, autores como Le Carré, Graham Greene e Georges Simenon levaram essa arte a outro patamar, no qual best-sellers se tornam literatura do que se pode chamar de "alta qualidade média", consistente do ponto de vista dramático, inventiva do ponto de vista estético. A literatura policial também encontrou essa alta qualidade média no cinema, como no recente *Os Suspeitos*, cujo desfecho é uma solução literária invejável. Outro dia, por sinal revi *Laura*, de Otto Preminger, e todos os elementos estão ali, conectados como num relógio. Com a vantagem do cinema, é claro: se você não se apaixonar por Laura (Gene Tierney), é melhor trocar de sexo... O motivo talvez seja a falta de sentimentalismo necessária a um grande policial.

Um terceiro tipo são os romances históricos, em ascensão neste século, que se valem menos de seus atributos narrativos do que dos cenários, figurinos e hábitos que descrevem. As pessoas lêem romances históricos justamente porque buscam esse deslocamento, esse transporte. Pela mesma razão, eles também podem gerar alta qualidade média, como no caso de Robert Graves, autor de *Eu, Cláudio*. Romance, em inglês, se diz "novel" e vem de "novo" porque mostra ambientes diferentes do médio, por sua origem social, localização ou época, e romances históricos funcionam por aí.

O que me aborrece um pouco neles é quando fazem paródia do estilo da época, o que em geral fica kitsch.

E há um quarto tipo, me restringindo a best-sellers de ficção (excluindo, portanto, biografias, auto-ajuda ou livros professorais como *O Mundo de Sofia*): são as histórias de fundo religioso, que dizem ao leitor que ele é melhor do que pensa ser, que há uma força divina em seu interior, etc. É o caso do brasileiro Paulo Coelho. Seu maior sucesso em relação aos outros que adotam essa estratégia de mercado é, a meu ver, o registro oralizante do texto e a estrutura episódica da narrativa. Ele conta muitas historinhas, com sabor de lendas passadas de geração em geração, e o leitor sente o conforto da continuidade da espécie, ponto fulcral do "sentimento oceânico" que Freud viu subliminar à civilização cristã burguesa.

Há, ainda, produtos híbridos, como *A Insustentável Leveza do Ser*, de Milan Kundera, na verdade um escritor que tem a pretensão de pertencer à seleção de Kafka, Joyce e outros e que, por acaso, se tornou best-seller. Por acaso? Mais ou menos. É certo que a ambientação de seu triângulo amoroso na Primavera de Praga capitalizou o desgaste do comunismo nos anos 80 e deu à história um glamour da "resistência". Mas seu livro também tem uma característica que partilha com os best-sellers destes tempos risivelmente apelidados de "era da informação": mistura dados e digressões à narrativa, dando-lhe um tom reflexivo, à maneira de um Somerset Maugham pós-moderno. Best-sellers sempre dão informações adicionais ao leitor, que lhe transmitem a sensação de estar aprendendo alguma coisa ao mesmo tempo em que vivenciam uma experiência alheia. É por isso que autores como Frederick Forsyth (*O Dia do Chacal*) ou, no Brasil, Rubem Fonseca gastam parágrafos descrevendo a marca, o ano e os recursos da arma que o protagonista adquire em determinado lugar, por determinado preço. Esta é uma das chaves do negócio.

Logo, não se pode dizer que uma literatura precisa de uma ampla produção média para permitir o expluir dos grandes talentos. Ela precisa de uma ampla produção média para manter o mercado editorial produtivo e assim, quem sabe, este possa investir em obras menos rentáveis e mais duradouras. Mas o que ela realmente precisa ter é a citada "alta qualidade média", os Graves e Greenes, que estes sim podem significar uma evolução da leitura individual e, por criarem uma tradição, não uma moda, servir de referência para a alta qualidade, ponto. E eis o que falta no Brasil. Por quê?

Porque aqui não temos justamente o autoconhecimento demonstrado por Grisham. José Paulo Paes, no ensaio, notou que quase todo escritor no Brasil quer ser um Mann, um Dostoievski — o que explica a infinidade de subautores que temos, cada um emulando mal dissimuladamente o ídolo particular. Mas outro problema é que também os nossos escassos Grishams não querem ser Grisham. Talvez a única exceção seja Paulo Coelho, se bem que ele prefere se auto-atribuir poderes mágicos, que dispensam computador...

Jô Soares, por exemplo, caminha no sentido de se tornar um romancista histórico mediano. Seus livros vendem metade do que vendem antecipadamente, por ele ser quem é — sem falar no marketing martelado dia e noite —, e a outra metade por se passarem no Rio de outras épocas. (Não por acaso os dois livros mais vendidos em não-ficção neste momento são os de Eduardo "Peninha" Bueno sobre história do Brasil. Pátria amada, salve, salve.) Não há nada de mau nisso. O que é ruim é que a mídia confunda um escritor de sucesso com um grande escritor — características que não são auto-excludentes, mas que se combinam em ocasiões mais raras do que normalmente se imagina — e que ele mesmo também se confunda. Acrescento que também acho ridículo quem pretende lhe negar qualquer vestígio de habilidade e lhe reservar o último círculo do inferno literário. Mas um escritor que usa expressões como "libido testicular" ainda não é digno de grande estima.

Rubem Fonseca também me parece um caso irresolvido. Ele está longe de ser o fenômeno de vendagem que Paulo Coelho e Jô Soares são e não pode ser julgado pelos mesmos parâmetros. Mas é badalado pela mídia como se fosse. Ele me parece um raro caso brasileiro de "alta qualidade média", bem realizado nos contos de *A Coleira do Cão* e em outros, esparsos, que estão em volumes como *Romance Negro* (não no mais recente, *A Confraria dos Espadas*); ninguém cria uma trama como ele no país, tensionada, eficaz. No entanto, ele tem pretensões de ser maior, como sugerem seus romances. E há escritores vivos maiores do que ele: em contos e novelas, Dalton Trevisan e Raduan Nassar; em romances, Carlos Heitor Cony. Trevisan e Nassar deixaram alguns textos que estão à altura de poucos contistas da literatura nacional: Machado, Lima, Clarice, Rosa, Otto Lara. Cony, assim como o Fernando Sabino dos primeiros livros, é um romancista de "alta qualidade média"; não me parece, por enquanto, que algum livro dele vá ficar em panteão mais alto. Mas é o que precisamos ter em maior quantidade. Os bésti-sélers, escritos como tais, servem para vender bésti-sélers. Ao vencedor, as batatas.

Língua em estado crônico

(14/1/2001)

Uma amiga de infância que mora na Grécia há alguns anos me conta as dificuldades de aprender o grego moderno e, no tom de memória em que vinha, acrescenta: "Hoje em dia eu vejo como a gente desperdiça o português, como a gente emprega mal as palavras e exagera nos termos. O quanto as gírias empobrecem a língua." Mas completa: "O português é uma língua cantada, cheia de dengo." Não há nada como um ambiente estranho para tomarmos consciência daquilo que nos é familiar. Já contei aqui os pedidos que recebia, durante seminário multinacional na Inglaterra, para ler português em voz alta; e que optei por um soneto de Camões ("Mudam-se os tempos, mudam-se as vontades/ muda-se o ser, muda-se a confiança"), em cuja época se falavam as vogais de modo mais parecido com o dos brasileiros do que com o dos portugueses de hoje. Uma colega croata reagiu: "Parecem folhas ao vento."

João Cabral de Melo Neto, quando o entrevistei, disse não gostar dessa "suavidade" ou "moleza" da língua portuguesa, especialmente em sua vertente brasileira. Toda sua poesia é um esforço de "mineralizar" o idioma, de lhe dar ossatura, condensação, de se contrapor a essa suavidade. Mas muitos ainda não perceberam que nem por isso ele o tornou seco, antimusical, mais visual que auditivo. Há muita vivacidade sonora na poesia de Cabral. Como os fios de água que eram um rio no sertão, ele partia da riqueza "fluvial" da língua e a pontuava com sons e cortes — consoantes e conectivos — para "açular a atenção", para criar uma ética da leitura. Ele era contra embalar as pessoas no palavra-puxa-palavra, mas sem virar as costas para a oralidade (como explorou mais teatralmente em *Morte e Vida Severina*). Cabral chamava de "bois de coice" aqueles autores que precisam puxar a linguagem e de "bois de cambão" os que são puxados por ela. Era boi de coice.

A literatura brasileira poderia ser contada pelo ponto de vista do uso da língua, mais ou menos como Ezra Pound fez com o inglês no *ABC da Leitura*. Há escritores, como Graciliano Ramos (o Cabral da prosa) e Guimarães Rosa, que combatem a submissão ao fluxo fácil do idioma, sem romper com ele. Há outros, como Manuel Bandeira e José Lins do Rego, que extraem sua força poética da exploração dessa suavidade, apesar de às vezes soarem tão ingênuos. Jorge Amado, que em seus melhores livros pertenceu a esta segunda estirpe, falou certa vez no adocicado da língua "brasileira", lembrando que também os africanos "botaram açúcar mascavo" no idioma, com suas palavras cheias de vogais feito "vatapá". O empolamento cientificista de Euclides da Cunha não deixa de ser uma forma de dar solidez conceitual e descritiva a um idioma acostumado a facilidades e desperdícios. Outros, como Machado de Assis e Carlos Drummond de Andrade, exploram o idioma pelas duas vertentes, dependendo um pouco do gênero ou do personagem.

E a razão por que a literatura brasileira deu tantos cronistas é porque a língua convida a ela, por ser dengosa, suave, adequada para passeios despretensiosos. Rubem Braga era mestre em achar uma frase de brisa como a de ninguém, sem precisar lhe abrir todas as janelas possíveis; podia ser delicado sem ser ingênuo, lírico sem ser emotivo. Mas eu estava pensando no sucesso de Eça de Queirós no Brasil, ontem e hoje, e me ocorreu que parte dele se deve também à exuberância de seu trato com a língua, o reflexo daquela sociedade complexa e daquela sensualidade complexa na própria orgia verbal. Machado de Assis é econômico, elíptico, irônico quase o tempo todo. Eça abusa de adjetivos, mistura registros, solta o pulso com a imaginação.

Talvez apenas Lima Barreto e Raul Pompéia, no Brasil, tenham traduzido uma visão social crítica e plural numa linguagem igualmente crítica e plural, mas sem a pujança retórica (no bom sentido da palavra) de Eça. A influência de Eça no estilo de Nélson Rodrigues também é evidente, especialmente no uso de metáforas hiperbólicas como "um impacto de causar aneurismas". (O sucesso de Saramago no Brasil, apesar do ranço contrareformista, pode ser explicado também pelo uso da língua.) E também acho subestimada a influência de Fernando Pessoa nos autores brasileiros, como em Drummond; esta influência não tem outra explicação senão o caráter refundador de sua maneira de carregar a suavidade da língua de densidade poética. Se Camões fundou o português, Pessoa ("Minha pátria é minha língua") o refundou.

A cultura brasileira, como qualquer outra, será tanto mais consistente quanto mais tiver consciência de sua língua. Pound dizia que uma língua está nas mãos dos escritores, o que é verdade até certo ponto; hoje ela está também na mão de jornalistas, roteiristas, publicitários... e de todo mundo que a utilize. Ela não será salva por decretos ou reformas, mas pela responsabilidade individual de cada um, como notou minha amiga. Antonio Candido notou que ainda não se pensa muito bem em português, apesar de tantos escritores fabulosos. Ecoou a percepção de Karl Kraus, de que o mais importante não é escrever com a língua, mas a partir dela. Só que a escrita de jornais e livros hoje não passa muito de seqüenciamento de lugares-comuns e imprecisões. Talvez devêssemos nos mudar todos para a Grécia.

Tempo de ler

(11/3/2001)

Só mesmo os ingênuos podem se espantar com o número de livrarias no Brasil divulgado recentemente pelo Anuário Editorial. Não chegam a 2 mil, e boa parte delas pode não passar de uma papelaria com livros ao canto. O brasileiro não lê. Ou só lê bobagem, que muitos letrados licenciam ao dizer que "ah, pelo menos ele lê", como se ler fosse um valor absoluto (para além da praticidade da alfabetização). Mas é igualmente ingênuo atribuir essa escassez ao vergonhoso analfabetismo do país e/ou à pobreza, porque afinal livro é caro, etc., etc. Há muitas pessoas que podem ler e lêem pouco, e isto está intimamente associado ao descaso generalizado com a leitura. E lêem pouco simplesmente porque têm preguiça.

Tenho um amigo, por exemplo, que faz doutorado de filosofia alemã na USP (!) e certa vez reclamou das matérias em jornal ou revista que vêm com "continua na pág. ...", dizendo que pára de lê-las. Pegue as revistas estrangeiras. Não precisa ser uma revista cultural, uma *Esquire* nem a *Wired*; pegue uma revista de moda, como a *Vogue*. Lá está: diversas matérias com seqüências em outras páginas. (Meu amigo poderia argumentar que tem coisa mais importante para ler, como Walter Benjamin. Mas está provado que é possível filosofar em outros idiomas.) Como ironiza Machado de Assis no começo de *Brás Cubas*, os brasileiros gostam de margens largas, textos "leves" e vinhetas, muitas vinhetas. Se não preguiça, têm impaciência de ler: acham o ritmo dos livros lento, chato. Procuram apenas utilidade prática ou diversão frívola; quando não encontram, desistem.

Bem, há mesmo muitos livros lentos, chatos, assim como há muitos programas de TV lentos, chatos. Mas você não precisa ler durante tanto tempo quanto vê TV. Agora, por que essas mesmas pessoas dizem que não têm tempo de ler, por que precisam arranjar desculpa para o fato de não ler? Sim, ainda existe uma "pressão social" para que se leia, então muitos se envergonham de não ler e tratam logo de comprar o livro da moda, mesmo que seja *O Nome da Rosa* — que não lerão. Mas também existe o "simancol", porque quem não lê desconfia que aqueles que lêem muitas vezes têm dois grãos a mais de informação, perspicácia e articulação. Aí então vêm as justificativas da falta de tempo — por pessoas que ficam quatro horas por dia diante da TV. Se lessem esse mesmo número de horas por mês, isto é, um livro de tamanho razoável, já saberiam o efeito da leitura, o prazer de situar e situar-se no tempo e no espaço. Talvez não sejam os livros os lentos, mas as cabeças dos candidatos a leitores. Afinal, esta é a terra do carnaval, do prazer, da descontração, não é?

Essas pessoas não raro são as mesmas que falam indignadas sobre o problema da educação no país, como se educação não fosse (ou não devesse ser), simplesmente, cultura, isto é, aquisição de conhecimentos, das ciências como das artes e da história. Há mais livros bons do que bons professores, acredite. A melhor "formação" está ao dispor de todos que estiverem a fim de espantar o ócio e enriquecer sua percepção do mundo, nesse maravilhoso instrumento democrático que é o livro. (Ah, sim: e existem bibliotecas, onde o livro sai de graça; poucas, mas existem.) Por que pessoas com terceiro grau e tudo não lêem mais? Antes ainda podiam dar o álibi dos livros que eram obrigadas a ler pelas instituições escolares. Está certo também que os jornais e revistas não ajudam, incapazes de indicar para o leitor o que é realmente bom, entre as tantas opções. Mas, como em tudo na vida (e nos livros), há exceções. Basta, enfim, passear pela região mais chique de São Paulo, os Jardins, ali onde dezenas das grifes mais caras do mundo dividem espaço com restaurantes cinco-estrelas. E procure por uma livraria das boas.*

---

* Felizmente essa realidade já mudou em 2007. (N.A.)

O bom leitor

(11/4/2004)

Costumamos discutir o que é um bom livro e um bom escritor, mas nos esquecemos de tentar responder o que é um bom leitor. O princípio é: quanto mais livros a pessoa ler, melhor. E esse princípio é equivocado. É preciso ter o hábito prazeroso de ler muitos livros, mas bons livros; e os bons livros são, como tantas coisas boas nesta vida, minoria. Além disso, há muita gente que lê muito, mas lê mal; não faltam intelectuais para servir de exemplo. Num país onde a arrogância dos ignorantes se alastra por todas as classes sociais, estimular a boa leitura deveria ser fundamental. Mas as escolas em geral, quando tentam estimular a leitura, terminam estimulando a má leitura.

Clássicos, por exemplo, são passados como coisas chatas. Na verdade, muitos são realmente chatos e outros tantos só podem ser lidos depois de certa maturidade e leitura; mas alguns podem provocar curto-circuito mental, libertar o senso crítico e criativo, expandir os horizontes existenciais do iniciante. Obrigar um adolescente a ler *Senhora*, de José de Alencar, pode condenar um futuro leitor. O romance não é só chato por ser obrigatório, mas também porque nem deveria ser chamado de clássico. Clássico não é o mesmo que antigo: é o livro que novidades não esgotam.

O gosto pela leitura tem de ser transmitido como uma forma de entender a própria vida. Qualquer livro deslocado de seu poder de perturbar não passa de arquivo. E não são apenas os clássicos que podem perturbar, embora mereçam sempre o crédito de que já perturbaram muitas gerações. O bom leitor, então, não lê para concordar totalmente, ainda que possa vir a concordar com o cerne do que lê. É o que lê para poder refletir sobre o que ainda não conseguiu refletir, sendo capaz de admirar mesmo quando discorda. Não lhe basta o "Puxa, sempre quis dizer isso e não sabia como". É preciso também o "Eu não havia pensado nisso" — que as frases fiquem zumbindo em sua cabeça depois.

Maus leitores também supõem que livro bom é livro grande. Graciliano Ramos disse que a maioria dos livros poderia ser muito menor. O mesmo poderia ter sido dito em muito menos páginas. E isso, para mim, começa especialmente pelos romances. A noção de que os romanções sejam o pilar central da leitura, da cultura, é tola. Poucos escritores podem fazer um romance de mais de 300 páginas que valha a pena. E mesmo muitos livros desses autores — de Cervantes a Joyce, passando por Stendhal, Tolstoi, Mann ou Euclides da Cunha — talvez fossem melhores se sofressem alguns cortes. Há muitos grandes livros, muitos clássicos da humanidade, que são livros ou textos pequenos — de Ésquilo a Kafka, passando por Shakespeare, Montaigne, Nietzsche ou Graciliano.

O bom leitor não dá preferência a um gênero. Ficção é importante e inclui contos, poemas, peças. Mas, sobretudo num mundo tão inundado de ficção em todas as suas formas (incluindo filmes publicitários), não convém ler muita ficção. Ensaios sobre os mais diversos assuntos, como arte e ciência, e livros de história e pensamento, indo de artigos a biografias, podem ser decisivos. O bom leitor gosta também de cartas, diários, aforismos, memórias — ciente de que boas idéias podem aparecer em qualquer formato e algumas linhas. Já o interesse por diversos assuntos não o impede de se deixar levar por uma fase em que lê "tudo" de um autor ou tema. E ele vê na crítica, na amizade impessoal com alguns críticos culturais, uma forma de aguçar suas escolhas, de enriquecer sua percepção, tal como nos bons livros.

Na próxima semana, em São Paulo, começa mais uma Bienal do Livro. O público lota. Mas eu estava lendo *Livros Demais!*, de Gabriel Zaid, e *O Brasil Pode Ser um País de Leitores?*, de Felipe Lindoso, e pensando justamente nos problemas do leitor que vai a uma Bienal, vê aquela multidão de livros na maioria caros para ele, não tem orientação nenhuma a não ser suas inclinações pessoais por algum gênero ("Ah, eu adoro romance policial") ou tema (em geral do momento, como educação paterna, historinha da cidade, etc.) e sai de lá sem a oportunidade de se tornar um leitor melhor.

O Brasil não chega a ter 2 mil livrarias de verdade, embora tenha a metade desse número de editoras. Afora a carência de dinheiro, política e orientação, há todo o clima cultural que diz que ler é perder tempo, de nada adianta, não serve para ganhar o pão ou governar um país. Do outro lado, que muitas vezes termina sendo o mesmo lado, há a propaganda de que ler dá status, é "im-por-tan-te" ou traz a felicidade dos comerciais de refrigerante. O bom leitor não cai nessa. Sabe que a leitura não se mede por vantagens práticas imediatas ou por quesitos falsamente objetivos, como os que andam sendo utilizados nos júris de alguns prêmios literários nacionais. Sabe que a leitura pode adensar sua inteligência e o ajudar a enxergar para além das polarizações sentimentais que marcam tanto o debate subdesenvolvido. E que isso, acima de todas as coisas, lhe dá instrumentos para ao menos resistir à palermização vigente.

A língua do Rosa
(9/5/2004)

A idéia de que falar e escrever com correção gramatical não é importante cresce em toda parte no Brasil. Até lingüistas com cátedra na universidade dizem que o que vale é conseguir se expressar, comunicar sua mensagem central, não importa se cometendo erros de concordância, grafia ou conjugação. Enquanto isso, vemos cada vez mais pessoas públicas dizendo "tu vai" e "ele afirmou de que", comendo o "s" final, pronunciando "iscola" e "pudê", interrompendo as frases no meio. Ouvimos em rádio e TV os especialistas usando uma palavra diferente — ou diversas palavras diferentes — da que buscavam, além dos termos em inglês para os quais existe tradução usual. E recebemos e-mails até de pessoas muito capazes e criativas que fazem corar pelo excesso de erros e imprecisões. Mas apontar isso, agora, é considerado "elitismo"...

Longe de mim defender a tal norma culta. Sou a favor da coloquialidade, da clareza — e da mudança de diversas regras rígidas ou puristas. Prefiro, por exemplo, a próclise (o uso do pronome antes do verbo) como norma geral; "assemelha-se" é lusitano. Mas é preciso seguir os padrões e convenções para evitar os ruídos — você sabe o que quer dizer "excessão", mas essa dupla de "s" aí é areia no olho — e deixar justamente que a mente se concentre no conteúdo da mensagem, seja a de quem emite, seja a de quem recebe. Igualmente fundamental é, por meio desse respeito às regras, cultivar o respeito à língua, o amor ao idioma, a consciência de suas ricas possibilidades.

Pois o que está por trás de pessoas que maltratam a grafia e a sintaxe é a ignorância do poder que a linguagem verbal tem de articular uma idéia, fundamentar uma opção, estabelecer pontos de partida para uma ação em conjunto. Se o leitor ou ouvinte desconhece esta ou aquela palavra, como esta ou aquela referência, pode ser positivo: ele está ampliando seu repertório — desde que o cerne do argumento continue compreensível, disposto de forma objetiva, uma raridade no Brasil. O pior para o idioma não é o abuso de estrangeirismos, mas a falta de conhecimento dos recursos que ele oferece; é o fato de nossas "iscolas" não conseguirem ensinar a interpretar um texto banal.

Pensei essas coisas enquanto lia alguns livros recentes sobre Guimarães Rosa e relia alguns dos seus. *Oooó do Vovô* é um belo álbum com as cartas e os cartões-postais que ele mandava para suas netas adotadas Vera e Beatriz, fazendo brincadeiras verbais, citando cantigas, decorando com desenhos. *No Longe dos Gerais*, de Nelson Cruz (também ilustrador do livro), é um relato fictício de um menino que acompanhou a viagem do escritor com vaqueiros por onze dias no norte de Minas. E *Guimarães Rosa — Fronteiras, Margens, Passagens*, de Marli Fantini, é uma análise sobre as várias dimensões da linguagem do autor de *Grande Sertão: Veredas*, que mescla o regional e o universal, o oral e o erudito, o prosaico e o poético, para além de dicotomias e estereótipos.

Há, por sinal, uma pequena e consistente onda de interesse renovado por Rosa, que também é lido por Maria Bethânia em seu CD mais recente, *Brasileirinho*, ou tema de documentários como *Livro para Manoelzão*, de Angélica del Nery. E melhor contraponto para o populismo lingüístico não poderia haver. O que aqueles três livros tão diferentes entre si mostram, afinal, é como Rosa era apaixonado por sua língua acima de tudo e, como bom amante, queria gozá-la em sua plenitude, em toda a sua diversidade de tons e formas. Não é fácil ler seus livros, especialmente *Grande Sertão*, assim como não é fácil ver a densidade do sertão. Mas depois da escalada, a planície: algumas dezenas de páginas e seus olhos e ouvidos já se acostumaram e estão deslumbrados com o mundo verbal e imaginativo de Rosa.

Não espanta que *Grande Sertão*, apesar de suas dificuldades iniciais, já tenha vendido tantos milhares de exemplares no Brasil e no exterior desde sua publicação em 1956. Não há erros gramaticais nos livros de Rosa; ao contrário, ele é conhecedor tão profundo da língua que pode transgredir alguns de seus usos, desenhando uma sintaxe muito própria, cheia de palavras exóticas ou inventadas e pontuações incomuns. Mas um Rosa tem mais dificuldades para brotar numa cultura que não cultiva seu próprio idioma e o aceita frouxo e estéril.

Espirais humanistas
(28/11/2004)

Todos os críticos culturais que mais me marcaram, sem exceção, escreveram sobre vários assuntos. Essa é uma das razões por que eles são tão interessantes de ler, embora cânones só listem romances e tratados. Filhos do ensaísmo de Francis Bacon e Montaigne, da filosofia pós-Galileu que duvida dos dogmas, eles não propõem teorias ou sistemas fechados; sabem que viver é tentar, que conhecer é tatear. E que por isso não há uma disciplina que encerre verdades em si mesma, pois tudo se comunica num emaranhado complexo — o qual exige uma ética conduzida pela clareza e pelo desprendimento, o máximo possível livre de preconceitos e esquemas. Dessa perspectiva veio o humanismo, o pensamento comprometido com o indivíduo, com o entendimento de seu tempo-lugar, sem comodismo ou comiseração.

Karl Kraus escrevia um jornal inteiro sozinho, comentando política, artes, esportes, disparando notas e aforismos. Bernard Shaw foi crítico e ensaísta de arte, música e teatro antes de se tornar dramaturgo. Sem ele não teria havido H. L. Mencken, outro frasista virtuoso e articulista enciclopédico, e seu sucessor Edmund Wilson, que uniu vastos conhecimentos de história, literatura e sociologia para deixar clássicos da crítica, além de reportagens e resenhas às centenas. George Orwell se valeu de sua maestria como ensaísta para sua ficção. Brasileiros como Álvaro Lins, Otto Maria Carpeaux (de origem austríaca) e Paulo Francis, apesar da mania nacional de palpitar sem fundamento, beberam nessa tradição do jornalismo ensaístico. Octavio Paz foi o maior intelectual latino-americano do século 20 porque sua curiosidade ilimitada era, ao contrário do que ocorre tantas vezes, amiga de sua consistência analítica. Não por acaso todos escreviam tão bem

— outro motivo para lê-los ainda hoje, mesmo sobre temas desgastados —
e, na maioria das vezes, eram incisivos e justos, não exagerados ou professorais.

Apesar das aparências, essa linhagem continua viva. O chileno (de origem inglesa) David Gallagher, por exemplo, vai na mesma toada em suas colunas no jornal *El Mercurio*, elogiadas por Vargas Llosa por unir variedade e rigor, brevidade e independência: "Os textos tratam de todos os temas imagináveis, em conformidade com a personalidade curiosa, múltipla e cosmopolita do autor. (...) O que lhes dá unidade e coerência é (...) uma estimulante e contagiante convicção de que a cultura é algo vivo e ao alcance de quem queira fazer o mínimo esforço, (...) porque a cultura enriquece a vida das pessoas." O crítico de arte Robert Hughes e o crítico de música Charles Rosen também estão aí, partindo das especialidades para ler de modo raro os livros e as épocas. É, como gosto de dizer, seu seguro-saúde contra o tédio.

Ou então veja uma coletânea como *The Best American Essays 2004*, editada por Louis Menand. Lá estão autores como Adam Gopnik, um jornalista da revista *New Yorker* que escreve igualmente bem sobre Freud ou Lucian Freud, sobre Shakespeare ou a culinária francesa. O próprio Menand, da mesma *New Yorker*, escreve sobre assuntos diversos; se assim não fosse, jamais poderia ter produzido um livro como *The Metaphysical Club*, sobre os pensadores idealistas americanos. Melhor ainda, visite o site *Edge*, onde ensaístas como Richard Dawkins, Oliver Sacks e Jared Diamond (estes dois presentes na coletânea de Menand) ensaiam com estilo refinado e atitude humanista suas ligações entre a cultura literária e a científica.

Vivemos em tempos de abundância de dados e informações. O cidadão está diante de decisões constantes e difíceis, seduzido para a dispersão, e perdendo a capacidade de ser crítico e criativo. Até para ser melhor especialista, nesta Era Digital (ou em qualquer outra), é preciso que o especialista domine outras áreas, para não se deixar cegar pelo olhar de dentro, para entrar no movimento da espiral humana. E que alguém, como disse Llosa de Gallagher, possa "viver nesse vórtice de atividades sem precipitação nem histeria", sem cair no discurso obscuro ou apocalíptico da maioria dos intelectuais, é um alento espiritual, um gesto de elegância e inconformismo ao mesmo tempo. Há muito mais prazer nesse combate do que em qualquer utopia ou distopia, tão anestésicas quanto a mesmice geral. Desbitole-se.

Lingüetas
(28/8/2005)

Mais maltratada no Brasil do que a democracia, só a língua. Nos discursos do presidente e nos interrogatórios das CPIs, os erros de concordância e pronúncia, os eufemismos ("recursos não contabilizados") e a mistura de tudo com a pompa ("Repilo, Vossa Excelência!") ferem os tímpanos; o professor Delúbio, por exemplo, amassa as palavras como camelo, engolindo os plurais com a lógica e a ética. Há quem diga que se queixar disso é preconceito elitista. Bem, eis outro exemplo do mau uso do idioma, já que a correção gramatical não é privilégio de ricos e poderosos.

*

Mas há muita gente incomodada, e cada vez mais ela tem onde buscar compensação: bons livros novos de autores brasileiros, como *Cinzas do Norte*, de Milton Hatoum, e reedições de clássicos como os contos de Machado de Assis, a mais recente de *Histórias sem Data*; traduções de autores como P. G. Wodehouse (por Cássio de Arantes Leite) e reedições de versões modelares como a de Mário Quintana para os *Contos e Novelas* de Voltaire, que tanto influenciaram Machado; o lançamento de revistas literárias, como *Entrelivros* e *Etcetera*, e até da *Língua Portuguesa*, que tem Millôr Fernandes na capa do primeiro número: "Se não houver norma, não há como transgredir."

*

Vejo livros e artigos sobre o que é escrever bem. Nada contra; mas no máximo o que se passa são dicas, observações técnicas. Mais útil é mostrar o que é escrever mal. Pego o novo livro de Rubem Fonseca, *Mandrake — a Bíblia e a Bengala*, e nas primeiras 20 páginas já me sinto dentro de um filme policial de terceira classe, ou de um seriado de TV, com o mesmo destrato da língua: "Para um advogado às vezes é melhor o cliente começar pelo fim, eu disse, e ela lançou-me um olhar arguto, como se procurasse algum significado oculto por trás das minhas palavras." Primeiro: o adequado seria "ela me lançou", porque o pronome pessoal atrai o oblíquo, além de ser a forma coloquial no Brasil. Segundo: se ela procurava significado por trás das palavras, era certamente porque estava oculto. Terceiro, mais importante: um olhar em busca de um significado não é arguto, mas inquiridor, curioso ou, melhor ainda, investigativo. Como dizia Monteiro Lobato, o adjetivo certo para um substantivo é como a porca no parafuso.

*

Para escrever bem é indispensável ler quem escreve bem. De *Cinzas do Norte*, pág. 32: "O cachorro saiu da vegetação com um calango na boca, o largou no cimento quente e malinou o réptil com a pata, até estraçalhá-lo; a cauda, separada do corpo, continuou saltitando; Fogo travou com os dentes o pedaço trêmulo e o devorou. Aí rosnou para o corpo mutilado do bicho e olhou para nós, numa pose de exibição."

*

O ponto-e-vírgula quase desapareceu das publicações brasileiras; por ser um elemento de elegância e reflexão, está fora de moda. A perda é do pensamento.

*

Insisto: por que será que os articulistas de jornais e revistas brasileiros que tratam do assunto não escrevem bem? Seus textos são rarefeitos, sem criatividade, estruturados por enumerações e poluídos por bordões. Compare-se com o que William Safire faz sobre a língua inglesa na revista do *New York Times*. Ou, por aqui mesmo, com o que Lago Burnett fazia. Quem vê a língua como mero instrumento de comunicação utilitária a empobrece sem querer. Escrever bem não é mimetizar sem erros a fala corriqueira. Além disso, há exageros, purismos: o uso de "chegar em", em vez de "chegar a", não é nada grave, nem a mistura de você e tu.

*

A língua não tem apanhado apenas dos políticos e autores, mas da fala da maioria da população. Erros mais chatos do momento: "há dez anos atrás" (o "atrás" é desnecessário); "como, por exemplo" (a conjunção "como" nesse caso substitui exatamente o "por exemplo"); "informações dão conta de que" (que é o mesmo que dizer "informações informam"); "ele disse de que" (dizer é verbo transitivo direto). Pronúncias que mais incomodam: iscola, disespero, pudê, etc. Modismos: blindar, diferenciado, agregar. Palavras mal aplicadas: pânico (em vez de pavor; pânico é pavor infundado), medrar (que é vicejar, e não ter medo). Outras redundâncias: "bonito de se ver" (basta "bonito de ver"). E, claro, a doença do gerundismo: "eu vou estar entregando".

*

Sempre que se pergunta pela palavra mais bonita ou preferida, a resposta menciona uma que tenha sonoridade ou imagem agradável, como "luar", ou conceito de valor, como "dignidade". A língua portuguesa é cheia de palavras bonitas nas mais diversas maneiras. Há as que são expressivas por sugerirem o som já no sentido: quizumba, libélula, cochicho, estrebuchar, lavrar, cacoete, lambança. Ou as que são doces na boca: dengo, mascavo, goiabada, cafuné, almíscar. E há as que têm etimologia enriquecedora: seminal (que vem de "sêmen"), patético (de "pathos", sofrimento), "entusiasmo" (estar-em-deus). "Lucidez", minha preferida, tem todos os atributos; é agradável, expressiva e significativa.

*

A tendência no Brasil é ser prolixo. Não só se empregam mais palavras do que é necessário para transmitir a mensagem, mas também se repete demais o que já foi dito. Escrever o mesmo artigo todo dia, por mais simples a linguagem, é também um modo de ser prolixo.

*

"A língua portuguesa é mole", João Cabral de Melo Neto me disse em entrevista. Brasileiros em especial a amolecem ainda mais com diminutivos (no futebol os "inhos" são inúmeros), hipérboles (tudo é "ma-ra-vi-lho-so" ou "muuuito" bom) e inflexões frouxas. Com sua poesia genial, Cabral tentou dar ossatura ao idioma, valorizando conectivos e consoantes. Guimarães Rosa, por outro lado, deu tanta elasticidade a ele que podia ir dos diminutivos mais infantis (passarim, miguilim) aos polissílabos mais estranhos (resvaloso, desescondia), dos nomes naturais (buriti, riacho) aos termos eruditos (palimpsesto, rapsódia), para não falar de provérbios ("tudo foi um ão e um cão") e de expressões como "o sol entrado" para descrever o amor de Riobaldo por Diadorim. Nas fabulosas cartas para seus tradutores, Curt Meyer-Clason ou Edoardo Bizzarri, ele sempre pedia que mesmo a frase mais comezinha deve trazer "algo de meditação ou aventura". Já Rubem Braga remou em favor da corrente: captou o sopro que atravessa a língua "brasileira" e lhe deu síntese, uma mescla única de lirismo e estoicismo.

*

Há palavras que imediatamente associamos a um escritor, e são todas belas. Cabral: mineral. Rosa: redemoinho. Braga: borboleta. Graciliano: nebuloso. Euclides: transfiguração. Machado: dissimulada. Os adjetivos preferidos de Eça de Queirós — tépido, radioso, voluptuoso — lembram como Nelson Rodrigues foi influenciado por ele. Falta, por sinal, um estudo que conte com exemplos a trajetória da língua portuguesa, na prosa e na poesia. Que conecte a leve densidade de Pessoa e Drummond. Que analise a ironia ágil de Machado. Que aponte vértebras e seivas mesmo num verso de canção como o de Marcelo Camelo (Los Hermanos): "Pode ser do vento vir contra o cais."

*

Vejo muitos inquietos com a aceleração moderna, com a falta de tempo e o excesso de passatempo, e compreendo. Mas acho que é preciso acelerar o pensamento também, para que tudo não pareça tão fugidio. Aplicar a relatividade à reflexão. Manter a clareza no clímax da decisão, no limite da bifurcação. Controlar a mente em alta pressão, como Pelé com a bola e Senna com o carro; ou, como Manolete segundo João Cabral, dar "à vertigem geometria". Aumentar a precisão e a velocidade da língua portuguesa. Um estilo colorido, robusto, denso — de modo cristalino, direto, leve.

Ensaio de formação

(9/10/2005)

Lembro muito bem o dia em que comprei a coleção *Great Books of the Western World*, da Britannica, no sebo Ornabi, no centro de São Paulo. Não tinha sido fácil economizar do salário de jornalista iniciante. Passei o resto do sábado em casa lixando as laterais do papel para tirar a poeira e esquadrinhar traças, enquanto lia páginas aqui e ali. No primeiro volume, inesperadamente, encontrei um programa de leitura para a coleção, com o título se referindo a uma "educação liberal". No Brasil acham que ser liberal é ser contra a existência de estatais, mas não era nada disso: o conceito embutido na expressão é o de que você deve procurar individualmente sua formação intelectual, como cidadão livre, e não esperar que professores ou padres lhe digam o que pensar. Ao mesmo tempo, educar-se é obrigatoriamente entrar em contato com a tradição, com o que de melhor já foi dito ao longo dos tempos, e não tratar o passado como algo obsoleto; exige, portanto, algum método, muito esforço e uma mescla de humildade e petulância. Você só vai ter idéias independentes se antes conhecer as boas idéias alheias.

E essa idéia, a da formação cultural, é uma que merece resgate urgente. A expressão "educação liberal" caiu sob domínio dos conservadores nas últimas décadas, como Leo Strauss e Allan Bloom, no vácuo deixado pela esquerda acadêmica que passou a fazer do relativismo seu novo absolutismo e a desdenhar os grandes autores como representantes de uma mentalidade machista, racista e esgotada. Os ditos conservadores repudiam a chamada cultura de massas, que seria o oposto daquela "alta cultura". Os tais progressistas repetem sobre os clássicos o que o Senso Comum gosta de dizer: que são chatos, que não dizem respeito a nós, que não têm pertinência para uma era em que se passam quatro horas por dia à frente da TV e uma hora mais na Internet, em geral nos blogs de amigos e Orkut. A polarização me faz pensar no personagem de uma novela genial de Thomas Bernhard que acabo de ler, *Old Masters*, de 1985, em que um homem em Viena que diz desdenhar as artes não consegue se livrar do hábito de ir todo dia observar um retrato de Ticiano. Ele sabe e não sabe que há algo ali maior do que ele, que sugere uma grandeza da qual não tem experiência.

Harold Bloom também é um conservador, como se pode ver em seu mais recente livro, *Onde Encontrar a Sabedoria?* (Objetiva). Mas ninguém como ele é capaz de trazer os clássicos para a vida cotidiana das pessoas, numa escala — vide o sucesso de seu livro sobre Shakespeare — que deve tirar o sono dos professores universitários que acreditam em "socialismo democrático". Bloom vai da Bíblia a Proust e de Platão a Freud, discorrendo sobre as leituras que lhe deram conforto quando perdeu a esposa e ficou doente, e tenta definir sabedoria como uma aceitação dos limites naturais ao mesmo tempo que uma aposta na necessidade de ilusões — um equilíbrio precário entre a prudência pagã e a crença cristã que encontra especialmente em Homero, Dante, Cervantes e Shakespeare. Discordo de muita coisa; no atacado, acho que ele busca na arte um substituto para a religião; no varejo, não dou a mesma importância a Walt Whitman e, embora note sempre como Quixote apanha no livro, vejo nele mais humor. Mas não pulo uma linha que Bloom escreve. Ele tem o dom de mostrar que ler e viver — apesar do que intelectuais em geral aparentam — não se opõem.

Mesmo assim, há espaço para recuperar o conceito de formação não como devoção a um cânone literário. Não são apenas os livros que nos formam; não são apenas os grandes livros do passado e do Ocidente que nos formam; e não existe uma "evolução gradual" do conhecimento em direção à sabedoria, porque criar campos de consenso e escalas de valores não significa ter certezas sagradas e regras universais. Poder se situar, contextualizar, aprimorando os gostos pelo exercício da comparação, da contestação e da compreensão, é um prazer; é uma forma de tornar a existência mais interessante, o tempo mais rico, a personalidade mais resistente. Eu, por exemplo, não tinha muitas pessoas com quem partilhar minha alegria por ter conseguido comprar aquela coleção; para os outros, meu hábito de ler soava como uma excentricidade. Ao menos, podia pegar um papel em branco e escrever: "Não sabem o que estão perdendo."

O ler e o tempo
(7/5/2006)

A queixa da falta de tempo para ler me parece embutir a noção de que livros são sempre tarefas longas e lentas, que exigem silêncio, paciência e, melhor ainda, férias, para que sejam consumidas de ponta a ponta. Que bobagem. É claro que há muitos grandes livros que são livros grandes, como *Dom Quixote* ou *Guerra e Paz* ou *Grande Sertão: Veredas*, mas há número maior de livros menores, com menos de, digamos, 300 páginas — como, para ficar nos mesmos autores, *Novelas Exemplares* ou *A Morte de Ivan Ilitch* ou *Sagarana*, que sempre é bom ler antes daquelas aventuras radicais.

Se associamos a literatura moderna a catataus de James Joyce, Marcel Proust ou Thomas Mann, podemos também citar obras-primas enxutas como *A Metamorfose*, de Kafka, e *O Coração das Trevas*, de Conrad, que têm tudo que é preciso para compreender a modernidade. Além disso, livros extensos vêm sempre divididos em capítulos, justamente para que você leia um ou dois por vez. Mas o que eu queria dizer é que há formas curtas — poemas, contos, ensaios, aforismos, notas, peças, etc. — que podem levá-lo ao enlevo em minutos ou em alguns dias. *Hamlet*, quase uma colagem de poemas, seja meu fiador.

Estive pensando nisso enquanto rearrumava os livros nas últimas semanas, feita a reforma no apartamento. Quantos textos curtos reli ao sabor do acaso, à medida que esvaziava as caixas! Coletâneas de aforismos de Oscar Wilde, Bernard Shaw, Nelson Rodrigues. Viagens curtas e intensas com Adorno, Wittgenstein, Barthes. Crônicas de Rubem Braga e E. B White. Poemas de Baudelaire a Ted Hughes. Resenhas de Robert Hughes, cartas de Voltaire, contos de J. D. Salinger. E as minirresenhas de Pauline Kael na *New Yorker*, que dizem muito mais que textos muito maiores? Nietzsche, aliás, que era um mestre dos gêneros breves (aforismos, odes, fragmentos), afirmava querer dizer em dez linhas o que outros pensadores diziam em dez tomos. Montaigne, pai do ensaísmo moderno, sabia que ser profundo não era ser solene e redundante.

Você não precisa reservar — como para ver um filme ou jogo — duas ou três horas seguidas da sua vida para ter o prazer de uma leitura inesquecível, embora a voz de um mergulho autônomo na *Busca do Tempo Perdido* se aloje em sua memória de uma forma única para sempre. (Dizem que Rosa, quando embaixador na Colômbia, sumiu certa vez por três dias, em meio a grave crise política; quando voltou, explicou que estava fechado no hotel lendo todos os volumes de Proust.) E não tem de ser livro: pode ser um bom jornal ou revista, que, ao contrário do que se diz, ajudam a formar, não apenas informar.

Só conheço, enfim, outra coisa que dá muito prazer em uma dúzia de minutos... Chega desse discurso de que ler é algo solene, obrigatório, em vez de um entretenimento que não se esgota ao fim do ingresso. Leia o tempo todo, no metrô, na sala de espera do dentista, no banheiro — último castelo do homem, segundo Millôr Fernandes — ou antes de dormir, depois que as crianças se aquietaram. Meia hora aqui, meia hora ali, e numa semana você pode ter visitado séculos, países e pensamentos diversos.

Sempre me perguntam se li todos os livros que tenho em casa. Eu respondo: felizmente não! Há um punhado de livros que, por sinal, faço questão de não terminar, especialmente as memórias, cartas e diários — Casanova, Leonard Woolf, Pepys, Evelyn Waugh. De tempos em tempos leio mais um pouco, saboreando como se um sorvete que nunca vai derreter. Outro prazer é reler trechos preferidos de um livro que você já leu; eu diria até que esse é o maior dos prazeres de um leitor. Passagens. Suspensões da monotonia. Não se faça de rogado e marque — dobre a orelha, risque a lápis, cole papel amarelo — marque como for essas páginas que o cativaram.

As memórias de Pedro Nava, por exemplo, estão nos dois casos: já li três volumes, faltam outros três. *Chão de Ferro*, o terceiro, caiu na minha mão quando punha a coleção em ordem na prateleira. Fala-se muito dos dois iniciais, mas *Chão de Ferro* tem menos enumerações genealógicas e alguns trechos em que a prosa corre exuberante, um banquete de adjetivos digno de Eça: "Eu quis gritar Esmeralda! Esmeralda!, mas a voz embargou e eu parei, coração aos coices, num pasmo, num terror (...); olhos, nada mais que olhos, para dois olhos imensos e azuis, dois pés vermelhos de terra, um enxame de sardas, uma cabeleira desamarrada — veneziana, compacta, chamejante — que se estirava, sacudia, a um tempo no ar a um tempo chicoteando as costas, açoitando os ombros, bridando a boca."

Tampouco é preciso ficar sem dormir para sobrar tempo para ler. Ao contrário: durma bem, durma sete, oito horas, para que sua cabeça esteja concentrada e aguda como café — esse aditivo da inteligência — na hora da leitura; quanto mais se lê, mais rápido se lê, e sem afobação. E se divirta, jogue fora o peso do compromisso com ajuda de vinhos, canções e paixões, para que no dia seguinte sua memória possa filtrar o que realmente vale a pena. Não procure tempo para ler, amigo; leia para que o tempo o encontre.

A volta da velha senhora
(12/9/1997)

A narrativa, essa velha senhora, voltou, e este é o grande fato das artes nos anos 80/90. Com isso quero dizer que as experimentações de outrora, dos anos 50 a 70 — "nouveau roman", concretismo, neoconcretismo, cinema novo e tantos outros movimentos —, embora ainda sejam mitificadas e tenham herdeiros declarados, já não possuem tanta força cultural. A vontade de romper ao máximo com a concatenação sintática agora é tida como facilidade, como recurso de superfície que pressupõe simplesmente que abolir a linearidade já confere ao autor os louros da vanguarda. O que se tenta agora é um meio-termo entre linearidade e simultaneísmo, entre o orgânico e o artificial, entre o expressivo e o (des)construtivo. Busca-se não cair no literal sem se render ao especioso, não ser obscuro sem voltar ao ilustrativo. Basta olhar ao redor.

Jean-Luc Godard, que muitos ainda dizem fiel a seus preceitos contraculturais, declarou outro dia que sua paixão é, no fundo, a literatura, a capacidade de "contar uma história" de diversas maneiras. Gerald Thomas reconheceu, há não muito tempo, que em seus primeiros trabalhos em teatro — com sua mistura irresolvida de Kantor, Bausch e Bob Wilson — se escondia "atrás da fragmentação", porque calcado exclusivamente em alusões e efeitos; também as cinco horas de logorréia das peças de Zé Celso hoje só são levadas a sério por um grupelho de convertidos. Nas artes plásticas a linguagem maquiada da instalação, inspirada em Duchamp, Beuys e Warhol, é dominante, mas mesmo assim existem uma reação a seu obscurantismo e uma tentativa de usar menos o discurso indireto do que o direto — quer dizer, por parte de uma minoria lúcida, tipo Hans Haacke e James Turrell.

A videoarte, a propósito, claramente abandona seu início tosco e se interessa cada vez mais por narrativas, como em Gary Hill e Bill Viola.

Na poesia a acomodação publicitária da "poesia visual" já está mais do que ultrapassada, e há uma evidente luta por recuperar o verso, mesmo que em muitos aspectos ele ainda esteja preso ao prosaico. No Brasil, por sinal, os poetas concretos são tidos como fantasmas do passado, e eles mesmos quase já não fazem poemas — ou, quando fazem, são tão insossos que não perturbam mais ninguém —, preferindo traduzir (só trechos, nunca obras completas) e continuar pregando suas idéias de 40 anos. No cinema nacional, igualmente, ídolos como Glauber Rocha se tornaram apenas totens pró-forma, já que seu estilo não é mais imitado ou seguido por ninguém, absolutamente ninguém. No mundo inteiro a música orquestral, por sua vez, é obrigada a viver do passado, já que depois da Segunda Guerra Mundial pouco fez de relevante. A música eletrônica não é suportada, e qualquer pessoa que queira vender ruídos ou silêncios como sons celestiais não conseguirá nem vender nem convencer. Não foi à toa que tantos vanguardistas terminaram explodindo em drogas e cinismos, de Duchamp a Oiticica, passando por Cage ou Robbe-Grillet.

Os exemplos de rejeição ao radicalismo, enfim, se multiplicam. Mas algumas contingências econômico-culturais precisam ser esclarecidas antes de nos precipitarmos em conclusões. Primeiro, a hollywoodianização do cinema — como vemos ocorrer agora no brasileiro — é produto em grande parte da americanização do mundo, especialmente depois do fim da Guerra Fria. Segundo, nas chamadas artes plásticas o retorno da narrativa não é tão claro nem tão marcante porque a instalação oferece uma linguagem fácil e grandiloqüente para que os milhares de artistas que chegam ao mercado por ano possam chamar atenção. Terceiro, é preciso dar ênfase ao fato de que não é porque vivemos um período de crise cultural que não se pode detectar, em meio à confusão de comercialismo e panfletarismos, essa nostalgia — ora saudável, ora doentia — da narrativa, de um certo ordenamento formal.

Eu diria que, sim, a maioria desses esforços para retomar a comunicabilidade tem gerado uma arte conservadora, para não dizer reacionária, que a meu ver não conseguirá transcender sua época. Ao mesmo tempo, recentes anacronismos de inovação, como no cinema os de Oliver Stone ou David Cronenberg, padecem de um catastrofismo ridículo, que compromete a própria linguagem da obra ao submetê-la ao discurso, ao arcabouço arbitrário contido em "a função da arte é chocar". Nem mesmo os falsários da incomunicabilidade acreditam em si mesmos ainda. As grandes sínteses sempre estiveram ao alcance da minoria.

E este é o ponto. A patologia antinarrativa que levou e ainda leva a arte a bobagens irritantes como algumas mencionadas é nociva por pressupor que não existem limites naturais para o gosto cultural, por mais flexível que este possa ser. Quando digo que existe uma volta à narrativa, me refiro à vontade não de realizar uma arte mais comercial e acessível, tradicionalista ao gosto da maioria das pessoas (embora, na era da publicidade, este seja um componente inevitável do fenômeno), mas à saturação de uma vanguarda que propunha uma linguagem à beira da incomunicabilidade, agressiva e afetada, e que deturpava a herança artística de gênios modernistas como James Joyce, Piet Mondrian e Arnold Schoenberg (os quais, sem sombra de dúvida, rejeitariam esse festival de mau gosto obscurantista da arte pós-1950).

A volta da narrativa é a volta do reconhecimento de que a arte trabalha sempre com o "make-believe", pois não pode se furtar à realidade humana nem em suas mais abstratas manifestações; de que a passagem do tempo implica a busca de um nexo entre os fatos, de um padrão organizador; de que a harmonia, que parte da simetria mas não se restringe a ela, tem maior potencial de causar o prazer, visto que é um "a priori" de nossa fisiologia, a começar de nossa própria estrutura ocular, de que a sensibilidade não é um antípoda do conhecimento, já por ser uma "donnée" do organismo. A volta da narrativa é tão-somente a verificação de que essa entidade inexata, a natureza humana, existe, sim. Supor que seus condicionamentos possam ser totalmente transcendidos não passa de uma ilusão de sublimidade, ainda por cima antiquada.

Na vanguarda da segunda metade do século XX a música quis fugir da melodia; a arquitetura, da funcionalidade; a literatura, da descrição; a poesia, da sintaxe; a pintura, da representação; o teatro, da emoção; o cinema, da figuração. Não conseguiram. É plausível que agora, décadas depois, vivam uma etapa reativa, na qual se tende recuperar essa escala mínima de valores, embora fosse melhor que não se retornasse ao conformismo newtoniano. Já declararam a morte da pintura, a morte do romance e a morte de muitas coisas mais — e o que está morrendo, na verdade, é apenas o século. Mesmo com a física quântica e a arte pós-moderna, o sol continua nascendo todo dia a leste e se pondo a oeste, obrigando-nos a virar a folhinha do calendário. O tempo costuma matar antes os que acreditam pará-lo.

Crônica envergonhada

(26/12/1997)

Imbuído do espírito natalino, estive pensando em escrever uma crônica, um texto agradável, uma descrição suave que entrasse pelos poros do leitor sem lhe agitar os nervos, como se fosse uma brisa ou um assobio. Sei que hoje quase ninguém mais assobia nas ruas, que as brisas parecem ter sumido no vórtice do El Niño e que a vida já não é tão calma que acolha o teor da crônica, gênero sempre ameaçado de extinção. Considerei, então, fazer como os colunistas pátrios e comentar essas luzinhas chinesas de nosso Natal globalizado, a última declaração de FHC ou a gravidez da Xuxa, mas, sinceramente, tais amenidades não me atiçam a pena, ou o teclado; valem, no máximo, uma nota curta, ou algumas frases num artigo com outro horizonte. No entanto, ciente de que meu tom possui "panache" demais para certos leitores, hoje eu pretendia ser mais leve, mais relaxante, e soprar aqui outro tipo de espirituosidade, afinal é Natal e não quero ser incômodo. O problema é que nosso mundo está saturado de informações fúteis ou inúteis — que nem sempre são a mesma coisa — e nossa cabeça precisa interligar tudo o tempo todo, receosa de ser atingida por lampejos vermelhos como esses que mandaram as crianças japonesas para o hospital, confirmando que a televisão injeta pequenas doses alternadas de catalepsia e epilepsia para nos condicionar. E escrever qualquer parágrafo "diet" neste mundo engordurado de distrações e ocupações fica difícil demais. Tempos crônicos dispensam crônicas.

Na verdade, eu estava viajando do Rio de Janeiro para São Paulo na sexta passada e, por uma série de circunstâncias e coincidências, os tempos dourados da crônica brasileira me vieram à mente. E um dos atrativos das crônicas era sua maneira natural de descrever "uma série de circunstâncias e coincidências" que levavam o autor a pensar nisto ou naquilo. Mas, em geral, eram fatos do cotidiano, pinçados sem muito esforço, que eram costurados a um determinado estado de espírito do cronista no momento, e o prazer do texto vinha dessa simplicidade tremendamente difícil de obter. E eu estava ali, sofrendo como sempre a falta de espaço para manobrar quaisquer movimentos dentro de um avião, e a quantidade de coisas que se misturavam em meu bagageiro mental parecia ampliar a sensação claustrofóbica. É um teste de resistência: os cheiros, as descompressões, a pequenez, os chacoalhos, os comunicados, tudo teima em colaborar para a dor de cabeça. Não sei onde fica o inferno, mas com certeza é um avião que nos leva até lá. De preferência, com atraso.

Interrompi minha leitura — a edição especial de revista *New Yorker* sobre os cartuns que tanto a consagraram, de craques como Peter Arno, Charles Addams, Ralph Barton e tantos outros. Me lembrei dos cartunistas brasileiros: J. Carlos, Belmonte, Di Cavalcanti, numa honrosa tradição que vai até os ilustradores de jornal atuais, como Spacca, Orlando, Marisa, uma história que merece livro urgente. Cartunistas têm vida eterna — os políticos em especial e a humanidade em geral não os deixam sem emprego — e o número da *New Yorker* ia me dando grande prazer, ainda mais porque contém textos de craques como John Updike (ele mesmo um ótimo desenhista, como vemos na edição!*) e Adam Gopnik. Como as crônicas, os cartuns sempre foram um alívio de humor e pessoalidade nos jornais, hoje cada vez mais chatos e burocráticos. Então pensei em Rubem Braga, Nelson Rodrigues, Paulo Mendes Campos, Otto Lara Resende (que lhes deu um canto de cisne — ou seria de fênix? — na *Folha* no início dos anos 90), Carlos Drummond de Andrade e em tantos cronistas também por merecer uma antologia. Tais pensamentos acentuaram ainda mais meu desconforto com o presente, com este tempo em que aviões apertados e cidades lotadas não deixam espaço para a serenidade e a espontaneidade.

Quando o avião vai pousar no aeroporto Santos Dumont — quem viu não esqueceu —, a paisagem nos enche os olhos, e aquela baía parece abrir os braços para nos receber sob o céu ensolarado. Não foi à toa que a crônica, como depois a Bossa Nova, vicejou tão coloridamente no Rio dos anos

---

* Pontos de exclamação também podiam aparecer sem rubor nas crônicas. Culpem meu espírito natalino por este aqui. (N.A.)

40 a 60, quando, segundo lemos em Pedro Nava ou Marques Rebelo ou vários outros, a vida era mais civilizada, havia um senso de honra e cortesia que dominava as relações. Mesmo hoje, com o caos agressivo de tráfico e tráfego, a cidade parece habilitada por pessoas de bem com a vida, menos estressadas e rudes, embora a reserva e a individualidade de outrora tenham cada vez menos presença. Talvez precisemos intensificar a ponte aéreo-cultural entre Rio e Sampa, aumentado o trânsito do profissionalismo para lá e do convivialismo para cá. Mas tudo isso é de um tempo em que a palavra "urbanidade" implicava elogios, e não uma espécie de existência fechada em carros e casas e dirigida a consumismo e compromisso.

Assim minha cabeça ia flanando (e gerúndios e caminhadas são componentes de qualquer crônica) até que as perturbações físicas me fizeram fechar a revista e estancar o fluxo interior, com aquele típico tratamento de choque contemporâneo. O sujeito a meu lado se engalfinhava com um pedaço de frango plastificado, e para ajudá-lo desloquei meu corpo no outro sentido, evitando também suas cotoveladas. Terminei por esbarrar no sujeito do outro lado, e notei que ele olhava para um dos monitores no teto do avião. O mesmo faziam quase todos os engravatados que ocupam esse tipo de vôo. As telas exibiam uma série de esquetes cômicos, felizmente silenciosos, que eram como essas "pegadinhas" da TV. Num deles, simula-se a fuga de um ladrão. O ator desce da janela de um sobrado por uma corda feita de lençóis e, quando chega ao solo, um homem fazendo-se de policial grita e apita para que os transeuntes o detenham. O humor, obviamente, não está na situação, um lugar-comum de cinema de que, espantosamente, ninguém se dava conta. Mas é a reação das pessoas que vale: uns fogem, outros tentam desajeitadamente agarrar o ladrão, outros ainda se assustam de forma exagerada. Sorrisos e risotas dos espectadores. Por fim, um rapaz se pavoneia todo e salta "cinematograficamente" sobre o ladrão e o derruba e imobiliza; para encerrar, faz pose de herói. Gargalhadas.

Olhei aqueles senhores respeitáveis rindo daquilo — era divertido, mas não a ponto de produzir socapas de alegria — e mais uma vez percebi a carência das pessoas por um pouco de desafogo, de entretenimento para uma vida cansativa, rotineira até nos estímulos que oferece. Aqueles esquetes eram como crônicas, sim, mas de um tempo bem mais exigente e para pessoas bem menos exigentes. Era como se, vendo os temores e máscaras de qualquer pessoa diante do imprevisto, aqueles homens confirmassem sua humanidade comum; como se ("como se" é outra marca das crônicas) pudessem enfim soltar as gravatas e parar de se pretender infalíveis, insubstituíveis. Mas há formas e formas de amolecer as juntas.

Talvez, quanto mais tenso o cumprimento das obrigações, mais bobo tenha de ser seu relaxamento. Rubem Braga podia ser triste ou denso numa crônica porque a vida dos leitores, embora naquela época houvesse uma "gravitas", uma noção de seriedade maior, tinha respiradouros mais sutis do que a atual. Dizem que a crônica precisa ser produzida num centro, isto é, num pólo de irradiação cultural, onde o cotidiano não seja só trabalho e sofrimento; e depois que Brasília se tornou a capital, o Rio perdeu aquela capacidade de emitir uma energia tranqüila, o que a pobreza contrastante das últimas décadas só fez piorar. Crônicas não são fugas; são registros de uma vida que requer fugas. Não apontam o desconforto para causar o consolo, mas nos confortam com seu desconsolo. Um tempo, enfim, se conhece pelos passatempos que cultiva. Hoje todas as diversões precisam oferecer gozo imediato ou seu dinheiro de volta.

Depois que o avião pousou em São Paulo, decidi voltar para a casa a pé, pois moro perto do aeroporto Congonhas. Reparei em prédios e casas e que nunca reparara, porque só passara ali de carro. Lembrei os tempos em que ia a pé para a escola e, como toda criança faz, traçava sempre o mesmo caminho pelas calçadas, de acordo com os acidentes e motivos na superfície do concreto. Olhando as decorações natalinas, lembrei também quando meu pai me pegava e a meus irmãos, na noite de Natal, para dar uma volta de carro pela cidade — numa época em que ainda jogávamos futebol na rua, apesar dos protestos de nossa mãe — à procura do Papai Noel e, nesse ínterim, algum tio se encarregava de amontoar os presentes sob a árvore. Cheguei em casa, cansado, ainda meio asfixiado, mas decidido a escrever este texto, esta crônica envergonhada, esta crônica sobre crônicas, de alguém que se sente constrangido de querer dizer em público: feliz ano novo.

Pontos luminosos

(3/9/2000)

Ferreira Gullar, que faz 70 anos no próximo dia 10, acaba de ter sua poesia completa editada pela José Olympio, *Toda Poesia*. É um crítico de arte vigoroso, ainda que eu não concorde com ele em que o problema da instalação seja não possuir uma linguagem; um intelectual digno do nome, capaz de raciocínios complexos num texto acessível a quem não sofrer de preguiça mental, embora discordemos politicamente; é, acima de tudo, um grande poeta. Seu livro de poemas mais recente, *Muitas Vozes*, é ótimo, o tipo de livro que surge de dez em dez anos, mas a crítica, com raras exceções, não reparou. O mesmo aconteceu há menos tempo com o romance *Dois Irmãos*, de Milton Hatoum.

A arte da resenha não é simples, embora pareça. Um texto recente sobre o romance de Hatoum, por exemplo, desfiou elogios em página inteira. No final, fez "ressalvas" mal explicadas. A sensação geral que ficou do texto é a de que o romance não tem a importância que tem. Já *Saraminda*, de José Sarney...

Argumento é ênfase, vivo dizendo. Nossos resenhistas ou tangenciam as idéias do livro, concentrando-se no autor e sua "postura", ou fazem um resumo acrescido de senões e impressionismos. O resultado, nesta Era da Mídia, é que o leitor termina mal orientado sobre o que é realmente bom, original, maduro. Então saiba: *Muitas Vozes*, de Gullar, e *Dois Irmãos*, de Hatoum, são os melhores títulos surgidos nas letras brasileiras no último decênio. São "pontos luminosos", na expressão de Ezra Pound: aquilo que as gerações futuras deverão ler para saber o que havia de melhor em nosso tempo.

Conto de jornal

(24/9/1999)

O jovem e anônimo redator chega para seu chefe e submete um texto que acaba de escrever. "Quem pediu isso?" "Ninguém", responde o moço. "Fiz porque me deu vontade. Só queria sua opinião." O chefe bufa ligeiramente, mas se dispõe a ler. "Ah, mas olhe esse começo, que pedante!" *Nos tempos medievais as artes liberais eram divididas em duas categorias, 'trivium', ou os três caminhos para a eloqüência — gramática, retórica e lógica —, e 'quadrivium', ou os quatro caminhos para a sabedoria: aritmética, música, geometria e astronomia.* "Além disso, o período está muito longo, são mais de sete linhas justificadas!" Ele continua a ler. *Como de 'trivium' vem 'trivial', isto faz de 'quadrivium' o oposto de trivial no sentido moderno de banal e inconseqüente. Os caminhos de 'quadrivium' eram superiores aos de 'trivium', a sabedoria melhor do que a eloqüência, que era uma virtude abstrata e narcisista. O que só mostra o que o tempo faz com as palavras e os significados.* "Vê? Tá prepotente demais, sofisticado demais. O leitor não quer saber disso", interrompeu o chefe. Mas logo retomou, não sem antes perguntar: "Ei, essa coisa não tem parágrafo? E cadê o lide, cadê o lide?" *Hoje a eloqüência em todas as suas formas, incluindo o discurso oficial e o discurso publicitário, superou as artes precisas, tornadas inconseqüentes pela irrelevância política. A gramática, a retórica e a lógica — ou a gramática, a retórica e a lógica a serviço das abstrações e do narcisismo no poder — definem a realidade. As palavras substituem os fatos. O mundo é de um jeito e é verbalizado de outro, quem vive no mundo real não reconhece o mundo retórico e vice-versa. Vide Brasil, onde o 'trivium' sepultou o 'quadrivium' e o governo vive nos seus discursos enquanto o povo regride para trevas medievais.*

"Puxa, enfim um parágrafo", zomba o chefe. E antes de ler o segundo: "Continuo não gostando. É muito papo-cabeça. Você acha que o leitor está interessado em 'trivium' e 'quadrivium', nessas citações todas? E você mistura muito os registros. Esse 'Vide Brasil' aqui não combina com o tom do texto". Passa ao parágrafo seguinte. *Curiosamente, foi uma das aplicações práticas da aritmética, a economia, que entregou o jogo para o 'trivium'. Os números, em vez de nos levarem à verdade das coisas, nos levaram a abstrações ainda mais rarefeitas, a um escolaticismo ainda mais verboso.* "Ô, meu amigo, você não acha muita arrogância sua sair falando de economia? Desde quando você é economista para falar de economia? E tire esse 'escolaticismo', ninguém sabe o que é isso. Este troço está muito editorializado!" *A linguagem econômica se transformou no pior exemplo de discurso longe dos fatos, opondo à realidade da miséria e do sofrimento humano o pseudo-realismo de uma pseudociência.* Breve interrupção de novo: "Você usa muita vírgula, muito gerúndio. Jornalismo não se faz com gerúndio." Vê que o texto estava terminando, fica feliz e vai em frente. *E a gramática da empulhação, a retórica que substitui a ação e a lógica dos interesses dominantes encontraram na pregação fatalista do caminho único para a nossa economia a sua eloqüência triunfal.* "Puxa, todos esses substantivos e adjetivos para falar de economia?" O chefe só então se dá conta do título: *Trivium et quadrivium.* "Isso lá é título? Ainda mais com esse 'et' no meio."

Volta-se então para o rapaz, que ouvia tudo em silêncio, e diz: "Resumo da ópera: não gostei. Está muito pouco jornalístico. Tem muita opinião, e ainda por cima é pessimista! Afinal, por que você escreveu isto?" O redator responde: "Eu não escrevi". "Como assim?" "Não fui eu que escrevi. Esse texto é do Luís Fernando Verissimo e foi publicado no *Estado de S. Paulo* do dia 17 passado. Bom, né?"

O caso Fonseca

(22/4/2001)

O novo livro de Rubem Fonseca, *Secreções, Excreções e Desatinos*, é velho. Possível novidade estaria na amarração temática: todos os contos falam de melecas, gases, sêmens, menstruações, fezes e outras substâncias expelidas pelo corpo. Mas Fonseca sempre colocou os incômodos orgânicos em suas histórias. O fato de que lhes deu mais destaque agora não é uma renovação, mas uma comprovação de que está amarrado a seu estilo. Seus personagens sempre foram máquinas fisiológicas, cujo destino é imposto de fora para dentro, como se a violência não fosse mais que ação-reação química.

O livro está sendo anunciado como "a volta de Rubem Fonseca ao conto", depois do romance *O Doente Molière*, recebido com indiferença por público e crítica, embora fosse o mais bem tramado da coleção a que pertenceu, *Literatura ou Morte*. Sua volta ao conto é celebrada em si mesma porque está claro que seu fôlego é para esse gênero. Nas ficções mais longas, fica evidente demais que seus personagens são estereótipos e que suas tramas carecem de ironia, de ambivalência moral, como os enxertos de citações e microinformações demonstram, mesmo nos enredos mais bem costurados. Mas os contos, fortes e criativos, ainda assim trazem problemas semelhantes.

O principal é que só há um único ponto de vista neles, o qual lhe rende elogios da crítica acadêmica brasileira: a concepção da violência como produto dominante da sociedade moderna. Não é necessariamente um problema o fato de haver um ponto de vista único. Mas, se ele se traduz em previsibilidade, a leitura perde interesse, porque impõe outros limites ao telegrafismo. Li muitos e muitos contos de Fonseca, mas é comum que eu esqueça a história — senão por linhas gerais — inclusive dos mais famosos.

E, uma vez você familiarizado com aquele repertório de comportamentos, passa a adivinhar quase todos os desfechos. Pense por exemplo em Hemingway, pai de tantos contistas do século 20 e outro autor que não é convincente nos romances. A concisão masculinizante dele, como a de Fonseca, está a serviço da descrição de um mundo brutal, sem alternativas, de psicologias achatadas pela onipresença da violência física, desarticuladora, sufocante. Mas em Hemingway essas figuras apequenadas e tensas são sobrepostas a um fundo que está em outra escala; o contraste com as determinações da natureza e com o passado religioso da dita civilização fornece perspectiva ao leitor, levando a pensar em questões que habitam mesmo os sujeitos mais marginalizados.

Talvez, por outro ângulo, falte mais humor a Fonseca, o que Dalton Trevisan tem até demais. Pelo menos, no caso do novo livro, sente-se falta do humor negro de um Robert Coover, autor de *Espancando a Empregada*, ou de qualquer outro minimalista de gabarito. Há um subtom em todo o livro de Fonseca que diz "olha como eu choco a burguesia nacional", mas que, hoje, certamente não terá o impacto que *A Coleira do Cão* (1965) e *Feliz Ano Novo* (1975) tiveram em suas épocas. O valor desses livros vinha da percepção de Fonseca, que hoje parece profética, de uma existência urbana que tendia à atomização agressiva, a um exagero de desumanidade que só deixa como saldo o medo, a insegurança que traz ainda mais violência. Mas hoje, embora a atomização tenha chegado aonde chegou, também se banalizaram as incorporações "in extremis" da estética; corpos mutilados e feridas purulentas são lugares-comuns da arte contemporânea, a televisão dispara no Ibope com os "reality shows", e os seguidores de Fonseca se espalham pelo cinema e pela ficção nacionais.

Acima de tudo, não é a conjuntura que deve validar a literatura, mas a literatura que deve avaliar a conjuntura. Quando o narrador conta em *Mulheres e Homens Apaixonados* que "certa ocasião, fingindo que dançava e cantava uma música com o refrão bum-tchibum-tchibum-bumbum, ou coisa parecida, Loreta jogou-se em cima de Luís", a intenção é satirizar o modismo da vez, mas só fica nisso. E, se o estilo se quer lacônico, expressões como "o gosto deleitável da sua saliva" tiram a objetividade tão propagandeada pelo texto. O mesmo se aplica às referências "eruditas" (Kant, Mann, Botticelli) e metáforas como "grotesco balé improvisado sobre uma música dodecafônica" (sobre os espermatozóides), que parecem mais afetação que malícia.

Fonseca é autor de rara habilidade por aqui, uma exceção ao veredicto de Nelson Rodrigues de que "o escritor brasileiro não sabe bater escanteio". O que Fonseca não sabe é fazer lançamento em profundidade ou entrar driblando na área para marcar o gol. Mesmo assim, assistimos.

Literárias (1)
(29/7/2002)

O mal do escritor brasileiro é seu medo das grandes questões. Principalmente quando escreve para a imprensa, ele não trata de assuntos, mas de sua vidinha. Em vez de falar sobre cultura e outros temas da sociedade, prefere relatar minicasos do seu cotidiano, como o presente que ganhou da neta ou sua inabilidade com o computador; o máximo que se aproxima da cultura ocorre quando descreve o recebimento de uma medalha oficial ou reclama das entrevistas que é obrigado a dar. Isso leva a uma triste verificação: a crônica brasileira teve grandes momentos, mas também deixou herança funesta. Assim como a bossa nova, apesar de sua glória, abriu alas para que cantores sem voz pudessem murmurar ao microfone, a crônica licenciou uma multidão de autores sem assunto, que se escudam no nome de Rubem Braga para desperdiçar dezenas de linhas sobre irrelevâncias, não raro sentindo orgulho de nada saber sobre economia, ciência e quase todo conhecimento sério.

Uma vez me perguntaram: "Quem é e como vive o escritor brasileiro?" Respondi: "Um vaidoso com pouco senso autocrítico ou então um abnegado cuja ambição vai se perdendo com o tempo. Há muito pouca gente fazendo literatura séria no Brasil hoje. A grande maioria faz 'nas coxas' ou tenta imitar algum ídolo. Os sérios vivem mal. (...) No Brasil não dá para viver dignamente, escrevendo um livro consistente a cada dois, três anos, como fazem os escritores profissionais mundo afora. (...) Ser escritor profissional e sério no Brasil, sem emprego 'full time', é impossível." Mas a maioria dos escritores que poderiam ser profissionais e sérios, ainda que mal pagos e pouco respeitados, fez a opção do amadorismo autocongratulatório porque quis. Comodismo puro. Afinal, os mercados jornalístico e editorial no Brasil não são tão pequenos assim; e, mesmo que fossem, o compromisso do autor é com a palavra bem dita, com o pensamento diferenciado, com a riqueza estética. Receber dinheiro razoável e devolver texto preguiçoso é, no mínimo, pouco ético.

Incluo na categoria desde os comentaristas esportivos, que nada acrescentam ao que qualquer cidadão diz nos botequins — quando não são ainda menos sensatos —, até os romancistas pretensiosos, autores de catataus no passado e que hoje "jogam para a platéia", tentando ser o mais banal e o menos incômodo possível. O sujeito, em outras palavras, começa querendo ser o novo Guimarães Rosa e termina cometendo historinhas em que nenhuma palavra que não seja pronunciável na televisão pode aparecer. Se lhe acontece fazer um "best-seller" a meio caminho, aí sim é a perdição. Começa a produzir em série, um livro igual ao outro, seguindo uma fórmula que ele nem mesmo imaginava que fosse uma fórmula ou emulando algum autor estrangeiro. Passa a se comportar como estrela, repetindo sempre aquela palestra que garante aplausos. Depois vem reclamar que o escritor brasileiro não exerce influência sobre a sociedade.

Acho que o problema é o do brasileiro em geral: sua reduzida capacidade de aceitar a realidade. Se você toma como exemplo a cidade de São Paulo, vê que há uma oferta cultural grande, mas o debate de idéias é escasso, como comprova a falta de boas revistas de ensaios e/ou reportagens, de suplementos de livros, etc. O brasileiro repudia a análise, a cobrança crítica. O escritor, especialmente o ensaísta, fica sem ter onde publicar suas interpretações, ou ganha tão mal por elas que só lhe restam as noites e os fins de semana para escrevê-las. Nos países civilizados, como EUA, Inglaterra, Alemanha, França ou Itália, é possível viver dignamente em casa à base de colaborações com a imprensa, tanto a grande como a intelectual, sem precisar bater ponto numa academia ou redação. Mesmo na Argentina, o número de boas publicações dedicadas a ensaios, resenhas, contos e poemas é bem superior ao brasileiro. Aqui as idéias não circulam, não valem quase nada. E no pouco espaço que lhes é dado predominam os lugares-comuns confessionais.

O escritor brasileiro pouco faz para merecê-lo. Quanto mais complexa a realidade que o cerca, mais ele parece fugir dela. Deveria ser o contrário.

O teste do sexo

(27/4/2003)

Deve ser coincidência, mas o fato é que dois dos escritores mais famosos do Brasil acabaram de publicar livros sobre sexo: *Diário de um Fescenino*, de Rubem Fonseca, e *Onze Minutos*, de Paulo Coelho. Ler qualquer um deles é experiência broxante.

Sexo já é assunto em que muitos grandes escritores se deram mal. Ou se faz algo francamente erótico, como a *História de O*, de Pauline Reage, ou *Trópico de Câncer*, de Henry Miller, ou o monólogo final de Molly Bloom em *Ulisses*, de James Joyce; ou então o sexo se torna um foco dramático, um campo de tensões psicológicas que exige muita habilidade no tom e nas imagens, como em Proust ou Philip Roth (e o escritor americano Harold Brodkey se queixou de que o sexo na arte moderna é sempre neurótico). O que não passa no teste é livro sobre sexo que não bole com a libido nem tem nada a dizer sobre o tema.

O de Fonseca, naturalmente, é mais adulto. Um escritor faz diário de seus relacionamentos simultâneos com duas mulheres possessivas, uma mais doce no ato, a outra mais selvagem, e aos poucos, previsivelmente, a encrenca vai aumentando. Mas o texto é cheio de lugares-comuns ("Conhecer uma mulher é sempre uma descoberta fascinante", "Não estou numa maré de boa sorte", "Sou um homem sensível ao encanto feminino") e citações, bem ao estilo de Fonseca, o qual chamei de telegrafismo cult ("Essa santa não serve para mim. Amanhã vou dar uma olhada no Casanova. Tenho as memórias do famoso sedutor de mulheres em uma das minhas estantes. São dez volumes").

Fonseca cita Zuckerman, o personagem de Roth, e não devia ter sugerido a comparação. Em *The Dying Animal*, a novela mais recente de Roth, as descrições do ato sexual mostram as sutilezas de sua mecânica — Zuckerman ensina à aluna como variar andamentos e posições — e suas implicações no modo de ser, como o cinismo do professor ("Sexo é todo o encantamento requerido"). O narrador tem muito o que dizer: "As pessoas acham que o amor as faz completas? Eu acho o contrário. O amor fratura você." Já o narrador de Fonseca: "A verdade é que eu não me dou bem com os indivíduos do meu sexo."

Mas quem é fertilíssimo em lugares-comuns é Paulo Coelho. Veja uma das descrições: "Aos poucos começou a entrar em uma espécie de paraíso, a sensação foi aumentando de intensidade, ela notou que já não enxergava ou escutava direito, tudo parecia ter ficado amarelo (sic), até que gemeu de prazer e teve seu primeiro orgasmo." Claro, o leitor já sacou: o objetivo de *Onze Minutos* — tempo que, segundo Coelho, o ato demora, como se o tempo fosse sempre o mesmo — é defender que "o sexo é sagrado". A protagonista é uma prostituta que, adivinhe, se chama Maria. E a qual um homem fará se sentir "uma virgem" ao fazer amor de modo "leve e lento".

Muita gente se pergunta por que Paulo Coelho faz sucesso. É fácil: porque ele reconforta as pessoas, dizem que são "guerreiros da luz", promete que o mundo será harmonioso — a ponto de as prostitutas se tornarem virgens de novo — se cada um seguir sua "lenda pessoal". Como um conselheiro Acácio à margem do Caminho de Santiago, ele diz, para um público mais e mais ansioso por um perdão laico, que deixe a culpa para trás. E nisso, para desespero da crítica acadêmica que tanto parece invejar seu sucesso comercial, está certo.

Só não está certo em afirmar, sem ser contestado (como no último *Roda Viva*), que escreve bem porque usa uma forma simples. Não escreve bem. Sua forma não é simples; é banal, como prova o final do livro: "Apenas, se algum dia alguém decidisse contar sua história, ia pedir que começasse como os contos de fada, em que se diz: Era uma vez..." Não é bom escritor, e muito menos um escritor de vanguarda como gosta de se dizer (usando "Era uma vez"?), porque lhe falta criatividade para imaginar frases e histórias; seus livros são quase sempre baseados em histórias tiradas de outros livros ou, no caso do atual, contadas a ele por alguém. O que faz é usar a embalagem eficiente dos "minutos de sabedoria". Quem quer, engole.

Uma idéia para a literatura nacional

(18/5/2003)

A Bienal do Livro do Rio está em curso e qualquer observador realista pode ver que os melhores lançamentos são traduções — não estão entre as obras escritas por autores brasileiros. Sendo assim, tenho, de graça, uma idéia para a feira, que pode lançá-la em outra edição ou na versão paulista do ano que vem. Depois dela, o mercado editorial local jamais será o mesmo.

Já que o nível da literatura nacional anda tão baixo, proponho criarmos um diploma universitário obrigatório para escritores. Quem não tiver diploma, não pode publicar livro. As vantagens seriam muitas. Antes de mais nada, geraríamos empregos, e as faculdades de escritores se multiplicariam Brasil afora graças ao impulso do governo, de ONGs e de empresas que zelam por sua responsabilidade social, sem, obviamente, desamparar o Fome Zero.

A vantagem maior seria dada pelas aulas de "redação criativa" e "conhecimentos gerais" e pelos "laboratórios de idéias" que, com a divisa de Monteiro Lobato, "Um país se constrói com homens e livros", revolucionariam a literatura brasileira e o próprio Brasil. Nossas letras ganhariam a inventividade, a cultura e a densidade que lhes faltam. Teríamos uma visão muito mais aguda e rica da complexa realidade nacional.

Milhares de escritores chegariam ao mercado todo ano, inundando-o de reflexão humanista, de argumentos críticos, de imaginação verbal. Picaretas, populistas, academicistas e místicos seriam desmascarados; por meio de um rígido Provão nas universidades, eles jamais conseguiriam ter diploma de escritor e, portanto, jamais chegariam aos leitores. As seções de "Auto-ajuda" seriam naturalmente banidas pelas livrarias.

Toda a vasta subliteratura que ocupa as listas dos mais vendidos não teria vez, assim como nenhuma dessas teses ilegíveis dos mestrados e doutorados ganharia versão em livro. A Academia Brasileira de Letras seria uma usina de idéias, um "think tank" procurado por intelectuais de todo o mundo nem que fosse para sorver um pouco do seu chá. O prêmio Jabuti, da Câmara Brasileira do Livro, teria mais credibilidade que o Nobel.

Os escritores profissionais, em suma, não precisariam disputar mercado com pessoas de outras áreas, com aventureiros amadores, com gente frustrada que ignora as técnicas literárias e só quer a glória eterna. O padrão seria Machado de Assis ou Guimarães Rosa; qualquer autor indigno desse nível seria proibido de exercer a profissão que eles enobreceram. E o Brasil não seria apenas um país de leitores, mas um país de leitores exigentes e entusiasmados, onde toda semana seria como uma Bienal do Livro.

N.A. — Para meu espanto, este texto foi levado a sério por alguns leitores.

Prosa em pólvora

(9/9/2003)

A maior movimentação na prosa brasileira recente me parece estar no conto e nas formas curtas em geral. O conto como gênero passa por um ressurgimento, depois de dez ou quinze anos de semi-ostracismo, em que os editores tinham até vergonha de lançar livros deles. Em parte isso se devia ao que um conhecido meu, dono de uma pequena mas consistente editora em São Paulo, chamou de "ditadura do calhamaço" — ilustrada pelo mandamento de Enio Silveira, o grande editor da Civilização Brasileira, de que "livro bom é livro que fica em pé". Em parte isso talvez tenha se devido também a um encerramento de um ciclo, nos anos 60 e 70, em que autores como Rubem Fonseca e Dalton Trevisan surgiram e revolucionaram o gênero. Talvez um período dormente tenha sido importante até mesmo para a redescoberta desses autores em meados dos anos 90. Para a atual geração, na verdades, eles soam, especialmente Fonseca, como ídolos.

Essa prosa que se renova na forma curta, não só do conto, mas também da novela e do romance fragmentário, tem encontrado também um ambiente cultural para proliferar. O tema da violência tomou a sociedade, como se prova também no cinema. Os jornais e revistas também voltaram a procurar os ficcionistas para que reflitam sobre essas questões, e o investimento editorial em coleções de história policial aumentou. Uma lista de alguns nomes que vêm se destacando — Marçal Aquino, Fernando Bonassi, Nelson de Oliveira — mostra como a preocupação com a realidade social caótica e brutal se tornou dominante: seu tema é o atomismo urbano, a psicologia violentada do brasileiro atual.

Outra vertente dessa tendência, como se vê em blogs ou em manuscritos de concursos literários, é a do retorno do tom confessional, da primeira pessoa que tenta colar seus próprios cacos íntimos e tem escassa preocupação com nexos e estruturas maiores. Aparentemente a objetividade da narrativa sobre crime e corrupção, essa abertura à acachapante realidade cotidiana, não teria muito a ver com esses diários internéticos, com essa literatura quase monológica. Mas tem. E a principal demonstração dessa convergência está na forma prosaica. As histórias policiais e os confessionalismos virtuais se encontram no ritmo telegráfico, na busca de uma escrita coloquial que é muitas vezes barata, na crueza evidente já no trato do idioma.

Ao contrário do que ocorre no cinema, é como se essa literatura se sentisse um tanto acuada, tímida, diante da complexidade dessa realidade, da força de suas questões, muitas das quais vão contra a própria noção — tão difundida em nossa literatura — de um povo pacífico e cordial. O problema não está no tamanho, mas no tom. A forma pode ser curta, mas a densidade deve ser maior.

A prosa brasileira que chega ao século 21 pode e precisa se tornar mais elástica, mais cromática, recorrer a maior variedade de recursos justamente para dar conta da realidade com mais riqueza e sutilezas. Mesmo um escritor como Hemingway, celebrado por seu estilo direto e límpido, estava buscando novos modos de concatenar as frases e dar maior precisão ao idioma, interessado como era em epifanias, em imagens sintéticas da condição humana em contraste com a natureza. O mesmo se pode dizer de Graciliano Ramos, de seu ritmo, de seus adjetivos, da espessura de sua prosa que costuma ser definida apenas como "seca". Nada disso pode ser desculpa para a pobreza vocabular, para a mesmice rítmica, para um neonaturalismo em que os personagens são como produtos mecânicos de um destino opressor.

Poucos exemplos na prosa recente mostram preocupação com a riqueza verbal por demanda dos pontos de vista. O mais evidente deles é, como sabe quem leu, *Dois Irmãos*, de Milton Hatoum. Hatoum mistura termos locais com uma fluência sedutora, o que dá à sua prosa um frescor como havia tempo não se encontrava na literatura brasileira. O curioso é que a prosa brasileira não pode se queixar de referências que ajudem a perseguir esse objetivo, pois seu maior escritor, Machado de Assis, era mestre de um estilo elíptico e denso; e Hatoum é machadiano sem ser seguidor de Machado. Quem sabe seu extraordinário romance não seja inspirador para que os ficcionistas, na corrida de 50 metros ou maratona, mostrem mais fôlego, ainda que soltando muita pólvora.

O eco de antigas palavras

(22/9/2003)

Chico Buarque conseguiu em *Budapeste* unir a qualidade principal de cada um dos dois livros anteriores: a força expressiva de *Estorvo* e a habilidade narrativa de *Benjamin*. O narrador parece ter a mesma alienação diante da sua própria realidade, como nas passagens sobre seu filho, que o de *Estorvo*; mas os outros personagens são consistentes, mais que meras alucinações paranóicas, como em *Benjamin*. O resultado é uma história que flui e, ao mesmo tempo, distribui afluentes simbólicos, num equilíbrio dinâmico entre densidade e objetividade. Isso se vê na própria trama textual, que evita o abuso de vírgulas e o discurso indireto e, no entanto, jamais transmite certezas ao leitor, que gradualmente se sente dentro de um jogo.

Pode-se falar das influências sobre o Chico Buarque escritor, como Kafka, Cortázar ou Philip Roth, mas o mais importante é que, também a exemplo deles, numa escala naturalmente menor, seu romance vai além do "puzzle", até porque logo adivinhamos a existência de um duplo na narrativa. Embora alguns recursos de *Budapeste* sejam hoje comuns no chamado pós-modernismo, como o próprio fecho do livro, sua intenção maior não é cair na metalinguagem, na cabala da cobra mordendo a si mesma. É mostrar que o maior pacto diabólico, a grande ilusão da auto-anulação, está em querer adotar outra língua como se pudéssemos escolher nossa mãe. O sonho de se libertar do próprio idioma, da prosódia que nos habita desde a infância — o sonho de partir ao meio as palavras "como fruta que eu pudesse espiar por dentro" —, é como querer abolir a memória e o amor, é como querer reverter o DNA, é como estancar o metabolismo: impossível.

Budapeste, glosando o dito de que "poesia é o que se perde na tradução", descreve como o "ghost-writer" José Costa, entre dois mundos, na terceira margem do Rio Danúbio, começa a perder a própria identidade ao imaginar ter perdido o sotaque. Mas a identidade não é um conceito; é um fato orgânico, como são as palavras. O mundo contemporâneo, com suas virtualidades e sua suposta internacionalização ("país de língua nenhuma, pátria de algarismos, ícones e logomarcas"), é o pano constante, a babel de fundo, em meio à qual o narrador-autor se move como fantasma — em busca de uma imaterialidade que sempre lhe é roubada no último instante, de uma música por trás das palavras que elas terminam sempre levando. Não ter vaidade, numa era narcisista, se revela a vaidade das vaidades, que o tempo corrói com ainda mais acidez.

Chico Buarque, aqui, entra de novo, como vem fazendo em muitas canções desde o disco *Paratodos*, de 1993 (como na bela *Outra Noite*), no tema da exposição do artista e de seu estranhamento com a própria imagem. Mas o assunto maior de *Budapeste* é a relação entre a língua e o sentimento de ser si mesmo, explicitado num personagem que quanto mais se afasta de sua fala familiar, já por sua profissão, mais se reencontra, só que transformado. Num dos grandes momentos do livro, por exemplo, Costa liga para o Brasil e, depois de três meses ou mais sem falar português, começa a dizer para a secretária eletrônica palavras como Vanda (o nome de sua mulher no Rio), Pão de Açúcar, marimbondo, bagunça, adstringência e Guanabara, "somente para ouvi-las de volta", como que saboreando virtualmente o açúcar dos ditongos, o eco de um passado doce e estranho como todo passado.

Proseando

(20/3/2005)

Parece que está na moda falar mal da prosa. A poesia é sempre pintada como mais glamourosa, excitante, encantadora — comparada com sexo, drible, com tudo que possa sugerir uma espontaneidade perdida, uma lavagem emocional. E ela realmente pode ser tudo isso. Saber poemas de cor e recitá-los, mais que cantar canções, é um espanta-males poderoso; o que memorizei de meus poetas prediletos — Shakespeare, Keats, Dickinson, Yeats, Eliot, Camões, Pessoa, Augusto dos Anjos, Drummond, Cabral, Villon, Baudelaire, Rimbaud, Verlaine, Dante, Rilke — é um tesouro verbal & emocional que ninguém me tira e, portanto, que pode me tirar de desânimos. Mas a prosa também!

Está certo que a prosa, por sua estrutura cursiva, pode ser sonífera, cair no palavra-puxa-palavra mesmo quando de vanguarda, etc. Do outro lado, a poesia, por sua carga emocional, pode ser pueril, sentimentalóide, retórica. O que importa não é qual gênero é melhor. A boa prosa, por sinal, pode ensinar justamente a evitar esse tipo de generalização, de rotulagem — e isto sim é que causa bocejo nos dias de hoje, em que tudo continua reduzido a rótulos (direita x esquerda, humanidades x ciências e... homem x mulher). E os melhores trechos de prosa trazem não só essa maturidade intelectual, mas também chances de uma sensação única, de um prazer para os sentidos e a vontade que não tem substituto. Tal como as melhores estrofes poéticas.

Lembro, nesses casos, alguns parágrafos e frases e, mais importante, lembro uma voz, uma melodia de fundo que basta reabrir aquela página para sintonizar com nossa consciência de novo, única, comovente — isto é, capaz de nos mover juntos, de assumir a naturalidade de um rio e seu mundo ao redor, povoado de referências, modos e idéias particulares. A satisfação que me dá ao ler, por exemplo, uma página aleatória de *Memorial de Aires*, de Machado de Assis, não pode ser explicada só pela admiração (como escreve esse diabo!) e inveja (como eu queria escrever como esse diabo!); tem a ver com a "dimensão narrativa" que a natureza e o cérebro possuem, segundo Ilya Prigogine (*O Fim das Certezas*) e Antonio Damásio (*O Mistério da Consciência*); com o poder de captar um espaço-tempo em sua riqueza.

A boa prosa é um jogo, uma tentativa de ordenar aquilo que se sabe inordenável, como a protagonista de *Reparação*, de Ian McEwan, aprende com o passar da realidade. É claro que existem poemas épicos, mas a coordenada do tempo é mais importante para a prosa, e por isso mesmo é que alguns romances — de Cervantes a Saul Bellow, passando por Austen, Dickens, Tolstoi, Dostoievski, Balzac, Flaubert, Proust, Joyce — dizem mais sobre um período histórico do que numerosos tomos de História. Para ficar num exemplo imediato: como sentir a Alemanha pré-nazista sem ler Thomas Mann ou a pós-nazista sem Thomas Bernhard? E mesmo livros mais intimistas, individualistas, como *Angústia*, de Graciliano Ramos (um dos mais bem escritos da língua portuguesa), ou mais alegóricos, satíricos, como *As Viagens de Gulliver*, de Swift (um modelo de estilo), falam tanto sobre nós falando tanto sobre seu universo.

Muitos desses autores, não por acaso, escreveram poesia e todos a leram intensamente. Dá para sentir nos ritmos e modulações de sua prosa. O artefato literário de Euclides da Cunha e Guimarães Rosa é carregado de poesia; são figuras de linguagem, usos de métricas, aliterações, metáforas, recursos que valem a classificação de "prosa poética". Mas a prosa pode ser poética sem escapar do discurso direto e coloquial; ao contrário, nesses casos o resultado pode ser ainda mais poderoso. Pense em Kafka! É uma escrita límpida, como o cristal de um lustre imperial — e serve para projetar sombras, paradoxos, dores que fazem de qualquer ser humano um plebeu. Escrever bem não é lançar efeitos depois de efeitos, cabriolas lingüísticas, firulas infindas.

Tampouco é só na prosa de ficção. Há ensaístas, pensadores e historiadores cuja prosa é, antes de mais nada, um patrimônio da percepção humana; sua argumentação seduz pela elegância que brota da lógica em casamento com a estética, pela clareza que revela a complexidade. Como não se encantar com a prosa refinada de Montaigne e Voltaire ou não se contagiar com os aforismos e silogismos de Nietzsche? E por que será que Sérgio Buarque de Holanda e Antonio Candido são dois dos maiores intelectuais brasileiros? Na língua inglesa há muitos estilistas que releio: Gibbon, Burke, Henry Adams, Shaw, Mencken. A inteligência deles é tão vibrante que não deixa o texto aderir à bitola; a coerência é extrema, mas colorida, insinuante, charmosa — cheia de uma característica que só a grande prosa consegue exibir, a espirituosidade. E para quem acha que "científico" é sinônimo de algo chato ou previsível (como quando se fala em "futebol científico") o melhor é ler Darwin, Bertrand Russell, Stephen Jay Gould, Feynman, Dawkins. São prosas tão memoráveis quanto as dos melhores romancistas.

Estamos precisando de melhor poesia, sim; a que se faz hoje, com exceções (que também bebem na prosa, como, no Brasil, Fabrício Carpinejar), não se compara com a dos autores que citei. Mas a boa prosa, numa fase cultural em que, embora muitas vezes na forma de bobagens esotéricas, o interesse pela história ressurge, depois de tantos choques da realidade que os crédulos julgavam estabilizada, tem uma função essencial — inclusive porque pode ser um antídoto contra a TV-espetáculo, o populismo de direita ou esquerda, a ficção policial telegráfica, a dislexia da maioria dos internautas, a maçaroca acadêmica. Ler um grande prosador é, em síntese, conversar com o amigo mais inteligente que você jamais teve. E todos sabemos como estamos precisando disso.

Ah, o grande futebol está mais para a prosa poética do que para a poesia prosaica. E o amor pode intensificar o sexo.

O planeta do sr. Bellow
(10/4/2005)

Assim que soube da morte de Saul Bellow (aos 89 anos, na quarta passada), fui reler trechos de seus livros — romances como *Herzog, O Legado de Humboldt, Agarre o Dia, As Aventuras de Augie March* e *O Planeta do Sr. Sammler*, para não falar de seus contos e ensaios ou de sua última novela, *The Actual* (*Presença de Mulher*, na tradução brasileira), tão hábil em subentendidos, e seu último romance, *Ravelstein*, uma reencarnação do professor Allan Bloom. Bellow, como se vê nos ensaios de seu *Tudo Faz Sentido* ou na biografia escrita por James Atlas, teve uma vida agitada e rica; conheceu outros grandes intelectuais, como Hannah Arendt, Arthur Koestler e Edmund Wilson, foi editor e professor, casou cinco vezes, viajou pelo mundo todo. Mas o que queremos dele é o resultado disso na sua obra, em seu estilo agudo e colorido, em sua percepção densa da realidade.

Enquanto a literatura européia se entregava a silêncios pseudoprofundos e artifícios formais, nos anos 50 e 60, Bellow, longe de qualquer tradicionalismo, manteve viva a narrativa de ficção como existe desde Cervantes — com personagens enredados em conflitos que provocam seu desencanto e resistência. Tido como "conservador" por frases saborosas como "Onde está o Proust Zulu?" (contestação do relativismo ingênuo que desdenha a cultura européia que tanto alimentou Bellow), ele se dedicou a recriar o mundo fragmentário e ansioso dos indivíduos urbanos modernos sem pregar uma volta ao passado de suposta coesão social (se você quer identificar um conservador, procure essa palavra, "coesão"). A Era da Dispersão era ele também.

Não à toa Philip Roth o cumprimentou, nesta semana, como o maior escritor americano do século 20 ao lado de William Faulkner. Ponho Roth no mesmo plano que Bellow (e claramente acima de Updike, Auster e os demais), talvez até com mais inventividade, mas Roth não existiria sem ele. Personagens como Moses Herzog, Artur Sammler e Von Humboldt, alter ego do poeta Delmore Schwarz, têm uma pulsação que não nos abandona; no entanto, a narrativa não é linear e detalhista, mas digressiva e meditativa, o estilo é musical, espirituoso e, pioneiramente, usa repertório da ciência para ler os homens, em geral abandonados pelas mulheres, e as cidades, em geral tomadas pelas ironias.

"Você não podia ser um sábio à moda antiga, sentado. Você devia treinar a si mesmo", diz o narrador de *O Planeta do Sr. Sammler*, o livro-texto da metrópole moderna. "Você tinha de ser forte o bastante para não se aterrorizar com os efeitos locais da metamorfose, para viver com a desintegração, com ruas loucas, pesadelos sujos, monstruosidades vivas, drogados, bêbados e perversos celebrando seu desespero a céu aberto no centro da cidade. Você tinha de ser capaz de suportar os embrulhos da alma, a visão da dissolução cruel. Você tinha de ser paciente com a estupidez do poder, com a fraude dos negócios." Sem concessão nem medo, Bellow foi capaz de tudo isso. Um escritor que vai sempre nos convidar à releitura é agora um homem que pode enfim descansar.

P.S. — Os gênios americanos de uma era vão morrendo. Marlon Brando, George Kennan, Arthur Miller, agora Saul Bellow. Não dá para viver de Keanu Reeves, Dick Cheney, Michael Moore e DBC Pierre, dá?

Através do silêncio
(11/12/2005)

O mito do autor recluso é isso, um mito. Há reclusos famosos na literatura, como o americano J. D. Salinger, autor de contos como *Um Dia Perfeito para Peixe-Banana* e do romance best-seller *O Apanhador no Campo do Centeio*. No Brasil, temos dois célebres, Rubem Fonseca e Dalton Trevisan. Outro é Raduan Nassar, com uma diferença: Fonseca e Trevisan continuam a toda, produzindo livro atrás de livro; Nassar, como Salinger, parou de escrever ou, ao menos, de publicar. Mas nenhum deles escapa. De vez em quando vemos uma foto, como o flagrante de Trevisan, o "vampiro de Curitiba", passeando pelas ruas da sua cidade de jeans e camiseta pólo, aparentemente tranqüilo, cioso do quase anonimato de sua figura. Ou então vem uma ex-secretária ou ex-amante e revela o comportamento neurótico do escritor, como aconteceu com Salinger. Ou ficamos sabendo, por uma reportagem investigativa, onde Fonseca trabalhou quando detetive de polícia. Cada pequena aparição dessas, por involuntária, termina chamando muito mais a atenção, o que poderia ser batizado de Lei da Reversibilidade da Fama: quanto menos o famoso surge, mais famoso fica.

Quando eu soube que Raduan Nassar ia aparecer em público — e, mais que isso, falar em público! —, na terça-feira à noite, no Espaço Unibanco, senti vontade de observar a cena. Ele foi convencido por sua editora e alguns amigos de que seria uma espécie de gesto de agradecimento, na comemoração dos 30 anos de *Lavoura Arcaica*, aos leitores do romance e também aos espectadores do filme dele adaptado por Luiz Fernando Carvalho, que seria exibido a seguir. Nassar não é tão recluso assim. Já li entrevistas suas na *Veja* e na *Folha*; e há oito anos ele não só permitiu a edição de seus ótimos contos dos anos 60 e 70 em *Menina a Caminho*, mas também colaborou com um inédito. Mesmo assim, me espantei quando soube que ele tinha concordado com esse tipo de evento. E lá estava ele com seu jeito simples e tímido, disposto a atender aos admiradores que lotavam a sala e incluíam autores como Milton Hatoum, Marçal Aquino e Modesto Carone, além de atores do filme.

Ele e Carvalho leram trechos de *Lavoura*. Nassar, que escolheu o capítulo 12, breve e todo ele fechado entre parênteses ("onde fazíamos de olhos baixos o nosso aprendizado da justiça"), pode ser encaixado na categoria de escritores que não são bons para ler a própria obra. Depois das leituras, começaram as perguntas da platéia. Ao contrário do que normalmente ocorre para quem fala em público, Nassar foi ficando mais intimidado. As perguntas nem mesmo eram perguntas. Eram agradecimentos na forma de elogios derramados, em alguns momentos até patéticos. Falou-se tanto em "profundezas da alma humana" que o ouvido literário de Nassar começou a ficar incomodado. Suas respostas foram cada vez mais curtas e gaguejadas. A qualquer momento ele esperava a pergunta sobre por que abandonou a literatura; então, antes mesmo de a formularem, foi logo sacando seus bordões de sempre, como "eu apenas mudei de campo" e "hoje só leio prospectos de agricultura". A um professor de literatura, explicou que não tinha teoria sobre a forma narrativa que adotou. Mesmo assim, um rapaz lhe pediu analogia com a parábola bíblica do filho pródigo; depois de um silêncio, ele ironizou, "Eu não lembro", e causou risos constrangidos na platéia.

O problema não é que ele não tinha nada a dizer; é que ele não tinha a dizer o que as pessoas queriam ouvir. Vivemos uma era de comunicação indireta, virtual, em que somos mais amigáveis e falantes por meio dos computadores ou câmeras. Lê-se mais sobre um autor do que sua obra; tenho amigos que já leram grandes estudiosos de Proust sem ter lido muito Proust. E, para quem quisesse ouvir, havia dois ou três recados — como esse — vindos de Nassar. Ele afirmou, por exemplo, que a resposta mais importante que um escritor pode ter à sua obra é a que tem na mesa de trabalho ou, diria eu, na lavoura solitária das palavras. "As melhores recompensas que ele tem acontecem lá. O que vem depois é um acréscimo, ou...", e aqui Nassar procurou a palavra, que talvez fosse "ônus", mas apenas deu uma rápida risada. Hoje os escritores parecem perder mais ATPs mentais com a repercussão do que com a produção.

Ele deve ter momentos em que sente vontade de escrever. Mas o curioso é que aquelas pessoas que estavam lá para homenageá-lo às vezes davam a impressão de que queriam consumi-lo, tragá-lo. Acho bom quando os escritores são intelectuais públicos, acho que o Brasil é carente deles. Em outros países a maioria escreve resenhas para os jornais, dá opiniões fortes sobre a conjuntura, faz o que pode para divulgar o conhecimento. Só não é de Nassar que se deve cobrar ou esperar isso. Naquela situação quase raduanesca de comunicação truncada, era como se ele devesse uma justificativa para seu ato, para a opção que tomou de se afastar da literatura e ir cuidar da fazenda. Não se entende que ele pode simplesmente ter chegado à consciência de que, em seus três pequenos grandes livros (o outro é *Um Copo de Cólera*, menos perturbador do que *Lavoura*, mas em certo aspecto mais bem realizado), disse tudo que tinha para dizer. E isso é muito mais raro do que se pensa: há escritores que não o conseguem em dezenas e dezenas de livros.

Se ele tivesse partido para uma vida de aventuras e crimes como Rimbaud, talvez até se pudesse compensar o enigma com glamour. Mas não. Uma moça até que tentou; perguntou se seu gesto teria a ver com o de Tolstói, que exaltou a vida no campo por sua simplicidade e paz de espírito, etc. Nassar disse então a frase da noite, não por acaso ignorada pelos jornais nos dias seguintes: "Não. Não existe refúgio. Onde quer que você esteja, você vai ser atingido."

O lago e o erudito

(22/1/2006)

Passei uma semana na Casa do Lago, perto de Buri, no sudoeste de São Paulo, para descansar um pouco e curtir a família. Deu certo: a sensação é a de que passei um mês fora. A idéia da pousada, que pertence à associação Roteiros de Charme e já citei aqui antes, é ser a casa de campo para quem não quer os transtornos de ter uma casa de campo. E assim ela é. Tudo é bonito e repousante, confortável sem ser luxuoso, tranqüilo sem ser tedioso; e a comida, muito saborosa, com verduras colhidas na horta, queijos purunga feitos ali mesmo, doces e sorvetes caseiros. Borboletas, aves, plantas e flores oferecem um pequeno espetáculo para quem está na piscina, caminhando em meio ao mato ou no terraço de onde se observam os pássaros. Ali, lendo intermitentemente o volume II dos *Ensaios Reunidos* de Otto Maria Carpeaux, fiquei matutando sobre isso que se perdeu: a capacidade de observação livre e direta, de deter calmamente a atenção sobre o que nos cerca, de não se afobar até para que o cérebro seja mais rápido e preciso. Hoje todas as experiências são mediadas. Passam por uma "mídia", pela mediação de um equipamento e/ou de uma simbologia; é um mundo virtual, indireto. Até turismo tem sido feito por simulações tecnológicas.

*

Carpeaux também seria uma mediação, alguém a interferir no contato entre indivíduo e exterior. Com sua erudição, com seu enciclopedismo, seria como um personagem de Elias Canetti ou Italo Svevo, fechado em sua biblioteca porque inábil para o convívio social, inepto para a rotina real, uma traça de livros sem vocação para enfrentar a luz do sol. É comum a figura do intelectual que seguiu esse caminho porque desengonçado, feio ou tímido demais; inibido pelo mundo, buscou uma vivência paralela, na qual se sente superior aos demais, aos "normais". Para completar, raros são os intelectuais que, em vez de demonstrar os prazeres da leitura e da cultura, parecem provas vivas do contrário, fanatizados por ideologias, por sistemas, pela Grande Obra que ainda hão de escrever para salvar a humanidade. Mas Carpeaux não é professoral.

*

Seus ensaios ocupam em média de três a cinco páginas, são escritos de modo claro e esclarecedor, dividem seu conhecimento sem citações desnecessárias. Esse austríaco batizado Otto Maria Karpfen — que chegou ao Brasil em 1939, aos 39 anos, fugindo da guerra, afrancesou o sobrenome e em apenas três anos aprendeu o português — era acima de tudo um humanista. Apesar da formação católica e da conversão posterior ao marxismo, escreveu o seguinte, num artigo curiosamente intitulado "O fim da história" aqui neste *Estado*, em 1958: "Por que esperar soluções finais?" Era o abandono ao idealismo que o tentara a vida inteira, presente na maioria dos seus textos, das suas interpretações da herança cultural européia, principalmente no volume I.

*

Estive uma vez em Peterhof, próximo a São Petersburgo, o palácio de verão da aristocracia russa, e dei uma volta no lago que Diderot e a rainha Catarina II circundavam enquanto debatiam o papel da razão e do riso, as obras de Galileu e Shakespeare, e seguramente fofocavam muito sobre as cortes européias. O que há nos lagos que convidam tanto ao pensamento? Será a enganosa placidez da superfície, que sugere movimentos profundos? Voltaire passou os últimos anos de vida em Ferney, na Suíça, escrevendo cartas magistrais, e dizia que "cultivar nosso jardim" é essencial, sem com isso defender a alienação — afinal, foi um campeão da liberdade de expressão e religião, um cético que nunca deixou a cena pública, um iluminista que sabia que a lógica não explica todas as coisas e não pode travar a sensibilidade.

*

Diante de uma cultura sólida como a de Carpeaux, para a qual as 941 páginas do livro são metáfora perfeita, o leitor tende a se esfarelar. Eu saio anotando tudo: frases memoráveis, dúvidas, uma série de nomes de escritores que desconheço — o croata Krleza, o holandês Vestjdik, o tunisiano Ibn Khaldun. Ele também prefere Keats e Baudelaire entre os românticos, até porque foram além do romantismo ao beber nos clássicos. Partilha a admiração por livros como *Petersburgo*, de Biély, e lê Graciliano como um autor muito acima do regionalismo. Introduz os leitores daqueles anos 50-60 a hispano-americanos como Rulfo e Carpentier e demole o concretismo. Nota que o "segundo nascimento" de Machado, com *Brás Cubas*, veio da perda de fé. Exalta a grandeza de Heine como jornalista e aponta a confusão de Ortega y Gasset entre democracia e massificação. E afirma sem hesitar que "o grande erro alemão foi no fundo europeu", a união de nacionalismo e cristianismo. Felizmente, tem defeitos. O idealismo, que o leva a seguir a crítica de Croce e T. S. Eliot, associa demais arte e moral. Autores de pendor católico, como Octavio de Faria, ou politizados, como Pratolini, são superestimados. Não é verdade que Conrad não dominava a língua inglesa, ou que Mozart deve ser apreciado sem os arabescos. Sartre, Hemingway e Bandeira não estão em tal panteão. E o liberalismo não morreu, nem na filosofia nem na economia; está mais vivo do que nunca. Mas gostamos de ler Carpeaux até para discordar.

*

É claro que Carpeaux é complicado para o leitor iniciante, apesar de sua legibilidade e rigor. Sua cultura parece inatingível; ele elogia coisas demais, em vez de separar incisivamente as que ficarão para as novas gerações; seus comentários carecem de exemplos práticos, de paralelos com a vida, com as ansiedades cotidianas; sua cultura é a da literatura, da música erudita e da pintura, do "cânone ocidental", e nossa impressão é de que cinema, música popular, esporte ou noticiário político não valem seu tempo. Mesmo assim, sabemos que é alguém que vê a cultura como uma forma de expandir a sensibilidade, não de substituir as experiências reais pelas simbólicas. Simultaneamente, acredita no conhecimento como busca inerente à biologia do

Homo sapiens sapiens, ser lingüístico, que equaciona e traduz o que vê. Ler um livro é viver uma experiência mediada, mas tanto melhor ele será se disser respeito à nossa experiência particular; a vivência direta não deveria ser oposta à simbólica. Não existe essa divisão nítida entre natureza e cultura.

*

Olhando a variedade de cores e tons nos jardins da Casa do Lago, o tremeluzir dos reflexos das árvores na água, a vibração das folhas dos pinheiros ao vento, Monet e Cézanne vêm à companhia e me ajudam a ver mais do que permitem meus olhos poluídos pelo senso comum; ou melhor, é esse cenário natural que me faz ver melhor Monet e Cézanne. Ali, à beira-lago, em meu "dolce far niente", um sanhaço cinza-azulado monta sua casa na palmeira. Ele parece dizer que há mais tempo do que imaginamos, se nossa imaginação não nos fizer perder tempo.

Literárias (2)

(2/9/2006)

Escritores iniciantes se aborrecem de ser comparados com grandes nomes do passado. Muitos acreditam na teoria do saudoso crítico, tradutor e poeta José Paulo Paes de que as obras-primas só podem surgir num meio em que há farta literatura de "entretenimento" que crie leitores e, pois, massa crítica. Têm uma razão parcial: não se pode querer de cada estreante que seja um novo gênio — ainda que tantos sejam anunciados como tal, porque a mídia está sempre ansiosa por novas modas e mitos — e muitos autores prejudicam a si mesmos com a ambição de fazer de largada um calhamaço que dividirá a história da literatura em antes e depois. Mas as explicações sociológicas são sempre insuficientes. Muitas obras de arte extraordinárias nasceram em circunstâncias ordinárias, em locais até de pouca tradição e escasso mercado.

*

O que um grande escritor não pode deixar de fazer — nem jamais deixou de fazer — é ler os clássicos. Pense em Hemingway, que gostava de posar de esportista antiintelectual: sua biblioteca em Key West tinha todos os "faraós" que a inteligência requer. Machado de Assis era um leitor exemplar, que entendia diversos idiomas e cultivava em especial a filosofia. Muitos no Brasil, infelizmente, começam a escrever sem conhecer os clássicos, como se atesta na última página deste caderno, na seção "Antologia Pessoal". Lêem Rubem Fonseca, mas não Raul Pompéia. Lêem Paul Auster, mas não Marcel Proust. Ao desconhecer as cadências do Padre Vieira ou de Pedro Nava, pois usam a maior parte de seu tempo para ver filmes e seriados, ignoram como renovar de verdade a tradição. E escrevem todos no mesmo estilo primário e convencional.

*

Quem ganha, antes de mais nada, com o acesso a clássicos bem editados é o leitor, cansado de só encontrar livros feios e/ou didáticos. Pode-se abstrair o mau gosto da tipologia, da capa e do papel de um romance e extrair dele enorme prazer, como foi meu caso quando li pela primeira vez *Crime e Castigo*, de Dostoievski, naquela horrenda edição de bolso vermelha da Ediouro. Mas, quando o livro é bonito, esse prazer físico, tátil, se integra ao prazer de ler. Os contos de Machado de Assis, por exemplo, vêm recebendo edição muito agradável da Martins Fontes; a mais recente é *Contos Fluminenses* (preparada por Marta de Senna). E agora Guimarães Rosa, outro não muito bem tratado pelos designers desde os volumes ilustrados por Poty, é devidamente homenageado pela Nova Fronteira com edições comemorativas dos 60 anos de *Sagarana* (com borda irregular de papel, ao estilo da maravilhosa coleção Borzoi da editora Knopf) e dos 50 anos de *Corpo de Baile*, em dois volumes, como no original, e dentro de caixinha.

*

Com exceção do *Suplemento Literário de Minas*, não tenho visto muitas referências ao centenário de Cyro dos Anjos, autor de outro clássico brasileiro, *O Amanuense Belmiro* (1937), muito pouco lido na atualidade. Antonio Candido o colocou entre os dez maiores livros de ficção brasileiros, coisa que eu não faria (ele também colocou *Esaú e Jacó*, de Machado, como o número 1, o que eu também jamais faria), mas há um sabor machadiano nesse diário, em suas metáforas melancólicas: "(...) hoje dormimos arlequim, amanhã acordamos pierrô. As vestes ficam guardadas num armário de nossas profundezas onde se amontoam indumentos de infinita variedade. Alguém no-las troca sorrateiramente, durante o sono, de acordo com um critério que nos escapa. E esse alguém às vezes se diverte, pondo-nos de casaca e em cuecas, ou pregando-nos um rabo de papel no jaquetão. O fato é que se frustra todo o esforço que despendemos para nos impor certa disciplina, certa unidade, certa coerência. (...) e amanhã seremos o que não queremos." Para Candido, esse era o livro de um homem culto e um consolo para a ficção mais ou menos frouxa daquele tempo...

*

Há escritores que produzem só um grande livro em toda a vida, caso de Cyro dos Anjos, e não há problema algum nisso. Há escritores que escrevem muito e, como Balzac, fazem um livro melhor que o anterior, ao contrário da crença de vários autores brasileiros de que o grande criador é lento. Nelson Rodrigues é desta trupe: produzia contos e crônicas no meio da bagunça da redação de jornal, todo dia. A editora Agir produziu agora uma bela capa com letras em relevo para os cem melhores contos de *A Vida como Ela É...*, cuja leitura é fundamental para entender o maior dramaturgo brasileiro. Lamento, mas vou contar o desfecho de uma das histórias para ilustrar: a mulher adverte o noivo para que não se enamore da cunhada, mais nova e bonita que a irmã; com isso, chama a atenção dele, que acaba sendo tentado por ela; para se purgar, ele a mata, o que provoca o júbilo da noiva. Nessa mistura de sagrado e profano com boas pitadas de humor negro, Nelson cria um universo de culpas e desejos ocultos que só a expiação brutal salva. Por ser reacionário, foi revolucionário: destruiu o mito da suavidade brasileira.

*

Curiosamente, parece que estamos assistindo agora a uma volta à crença na experimentação formal, certa inquietude visual que não poucos clássicos trazem (de *Dom Quixote* a *Brás Cubas*). Num livro como *Extremamente Alto, Incrivelmente Perto*, Jonathan Safran Foer acrescenta fotos, risca palavras, lista números. Em *Por Acaso*, de Ali Smith, versos se intercalam à narrativa, brancos são espalhados pela página. Em *Jerusalém*, de Gonçalo M. Tavares, alguns capítulos têm meia dúzia de linhas. O mesmo acontece em *História de Amor*, de Nicole Krauss, esposa de Foer. Mais de cem anos depois do surgimento da arte moderna, os elementos gráficos voltam a ter importância? De certo modo, sim, mas não com os resultados que eu gostaria. Foer, por exemplo, bebe em W. G. Sebald, o grande escritor alemão que usava fotos em seus livros que fundem memória e ficção, mas Foer não tem um décimo da concisão de Sebald, de sua visão de mundo quase estóica. Os outros têm problemas semelhantes. Desconfio que o fenômeno, além de denunciar uma necessidade de se desviar da eficácia seqüencial do cinema, esteja mais ligado às facilidades que o computador propicia — o deslocamento de blocos de texto, por exemplo — e aos avanços da tecnologia gráfica. Também é preciso lembrar que grandes inovações formais podem ocorrer debaixo de uma superfície lisa e cristalina, como em Kafka.

*

Um bom exemplo de ficção experimental que não se sustenta na facilidade é *Os Detetives Selvagens*, do chileno Roberto Bolaño, morto há três anos e, como o argentino José Juan Saer, cada vez mais cotado como clássico recente. Bolaño não exagera na experimentação, pois, como a de Joyce, sua literatura tem furor narrativo, interessada especialmente nas histórias que correm dentro das cabeças de seus personagens; e, apesar dos longos parágrafos e das numerosas citações, a pontuação é ortodoxa e há nexo entre os acontecimentos e só no final é que a forma de diário e alguns desenhos são usados. Mas o livro é muito extenso, e chega uma hora em que não queremos mais saber das picuinhas do meio intelectual mexicano, tão provinciano como o brasileiro, em que os escritores parecem ter optado por esses ofícios por sua incapacidade para a vida real, sua dificuldade de praticar esportes e conquistar mulheres. E fazem, com exceções, uma literatura de recalque.

*

Então vamos verter uma lágrima para Naguib Mahfuz, o escritor egípcio morto nesta semana aos 94 anos, conhecido no Brasil pelas traduções mais recentes, *O Beco do Pilão* e *Noites das Mil e Uma Noites*, mas que se tornou um clássico mesmo com a "trilogia do Cairo": *O Palácio do Desejo* (o melhor), *Entre Dois Palácios* e *Açúcar*, que lhe valeram o apelido de Balzac ou Dickens do Cairo. A força de sua originalidade vem da fusão da narrativa oral árabe com o romance moderno, de personagens críveis, de sua captação da sociedade e seus costumes e preconceitos. Descrever os semelhantes ainda é, afinal, a função maior da literatura. Quando clássica, é porque descreve a todos nós.

Alô, alô, Brasil

(17/4/1998)

Fui ver *Central do Brasil* e gostei muito, embora não me tenha impressionado. O filme tem dois méritos. O primeiro é o apuro técnico: afora a direção de arte, a fotografia, a música e algumas tomadas criativas, me lembro de poucos filmes brasileiros que tivessem tal coesão de atuações; isto é, houve realmente direção de atores, coisa rara por aqui em teatro, TV ou cinema.

O menino, Vinicius de Oliveira, foi "casted" à perfeição. Marília Pêra está ótima como sempre, fazendo um contraponto meigo-ingênuo ao tom desiludido-malicioso de Dora (Fernanda Montenegro). Mateus Nachtergaele, um ator que admiro desde a peça *Paraíso Perdido*, dirigida por Antônio Araújo, foi o responsável pelo momento que achei mais tocante no filme, quando ouve Dora lendo a carta do pai. Sua concentração é plena, tanto que ele está completamente fora de seu habitat, descendente de alemães fazendo papel de sertanejo brincalhão. Guardem esse nome difícil. E, claro, há Fernanda Montenegro. O segredo do filme é seu despojamento, sua profunda generosidade como atriz, sua empatia até mesmo ao ferir as expectativas do público. Walter Salles fez a coisa certa: foi igualmente despojado e generoso, valorizando e concatenando o material que tinha, ele que em *Terra Estrangeira* abusou da contraluz e permitiu discrepância de interpretações muito grande. Agora não.

O segundo mérito é esse: *Central do Brasil* não explora os contrastes; não é ideológico; está mais preocupado em apresentar do que explicar. Alguns críticos lhe viram ascendência no Cinema Novo e em Glauber. Discordo: Salles fez um filme realista, não mítico. O que me frustrou um pouco foi a previsibilidade da narrativa. Sua estrutura é fabular, linear, "proppiana"; Dora vai se afeiçoando crescentemente ao menino, até que se dá a conversão em meio a uma romaria, em seqüências que se aproximam do lugar-comum. Cada etapa da história, enfim, pode ser antecipada por quem não se deixa levar pela emotividade — sabiamente sem apelo, sem catarse — do filme. Isso atrapalha o clímax bem-resolvido do final.

E a intenção de "resumir" o Brasil, ainda que com sutileza, me parece clara já no título; logo, preciso fazer mais uma objeção. Não partilho integralmente a visão de Salles. Estou de pleno acordo, e já viajei por quase todos os estados do Brasil, com a noção de que este é um povo de índole boa, calorosa, saudavelmente informal; mas não concordo com a proposta tácita da solidariedade individual como saída provisória para essa "Índia" que, sociologicamente, o Brasil parece ser no filme. Acho esse discurso conciliatório, sentimental demais, como se fosse um Brasil litorâneo estendendo a mão para o tal Brasil "profundo", sertanejo, dizendo "Alô, alô, Brasil" em vez de "Bye, bye". Há uma sugestão religiosa que não me convence. Mas o fato de Salles ter estabelecido um tom difícil desde o início e o mantido com tal competência o faz único na safra anos 90. Parabéns.

Vozes veladas, veludosas vozes

(28/5/2000)

O mundo está perdendo vozes que não tem como repor, afundado que está na babel eletrônica. Enquanto muita gente fala alto sem pensar, morre a voz sábia de John Gielgud, descrito por Kenneth Tynan como "o melhor ator do mundo do pescoço para cima". (Poderíamos acrescentar: Marlon Brando é o melhor ator do mundo do pescoço para baixo; Laurence Olivier, o melhor ator do mundo de corpo inteiro.)

A risível cobertura dada pela imprensa brasileira à morte de Gielgud tentou pintá-lo como um "shakespeariano" que depois foi fazer filmes comerciais, sem enfatizar a tremenda versatilidade e ousadia de Gielgud. Ele trabalhou com cineastas tão díspares quanto David Lean (*Desencanto*) e Andrej Wajda (*O Maestro*), foi Prospero de toucas em meio ao barroquismo de Peter Greenaway (*A Última Tempestade*) e escritor alcoólatra sob a digressão, digo, a direção de Alain Resnais (*Providence*). Um inglês clássico, um polonês grave, um inglês pós-moderno e um francês existencial. Mas é claro que foi como Cassio em *Júlio César*, de Joseph Mankiewicz, que reservou uma gaveta eterna em nossa memória. "Sua tarefa era preservar a tradição", escreveu Tynan em *Profiles*.

Sua maior arma, claro, era a voz. O timbre rouco e suave ao mesmo tempo, a inflexão que deixava a música verbal fluir sem deixar de desenhar o sentido das frases. De tempos e tempos ouço, preciso ouvir, os CDs da Caedmon em que ele recita todos os *Sonetos* de Shakespeare, o auge do lirismo no auge de uma lira vocal. Amigos ficam impressionados que eu possa ouvir isso dentro do carro em meio ao trânsito absurdo de São Paulo, mas é por isso mesmo: aquela cadência absorve de tal maneira que tudo ao redor parece abstrair-se.

Convulsões
(25/11/2001)

Uma das cenas que não saem da minha cabeça desde que deixei a sala onde fui ver *Lavoura Arcaica*, a adaptação do livro de Raduan Nassar por Luiz Fernando Carvalho, é a da mãe (a extraordinária Juliana Carneiro da Cunha) acordando o menino, André (Selton Mello quando adulto), com um carinho que transborda da tela num jorro de luz, comovendo qualquer espectador. Jamais vi nada semelhante no cinema brasileiro. Entendi perfeitamente os elogios que Bernardo Bertolucci fez ao filme e também fiquei imaginando que Raoul Ruiz, quando vir, se é que já não viu, vai gostar muito. Tenho visto que os elogios se concentram na beleza do filme e as críticas na duração dele, cerca de 2h40. Mas o filme, se cansativo, tem sua "coerência interna" assegurada — ou seja, é difícil imaginar o que cortar dele — e a cena citada é uma das muitas provas de que seu mérito é muito mais que a plasticidade.

O fato é que projetamos nossa experiência na angústia entremeada de memórias líricas de André, dividido entre a palavra do Pai e o afeto da Mãe, desintegrado em sua revolta kafkiana, porque incapaz de articulá-la. (Na *Carta ao Pai*, Kafka escreve que, mesmo que ele estivesse certo 100% das vezes, ainda assim não teria o direito de se intrometer na vida do filho naquele grau.) Há uma força trágica, semítica, nessa história de incesto em uma família libanesa do interior de São Paulo. Mas isso tampouco justifica outra acusação que li, a de que o filme tem pouco de "brasileiro", porque é difícil pensar em outra discussão tão importante para a construção da sociedade brasileira moderna do que o espaço que o afeto pode ter nela — e onde ao inconformista é sempre recomendada a humildade. E, se esta sociedade se orgulha de ser multicultural, já passou da hora de começar a entender que a diversidade não deve ser resumida a uma "identidade" só.

A maior contribuição do filme é para o cinema, e não apenas o brasileiro. Se cinema é "saber filmar uma mulher bonita", como dizem, Carvalho já seria um mestre pelas cenas de Simone Spoladore dançando em meio à roda festiva. Por sua vez, a cena dela com André na igreja, quando ele descarrega um discurso barroco de autocondenação, evoca pinturas de Caravaggio. Outro grande momento é o da história da refeição sem alimentos, filmada em cinza, com a qual o pai ensina ao filho a virtude da paciência. Há ainda as tomadas do corpo de André em sua convulsão masturbatória. Os enquadramentos e movimentos de câmera são ao mesmo tempo sinuosos e objetivos, como a escrita de Nassar, de resto ela também cansativa pelo abuso de vírgulas. A imagem às vezes "ilustra" demais as palavras, mas o efeito, até certo ponto, é necessário para adensar o filme. A trilha sonora, do Uakti, alternada a canções árabes e composições do grande Arvo Pärt, exerce outro papel fundamental.

E Carvalho fez brilhantes associações visuais entre os dois tempos da narrativa, passando de cenas descritivas a discursos metafóricos sem perder o realismo. Estabeleceu, sobretudo, uma ligação entre o solo úmido e a afetuosidade maternal que pontua a narrativa; deu ao filme uma pele — cores terrosas, texturas ásperas, flashbacks cobreados — que recria o clima do livro, do "huis-clos" entre os dois irmãos até a volta do filho epiléptico, como numa espécie de parábola fissurada. As interpretações, sem ceder ao naturalismo, são muito eficientes, como o pai feito por Raul Cortez, embora Selton Mello às vezes atropele palavras em sua dicção corretamente exasperada.

O filme tem, enfim, a saudável ambição — até agora invisível na retomada do cinema brasileiro — da experiência estética "completa", com as imagens, as falas e os sons em mútua potenciação. Ombreia-se com Glauber Rocha, sem a turgidez da ideologia. Luiz Zanin Oricchio, aqui no *Estado*, tocou no ponto central: a dilatação do tempo no filme, de certa forma, contrasta com a condensação literária de Raduan. Talvez sejam as diferenças de linguagem.

Mas não há como negar que Carvalho dá uma carga emocional equivalente à sua narrativa, com uma criatividade cinematográfica impressionante. E isto é o que fica, quando se trata de uma obra-prima.

Cadernos do cinema

(25/2/2002)

Escrevendo sobre *O Quarto do Filho*, de Nanni Moretti, o crítico de cinema da *New Yorker* Anthony Lane fez comparação com um filme que não vi, *In the Bedroom*, de Todd Field, e sentenciou: "Em face da perda, o cinema americano se enraíza mais fundo na escuridão, enquanto o cinema europeu está amanhecendo para a esperança. Supostamente não deveria ser o contrário?" Lane é bom, mas sofre o velho problema da crítica: a generalização fácil. Uma das mais repetitivas é essa que compara o cinema americano e o europeu como se fossem blocos macroeconômicos. Mas o "mainstream" do cinema americano continua a ser um filme como *Uma Mente Brilhante*, de Ron Howard, que converge toda a trama para a lição moral do amor redentor. E o que o filme de Moretti tem de melhor é justamente não ser servil à pregação da "esperança".

Nos bons tempos do *Cahiers du Cinéma*, o que havia de mais renovador não era um "método" crítico e/ou a conversão do cinema em teorema — obra de um "auteur" que seria tão independente quanto um romancista na calada da noite —, mas a capacidade de enxergar em cineastas como John Ford, Orson Welles, Charles Chaplin, Alfred Hitchcock e outros que trabalharam nos EUA como mestres de fazer arte com aparência de entretenimento. E isto é que é raro no cinema atual, seja o americano, seja o europeu. Uma figura como a de Marcello Mastroianni — "Cinema non'è gran cosa", dizia ele aos críticos em busca de teorias — hoje parece impensável. E a leveza inteligente de um Truffaut não é seguida por quase ninguém, enquanto os freqüentadores de cineclubes endeusam Manoel de Oliveira, Theo Angelopoulos e Jafar Panahi.

Mas do cinema italiano ainda continuam a vir saudáveis meios-termos, filmes de Ettore Scola, Bernard Bertolucci, Roberto Benigni (embora ainda haja quem cobre verossimilhança de *A Vida É Bela*), etc. *O Quarto do Filho* é de uma habilidade muito grande na condução de uma história que trata do mais incondicional dos amores, o amor pelos filhos, amor que anuncia ao mesmo tempo a passagem e a superação do tempo, amor que não pede retribuição equivalente e que, por isso mesmo, faz cometer muito mais desatinos que os desatinos cantados em verso e prosa desde que Julieta exigiu compromisso de Romeu.

Apesar de eu ter visto muita gente chorando na sessão, Moretti conseguiu falar desse assunto com equilíbrio sensível, com uma observação tão mais duradoura porque precisa, despojada. A cena do velório é a mais próxima do real que já vi: a perplexidade, a incapacidade de concentrar nossa atenção em nada a não ser as coisas mais banais. Afinal, é mais fácil filmar a morte do que a implicação dela em quem fica. O personagem de Moretti, um psicanalista acostumado a dissecar os delírios narcísicos de seus clientes, não explode em choro como sua mulher (a bela e talentosa Laura Morante) nem amadurece como sua filha, mas descobre seu próprio egoísmo. Os três, de qualquer forma, só vão conseguir afastar o torpor com a entrada de um jovem casal e a necessidade, enfim, de às vezes fazer coisas que não se encaixem na nossa rotina de necessidades.

Ao deus-não-dará

(19/9/2002)

O que tem em *Cidade de Deus*? Muitos tiros e palavrões; fotografia granulada; gags; didatismo em off; trilha desde samba velha-guarda até dance music; edição de clip; drogas; câmera tremida. Para a maioria dos espectadores, fica como se fosse um filme de gangues, sobre delinqüentes viciados que sentem prazer na violência mesmo porque não têm mais o que fazer. Na sessão a que fui, num shopping de bairro classe média alta de São Paulo, tomada por jovens casais ou turmas, ria-se o tempo todo, inclusive nas chacinas, e por pouco não se ouvia o velho dito de Helio Oiticica, "Seja marginal, seja herói". Mesmo quando se percebia que o que estava sendo mostrado era trágico, "the horror, the horror", em poucos segundos uma piada ou uma correria botava de volta o público em seu confortável gozo audiovisual, até poder "sair leve" do cinema.

E, no entanto, é um filme sobre uma das maiores favelas brasileiras, rendida como se sabe ao narcotráfico, e sobre a maneira como a crueldade se tornou o código dominante dos relacionamentos ali. É um pouco como em alguns filmes de Martin Scorsese, em que as pessoas incorporaram a violência como se fosse natural. Mas em Scorsese vemos as pessoas sendo transformadas pelo sistema corrupto e a violência é apresentada tal como é, seca, crua. Me senti também de vez em quando numa sessão de *Assassinos por Natureza*, de Oliver Stone, ou *Pulp Fiction*, de Quentin Tarantino, em que os protagonistas tentam fazer o público partilhar de sua pulsão matadora. Mas Stone, pelo próprio exagero estético, e Tarantino, pelo humor auto-irônico, tentaram satirizar a sociedade que vê a violência como espetáculo, a começar por aquela que está assistindo ao filme.

Será que *Cidade de Deus* está denunciando aquelas pessoas que estão vendo o filme e sentindo a mesma indiferença pela vida alheia que os traficantes sentem? Li uma entrevista com o diretor, Fernando Meirelles, em que disse mais ou menos que "só os malucos podem sentir prazer com aquelas matanças todas". Bem, então posso tirar duas conclusões: a sessão em que eu estava tinha 99% de malucos; e os traficantes promovem, satisfeitos, aquelas chacinas todas porque são doentes mentais. Ou essa declaração também seria irônica? Li quando foi lançado o livro de Paulo Lins em que o filme se baseia. A pretensão do romance era ser um painel da vida naquela favela, com seus diversos tipos, e uma descrição de como ela foi vivendo, nos últimos 30 anos, uma escalada de violência a serviço do tráfico. Na metade o leitor se cansava daquele acúmulo mecanicista, daquela sucessão horizontal de histórias de padrão conhecido. Não por acaso o livro, que agradou aos acadêmicos politicamente corretos, foi enxugado e corrigido agora para nova edição.

O filme até tenta não ser um matraquear contínuo de execuções. Preserva a variedade de personagens, divide-se em "capítulos", mostra influências do ambiente cultural de cada época, aposta no único personagem que vê saída daquele moedor de carne, tem sacadas visuais como a seqüência na luz estroboscópica. Seu problema não é exatamente a estetização da miséria ou da violência, como vem sendo dito por quem não gostou. Mas é a pretensão de ser realista, como demonstram os elogios que vem recebendo que o comparam, por exemplo, com *Pixote*, de Hector Babenco. *Cidade de Deus* não é o registro direto de um microcosmo intenso e autofágico; é uma leitura limitada dele, que termina manipulando os instintos baixos do espectador. Vê aquele universo particular como uma disfunção hormonal, uma descarga de energia darwinista, como se a delinqüência ali fosse a alternativa orgânica de uma juventude que não tem como praticar "esportes radicais", para deleite da juventude que tem.

Noturnos
(23/3/2003)

Está havendo muita injustiça a respeito de *O Pianista*, de Roman Polanski. Há uma compreensível impaciência com "mais um filme sobre judeus sobreviventes", etc.; e há o velho desajuste entre o que a obra propõe e o que as pessoas esperam, destacando-se aí o preconceito de críticos. Mas o filme é excelente. Não há concessões nem apelos sentimentais, não há pregação da "esperança" para além daquela que significa a aversão à morte. Polanski exibe a história de Wladyslaw Szpilman (o magistral Adrien Brody), contada em livro, e de forma mais direta do que no livro. Algumas cenas de violência e as histórias contadas naquele pátio de condenados bastam para transmitir o horror do nazismo, e a revolta do gueto de Varsóvia ganha sua melhor síntese narrativa. Ninguém ali parece prestes a dizer, como diz o Schlinder de Steven Spielberg, "Eu poderia ter salvado mais pessoas" ou coisa do gênero.

Resenhas reclamaram de que falta profundidade ao personagem principal, enquanto vai definhando, contando com o acaso e as amizades para sobreviver, testemunhando crueldades e traições. O ponto é justamente esse. Somos observadores impotentes como ele e torcemos por ele como torceríamos por qualquer outra vítima. O fato de ele ser pianista o ajuda a sobreviver, pelos contatos que possui e pelo sustento emocional que a música lhe dá na sua longa e faminta espera. Mas não o faz especial; ao contrário do que alguns disseram, o filme não é sobre a vitória da arte sobre a barbárie. É sobre um sobrevivente para quem a arte tem um significado vital, embora incapaz de transformar a realidade, de estancar a história, de resistir à barbárie. Quem o salva também salvou outros judeus, mesmo desprovidos de talento — e não é para obter a salvação que Szpilman executa o

Noturno de Chopin como jamais o faria antes ou depois, mas para traduzir parte do que sente.

Momentos musicais fazem pequenas intervenções em todo o filme depois da anexação da Polônia, mas sempre perdendo para a humilhação e a corrupção. "A morte em Auschwitz", escreveu Primo Levi em *Os Afogados e os Sobreviventes*, "era trivial, burocrática e cotidiana. Não vinha comentada, não era confortada pelo choro. Diante da morte, do hábito da morte, a fronteira entre cultura e incultura desaparecia." Szpilman também não tem tempo para dedicar à morte: está ocupado em sobreviver, em escapar, comer, esconder. A sorte é senhora, e não cabem a ele formulações morais sobre o absurdo, apenas a perplexidade e o mínimo de ação em causa própria que lhe resta. Ele perde tudo, menos o oxigênio e a memória. A música é que agradece.

A leveza difícil
(6/4/2003)

É um primor o documentário de João Moreira Salles sobre Nelson Freire. Vemos o grande pianista brasileiro dando recitais e concertos em várias partes do mundo — Rússia, França, Brasil; tocando em casa ou no palco com sua amiga argentina Martha Argerich; falando sobre sua solidão de menino prodígio, alérgico e tímido; divertindo-se com as imagens de Errol Garner ao piano, em orgasmo jazzístico; suportando sem muita desenvoltura os aplausos, as bajulações, os programas de TV, as perguntas como "O fato de ter vindo de um país quente muda sua maneira de tocar?".

Tudo é filmado em tom granulado, com a câmera solta, numa observação afetuosa que escolhe os detalhes e encadeia as seqüências com amor pela música e com humor. Conhecemos o homem até a justa medida em que o artista nos interessa. O artista, vemos de maneiras que não nos são habitualmente acessíveis. Os closes no rosto e nas mãos — pequenas e gordinhas, mas rápidas e precisas — enquanto executa Schumann, Rachmaninof, Chopin ou Brahms mostram seu grande poder de concentração, sua capacidade particular de entrar, com intensidade e controle, nos sentimentos mais delicados, sua relação prazerosa e respeitosa com a música, sobre a qual mal pode (e nem precisa) articular verbalmente.

Numa das tantas cenas memoráveis, ele põe um disco de sua madrinha, Guiomar Novaes, tocando a *Melodia de Orfeu e Eurídice*, de Glück, e se emociona; em seguida, ele próprio a toca num concerto, e vemos que pertencem à mesma escola — o frescor, a espontaneidade — e, simultaneamente, que Freire acrescenta toques de agilidade e densidade à peça. Não por acaso, ele também aparece vendo imagens de Fred Astaire cantando e dançando para Rita Hayworth e então pensamos em como aquilo se assemelha ao estilo de Freire, que aparenta uma naturalidade que só a consciência e o trabalho duro podem atingir — uma leveza difícil, por isso mesmo mais nobre e duradoura.

Deus e o diabo no cinema global

(2/11/2003)

A oscilação do debate nacional entre polarizações extremas e um meio-termo comodista está se vendo, mais uma vez, na discussão sobre o cinema brasileiro. O ano de 2003 tem sido excelente para ele, com filmes que ultrapassam os 4,5 milhões de espectadores, como *Carandiru*, de Hector Babenco, e a conquista de nada menos que 20% do mercado local. Grande parte decorre da produção crescente da Globo Filmes, que é responsável por 92% dessas bilheterias nacionais. E isso está dividindo as opiniões entre aqueles que julgam nociva tal hegemonia e aqueles que tratam o processo como inevitável.

Antes de mais nada, é preciso lembrar que esse fato comprova duas antigas afirmativas de algumas pessoas, entre as quais me incluo: o cinema brasileiro só fugiria à alternativa reducionista entre o populismo barato (como naqueles filmes dos anos 70 com nudez da primeira à última cena) e o filme "de arte" (como naqueles intermináveis takes de Glauber Rocha depois de *Deus e o Diabo*), os quais muitas vezes se confundiam, se ganhasse escala industrial; e só ganharia escala industrial, com melhora da técnica (quem não se lembra do péssimo som dos filmes nacionais?) e profissionalização, se se aproximasse da TV, com sua estrutura e audiência poderosas.

Dito e feito. Hoje a oferta de filmes brasileiros é mais variada quantitativa e qualitativamente, e boa dose desse sucesso se deve ao ingresso de profissionais da publicidade e da teleficção, à frente ou detrás das câmeras, e ao ingresso do investimento de empresas recentes como a Globo Filmes. Ou seja: não foram as cotas obrigatórias de exibição — que podem até ser paliativos em determinadas épocas ou circunstâncias, mas jamais tocarão no problema central — nem a criação de um órgão público de "comissários" culturais que derrotaram o preconceito que se estampava na cara do público quando ouvia a expressão "cinema nacional" (e o mesmo ainda há de acontecer com relação aos vinhos nacionais).

Cinema é arte e, mais intrinsecamente do que as outras artes, é também indústria; exige infra-estrutura, escala e retorno. O que fez o cinema brasileiro ganhar público nos últimos oito anos, a partir de *Carlota Joaquina*, foi o fato de que filmes ao mesmo tempo bons e comerciais surgiram, produzindo a chamada massa crítica (filmes ruins só produzem massa, filmes "de arte" só produzem crítica). Se antes os títulos como um *O Pagador de Promessas* (1962), de Anselmo Duarte, *Dona Flor e seus Dois Maridos* (1976), de Bruno Barreto, ou *Pixote* (1980), de Hector Babenco, eram esporádicos — um a cada década — e ainda enfrentavam preconceito da crítica "sofisticada", agora eles são mais freqüentes e já não sofrem esse tipo de preconceito: *Central do Brasil*, *O Auto da Compadecida* e *Cidade de Deus* são apenas mais três exemplos óbvios.

É claro que nesse processo houve um estopim decisivo, as leis de incentivo fiscal. Elas são nocivas por mascarar o fato de que o grosso do orçamento termina bancado pelo governo, isto é, pelo próprio público. Assim, induzem o produtor a inchar seu borderô para oferecer maior abatimento para o patrocinador, daí os casos de corrupção; e o filme passa a ser um produto de autopromoção vip, aberto a pressões nesse sentido, daí os excessos de merchandising público e privado nas cenas. Mas não há como negar que esse mecanismo fez andar a indústria do cinema brasileiro, que aos poucos pode até ficar menos dependente dele, tal a confiabilidade de algumas estratégias. Como se sabe, também o aquecimento do mercado exibidor e distribuidor, em que "businessmen" americanos administram lançamentos brasileiros, é responsável por essa presença inédita de filmes nacionais nas salas.

Por outro lado, ainda há muito a evoluir. O problema de uma hegemonia da Globo Filmes não é tanto na linguagem, até porque ela mesma procura diversificar seus filmes e se associar a produtores independentes. *Lisbela e o Prisioneiro* vai na linha de *Auto da Compadecida*, e *Os Normais* e *Casseta e Planeta* amplificam seus programas, mas todos são uma linguagem diferente já na própria TV, em comparação com as novelas (uso do humor, câmera inquieta, recursos gráficos, diálogos maliciosos, etc.); e filmes como *Bicho de Sete Cabeças*, *Carandiru* e o belíssimo *Lavoura Arcaica* estão longe de ter uma estética "televisual".

Sim, me incomoda a máquina voraz de autopropaganda da Globo, e não se pode fazer cinema apenas com produtos que foram chancelados pela grade da televisão. Mas o problema é ampliar, com a escala, a concorrência, para que os cineastas não fiquem limitados a pedir dinheiro da Globo Filmes ou então das estatais — ora "contingenciado", ironicamente, pelo PT — e para que a competição impeça a uniformização, que poderia acabar viciando o público apenas em Xuxas e comedinhas (a história é repleta de hegemonias que se tornam homogeneidades). Aqui, porém, entram muitas e complicadas variáveis, como a política pública para a cultura (que nada olha para as necessidades industriais do cinema), o amadurecimento da crítica e do público, o despertar de outras TVs para o cinema, etc. Só assim filmes melhores virão.

Invasões afetivas

(23/11/2003)

Há, entre tantos, um bom momento em *As Invasões Bárbaras*, o filme de Denys Arcand, em que os mais velhos discutem se a verdadeira inteligência não é "coletiva" — se surge quando um conjunto de bons cérebros convivem no mesmo espaço — e passam a citar épocas históricas em que isso aconteceu, como na Atenas de Péricles (Sófocles, Ésquilo, Sócrates, Platão) ou na Florença dos Médici (Michelangelo, Leonardo, Rafael, Maquiavel). Nessa cena, os três personagens mais jovens permanecem mudos. A história não parece existir para eles. O mundo começou no dia em que nasceram.

Outra grande cena, que por sua rapidez corre ainda mais o risco de não ser devidamente notada, se dá quase no final, quando um dos jovens leva a junkie que vem administrando heroína no pai dele para a casa do velho, ela observa os livros na biblioteca e a câmera mostra títulos como *Arquipélago Gulag*, de Soljenitsyn, *É Isto um Homem?*, de Primo Levi, e *História e Utopia*, de E. M. Cioran, seguidos ao final pelo *Diário* de Samuel Pepys. É um excelente comentário sobre nossos tempos pós-utópicos. Mais que o relato dos horrores causados pelas ideologias de massa do século 20, talvez seja útil ler o clássico do autor inglês, com sua capacidade de aceitação da realidade inconstante, com seu ceticismo quanto às promessas dos "ismos", com sua posição independente mas não individualista.

Essa dupla crítica é o trunfo do filme de Arcand, que mescla espirituosidade e dramaticidade como nenhum cineasta americano poderia. Há algumas bobagens, como a inverossimilhança da trama da heroína, o intelectual francês que fala na TV sobre o 11 de setembro como vingança dos bárbaros (a terceiro-mundização do planeta), a afirmação de que havia 150 milhões de índios na América do Sul antes da conquista ibérica, a piada com a burrice de Bush (de presidentes burros, americanos ou não, a história está repleta); e não seria de esperar outra coisa do diretor de *O Declínio do Império Americano*. Mas *Invasões Bárbaras* é um filme bem mais leve e irônico, livre de pontificações.

Primeiro, Arcand não recolhe os cacos da geração contracultural. O mundo dela é uma social-democracia de fachada, dominada por burocratas e sindicalistas, e que vive da nostalgia de um tempo de inconseqüências políticas e emocionais. O protagonista, Remy, um professor universitário canadense, está à beira da morte e se dá conta de que pouco fez de útil afora encadear os casinhos sexuais; não se comunica com os alunos, negligencia os dois filhos e nunca escreveu nada além de alguns artigos convencionais. Seu amigo gay vive numa sinecura em Roma; sua amiga adepta do "sexo livre" não consegue tirar a filha do vício; o outro amigo se casou com uma garota autoritária, leitora de auto-ajuda, só por ser boa de cama. Não espanta que os filhos dessa geração sejam a junkie, o consultor financeiro "high-tech" que tudo e todos compra e sua mulher, que trabalha com mercado de arte sem entender do tema e diz que amor é balela de balada pop. Para não falar dos alunos sem ética alguma.

Segundo, Arcand não apresenta "soluções". O yuppie pode ter, depois da experiência nesses dias anteriores à morte do pai, aprendido o valor dos afetos, assim como a junkie, e quiçá o valor da leitura e da cultura, de olhar os fatos e as pessoas em perspectiva histórica. O pai pode ter morrido satisfeito com tudo que o filho lhe deu no final da vida, sobretudo a presença dos amigos, e com o amor expresso por sua filha via satélite, lá do Oceano Pacífico, numa cena que faz meia sala de cinema chorar. Ou seja, uma chance de equilíbrio pode haver entre a ingenuidade e irresponsabilidade de uma geração e o cinismo e conformismo da seguinte: não há como viver bem sem família, dinheiro e tecnologia e, no entanto, também não se pode esquecer a importância da contestação, da criatividade e do humanismo. Mas não há finais felizes explícitos no filme. Tudo são fragmentos agora. E por que não?

Rio místico
(14/12/2003)

Alguns filmes nos lembram, em poucos minutos, da extraordinária força narrativa do cinema — que, afinal, é uma tecnologia que a civilização de certa forma buscou por muito tempo, para simular a realidade em convincente movimento audiovisual. *Sobre Meninos e Lobos* (*Mystic River*, com esse título porque foi o adotado pela edição brasileira do livro em que se baseia, escrito por Dennis Lehane), de Clint Eastwood, é um deles, sem dúvida nenhuma. Nas primeiras cenas já estamos familiarizados com a diferença entre os três personagens centrais e sentimos a estranheza de tudo que se passa e passará com eles. O filme segue por mais de duas horas e se converte numa experiência de imersão naquela história particular que nos envolve sem arestas.

Como um John Ford mais urbano e cético, Eastwood narra o reencontro de três amigos de infância de um bairro irlandês na periferia de Boston e o reajuste de suas culpas e desculpas. O reencontro é motivado pelo assassinato da filha de um deles, Jimmy (Sean Penn, extraordinário em sua contenção vulcânica), um comerciante com passagem pela prisão. Dave (Tim Roberts, já um especialista em perturbados), que quando menino foi levado por dois homens que abusaram sexualmente dele num porão até que fugiu, acredita ter matado alguém na mesma noite. E Sean (Kevin Bacon, também especialista em tipos "frios") é o detetive que precisa investigar se há relação entre os crimes. A câmera filma essa tensão das dores e das dúvidas sem cair no personalismo ou na generalização; a história ganha grandeza nos subtemas sugeridos pelos diálogos (a relação entre genética e ambiente, a confissão como expiação, etc.), nos sobrevôos do rio pela câmera, em tudo que os atores dizem sem falar.

Aos poucos o mistério vai sendo desvendado, mas não é isso o que mais importa, e sim o peso que aquele episódio do passado vai ter na nova situação. Jimmy e Sean, cada um a seu modo, não conseguem encarar o drama de Dave (pois o pequeno delito que cometeram quando crianças licenciou o rapto do amigo) e tentam escapar dele — tentando escapar assim de suas próprias escuridões, dos porões internos onde se deitam seus medos e pecados. O rio, símbolo da eternidade, aparece numa fotografia azul grafite, e o desfecho da história não poderia ser mais sombrio, com a aguda interpretação de que é exatamente em nome dos sentimentos que as pessoas passam por cima dos sentimentos alheios. Eastwood volta aqui à terra-de-ninguém moral de *Os Imperdoáveis*, embora o enredo policial de *Sobre Meninos e Lobos* seja mais esquemático.

Walter Salles Jr., em artigo recente, se perguntou como um cineasta declaradamente a favor do Partido Republicano pode fazer um filme assim, que mostraria o fim da inocência americana. Bem, lamentar o fim da inocência é uma característica por definição do conservadorismo, o qual não raro pode vir da boca de quem se diz "de esquerda"; se no cinemão tradicional dos EUA a família sempre restabelecia a ordem, aqui ela serve para encobrir a desordem. Ideologias à parte, a hipocrisia dos personagens nas cenas finais chocou alguns espectadores e, de fato, não fica claro se a atitude de Sean é coerente com o que soubemos dele até então. Mas raras vezes a narrativa do cinema fluiu para tais limites, lá onde as ironias do destino passam por todos nós.

O rei e o pião
(27/6/2004)

Pelé está comendo um peixe e respondendo a jornalistas sobre seus hobbies, entre os quais se inclui cozinhar pratos com frutos do mar. De repente ele se lembra de algo. "Quer saber mesmo o que eu mais gosto de fazer?" Claro, Pelé. "Jogar pião." O rei do futebol se levanta e, sorrindo como menino, sai andando em direção à sala. "Acho até que tenho um no bolso do casaco." Mas volta de mãos vazias. "Ah, eu não trouxe. Ia mostrar para vocês como jogo bem." Pelé apanha o garfo e continua o almoço.

Essa cena curiosa se deu na última quarta-feira, na casa do cineasta Anibal Massaini, diretor do filme *Pelé Eterno*. Pelé almoçou à beira da piscina com dez jornalistas, aqui em São Paulo, e raras vezes vi um ídolo que sabe tanto descontrair os outros. Ao contrário do que dizem, Edson está à vontade no papel de Pelé, a quem mesmo os mais íntimos, como Massaini, tratam por "Rei". Pelé carrega sua coroa com prazer. Desde a Copa de 58, pelo menos, sabia o que seria para o futebol mundial. Se fala de si em terceira pessoa, talvez seja porque nunca desconfiou de si mesmo.

Achei impressionante seu jeito tão bem-humorado, gozador, e gostei ainda mais quando ele — que dizem que comenta mal futebol — começou a criticar a falta de treinamento dos jogadores atuais, ele que sempre chegava antes e saía depois dos outros para praticar os fundamentos e aprimorar o físico. No filme, é impressionante ver como aquele artista com espírito de garoto é também um guerreiro, obcecado e perfeccionista como todo gênio, jamais acomodado com seu bom nível, sempre inventando e se reinventando. Apenas Senna, entre os ídolos esportivos brasileiros, uniu assim o talento natural com a alta dedicação.

Ele teve a sorte de ter como pai Dondinho, que o ensinou a não se deslumbrar com o sucesso, aconselhando inclusive a largar a carreira no auge. E como treinador Waldemar de Brito, que o incentivou a desenvolver os recursos técnicos e a manter a cabeça ereta em campo. Logo, nunca acreditou que o "dom" fosse suficiente e nunca se deixou seduzir por comparações com os grandes, ciente de que elas podem fazer o que fizeram com diversos que foram comparados com ele. Diz que seu ídolo era Zizinho, justamente por ser completo técnica e taticamente. E que Coutinho foi seu maior parceiro, seguido de perto por Pagão, daquele lendário Santos. Votou em Zico como melhor jogador depois de Pelé, na eleição que teve como outros finalistas Ronaldo (a quem não perdoa por não saber cabecear) e Romário. Mas nunca teve a dúvida de poder ser o maior de todos os tempos. Qual o problema de ele saber o que todos sabem?

Pelé falou também sobre dinheiro e, novamente ao contrário do que dizem, não acha que o problema sejam as quantias. Afinal, foi ele quem deu status de espetáculo ao jogo de futebol e abriu as fronteiras da publicidade para o esporte; foi dos primeiros a ter carro e a fazer bastante propaganda e também negociou com o Cosmos um contrato milionário que, mais que tudo, lhe deu o conforto que tem hoje. Por isso não acredito que tenha sido ingênuo em seus negócios como alega quando contestado. Mas nunca quis deixar o Santos no auge da carreira, apesar das ofertas então astronômicas da Juventus (a Fiat lhe ofereceu ações) e Real Madrid. Por sinal, acha que Di Stéfano foi um dos grandes, mas afirma que Maradona (a quem não perdoa por não usar bem a perna direita) foi maior.

Também fanático por amendoim desde criança em Bauru, fã de "música rural" e criado sob moral religiosa — diz ter escondido o rosto ao ver as suecas de topless, aos 16 anos —, Pelé é tão singelo assim. Tão capaz de gostar de um mero pião que se dedica todo dia a fazê-lo se mover por um tempo cada vez mais longo. Pelé nunca se cansa de ser eterno.

Fogo nada Brando

(12/7/2004)

Sobre Marlon Brando, que morreu na quinta-feira retrasada, escreveram muito que era um ator de carisma, de presença forte, etc., além de personalidade de difícil trato. Bem, me pergunto se esse tipo de opinião convencional não é o que o afastou do cinema de qualidade, além da simples carência de bons roteiros. Brando foi um ator tão grandioso, tão transformador, que a meu ver soa muito mesquinho dar tanta importância aos filmes que ele não fez, aos filmes medíocres e ruins que ele fez ou aos filmes que ele sabotou, para não falar de seus problemas com filhos, mulheres e homens. De quantos outros atores de cinema do século 20 uma multidão de espectadores guarda na memória uma pequena antologia pessoal, um RealPlayer mental em que rodamos tantas cenas poderosas?

É certo que Brando, ainda ator de teatro no final dos anos 40, assimilou o método Stanislavski, de interpretação naturalista, e o converteu depois numa fonte para plasmar sua presença física na tela grande, usando gestos econômicos e dicção corriqueira e se valendo da sua figura bonita e musculosa. Graças à sua parceria com Elia Kazan em *Um Bonde Chamado Desejo* (me recuso a escrever *Uma Rua Chamada Pecado*) e *Sindicato de Ladrões*, criou um "acting" que valorizava as características do cinema, seus planos, closes e luzes.

O crítico Kenneth Tynan se queixou, em 1954, de que se escrevia muito sobre o que os atores sentem e pouco sobre sua aparência; e isso continua a ser verdadeiro. Brando, por exemplo, sabia que seu rosto anguloso — em especial, o desenho de suas sobrancelhas como dois frisos formando com o nariz de osso levemente deslocado a moldura de um olhar forte e ao mesmo tempo insondável — era um instrumento primordial. O corpo ia junto e, assim, parodiando Tynan sobre Greta Garbo: o que as mulheres viam nos homens quando excitadas, viam em Brando ainda parado — uma fera enjaulada, um fogo embutido e nada brando.

Mas, por isso mesmo, havia método em seu magnetismo. Sua voz não era grossa, destoando de seu corpo talhado ou, mais tarde, obeso. E ele a utilizava para, em contraste, expressar sua vulnerabilidade, como quando grita "Stella!" em *Um Bonde* ou sobe a voz no discurso de Marco Antônio em *Júlio César*. Ele também podia sussurrar como ao ler os versos de *The Hollow Men*, de T. S. Eliot, em *Apocalipse Now*, ou dar conselhos de padrinho mafioso, algodões na boca, em *O Poderoso Chefão*. Podia ainda desatar em choro no improviso de *O Último Tango em Paris* ou soltar o lamento pungente em *Sindicato*, "I could have been a contender, I could have been someone" (Eu poderia ter sido um lutador, eu poderia ter sido alguém), que dá profundidade dramática a um grosseirão. E o gestual era estudado, sempre para sublinhar ambigüidades: a mão correndo pela careca em *Apocalipse*, os braços tensos em *Um Bonde*, o trejeito com o queixo em *O Último Tango*, o mover dos braços no *Chefão*.

E ainda há quem diga que ele não era versátil, que era sempre Brando fazendo papel de Brando... Se fosse assim, não seria tão inimitável por tantos atores magistrais que o seguiram, de James Dean explorando a fragilidade a Sean Penn monologando como vulcão, passando pela força projetada de Robert de Niro e tantos mais. Brando tinha essa qualidade rara de poder imaginar como está sendo visto, fazendo assim da sua aparência um campo de sentimentos sugeridos, até o momento — as epifanias, as cenas que sintetizam e iluminam todo o restante do filme — que ele sabia escolher para exprimi-los, como um jogador que sabe antes dos outros o instante de definir a partida.

Havia um controle do tempo em cada interpretação que Brando fazia para valer, uma autoconsciência, que desaparecia com qualquer barreira entre razão e intuição, entre pensamento e sentimento, e o espectador na hora "pensentia" o que estava sendo dito ali. Todo personagem seu era o personagem e Brando ao mesmo tempo, pelo simples fato de que nunca um ator foi tão autor, tão artista — tão acima de resumos.

Brilho de uma mente

(8/8/2004)

Talvez porque perdidos entre o desejo de transcendência perfeita e a incapacidade de admiração sincera, extremos que caminham juntos, estamos dando pouco valor às poucas coisas que merecem. Lendo sobre *Brilho Eterno de Uma Mente sem Lembranças*, filme de Michel Gondry, somos informados de que se trata de um roteiro de Charlie Kaufman, o mesmo de *Quero Ser John Malkovitch* e *Adaptação*; os atores principais são Jim Carrey e Kate Winslet; e a trama seria uma espécie de comédia romântica sobre um sujeito que recorre a uma empresa para apagar sua memória. As leituras dessas informações, ralas como é da nossa imprensa hoje em dia, são muitas: uns pensam "Lá vem mais um filme-cabeça, que você não entende nada"; outros, "Xi, Jim Carrey se fazendo de sério não dá"; outros ainda, "Qual a graça dessa história?". E muitos, na realidade, terminam pensando a mesma coisa depois de terem visto o filme.

Mas o fato é que eu, por exemplo, não tinha visto filme tão bom neste ano (já que no ano passado vimos *Invasões Bárbaras* e *Sobre Meninos e Lobos*), filme tão capaz de fazer pensar e comover ao mesmo tempo. O roteiro é engenhoso; os atores, especialmente Kate Winslet, capaz de tantos estados de espírito simultâneos, estão ótimos; e a narrativa se equilibra entre a inventividade cênica e a intensidade emocional, entre o teorema e a empatia, o que nem mesmo muitos dos romances mais celebrados têm conseguido atualmente. Afinal, é este o tema do filme, que tem o problema de ser bem mais produtivo para quem já leu neurologistas como Oliver Sacks e António Damásio: a memória só nos dá a faculdade de sabermos que somos, nossa identidade que às vezes soa tão estranha (como quando você se vê criança num filme, sente que ela é você, mas apenas de um modo parcial), graças àqueles circuitos mais próximos das experiências sentimentais mais básicas.

A maneira que Kaufman encontrou para mostrar isso é peculiar. Joel (Carrey) é um introvertido (ou meditativo), que escreve e desenha sua vida num diário, e Clementine (Winslet), a extrovertida (ou impulsiva), que muda a cor dos cabelos todo dia e toma a iniciativa de se aproximar dele. Num momento desiludido, ela decide cancelar de seus neurônios as lembranças relativas a ele e vai a uma clínica, com o saboroso nome Lacuna, que faz esse serviço. Ele também decide pedir o mesmo. Mas os acasos ocorridos durante sua "lavagem" — pois de alguma forma sua mente capta as tramas que se desenrolam no ambiente — e o poder de imaginação que ele tem, no que lhe resta de livre-arbítrio, mudam o curso da história. O trecho inicial do filme se repete no final, mas entremeado do desfecho negativo de outro caso de amor, entre dois funcionários da Lacuna.

Os efeitos — figuras desfocadas, coisas que desaparecem de repente, cenas de tom surreal — e a fotografia são de primeira também. Os momentos líricos, que mostram o amor entre Joel e Clementine, em meio à neve ou à chuva ou então na penumbra do lençol, chegam a ser tocantes; e são habilmente combinados com os lances de humor, inclusive cômicos (em que Carrey usa os recursos físicos pelos quais ficou famoso), como os de masturbação. Há também a sacada das gravações feitas na Lacuna, que exibem quanto os desabafos podem revelar e também distorcer o que pensamos dos outros. Joel encontra outra ligação neuroquímica com Clementine ao buscar a frustração infantil mais remota, provando que esquecer é fundamental, mas lembrar o que importa é mais ainda. Ele e ela correm em busca de si mesmos e ali é que podem estar mais próximos.

Dito assim, o argumento parece esquemático, pois traça personalidades opostas e, ao contrário do que o roteiro inicialmente previa, lhes dá final feliz. E o que move Joel a quebrar a rotina é algo "incompreensível", o que de fato sugere solução de historinha de amor. Mas finais felizes, ainda que provisórios como tudo, não existem na realidade? E o que está demonstrado não é que o circuito neuronal que eventualmente conteria todas as informações sobre uma pessoa pode, se essas informações são profundas, ser reativado por um mero acidente ou caminho insuspeito? O que fica, além de um bocado de belas cenas, é a idéia de que, justamente por trabalharmos com dicotomias o tempo todo (rotina x desregramento, razão x paixão, etc.), precisamos de um outro para não nos reduzir a elas. Brilhante.

Novas mulheres de 30 anos

(22/8/2004)

Para quem desde o começo acompanhou a série *Sex and the City*, cujo último capítulo vai ao ar no Brasil amanhã, houve muitas e significativas mudanças. Mesmo assim, as seis temporadas mantiveram nível alto e se transformaram num acontecimento pop. A série pegou como nenhuma outra o comportamento da mulher urbana na saída do século 20 (adeus, Adolf Hitler; salve, Cole Porter) e, para mim, só perde em qualidade para *Seinfeld*, livre do tom juvenil de *Friends*. Tenho certeza de que Balzac veria *Sex and the City* toda semana, entre terminar um namoro e iniciar um romance.

O segredo do sucesso foram as caracterizações. A protagonista, Carrie, fala sobre os dilemas de uma solteira de trinta e poucos anos em Nova York e conta com o prisma de três amigas: Miranda, inteligente e travada; Samantha, independente e safada; Charlotte, antiquada e doce. Com isso, toda espectadora se identifica, para não falar dos gays, e Carrie (Sarah Jessica Parker) ganha personalidade rica porque tem um pouco de cada uma, mais um charme que é só seu e fez dela a bonequinha de luxo desta geração. O melhor, porém, era o humor dos diálogos e a franqueza pioneira com que a série tratou de seus temas — sexo & amor, infidelidade, homossexualismo, etc. —, ao largo de tabus e preconceitos. Dizem que americanos são puritanos; eu queria era ver uma série como essa feita por brasileiros, que só conseguem abordar sexualidade como piada grosseira, fingindo ter um desprendimento que os fatos negam.

Mas a série era muito mais ousada nas primeiras temporadas. Mesmo no quarto ano, em que Sonia Braga fez caricaturalmente uma lésbica latina, o tom já tinha mudado: a série foi ficando menos maliciosa e mais "fashion" (um verdadeiro desfile, principalmente dos sapatos formidáveis de Carrie, e num momento em que o mundo da moda parece cada vez mais escapista e romântico); mais careta e menos dramática. Passou a ser uma busca muito obsessiva do "homem certo" por cada uma delas, e o resultado foi bom para todas — o que é uma grande ironia, já que a novidade era mostrar mulheres que hoje, felizmente, tentam equilibrar as vidas profissional e pessoal. Terá sido o 11/9, que ocorreu bem a meio caminho? E a série termina elogiando Manhattan em comparação com Paris, a qual Carrie decididamente não soube curtir.

Seja como for, os homens que terminam ficando em definitivo com elas destoam ligeiramente do modelo que elas tinham em mente (o de Miranda é sensível; o de Samantha, fiel; o de Charlotte, desencanado; e até Carrie transforma o seu predileto), reforçando a qualidade de não serem tipos, mas personagens verossímeis. E aprenderam a não viver em torno desse homem, antes de mais nada porque têm essa amizade ainda rara entre mulheres. Como desenhou o cartunista Novaes certa vez, Balzac hoje estaria desesperado para sair do túmulo. É tão melhor viver com ilusões perdidas.

Uma menina
(16/10/2005)

Não perca o filme *Vida de Menina*, de Helena Solberg. Adapta o diário de outra Helena, Morley, pseudônimo de Alice Brant, adolescente de família inglesa que registrou a Diamantina decadente, na última década do século 19, num livro elogiado por Guimarães Rosa e traduzido para o inglês por Elizabeth Bishop. Como não tivemos uma Jane Austen no Brasil, o livro *Minha Vida de Menina* é a melhor fonte da percepção feminina sobre um período em que a fronteira entre classes sociais era mais rígida. E o filme, apesar de alguns problemas de falas (tenho dúvida se Helena de fato responderia "Indo" à pergunta "Como vai?") e atuações (principalmente as da avó e dos rapazes), dá boa idéia disso, graças ao ótimo trabalho de Ludmilla Dayer e ao roteiro ágil, além da fotografia de Pedro Farkas e da música de Wagner Tiso.

Helena é uma menina inteligente e irreverente, leitora de Jules Verne, capaz de pensar com cabeça própria e escrever em linguagem viva, coloquial; o filme é pontuado por suas observações sociais e comportamentais naqueles anos pós-República. Isso tudo, claro, não por mero acaso: ela cresce numa situação especial. Seu avô era protestante. Seu pai é um dos últimos a acreditar que ainda há diamantes na região e começa a passar dificuldades, o que o põe a meio caminho entre o irmão rico e os ex-escravos agregados. Tem uma felicidade no casamento, inclusive sexual, que é rara naquela vila. O irmão de Helena também é inteligente, como quando diz que somos como fubá — ao pó voltaremos. E um professor a estimula a soltar a imaginação e a dizer o que pensa. Essencialmente, porém, o que testemunhamos é uma sensibilidade especial.

Compará-la com Capitu, como faz Roberto Schwarz, é outra história, como o filme ajuda a ver ao dedicar bom tempo à sua relação com a avó. Capitu era mais ardilosa e menos espirituosa que Helena, cujo caso de amor flui naturalmente. Tampouco Helena é "antiburguesa" por não ter preconceito racial ou desfrutar uma vida bucólica, entre bichos e riachos. Ela gosta de dinheiro e família, é vaidosa, usa mentiras em interesse próprio — contradições que só fazem dela uma personagem mais fascinante. Só não gosta do comportamento cerimonioso, do falso moralismo, da mesquinhez mental do seu hábitat. No mesmo movimento, claro, sua vida permite ver como é enganosa nossa mobilidade social, que o clima informal faz parecer muito maior.

Há no Brasil, como se vê neste governo Lula "como nunca antes", a renitente sensação de que temos uma inocência a ser preservada como tesouro nacional. Helena, mais próxima de Emília do que de Capitu, não pode ser convertida em porta-voz disso nem de seu oposto. Como em Machado, seus alvos não são apenas as máscaras de certa elite ou sistema econômico, mas do ser humano em geral.

A ilha de Bergman

(6/11/2005)

Em certo trecho do documentário *Ingmar Bergman Completo*, de Marie Nyreröd, o cineasta sueco é indagado sobre a morte e se lembra de uma vez em que ficou em coma durante horas e, quando acordou, não tinha memória nenhuma do período. A morte deve ser assim, diz. Acabou, pronto. Mas em seguida fica em silêncio e volta a falar em sua mulher por mais tempo, Ingrid, e em como é possível que sinta tanto sua presença se ela está morta. Comenta que ouve vozes e ruídos naquela casa onde mora sozinho, na Ilha Farö. Logo pensei na meditação do grande poeta inglês John Donne, aquela da frase "por quem os sinos dobram" que Hemingway usou como título de romance. "Nenhum homem é uma ilha", escreveu Donne, e quando alguém morre não é como um capítulo rasgado fora de um livro, mas "traduzido para uma linguagem melhor". "A morte de qualquer homem me diminui, porque estou envolvido em humanidade."

Vi o documentário numa sessão da Mostra Internacional de Cinema, no sábado retrasado; por ironia, não o completo, porque faltou uma fita com uma das três partes, justamente aquela em que fala sobre teatro, ele que dirigiu 125 peças na vida. Mas as duas partes que vi, sobre o cinema e sobre a ilha, foram suficientes para criar a estranha sensação de ter lido um poderoso capítulo que é Bergman, sem ter entendido quase nada do restante do livro. Saí com a impressão de tê-lo visitado, mas não de tê-lo conhecido. Ele é um homem inteligente, culto, um artista de gênio; ao mesmo tempo, ficamos sabendo que não criou nem vê os cinco filhos, é arrogante com quem trabalha com ele, tem um catálogo de fobias e manias, é insone. Num momento engraçado, tira um papel do bolso com a lista de todos os seus demônios, como os do pedantismo e da ira. Diz gostar muito da solidão e de não falar, mas em seguida, vendo como está conversando sem parar, acrescenta: "E no entanto eu gosto."

Não conseguimos, porém, dissociar essa pessoa contraditória, tão cheia de defeitos, e sua obra tão grandiosa, tão importante. E uma pessoa que diz coisas tão interessantes sobre a arte. Por exemplo, que o cinema é como a música, vai direto ao emocional, e tudo portanto é uma questão de ritmo, de tempo. Simultaneamente, a organização é imprescindível. Bergman é o cineasta que é porque se preocupa com todos os elementos de uma cena, da atuação ao cenário; vê sua arte tributária da literatura, do teatro, da pintura, da música. Eis o que acho que falta aos diretores de cinema atuais — essa sólida cultura geral. Ele destaca *Persona* e *Gritos e Sussurros* como seus principais filmes, pois neles "expandiu o meio", ampliou as possibilidades de seu veículo de expressão. Podemos até discordar, citando a maior agilidade sem perda de densidade em *Morangos Silvestres* ou *Fanny & Alexander*, mas à crítica o que falta é essa consciência de que forma e conteúdo não se separam nos grandes autores. Não é por ser atormentado ou paranóico que Bergman é o artista que é. Porém, sendo como é, foi capaz de ver muito onde os outros vêem menos.

Nenhum homem é uma ilha. Todo homem é uma ilha.

Cinema, paixões e urubus

(20/11/2005)

Os filmes *Cidade Baixa*, de Sérgio Machado, e *Cinema, Aspirinas e Urubus*, de Marcelo Gomes, não têm muito em comum, exceto por Karim Aïnouz, o diretor de *Madame Satã*, que participa de ambos os roteiros. E pela amizade entre os três. E pelo fato de que, num ano em que se tinha tido apenas *Vida de Menina*, *Quase Dois Irmãos* (um filme quase maniqueísta), *2 Filhos de Francisco* (que ainda tem gente achando que é documental) e pouco mais, o cinema brasileiro salva a cara no fim.

Cidade Baixa abre com a justaposição de duas seqüências: primeiro, dois amigos (os ótimos Lázaro Ramos e Wagner Moura) pechincham pelos serviços de uma prostituta (Alice Braga, a bonita sobrinha de Sônia, que já mostrara talento em *Cidade de Deus* e agora mostra mais ainda), conseguindo por R$ 40 para ambos; depois, apostam R$ 100 numa rinha de galos, perdem e ainda se metem numa briga. Nesse "bas-fond" darwinista onde animais têm mais valor que mulheres, outros valores como amizade e amor não têm futuro.

O filme é carnal, quente, hormonal; tem momentos viscerais, sem precisar apelar ao pseudochocante como apelou *Amarelo Manga*. Deve ter uma dúzia de cenas de sexo. A fotografia de Toca Seabra dá movimento a personagens que lembram os de Miguel Rio Branco, o grande fotógrafo e pintor, conhecido por suas imagens de boxe saturadas de vermelho e azul. Deles continuamos sem saber o passado e a psique, num enredo propositalmente ralo, e entretanto acreditamos em suas motivações, em sua vontade frustrada de sair dali e — suprema audácia num país tão banalizador — sair juntos. Quando surge um imprevisto, porém, a opção mais plausível em tal contexto social mal é cogitada. Paira uma sugestão de condescendência, uma proximidade com o clichê da prostituta-que-quer-sair-dessa-vida. Felizmente, o desfecho fica no ar.

Cinema, Aspirinas e Urubus flui em outra clave. Aqui a fotografia é luminosa, esbatida de um sol que pode animar ou ofuscar. A abertura é um achado de cinema, com a claridade dando lugar ao foco do rosto de Johann (Peter Ketnath) no espelho. Ele é um alemão que fugiu da guerra e se encantou pelo Brasil. Viaja pelo interior vendendo aspirinas com ajuda de um filme comercial, que as trata como panacéia e seduz o povo pobre. Conhece Ranulpho (João Miguel, de enorme talento para o humor), que sonha deixar o sertão e vive falando mal do País: "Por aqui nem guerra chega." E ela chega, mas à moda da casa.

O risco do filme é cair no elogio esquemático da mistura. O alemão aprende com o brasileiro a curtir mais a vida, o brasileiro com ele a ser mais compreensivo e construtivo. Mas eles se igualam mais pelo que buscam do que pelo que encontram; mais pelo que não querem — como a guerra, a qual parodiam num dos momentos mais divertidos do filme — do que pelo que querem. O argumento tem o cuidado de não "essencializar" a situação, de não cair na fábula moral, até porque muito do que Ranulpho diz se comprova, ao mesmo tempo que entendemos que Johann segue a atração entre opostos.

Nesse aspecto, pensando bem, os filmes se parecem — além de terem grandes atuações, mesmo com narrativas que não se aprofundam. Em um, não temos o triângulo amoroso com a habitual perda de um dos vértices. No outro, não temos o "road movie" que prega a redescoberta da inocência. Há uma recusa à mania nacional de fazer discurso sobre a nacionalidade. No entanto, ambos nos fazem pensar sobre a incompetência de um país em que os afetos e as paixões não fazem pacto com o trabalho e o amanhã.

Labirintos do orgulho

(8/2/2006)

Aparentemente existe um contraste entre o noticiário da semana e o trio de filmes sobre a questão árabe-israelense em cartaz no Brasil — *Munique*, de Steven Spielberg, *Free Zone*, de Amos Gitai, e *Paradise Now*, de Hany Abu-Assad. Esses filmes se caracterizam pelo respeito à complexidade da questão, com ênfase nas dúvidas que humanizam seus personagens e, ao fundo, apontam para a possibilidade de conciliação. Os fatos recentes, como a vitória eleitoral do Hamas na Palestina e a resistência dos colonos judeus na Cisjordânia, mostram que a intolerância ainda conta com muitos votos mútuos.

Munique é um belo filme. Tony Kushner, o roteirista, ajudou a trazer Spielberg para outro grau de maturidade. Não há frases demagógicas como "Eu poderia ter feito muito mais" (Schlinder). Não há o herói americano que restabelece a estabilidade comunitária. Não há, acima de tudo, a equivalência tradicional em seus filmes entre pátria e lar; Spielberg descobriu que essas entidades nem sempre rimam. Descobriu as sombras, as ambivalências. Descobriu a herança européia, tanto que algumas cenas poderiam ser assinadas por um Bertolucci. É chato dizer isso, mas o 11/9 lhe fez bem. Em *Munique*, as torres gêmeas aparecem como se indicassem que não há refúgio para quem interfere em problemas intrincados. Os acontecimentos se processam em cadeia.

O que ele consegue é um equilíbrio entre ação e reflexão que raramente se vê no cinema. Há momentos falhos em ambos os quesitos — diálogos que parecem gratuitos no contexto narrativo, seqüências que parecem lentas ou redundantes. Há os problemas de precisão histórica, que têm sido apontados por alemães, judeus e islâmicos. Há o maior defeito de todos, que são as hesitações e trapalhadas implausíveis do grupo encarregado de vingar o seqüestro dos atletas israelenses na Olimpíada de 1972. Li também queixas sobre a violência de algumas cenas e a falta de emoção de outras. Mesmo assim, o filme prende, tem alguns atores de primeira (Geoffrey Rush como Efraim, que merecia ter sido indicado para o Oscar), tem imagens de grande poder (os três agentes sentados à beira do rio, um deles morto, como vultos de uma causa inglória); e quem não se emociona com a conversa de Avner por telefone com a filha é isopor.

Mais importante: o filme não toma partido. O quinteto perambula pela Europa e o sentido de "missão" vai se perdendo. Numa das melhores falas, Carl (Ciaran Hinds) diz para Avner que ele é o tipo de pessoa que é capaz de enfrentar qualquer coisa menos o silêncio, a inação. Aí entendemos por que é o líder escolhido pelo Mossad, o serviço secreto israelense. Eric Bana não é um ator capaz de mostrar com toda riqueza a maneira como o andamento das operações vai perturbando a convicção de Avner, mas a sensação se instala no espectador. Ele se vê numa roda sem fim, num "círculo de sangue", e quer escapar em Nova York.

A expressão "círculo de sangue" aparece em *Free Zone*, um filme irregular e chato, que se salva por algumas passagens e pela visão geral da questão. O excesso de closes e tagarelice deixa o enredo confuso. Sobre a personagem de Natalie Portman, Rebeca, que abre o filme com um choro de seis minutos, terminamos não sabendo quase nada afora o fato de que é uma americana que não pode ser considerada judia por não ter mãe judia. Sua jornada Jordânia adentro, até a fronteira fulcral entre Iraque, Arábia Saudita e Síria, serve como aprendizado às avessas, pois terminamos achando que a israelense (Carmen Maura) e a palestina (Hana Lazslo) são tão conflituosas quanto semelhantes.

O fanatismo surge apenas indiretamente em *Free Zone*; em *Paradise Now* é o tema central. A história flui levemente, com uma visão também multívoca da questão, mas por momentos tem um jeito de "Homens-bomba também choram", o que talvez explique sua indicação ao Oscar de filme estrangeiro. O mais agudo é a mudança de comportamento dos dois terroristas, pois um instila a dúvida no outro e depois termina agindo, ao contrário do amigo. Seu discurso, como no filme de Gitai, justifica a violência pela opressão de Israel, que já foi muito além das fronteiras estabelecidas na fundação em 1948. Daí a desconfiança que todos sentimos quando um Sharon decide retirar de Gaza os colonos, ao mesmo tempo que ergue muro na fronteira para isolar Israel.

O sentimento de humilhação é a matéria com que os ideólogos islâmicos do sacrifício trabalham, além da promessa do paraíso pós-morte. O orgulho é mais importante que a própria discussão sobre quem tem mais direito àquela terra, de implicações políticas, culturais e religiosas infindáveis. Simplificações, porém, são freqüentes. O desenvolvimento de Tel Aviv em comparação com Nablus aparece como símbolo daquela opressão, como se a pobreza de um povo fosse causada exclusivamente por outros países. E o tempo todo nossa sensação é a de que esses jovens prefririam se divertir a se explodir.

Os três filmes, até onde a arte pode enviar recados, pedem o diálogo. Parecem de acordo, como eu, com a idéia de que é preciso haver um Estado palestino em convívio político com o Estado de Israel. Mas esquecem a cultura da unilateralidade que se consolidou na região. O Hamas nem sequer aceita a idéia de que Israel exista. O "establishment" de Israel só vê terrorismo nos outros. Os EUA, que municiam Israel, fazem pouco — devido aos compromissos de uma elite empresarial e à tradição de sua política externa, mescla de interesse e missionarismo que tanto agrada a Bush e sua equipe. A chance de paz talvez esteja, sim, no apego às coisas simples da vida (namorar, brincar, comer, criar) sugerido nos filmes, mas não é nada simples de atingir. Nesses desertos os labirintos se perpetuam.

Das cordas do teu violão
(21/2/2001)

Uma das características mais fascinantes da bossa nova, que Ruy Castro deixa clara no livro *Chega de Saudade*, era a qualidade e a quantidade de instrumentistas que, sem saber, a estavam pesquisando simultaneamente. João Donato, com o acordeão, João Gilberto, com o violão, Johnny Alf, com o piano, assim como Luís Bonfá, Baden Powell e Tom Jobim, buscavam em graus e locais diferentes uma combinação entre melodia, harmonia e ritmo na forma-canção que viria a ser chamada de bossa nova. Eles eram — uma minoria ainda é —, antes de mais nada, grandes músicos que, se jogados juntos num palco, dariam um Bossa Nova Social Club digno do sucesso cubano. Tanto é que as boas letras precisaram da conversão de Vinícius de Morais, de Carlinhos Lyra e, mais tarde, de jovens como Chico Buarque, parceiro de Tom em obras-primas.

Na verdade, a bossa nova fez muito sucesso em sua época (li outro dia que a parceria com João Gilberto foi um dos poucos momentos rentáveis da carreira do grande Stan Getz), voltou a fazer sucesso hoje (em países como o Japão, por exemplo, Donato é rei), mas músicos como Bonfá e mesmo Tom sempre foram respeitados mais no exterior do que em casa. Para alguém que compôs *Manhã de Carnaval*, considere a injustiça. *Garota de Ipanema* é uma das canções mais tocadas no mundo todo, mas *Manhã de Carnaval* não fica muito atrás e talvez tenha até recebido mais versões (mesmo Placido Domingo a gravou em versão espanholada). O que *Garota de Ipanema* tem de ginga rítmica, traduzida nos monossílabos e dissílabos da letra de Vinícius, *Manhã de Carnaval* tem de riqueza orquestral, favorecida pelos ditongos nasais de Antônio Maria.

Bonfá, como Bellini (*Norma*) ou Duke Ellington, foi um dos maiores melodistas da música popular. Havia 30 pessoas em seu enterro. O violão brasileiro, que já havia perdido Baden Powell, agora chora ainda mais.

Suíte brasileira

(14/3/2004)

Menos futebol e mais música, me pede um leitor. Ok, o cliente é quem manda, embora os equivalentes musicais do Real Madrid (orquestra de cordas) ou da seleção brasileira (banda de solistas) não estejam tão à vista. Há algum tempo, por exemplo, reclamei das canções brasileiras recentes, de jovens e cultos compositores que não conseguem o termo entre o hit e a perenidade, a emoção e a elaboração. Mas olhe, sensível leitor, a chamada música instrumental brasileira tem um time de craques em excelente fase — ops, escapou — e une emoção e elaboração em alto grau.

Quem estava no show de Yamandú Costa, Armandinho e Paulo Moura no Teatro Cultura Artística, na quarta passada, teve clara noção disso. Os três ótimos instrumentistas, de três gerações diferentes, tocaram juntos pela primeira vez e demonstraram todo o prazer com o fato, soltando improvisos virtuosísticos. Os pontos altos foram o duo-duelo Norte-Sul de Yamandú e Armandinho em *Bahia x Grêmio* e, com o trio, o número final do *Tico-Tico no Fubá* e o bis com a melhor versão de *Sampa* que já escutei. Nos solos, Moura fez os afro-sambas de Vinicius de Moraes; Armandinho debulhou *Brasileirinho*; e Yamandú, cujo disco mais recente já elogiei aqui, tocou, com suas passagens do vigoroso ao vagaroso, Radamés Gnattali e João Pernambuco.

João Pernambuco, por sinal, é um dos compositores preferidos de outro violonista, Leandro Carvalho, cujo trabalho acabo de conhecer, admirado. Leandro está no quarto CD próprio, *Cromo*, com músicas do cuiabano Levino Albano Conceição. Já gravou dois com as músicas de Pernambuco e um com as de João Pacífico, além de parcerias com Baden Powell e Turíbio Santos. Como Yamandú e Guinga, se inscreve na ótima tradição do violão brasileiro.

Mas não é só o violão. Entre outros CDs excelentes que a gravadora Biscoito Fino vem lançando, estão dois do pianista João Carlos Assis Brasil: *Jazz Brasil*, com participação de Wagner Tiso, e *Todos os Pianos*, em que faz, para minha alegria, uma das suítes para o que chama de "melodistas brasileiros", juntando quatro das mais belas canções brasileiras: *Retrato em Branco e Preto*, de Tom Jobim, *Manhã de Carnaval*, de Luiz Bonfá, *Minha*, de Francis Hime, e *As Rosas não Falam*, de Cartola.

E há os grupos, como o Quarteto Camargo Guarnieri — um CD da YB Music com músicas de Villa-Lobos, de Osvaldo Lacerda e do próprio Guarnieri — e a Orquestra de Câmara Rio Strings — *Fantasia Brasileira*, da Biscoito Fino, com músicas de Tiso, Hime e o prelúdio da *Bachiana nº 4* de Villa-Lobos.

São músicos excelentes, todos os citados aqui, mas pouco conhecidos do grande público. Como reclamou o crítico de música da revista New Yorker, Alex Ross, 36 anos, há toda uma geração buscando por música de qualidade, para além dos rótulos "pop" e "erudita", pois toda música boa se torna, ao final, clássica. Pegue, por exemplo, um disco de Jacob do Bandolim, cuja música mereceu recente caixa com dois CDs também da Biscoito Fino. São biscoitos finos para a massa, tão saborosos hoje quanto eram na época. E escute, digamos, o choro *A Ginga do Mané*, de 1962, numa harmonia contagiada pela malícia e leveza dos dribles de Garrincha. Bem, eu tentei não falar de futebol, eu tentei.

Parapoucos

(20/6/2004)

Datas redondas costumam ter comemorações quadradas. Mas por isso mesmo podem dar a dimensão de uma reputação ou referência. Chico Buarque, desde ontem sexagenário (e para toda a torcida feminina, "sexygenário"), é sabidamente avesso a badalações, mas ler o que se tem dito sobre ele nesta ocasião, além, claro, de ouvir seus CDs e DVDs agora relançados, é muito informativo. Afinal, a timidez de Chico é seu maior trunfo: como ele se recusa à vulgarização, todo esse excesso de exaltação não consegue empobrecer sua obra.

O mais interessante a notar é que se foi o tempo em que era preciso optar entre ele e Caetano Veloso, o que significava optar entre o tradicional e o moderno, o nacionalista e o internacionalista, o mestre e o inventor. Não, o cancioneiro de Chico — e também sua literatura de ficção recente — são de uma riqueza criativa tal, que não agradam apenas a tradicionalistas e nacionalistas, por mais que sejam eles os adoradores de plantão na mídia e por mais que Chico tenha uma visão política e estética antiquada em alguns aspectos. A utopia, de qualquer modalidade, jamais congelou sua inquietude.

Essa riqueza é comprovada pela variedade de suas fases musicais — um de seus melhores discos, *Paratodos*, é de 1993 — ou, secundariamente, pelo fato de que o próprio Caetano não poucas vezes respondeu a inovações feitas por Chico na arte da canção, bastando lembrar que *Ana de Amsterdam* é a letra "concretista" que Caetano não escreveu. E também pela consciência, ora em consolidação (não à toa Guinga se encantou por suas harmonias de violão e não à toa seu canto imperfeito é tão difícil de substituir), de que ele não é apenas um grande letrista, mas também um eficiente musicista —

um criador de letras que se combinam a melodias como uma sapatilha ao pé da dançarina.

Outro sinal de que Chico não foi vencido pelas homenagens é a variedade de canções que são eleitas como suas melhores. Eu mesmo não consigo ficar em poucas. Gosto especialmente de um Chico sofisticado e intimista, como o de *Retrato em Branco e Preto*, *Eu te Amo*, *Joana Francesa*, *Morro Dois Irmãos*, *Carolina* ou *Todo o Sentimento*. Para mim, elas podem estar em qualquer lista das — sei lá — 30 melhores canções brasileiras de todos os tempos.

Mas como escutar *Quem te Viu, Quem te Vê* ou *O Cio da Terra* e não se encantar com seus versos e sua pegada melódica? Como ignorar sacadas verbais transpostas em música como "A paloma do seu mirar/ Virar miúra" (*Tanto Amar*), "Quando um deus sonso e ladrão/ Fez das tripas a primeira lira/ Que animou todos os sons" (*Choro Bandido*) ou "Mordo a fruta/ Outro é o sumo/ Ando pela mesma casa/ Com outro prumo" (*Outra Noite*), que muitos poetas brasileiros gostariam de assinar? Como não admirar os experimentos de Construção (tijolos se alternando até o caos), *Ela É Dançarina* (a conversão de substantivo em verbo em "Quando eu não salário/ Ela sim propina") ou *O Futebol* ("a idéia quando ginga")?

E como não ouvir *Roda Viva*, *Partido Alto*, *Cotidiano*, *Cálice*, *O que Será* ou *Geni* e não associar a elas uma fase da nossa vida e/ou do país? Como não querer estar com uma mulher ao som de *Samba e Amor* ou *Bastidores*? Como não se tocar pela simplicidade lírica de *Tanto Mar*, *Valsinha*, *Fado Tropical*, *Futuros Amantes* ou *Cecília*? Como esquecer o que Chico fez com as músicas de Kurt Weill na *Ópera do Malandro* ou com os poemas de João Cabral em *Morte e Vida Severina*? Convencional, enfim, é tudo que Chico não é. Apesar das homenagens.

Trio para Tom

(5/12/2004)

É como num "bar au vin", onde você se senta para desfrutar cada prato com o devido vinho, e no diálogo um enriquece o outro. *Três Canções de Tom Jobim* é um livro de ensaios — Lorenzo Mammì escreve sobre *Sabiá*, Arthur Nestrovski sobre *Águas de Março*, Luiz Tatit sobre *Gabriela* — e traz consigo um CD, com a voz de Ná Ozzetti e o piano de André Mehmari, em que podemos desfrutar aquelas interpretações ao mesmo tempo que sorvemos a elegância e os aromas das três músicas. Tom Jobim merece, a música popular brasileira merece — depois de tantos anos mal lidos na oposição entre acadêmicos e populistas, entre os que acusam Tom de americanizado e os que não querem ver influências, entre os que odeiam o sucesso e os que se bastam com ele.

Mammì mostra em *Sabiá* o jogo entre a melodia circular e as modulações harmônicas que "não deixam o canto repousar sobre um centro tonal", acentuando a tristeza da canção. E faz a observação original de como Chico Buarque ajudou Tom Jobim, nesse ano-emblema de 1968, a renovar a herança da bossa nova com uma angústia que "a ilusão de uma modernização doce" impedia de ser explicitada. Ná Ozzetti canta os últimos quatro lindos versos escritos por Chico ("Que fiz tantos planos de me enganar/ Como fiz enganos de me encontrar/ Como fiz estradas de me perder/ Fiz de tudo e nada de te esquecer") suspendendo a respiração em favor do paralelismo métrico, do beco emocional.

Nestrovski descreve como *Águas de Março* começa sem começo, num acorde invertido que normalmente seria usado como passagem, e as idas e vindas de harmonia e melodia mergulham as palavras num rio de camadas sutis. "Talvez nenhum outro compositor popular brasileiro tenha utilizado com tanta consciência o poder expressivo e plástico dos intervalos." No CD, a canção começa mais acelerada do que o costume, flertando com o maxixe, mas o canto usa a repetição justamente para dosar o sobe-desce do humor até fechar com breves e sorridentes agudos, "promessa de vida no teu coração".

Luiz Tatit — o autor de *O Século da Canção*, livro recentemente elogiado aqui — compara a *Gabriela* de Tom com a de Caymmi e desenha a maneira como Tom estende os tons e as vogais, desacelerando a prosódia em trechos alternados, à forma de um homem sempre em busca da doçura perdida e por fim reencontrada. André Mehmari e Ná Ozzetti exploram esse contraste, principalmente nos momentos lentos, quando o piano dilui o motivo melódico em variações cromáticas — e aí abre a janela para o sol ("Chega mais perto, moço bonito") e chora por afeto ("Eu te perdôo com raiva e amor").

Esse pequeno ótimo livro, mesmo sem falar nas minhas preferidas — *Retrato em Branco e Preto*, *Dindi*, *Matita Perê* —, finalmente capta a grandeza do cancioneiro de Tom, dez anos depois de sua morte, exibindo suas influências — lieder românticos, Chopin, Villa-Lobos, samba-canção, jazz — e suas elaborações, a serviço todas de um entrelaçamento de letra e música que não é nada senão amoroso. Ele foi um mestre-inventor na arte de mesclar o lunar no solar, de afirmar os horizontes da vida sem esquecer pedras e paus do caminho.

O gênio na rua
(9/1/2005)

Muita gente acha que o número de biografias "best sellers" desde os anos 80, principalmente, se deve a uma moda ou à tendência de valorizar o pessoal, o privado, de fofocar sobre famosos, etc. Mas, ainda que possa ter sido intensificada pelo personalismo contemporâneo, a biografia é um gênero muito antigo e, de Plutarco (*Vidas Paralelas*) a James Gleick (*Newton*), passando por Boswell (*Samuel Johnson*) e James Moore e Adrian Desmond (*Darwin*), sempre teve enorme poder de combinar qualidade literária com sucesso comercial. Em alguns casos, atingiu a excelência intelectual também, como as famosas biografias de Proust por George Painter e de Joyce por Richard Ellmann ou, para citar mais recentes, as de Picasso por John Richardson e de Tchecov por Donald Rayfield. Mesmo que você considere menor o gênero, como a reportagem, a crítica ou cartas e diários, nesses exemplos o prazer é maior.

Pode acrescentar a eles, agora, *Beethoven — A Música e a Vida*, de Lewis Lockwood, melhor que a célebre biografia do músico escrita por Maynard Solomon. Não é por acaso, antes de mais nada, que quase todas essas grandes biografias tratam de gênios. Como gênios, eles são feixes únicos de seu tempo e lugar e, ao mesmo tempo, os transcendem; por sua vida é possível falar do período histórico, de questões que interessam a qualquer indivíduo em qualquer sociedade e, mais importante, de como aquele indivíduo continua a ser fonte inesgotável de entendimento da nossa tradição cultural. E é assim que Lockwood descreve Beethoven no livro avaliado e elogiado por Charles Rosen, em minha opinião o melhor crítico musical vivo. O gênio de Beethoven é visto num momento de virada mental, em torno dos 1800, em que o romantismo toma a Europa; sua música, porém, não cabe na gôndola do estilo romântico e, dessa forma, atinge uma complexidade que nenhuma análise afoga.

É preciso dizer que Lockwood consegue um feito ainda difícil de encontrar no Brasil, mesmo em biógrafos como Fernando Morais e Ruy Castro: o equilíbrio entre a narração da vida e a interpretação da obra. Não há paralelos grosseiros, como se vê aos montes, principalmente os psicanalíticos; e não se perde de vista o fato de que, afinal, nos interessamos por aquela pessoa em virtude da obra que ela deixou, não o contrário. Lockwood abre intertítulos para falar exclusivamente das peças compostas por Beethoven, com uma clareza técnica comparável à de William Drabkin no ótimo *Beethoven — Um Compêndio*, já disponível no Brasil. E seu ponto de vista, como o de Rosen na coletânea de ensaios *Critical Entertainments* (que merece tradução), é o de que não se pode reduzir a criatividade musical de Beethoven à moldura ideológica da época, como fizeram Adorno e adornianos.

Beethoven, aos 13 anos, já era considerado candidato a "segundo Mozart"; aos 32, já fazia música eterna, como as sonatas *Kreutzer* e *Waldstein* e a terceira sinfonia, a *Eroica*, na qual lançou mão dos instrumentos de sopro de forma inédita; aos 50, reinventou sua linguagem — abolindo a repetição das tônicas — e produziu a extraordinária *Missa Solemnis* e depois a *Nona Sinfonia*. E tudo isso com suas variações de humor e os problemas como os de dinheiro e audição, amplamente explorados pela posteridade, como no filme de Abel Gance. Mas o que impressiona não é isso; é o fato de Beethoven ter enfrentado tão de perto gênios como Mozart e Haydn — com quem estudou aos 21 anos, exatamente quando Mozart morreu — e, muito autoconfiante ("Atingi tal grau de perfeição que me encontro acima de quaisquer críticas", escreveu, irritado, em 1801), assimilado as invenções de ambos e ainda adicionado as suas próprias, que não foram poucas. Há quem pense que Beethoven não tinha a fertilidade melódica de Mozart, mas na verdade perdia apenas em domínio do contraponto, da superposição de temas melódicos; em compensação, tinha uma capacidade única de "desenvolver e sustentar" uma idéia musical, em suas próprias palavras.

Como Rembrandt e Shakespeare, Beethoven explorou todas as gamas da percepção humana e combinou sentimento e pensamento em alta densidade. Rembrandt, por sinal, ainda merece uma biografia à altura, apesar de *Rembrandt's Eyes*, de Simon Schama. E Shakespeare, biografado já por tantos como A. L. Rowse e Park Honan e estudado por muitos mais como Harold Bloom e Helen Vendler, talvez nunca tenha a biografia definitiva. Acabo de ler, porém, *Will in the World*, de Stephen Greenblatt, e me confesso entusiasmado. Aparentemente, ele faz o contrário de Lockwood: mostra o que há de biográfico nas obras do bardo — desde as referências à monarquia e ao catolicismo até as relações com rapazes e a morte de seu filho, Hamnet. Mas saímos do livro mais convictos ainda da grandeza de Shakespeare, da sua intensidade mental, e mais conscientes de "como Shakespeare se tornou Shakespeare" (subtítulo do livro), num mundo particular marcado pelo amor às palavras e pela queda dos dogmas, em que o vulgar e o solene trocam papéis.

Os gênios, mesmo quando isolados entre quatro paredes e suas quarenta angústias, estão mais nas ruas do que qualquer um de seus contemporâneos. É para lembrar isso que servem as boas biografias.

Popices
(26/2/2006)

Um amigo acha que o pop começou na primeira vez em que Frank Sinatra, por exemplo, fez uma pausa para respirar e as moças da platéia suspiraram. Seus olhos azuis e sua voz única faziam que filas dobrassem quarteirões e jovens de ambos os sexos tivessem ataques histéricos. Mas ainda no século 19 as prima-donas inspiravam paixões no público, como as sopranos a quem Machado de Assis dedicava poemas românticos. Acho mais provável que o pop tenha começado quando Elvis "the Pelvis" Presley fez a primeira aparição no programa de TV de Ed Sullivan e, mesmo sendo filmado apenas da cintura para cima, seu rebolado provocou furor nas fãs e fúria nos pais. Faz exatos 50 anos. O rock, mistura de batida e balada, e a TV, com suas imagens internacionais em tempo real, são dois ingredientes fundamentais do que se chama pop. Não por acaso, nesta semana só se fala em dois shows, o dos Rolling Stones em Copacabana e o do U2 no Morumbi, transmitidos ao vivo pela Globo.

*

As prima-donas se vestem como prima-donas deveriam se vestir. Sinatra se vestia como todo mundo. Ninguém se veste como Elvis, David Bowie, Mick Jagger. E quase todos querem ser Elvis, Bowie, Jagger. Muitos talvez quisessem ser Sinatra para namorar Ava Gardner ou Grace Kelly. Mas quase todos querem ser famosos como Bono, incondicionalmente adorados como Bono. Muito mais espaço foi dedicado à barriga enxuta de Jagger do que à pele-pergaminho de seu rosto. Ele é um coroa, mas é sexy, cheio de energia, e uma faixa dizia: "Faça um filho em mim." Bono, cujos óculos são copiados em toda parte, pinçou meninas ao palco para trocas de cafunés e olhares. Ali em cima, pode parecer humano.

*

Michael Jackson e Madonna foram os dois maiores ícones do pop anos 80, quando a rebeldia do rock passou a fazer parte da mesma estratégia de consumo. Contra os ídolos autodestrutivos da contracultura, adotaram a linha mutante. A cada disco assumiram uma personalidade diferente. A tal ponto que, na sucessão de máscaras, perderam a identidade. Jackson perdeu até o rosto. Tudo que havia de autêntico e talentoso até *Beat It* foi desaparecendo como a melanina de sua pele e o osso de seu nariz. Madonna ainda soube se reinventar. Mas as baladas suburbanas deram lugar para uma música que só serve como pano de fundo rítmico para sua dança-ginástica, Jane Fonda da era "clubber". David Bowie, a mais perfeita tradução do pop, também é camaleão: podia ser robô ou dançarino, andrógino ou sedutor; podia ser o mais frio e o mais quente dos astros. Mas sabe que seu tempo passou, ainda que continue fazendo boas músicas, como Lou Reed ou Bob Dylan. Dylan é muito inteligente para fingir que ainda é jovem.

*

Muitos desses ídolos não seriam reparados dentro de um ônibus. Se Bono fosse um balconista de bar em Dublin, não haveria filas para tomar de sua Guinness. A fama faz lindos os que não são mais que charmosos. Me lembro de uma tira de quadrinhos de Angeli em que o personagem Walter Ego acorda, se olha no espelho e se acha feio. "Feio como quem?", pergunta. "Feio... como o Mick Jagger!" Até para ser feio é preciso ser especialmente feio.

*

A TV não consegue transmitir bem os grandes shows. Rolling Stones e U2 são muito bons de palco. Apesar da bagunça e do mau cheiro, o espetáculo de Copacabana ficou na história. O U2 não é tão importante para a história do pop quanto Rolling Stones, mas faz um som tremendo ao vivo, como se comprovou no Morumbi. The Edge é um guitarrista extraordinário, e não é verdade que o sucesso da banda venha da atuação politicamente correta — ingênua, para dizer a verdade — de seu líder, ainda que não se possa isolar do sucesso o "engajamento" de suas letras. Mas a simpatia diabólica de Mick, Keith e companhia não permite comparações. Os Beatles fizeram número maior de grandes canções, de grandes transas entre letra e música, principalmente em *Sargent Pepper's*. Os Rolling Stones fizeram coisas que eles não fizeram.

*

Pop é "POP!", explosão de pipoca ou chiclete, arte feita como produto assumidamente comercial, almejando grande escala. A pop art nasceu em Londres, mas é fruto da americanização do mundo, da invasão de coisas de plástico, fast-food, refrigerante, comunicação instantânea. Mas Vivaldi pode ser usado como pop num comercial de sabonete. E nem sempre o pop vira popular. Atualmente, por sinal, essas duas coisas andam longe. Radiohead é pop, brilhantemente pop, mas não é popular, não é um nome que qualquer um no boteco reconhece ou compreende.

*

Uma carreira pop pode se sustentar em meia dúzia de hits. A maioria das bandas de sucesso não fez nem isso. Raras transcendem a condição de modismo, raríssimas a de moda. Instantâneo como é, o pop logo se esquece. Mas em alguns casos o entretenimento de ontem se torna a cultura de hoje. Os Rolling Stones vivem basicamente dos hits dos anos 60, o U2 dos hits dos anos 80. Mas são mais que traduções de uma época e passam de geração em geração, como os Beatles passariam se estivessem todos vivos — tanto que, sozinho, Paul McCartney continua a aglutinar multidões. A morte precoce dá uma aura imbatível a alguns ídolos pop, como James Dean, John Lennon ou, em ponto menor, Kurt Cobain. Mesmo assim, o que sustenta a durabilidade de uma fama é a qualidade do que se fez, o que se trouxe de novo e certeiro.

*

Já li muitos analistas comparando esses espetáculos ou "megashows" com manifestações nazistas, de obediência coletiva. Bobagem. Assim como os do futebol, esses espetáculos trazem uma sensação de coletividade — afinal, está todo mundo lá admirando ou ao menos comentando a mesma coisa — que é fato raro na vida moderna. Ao mesmo tempo, o pop-rock também nos lembra do que há de primitivo em nós, de que não somos apenas bonecos sociais, obrigados a nos comportar como se não tivéssemos instintos e desejos. O problema maior é que ele mesmo se torna exemplo disso que normalmente critica. A idolatria é uma doença juvenil que atinge todas as idades e — como os críticos que levam o pop a sério demais e exaltam uma banda nova por mês, sem notar a contradição — impede que a pessoa tenha discernimento sobre o que motiva seu gosto. Conheço mais pessoas que gostam de Beethoven e Shakespeare (ou de Cole Porter e Fernando Pessoa) e sabem curtir um Tim Maia ou Jorge Ben — os reis do pop brasileiro — do que o contrário. Rock escraviza o indivíduo, não a massa, embora Jagger e Bono tenham sido tratados como messias em passagem por aqui.

*

Ah, o carnaval também virou pop, fenômeno televisual. Mas os desfiles das escolas de samba parecem mil vezes mais marciais e reprimidos do que os shows dos Stones e U2. É a burocracia da folia.

Acordes

(6/8/2006)

Melomania, digo a um amigo, é a melhor terapia. Mas "mania" não deveria vir com "melodia". Não é qualquer música, não é música 24 horas por dia, que tem o poder de abrir horizontes internos. Não falo da música para acompanhar fossa, esperar ligação, alienar dentista, chacoalhar ossos; tampouco da música como perfeição das esferas ou transporte para o éden. Mas da música como linguagem que é ao mesmo tempo impalpável e fisiológica, abstrata e envolvente, sublime e rasteira, capaz de discurso complexo e falar ao plexo. Quanto mais você aprende sobre música, mais prazer extrai dela — e mais resta a aprender.

*

Campos do Jordão, mesmo não tão cheia, é um aborrecimento em julho, mas algumas atrações do Festival de Inverno sempre valem. No sábado retrasado ao cair da tarde, vi o Quarteto Borodin no Palácio da Boa Vista, num auditório-capela envidraçado que estava cercado por neblina. Quando o concerto desses russos incrivelmente concentrados terminou, com o quarteto de Schumann para piano (ao qual estava o brasileiro Jean-Louis Steuerman), que se seguiu ao *Quarteto nº 11* de Shostakovich (tão exato quanto belo, como o longo agudo do finale), me dei conta de que ficamos com uma memória do que ouvimos que não é necessariamente a do tema ou de alguns trechos efetivamente ouvidos. É uma espécie de memória indireta, de segunda voz, que permanece quando o silêncio se instala. Com grandes romances acontece o mesmo: lembramos duas ou três cenas, esquecemos as restantes, mas conosco fica um murmúrio único.

*

Foi bom também ver, antes de uma entusiástica interpretação da quarta sinfonia de Tchaikovsky, *O Pássaro de Fogo*, de Stravinsky, pela Orquestra Acadêmica regida por Roberto Minczuk na sexta à noite. Que uma orquestra quase toda de estudantes consiga atravessar quase sem problemas uma peça tão sutil e rítmica — a combinação essencial de Stravinsky — é admirável. Por sinal, o segundo volume da biografia escrita por Stephen Walsh acaba de ser publicado nos EUA. Na *New York Review of Books*, Michael Kimmelman, que é originalmente crítico de arte do *New York Times* (no Brasil seria "absurdo"), escreve que quando Stravinsky morreu, em 1971, George Perle observou que "o mundo estava sem um grande compositor pela primeira vez em 600 anos". Sim, temos Arvo Pärt, John Adams e alguns mais. Mas a frase tem algum sentido.

*

No saguão do auditório Cláudio Santoro, bons DVDs e CDs estavam à venda. Alertado por João Marcos Coelho, agora editor da versão brasileira da revista *Diapason* (que tem excelente material sobre Villa-Lobos na capa do terceiro número), comprei um dos 20 CDs da coleção da Harmonia Mundi, *Uma História da Música*, muito bem feita. Escolhi o 11º, *A Revolução do Barroco Italiano*, para seguir o nascimento de gêneros como a ópera e da sinfonia.

*

Comprei também o DVD de *A Flauta Mágica*, de Mozart, regida por James Levine em 1991. O cenário, de David Hockney, tem aquele jogo cartunesco de perspectivas que o caracteriza e que combina com a ópera. No elenco, entre outros, estão Luciana Serra, como a Rainha da Noite, uma jovial Kathleen Battle e o grande barítono Kurt Moll. É excelente. Indo além do estilo italiano que conhecia e apreciava, Mozart dá jeito de sinfonia à ópera, entrelaçando as vozes e conferindo a elas o poder de instrumentos, como nas árias mais conhecidas, onomatopaicas, mas também nos coros e recitativos. À maneira de Shakespeare, Mozart não fazia distinções entre o alto e o baixo.

*

No bom ensaio recente de Alex Ross sobre os 250 anos de Mozart, publicado na revista *The New Yorker* e que pode ser encontrado no blog do crítico (http://www.therestisnoise.com), ele cita uma frase de Charles Rosen sobre a textura contrapontística da música de Mozart que permite superpor quatro ritmos de modo "ao mesmo tempo complexo e tocante". Tal definição vale para as óperas e tudo o mais de Mozart, felizmente visto cada vez menos como menino-prodígio. O gênio fica lá onde já não importa o quanto do talento é dom e o quanto é conquista, onde intuição e sofisticação são uma força só.

*

Esse, por sinal, é o mundo de Thomas Bernhard. Vejo com espanto o interesse pela segunda edição de *O Náufrago* e não sei se atribuo ao crescente interesse por música em certos círculos ou pela obra de Bernhard depois de seis títulos lançados aqui. Só sei que o livro é estupendo (tem um correspondente no mundo da pintura, *Old Masters*, ainda não editado em português, sobre um sujeito obcecado por Ticiano) e fala de Glenn Gould como nenhuma biografia ou ensaio: "Ele se recolhia dentro de si mesmo e começava a tocar. Tocava de baixo para cima, por assim dizer, e não como os outros"; "Somos os que continuamente buscam escapar da natureza, mas, como é natural, não conseguimos, (...) ficamos no meio do caminho"; "A maestria não lhe bastara nem mesmo quando criança."

*

Numa vida de náufragos e mal-entendidos, de pessoas frustradas e preconceituosas, o gênio não é o virtuose, que se exibe para os outros, mas aquele que sobrevive a tudo isso. Gould tocando as *Variações Goldberg* de Bach é a melhor definição musical do que é música, uma matemática que supera suas próprias equações.

*

Música é conectar, não compartimentar; não deve ser reduzida a gêneros ou quantidades. Bill Evans tocou no Steinway de Gould, e Brad Mehldau é o Bill Evans da nova geração. Dois CDs seus acabam de sair: *House on Hill*, de composições próprias, e *Love Sublime*, com a cantora Renée Fleming. O primeiro é muito interessante, uma proposta de jazz que não se funde com, mas se abre para o erudito e o pop; as improvisações não desfiguram a melodia, primeiro apresentada da forma mais concisa e depois desdobrada até se reencontrar. O segundo, que apenas comecei a escutar, é nada menos que canções feitas com poemas de Rainer Maria Rilke.

*

Thom Yorke, do Radiohead, grupo do qual Brad Mehldau já interpretou diversas canções, lançou seu disco solo, *The Eraser* — controverso na crítica, o que não surpreende, e sucesso de público, o que surpreende. Foi saudado como volta à eletrônica de *Kid A*, mistura de sintetizadores e "riffs" com a voz melancólica de Yorke. Mas ele não quer saber de ritmo dançante, se queixa das mentiras da política e, como Melhdau, jamais se esquece da melodia; alguns momentos, especialmente a faixa *Analyse*, têm a textura de *Hail to the Thief*, o último da banda, de uma inteligência sonora e verbal rara no pop.

*

Melodista de primeira era também Luiz Bonfá, cujo CD *Solo in Rio*, lançado nos EUA em 1959 com o título *O Violão de Luiz Bonfá*, foi remasterizado agora. São variações em torno de canções e ritmos brasileiros, americanos, hispânicos. A segunda versão de *Manhã de Carnaval* (faixa 25) — melodia que só tem rival em *O Bem do Mar*, de Caymmi, e *Insensatez*, de Tom Jobim — é encantadora, com um dedilhado que, em vez de quebrar, acentua a continuidade dos acordes, essa ondulação triste-alegre de suas notas prolongadas.

*

Estudei piano e violão e abandonei ambos em menos de dois anos. Tinha justificativas práticas ou circunstanciais até há pouco. Mas agora vejo a melhor desculpa: gosto muito de música para tolerar que não fosse bem tocada.

*

Elisabeth Schwarzkopf morreu na quinta passada, aos 90 anos. Durante um período eu só conseguia ouvir seu CD com os últimos "lieder" de Richard Strauss, de uma densidade lírica impressionante. Foi uma espécie de... mania.

Declínio da MPB

17/9/2006)

Não é de hoje que os grandes nomes da MPB já não são os mesmos. O último CD excelente de Chico Buarque foi *Paratodos*, que é de 1993; o de Caetano, *Circuladô*, 1992. São os dois maiores compositores surgidos nos festivais do final dos anos 60, responsáveis por dialogar com a bossa nova e o samba-canção com letras mais inventivas e críticas. E há mais de dez anos não acertam em cheio, exceto por uma ou outra música e por uma qualidade média que sempre se espera deles. O mesmo se pode dizer de outros da mesma geração, como Djavan, Jorge Ben, Milton, Gilberto Gil. Suas canções mais recentes ou parecem versões daquelas que os consagraram, livres de idéias melódicas e verbais novas, ou simplesmente não têm viço, não combinam palavras e sons de forma memorável.

Reação imediata: "Natural, eles têm mais de 60 anos e agora é a vez dos jovens." Felizmente, eles são os primeiros a reconhecer isso, já que a crítica musical que deveria fazê-lo não o faz — talvez por medo de incomodar medalhões, talvez por falta de ter o que apontar para o lugar. Chico disse há alguns anos, já mais preocupado com sua prosa de ficção (que melhorou de livro em livro, apesar do preconceito da classe literária), que "música popular é coisa para jovens". Caetano declara em texto no novo CD que já fez uma "quantidade ridícula" de canções ruins. Mas será que é mesmo uma questão meramente de vitalidade, de jovialidade? Comento em breve o novo CD de Bob Dylan, por exemplo; ele também já não é o mesmo — como Paul McCartney tampouco é —, mas ainda faz algo ambicioso. Leonard Cohen, Lou Reed, há alguns cancionistas da velha-guarda contracultural que seguem produzindo com frescor.

O novo CD de Caetano, *Cê*, decepciona. Tem arranjos de rock, mas de um rock bem amador, de garagem, com riffs que se repetem ao cansaço e não combinam com sua voz, de pouca intensidade nos graves. Ao mesmo tempo, as melodias e as letras namoram uma breguice ou brejeirice, sem com isso obter o efeito que um Raul Seixas — de quem se ouvem ecos em *Não me Arrependo* — obtinha de tal combinação. Mesmo quando há uma sonoridade mais interessante, como em *Minhas Lágrimas*, o desenvolvimento deixa a desejar, ou, como em *Deusa Urbana*, não descola de antigas canções como as de *Uns*. Decididamente estamos muitos andares abaixo do autor de *Coração Vagabundo* ou *Estrangeiro*.

Penso também no que se poderia chamar de "segunda fase" de Tom Jobim, sendo a primeira a bossa nova "stricto sensu". Com *Matita Perê*, cuja faixa-título era uma obra-prima de andamentos e dissonâncias, Tom renovou sua linguagem, dialogou mais intensamente com seu ídolo Villa-Lobos, parecia uma criança com PlayStation novo. Vale notar, então, que Tom é exceção, não só na música brasileira, mas também na literatura, na pintura, no cinema — pois a triste regra dos criadores no Brasil parece ser a de uma maturidade acomodada, diluidora, não raro entregue à autoparódia. Caetano e Chico não estariam, assim, em ritmo muito distinto do de Rubem Fonseca ou Carlos Heitor Cony. Mas eu preferiria que tivessem agido como Tom — ou Machado de Assis ou Iberê Camargo, este que foi ao apogeu justamente na reta final.

Quanto às novas gerações, é claro que existem bons compositores, como Zeca Baleiro, Lenine, Seu Jorge e Marcelo Camelo, de Los Hermanos. Acho, porém, que eles ainda não estão na mesma ordem de grandeza de Chico, Caetano e os outros — não só como letristas, mas também como melodistas. Pode-se argumentar que também em outros países as novas gerações não estão no mesmo plano que seus antecessores. Mesmo assim há compositores muito bons, de estilos tão diferentes quanto Elvis Costello (o Costello de *Painted from Memory* e *North*), Tom Waits e Thom Yorke, do Radiohead, grupo cuja inovação é tão marcante que tem tido canções gravadas por músicos de jazz como Brad Mehldau e Jamie Cullum e pianistas eruditos. Não vejo nada semelhante na canção brasileira atual.

Esse caminho dos novos intérpretes, por sinal, é fundamental para a fertilidade das canções. Cantoras como Madeleine Peyroux, Diana Krall e muitas outras interpretam canções de compositores vivos — Madeleine registrou lindamente Cohen, Diana escolheu *Almost Blue* do marido Costello — e ainda fazem as suas próprias, embora sem o mesmo padrão. Por aqui, talentos como Rosa Passos, Céu, Cibelle, Bebel Gilberto e Maria Rita têm cantado novos autores e assinado suas próprias letras. (Isso faz pensar na falta de jovens vozes masculinas num país de cantores como Orlando Silva, Dorival Caymmi, João Gilberto e Tim Maia, além de Milton, Djavan e Caetano.) Quem sabe, pouco a pouco, sem a desculpa de que o sertanejo ou o funk é que são realmente "populares", novos Chicos e Caetanos se estabeleçam. Por ora, eles mesmos não têm sido muito consoladores.

Baba antropofágica

(12/11/1998)

No último sábado levei minha filha ao Playcenter, digo, à 24ª Bienal de São Paulo. Temores não só se confirmaram, como foram superados. Cometeu-se um erro fundamental: há muita obra menor de artista maior. Os outros erros são os previstos: a tese confusa causou uma organização confusa; e o pouco que se faz de sério na arte contemporânea não compareceu. Quanto ao público, que não está indo — era um fim de tarde de sol e não havia nenhuma fila —, o problema é que aquilo que já chamei de "almoxarifado gargantuesco" das bienais não tem, no caso, o contraponto das grandes salas, como houve nas duas anteriores. A melhor sala é a de Francis Bacon — composta de obras de primeira linha — e a grande descoberta é o venezuelano Armando Reverón. Mesmo assim, a sala de Bacon nem sequer é sala: é um átrio, com interferências visuais desnecessárias. E a pintura de Reverón, feita de modulações apolíneas, é tudo menos antropofágica.

O Núcleo Histórico deve ter sido baseado na Teoria do Caos. Você está lá vendo o belo quarteto de Eckhout num corredor quando cai na saleta de Bruce Nauman, indigna até desse artista superestimado. As seções de pintura modernista brasileira e de Dadaísmo & Surrealismo são risíveis. De Magritte ainda há três ou quatro obras de frente, assim como se pode achar um Matta interessante aqui, um Rodin acolá, etc. Mas a de Van Gogh decepciona até o mais "analfabeto plástico" (como se dizia Nelson Rodrigues) de todos: as melhores obras são as do Masp. Giacometti teve um tratamento ridículo: seu espaço é equivalente ao de Maria Martins e a intensidade de suas figuras se perde no espaçamento excessivo. Há também muita repetição em relação a bienais anteriores, como Bourgeois, Oiticica e Lygia Clark — "autora" de um corredor acoplado a um balão que obriga o visitante a tirar o sapato, pisar em bexigas e sair do lado de lá tão vazio quanto entrou. E há, ainda, os problemas técnicos: mal se enxerga o nome dos autores nas legendas; telas como a de Yves Klein foram agredidas pela chuva na semana de abertura; e os textos de apresentação nas paredes são motivo de piada. (Há um que menciona a "fantasmática" da antropofagia... Deve ser um aviso para o trem-fantasma que virá nos dois andares abaixo.)

Achei também que fosse chegar lá e ver uma série de trabalhos relacionados com a idéia de antropofagia pregada pelos curadores, voltados à questão da identidade, levando-a aos limites psicológico, antropológico ou estético. Nada disso. A exposição "Roteiros" é anódina; não há nada realmente forte. Não guardei nenhum nome novo entre os que tive paciência de verificar, porque há salas e salas fechadas onde entramos para ver nada mais do que um videozinho de fundo de quintal. É como aquela "baba antropofágica" de Lygia Clark, de que há fotos no pavilhão: na tentativa de tudo enredar, não se vai além de um joguinho pretensioso. Nem como Playcenter esta Bienal funciona.

Para não dizerem que estou sendo "destrutivo", observo que o problema todo começa na concepção. É ela que nos leva a percorrer aquele prédio infindável para pescar não mais que alguns lambaris de novidade, além da frugalidade das "pièces de résistance" desta edição. Olhe, se um tema ou conceito é necessário, por que não partem da realidade material? Na Bienal de 1996 já se insistira naquela idéia de "desmaterialização", mas pelo menos se tratava de um desdobramento (mal resolvido) do "rompimento do suporte" — vulgo hegemonia da instalação, acentuada dos anos 60 para cá — lançado em 1994 por Nelson Aguilar. Não deixa de ser um critério concreto: mostrar o abandono do chassi do quadro, etc. Mas neste ano a tese ficou ainda mais arbitrária: a antropofagia da brasileira Tarsila do Amaral como norte para toda a arte contemporânea. Deu no que deu. Mesmo porque a pintura de Tarsila em raras ocasiões ultrapassa o derivativo e o esquemático. Fica difícil.

Na Bienal de Veneza de 1995, muito criticada (não sem razão) pela extinção da mostra de iniciantes "Aperto", Jean Clair organizou um núcleo histórico que consistia em uma ampla, informativa e perspicaz retrospectiva da figura humana tal como retratada ao longo do século 20, de Grosz a Serrano, de Munch a Clemente. Apontava-se diretamente para uma tendência da arte contemporânea: mostrar no corpo humano os conflitos da identidade. Mesmo nessa 24ª Bienal paulista, onde a pintura é tão rara quanto o talento, pode-se adivinhar a quantidade de vídeos e fotografias do corpo — cada vez mais degradado e vitimizado — que se faz atualmente. Ou então por que não fazer uma exposição sobre, sei lá, as maneiras como a luz é vista na história da arte até hoje? De Chardin a Wolfgang Laib, passando por Lasar Segall ou Edward Hopper, as possibilidades são muitas; o próprio Bruce Nauman é obcecado pelo tema. Em Londres, recentemente, organizou-se uma exposição sobre a velocidade: como tem sido encarada e encarnada pela estética, desde a exaltação futurista até a "depressão" pós-moderna. Isso sim é curadoria, que parte da arte e vai para o geral, não o contrário. Basta de metafísica.

Obras-primas ignoradas
(6/7/2003)

Uma vida cultural pouco é sem coincidências felizes, e no momento há uma delas que merece muita atenção. Na semana que passou, fui ver uma exposição — a de Iberê Camargo na Pinacoteca — e li um livro — *A Obra-Prima Ignorada*, de Balzac — que se combinaram de múltiplos modos. Antes de mais nada, como trocadilho: não é que as obras-primas de Iberê Camargo (1914-94) cheguem a ser ignoradas, mas certamente valem muito mais consideração de crítica e público do que têm recebido. A pintura brasileira já não é grande coisa; que um pintor do nível de Iberê, comparável no país apenas com poucos outros, não seja assim reconhecido é um haraquiri cultural.

A retrospectiva, com curadoria de Paulo Venancio Filho, poderia ser maior, assim como o catálogo poderia ter melhor custo-benefício. Mas esse é o Brasil, e a exposição cumpre seu papel de resumir a carreira e dar a noção da justa grandeza do artista. Há uma tendência nos textos a carregar na imagem da arte "trágica", em que os personagens olham ao redor e acham tudo vazio, negativo. Mas o bom observador vai sair da exposição com a certeza de ter entrado num mundo de incertezas, de paradoxos, como nos grandes artistas. Iberê não está lamentando a perda da inocência lúdica, mas a recuperando em sua trama de figuras e fundos, no exercício tão prazeroso quanto doloroso de pintar o que se entranhou, de buscar algo no que se perdeu.

Suspeito que essa leitura ainda reducionista de Iberê como um agônico radical tenha a ver com o que se conhece de sua vida e temperamento, especialmente o fato de que matou um homem que teria assediado sua companheira. E este é o tema da novela de Balzac, uma deliciosa narrativa que na edição brasileira não ultrapassa 45 páginas, seguida de um ensaio de Teixeira Coelho, que a traduziu. Hoje, em tempos de neo-romantismo, ou romantismo digital, o que Balzac diz precisa ser muito bem escutado. Ao descrever a obsessão de um pintor, Frenhofer, pelo mergulho pleno na natureza, por uma arte que elimine a diferença entre o real e o retrato, ele alerta para as ilusões de grandeza, para a pretensão de extinguir as imperfeições e obter fusão total entre arte e vida — coisa em que os atuais deturpadores de Oscar Wilde acreditam.

A arte de Iberê obviamente deriva de sua existência, dos fatos que vivenciou, das ações que cometeu, da reação às suas circunstâncias. É um produto de sua personalidade amarga, melancólica, de sua biografia dramática. Mas não é só isso. Não me esqueço de quando o conheci, em 1992. Era simpático e irônico, meu tipo preferido. E pintava com fúria, depositando muita tinta, depois retirando, "ouvindo" a obra até ela se dizer pronta. Mas sua arte não era confessional, emotiva. Ele tinha muita consciência e conhecimento — escreveu bons contos, por sinal — e muito domínio técnico. Não gostava de falar sobre pintura; no máximo, lembrava os mestres do passado, como Guignard, com quem estudou. Preferia falar sobre o atraso do Brasil, que descreveu como um gigante com cabeça de galinha. Sabia que seu mundo de imagens era tão próprio e tão refletido que não cabia a ele explicá-lo.

No livro, que se passa no início do século 17, Balzac contrapõe Frenhofer ao jovem Poussin, artista que se tornaria conhecido por sua aparente arbitrariedade de composição. O Poussin de Balzac sabe que há sempre uma mediação e que ela, porém, não impede a vitalidade da arte, embora se assuma como projeto. Já o que Frenhofer produz, em sua tentativa de retirar a intervenção da linha, é uma "multidão de linhas bizarras que formam uma muralha de pintura", um emaranhado indiscernível do qual se salva apenas o detalhe de um pé. E esse detalhe maravilha Poussin justamente por surgir como um "fragmento que escapara de uma incrível, lenta e progressiva destruição". Afinal, o sonho da construção perfeita é o parto da destruição.

É como Balzac escrevendo seus livros a toque de caixa, na virada da noite, entre uma amante e outra — uma aceitação dos limites, um "modus operandi" em meio ao caos moderno, embora o projeto inacabado da Comédia Humana traísse um desejo de totalização. E é como Iberê pintando,

150 anos depois. Sua integridade, rara nestes trópicos, consistia em sua capacidade de enfrentar a realidade, de olhar a indefinição humana, de assumir a força afetiva de sua memória de infância — o movimento e a promessa de carretéis e bicicletas — ao mesmo tempo que o deslocamento em relação a esse passado e aos outros seres humanos. Por algum período, nos anos 60, ao adotar o expressionismo abstrato, Iberê parece sumir em sua obra, como numa muralha de cores; mas ele está ali, num canto, espreitando a si mesmo, observador e participante do mundo.

Na fase final, atinge seu apogeu, até hoje não entendido assim pelos analistas. Na virada dos anos 80 para os 90, ele se tornou novamente capaz de dispor esse imaginário, de ter com sua arte uma relação ao mesmo tempo mais distanciada, "arbitrária" e mais expressiva, forte, lá onde vida e arte não se fundem, mas se testam e se provocam. Vendo um criador assim, sentimos saudades da arte moderna, do vigor estético com que os modernos como Picasso, Joyce ou Stravinsky salvaram fragmentos vitais, de sua linguagem inquieta e pensante. Mas há o consolo de que hoje os poucos grandes artistas são exatamente os que são ainda modernos, sem as poses do pós-modernismo e sem as utopias do velho modernismo. O que lhes falta é o devido reconhecimento, que não se deva apenas a coincidências felizes.

A arquitetura da invenção

(24/6/2001)

Quando vi as fotos do Museu Guggenheim de Bilbao, Espanha, inaugurado em 1997, fiquei fascinado pelas formas exuberantes, pelo material inédito, pela maneira como aquele prédio volúvel se materializa na paisagem urbana. Mas ficava me perguntando se, ao vivo, ele não seria tão baseado em efeitos que não daria espaço para o bem-estar individual, para a escala humana, para a ordem íntima que toda construção arquitetônica tem de criar. Um equívoco comum em grandes talentos é o de transformar sua familiaridade com o instrumental em exibicionismo ou autismo. Mas o museu de Frank Gehry é uma obra-prima, ou seja, uma obra primeira, pioneira, que abre um campo de possibilidades para criadores do futuro ao mesmo tempo que recicla influências do passado. É livre sem ser excêntrico, inovador sem ser gratuito, amplo sem ser pomposo; fala ao homem, mas engrandece sua perspectiva. Não é isto uma obra-prima?

A arquitetura tem uma condição ambígua, entre arte e função. Se, de um lado, ela não tem a liberdade técnica que as artes propriamente ditas têm, de outro, pelo mesmo motivo, ela pode servir como programa estético, como manifesto teórico, como síntese cristalizadora do que um clima cultural quer precipitar. Ao longo do século 20, a arquitetura se tornou símbolo da palavra mais repetida no período, "modernidade"; criou um repertório de conceitos do que era (ou deveria ser) o modernismo, levando à sua definição genérica, e mentirosa, de um estilo objetivo e econômico que se propõe o mais adequado aos tempos. O princípio central seria o formulado por Adolf Loos na Viena fin de siècle: "O ornamento é um crime."

Simultaneamente, os paralelepípedos de vidro e alumínio — arranha-céus que afirmam o triunfo da engenharia — podem parecer os produtos mais limitados da arte moderna, tão cheia de variedade, elipse e cor. Em termos de liberdade formal, como comparar um prédio de Mies van der Rohe com uma tela de Miró? Desse ponto de vista, o museu de Gehry parece uma atualização da arquitetura em relação às outras artes. Proclama o fim do caixote e leva para a arquitetura a experiência não-linearista da poesia de Ezra Pound, do romance de James Joyce, da música de Stravinski. Também parece uma releitura da arquitetura moderna, como se fosse aquilo que seus folhetos de divulgação dizem, "o último grande museu do século 20". Retoma a vivacidade de Gaudí, intensifica a organicidade de Frank Lloyd Wright e Alvar Aalto, aposta no que há de mais humano nas curvas de Le Corbusier (o da Capela de Ronchamps). Mas, por outro ângulo, é um salto criador, um marco que pode inspirar as outras artes — um manifesto sobre quanto ainda há a inventar entre os pólos da forma e do conteúdo, indissociáveis nas grandes criações. E é no que acredito.

Gehry contou em entrevistas que o museu não seria possível sem os CADs, os programas de desenho em três dimensões dos computadores. E sem os novos materiais, como o titânio que encontrou por acaso, depois de desistir do cobre por este ser tóxico. Mas a tecnologia nada é sem o espírito inventor do homem; ela em si não faz o novo, é no máximo uma nova fórmula. Daí a importância da arquitetura, que arruma o homem na cidade e o põe em diálogo com a natureza. Por estar em contato com as novas técnicas que o engenho humano cria, atua como referência para as outras artes, mais autônomas em relação aos meios materiais. (Escrever em computador tem diversas vantagens, mas ainda é possível escrever um romance inteiro apenas com lápis e papel.) Na arquitetura, os meios dignificam os fins.

Os croquis de Gehry mostram que ele procurava a forma lateral de um peixe e a vista superior de uma flor despetalando-se. Mas nem ele mesmo sabia que conseguiria cria uma baleia de titânio que se decompõe (ou compõe) em cascos de navio acomodados em alcachofra, em uma folhagem de volumes chanfrados que, por dentro, dão a impressão de estar em um transatlântico arranjado em origami. O que o museu aponta é a tendência de todas as artes hoje em dia: a superação da falsa dicotomia entre modernismo e pós-modernismo, livre do heroísmo utópico de um e do ludismo citacionista do outro, confiante na energia da criação, mas desconfiado dos poderes da linguagem. O museu é ao mesmo tempo complexo e intelegível, denso e leve.

A estrutura afasta, mas não muito o literal (a silhueta de um peixe) e o simétrico (a distribuição dos volumes), reforçando a coerência pela exploração de seu motivo visual: a semelhança entre o formato de uma folha e o de uma proa de navio. De cada lado porque você chega, o museu parece outro; no entanto, é o mesmo museu, estudadamente encravado à margem do rio, captando o espírito da cidade portuária (cujo centro é chamado de "casco viejo"). Com isso, associa natureza e engenharia, sem ser funcionalista nem decorativo. O Guggenheim de Bilbao é o início do século 21 estético. Se o século 21 quiser.

Arquitetura da sensibilidade

(19/10/2003)

A arquitetura, nos sentidos literal e metafórico, divide ambientes. Quase como na música, as preferências de uma pessoa na arquitetura traduzem uma parte peculiar de sua sensibilidade que outra forma de expressão não traduziria. A diferença em relação à música e às outras artes é que tendemos a nos acostumar facilmente com o ambiente, o qual pode não incomodar muito mesmo quando esteticamente medíocre, talvez pelo atrelamento à funcionalidade. Mas basta entrar num belo espaço arquitetônico e sentir o frisson, a expansão de sensações, as novas percepções de dimensão e perspectiva, o prazer de ver o homem encenar modos de repensar seus seis sentidos — destacado aí o do equilíbrio. Uma grande obra de arquitetura ao mesmo tempo determina volumes no espaço e liberta nossa noção de espaço no tempo.

Por isso também, a arquitetura parece exercer uma forma do poder (Nietzsche dizia mesmo que é "a retórica do poder") que causa adesões não raro sectárias, como plataformas de lançamento doutrinário. E isso se reflete até na sensibilidade de pessoas de bom gosto e interesses diversos. Não entendo, por exemplo, por que alguém que gosta de Tadao Ando não pode gostar de Frank Gehry — o que lhe soa como um paradoxo, como uma traição de um ou outro. É como dizer, como dizem algumas pessoas, que quem gosta de Mozart não pode gostar de Beethoven ou quem gosta de jazz e rock não pode gostar de clássica ou samba. Já estamos no século 21: é hora de acabar a era dos guetos culturais.

Na minha sensibilidade há lugar tanto para Ando como para Gehry. Quando visitei os prédios de Ando no Japão, como aquela pequena igreja protestante nos arredores de Osaka, em que o uso de diagonais de concreto e de proporções revertidas sempre leva nosso olhar para a natureza do lado de fora, senti uma mistura de arrebatamento e quietude que está na minha memória. Já quando estive no Guggenheim de Bilbao, o opus magnum de Gehry (embora o prédio que acaba de fazer para a Disney em Los Angeles esteja sendo igualmente aclamado), temi que o estilo flamboyant de suas lâminas sobrepostas de titânio não fosse além do superficial, do espetacular, e no entanto poucas vezes me senti tão sereno dentro de uma construção tão inquietante.

Na verdade, como nas demais artes, na arquitetura não há um estilo que previamente me cative. Como vejo, com satisfação, que o interesse pelo assunto vem aumentando em São Paulo — onde no momento ocorrem a Bienal Internacional de Arquitetura e exposições de Antoni Gaudí e Vilanova Artigas — e no Brasil, é importante ressaltar a necessidade de que as mentes se abram. Há um excesso de ciúmes e preconceitos no meio, até por ser um assunto ainda tão carente de análise e debate na imprensa (grande ou especializada; embora uma reação já se esboce, como exemplifica o portal *Vitruvius*), e injustiças inacreditáveis acontecem, como num recente livro chamado *Arquitetura Brasileira Contemporânea*, de Roberto Segre, que dedica diversas páginas a Ruy Othake, por exemplo, e nenhuma a Isay Weinfeld, o melhor arquiteto contemporâneo brasileiro.

Acho Isay o melhor do momento por sua capacidade de usar poucos e caprichados recursos de textura (paredes de pedra, módulos de madeira), design elegante (todos os elementos desenhados em fina harmonia) e composição engenhosa (caminhos que nos surpreendem, ao fim de um corredor, digamos, com uma nova perspectiva do conjunto), como se vê no novo Hotel Fasano, nos Jardins. Outro prédio recentemente erguido em São Paulo que é muito agradável é o Centro Britânico Brasileiro, em Pinheiros, um projeto da Botti Rubin; a simetria da fachada envidraçada, com o amplo saguão, se alonga até romper o cubo (o "international style" modernista que Tom Wolfe tanto critica), fazendo a construção mais orgânica, ainda que preservando a limpidez dos vãos internos.

O problema de Othake não é exatamente fazer uma arquitetura lúdica e colorida, "vistosa", mas fazê-la com uma elaboração literal e exagerada, como nas formas que lembram frutas. Em seu estande na Bienal de Arquitetura, a sensação é de que ele decidiu, nos últimos anos (Hotel Unique, a "melancia" na av. Brigadeiro, ou o Instituto Tomie Othake, das "carambolas", em Pinheiros), investir no lado menos sadio da influência de Niemeyer, influência visível nele e em tantos outros de seus vizinhos brasileiros na mostra. Antes, aplicava mais a lição de leveza e lirismo do mestre, mas agora se entregou ao gigantismo pós-modernoso (embora tenha atingido um meio-termo interessante entre leveza e ludicidade no seu prédio da av. Berrini). Não se trata da excentricidade planejada de um Gaudí, seu gosto por ornamentos naturalistas que dão ritmo ao esqueleto clássico de suas construções; mas de apêndices especiosos, retóricos.

Quanto à Bienal, ela me pareceu, por ironia, bastante confusa arquitetonicamente, com aquela sucessão infinita de painéis quase publicitários e muito marketing público. Além dos estandes brasileiros, que servem como introduções àqueles nomes, o melhor são as salas especiais de Zaha Hadid e, principalmente, Christian de Potzamparc, o francês que será autor da Cidade da Música no Rio e cujos prédios igualmente prezam a combinação de concisão modernista e liberdades graciosas. O mesmo se pode dizer de Álvaro Siza, o grande arquiteto português, que também assinará obra no Brasil, a Fundação Iberê Camargo em Porto Alegre, cuja maquete é promissora. A abertura seletiva do mercado a esses estrangeiros, por sinal, só pode fazer bem para o Brasil — porque essa arquitetura será brasileira à medida que pensada para um lugar brasileiro, para as questões de espaço e luz propostas por esse local. A boa arquitetura sempre cria sentidos entre o literal e o metafórico.

Iluminações

(26/3/2006)

Ler ensaios, resenhas e histórias da arte é um dos meus maiores prazeres desde que, na infância, passei a dividir meu tempo entre desenhar e ler. Em face dos textos que encontramos nas paredes ou nos catálogos das exposições atuais, para não falar de livros e publicações especializados, fica difícil acreditar que alguns dos melhores escritores, no sentido amplo da palavra, foram ou são críticos de arte. Mas não é difícil entender o motivo. Analisar pinturas e esculturas (e arquitetura) exige a combinação dos poderes de descrição e argumentação, a capacidade de fazer o leitor ver e refletir junto, o domínio da língua como instrumento de sensibilidade e convencimento.

Lembro a conhecida história de que Flaubert pedia a Maupassant, enquanto caminhavam, que descrevesse uma das pessoas de tal forma que ele a identificasse em meio a todas as outras. Essa visualização devia ser sintética e atraente; uma troca simples de palavra ou da posição de uma palavra ou trecho, suficiente para não soar convencional ou burocrático. Quando você precisa fazer isso e persuadir o leitor de suas idéias e opções, o desafio é ainda maior. Diderot e Baudelaire escreveram sobre arte, e o grande crítico John Ruskin foi a maior influência estilística sobre a literatura de Proust; Roberto Longhi, Bernard Berenson, Pope-Hennessy, Giulio Carlo Argan, Roger Fry, Ernst Gombrich, Harold Rosenberg ou até Clement Greenberg, todos tinham grande texto; Kenneth Clark foi um estilista como poucos na prosa inglesa.

Hoje em dia eles são raros. Textos sobre artes plásticas são uma confusão de conceitos, de jargões, como se deter os olhos com calma sobre os detalhes e as sugestões de cada elemento do objeto fosse secundário; o que importa é a teorização, não raro muito mais inócua ou batida do que tenta parecer. Mesmo quando a teoria está a cargo de um Arthur C. Danto, autor de *A Transfiguração do Lugar-Comum*, o prazer não se compara. Mas há exceções como Robert Hughes, de quem este *Estado* publicou belo ensaio sobre Rembrandt na semana passada; Peter Schjeldahl, o crítico da *New Yorker* que no último número escreveu sobre a mostra de Munch no MoMA; ou John Updike, de quem acabo de receber o livro *Still Looking*, com 18 textos muito bem ilustrados.

Sempre me perguntam que tipos de livros costumo ler que não são traduzidos, por serem considerados caros ou específicos pelas editoras brasileiras. Afora os de ciência (e não me refiro aos técnicos), respondo sempre que são os de arte. Biografias como a de Picasso por John Richardson, a de Matisse por Hilary Spurling, a de Rembrandt por Simon Schama e a de Goya por Robert Hughes, assim como as antologias desses e de outros críticos contemporâneos, inclusive o francês Jean Clair e o italiano Vittorio Sgarbi, quase não chegam. Catálogos de exposições marcantes, como a seminal *High & Low* de Kirk Varnedoe e Adam Gopnik, nem pensar. Toda essa turma escreve muito bem, e cada um desses livros é uma peça artística em si, de tão caprichado e agradável.

Você não encontra em nosso mercado editorial uma coletânea tão bem produzida como *Still Looking*, que é uma espécie de continuação de *Just Looking*, só que dedicada exclusivamente à arte americana. Quando Updike diz que uma aquarela de Whistler é "um triunfo de restritos meios — uma aparente bagunça de pinceladas sujas em meio a áreas cinzas que se resolve num cavalo e numa carruagem na rua de janelas encobertas. Ele fez o inefável: ele pintou a neblina", a sensação é a de que vemos mais coisas na tela do que à primeira vista. E quando ele nota o silêncio teatral de Hopper ou a armadilha dos "drippings" em que Pollock caiu, entre tantos exemplos, você assente.

Não que Updike seja Hughes, cujo maior dom de interpretação é perfeitamente acompanhado pelo de exposição. Chamar Rembrandt de "topógrafo do barro humano" e argumentar que foi "barroco e realista ao mesmo tempo", como Hughes, são iluminações. No papel de fundo de meu monitor, coloquei a reprodução de seu *Aristóteles Contemplando o Busto de Homero* (1653). Dizem de Homero que, por sua habilidade descritiva dos movimentos e anatomias, poderia ter sido médico; e Aristóteles, entre sombras e luzes, o observa com reverência e melancolia, ciente dos limites de sua poderosa lógica. Essa mão apoiada sobre o crânio do poeta, que tenta aproximar o sensível e o racional, é a própria crítica de arte — senão a própria definição de pensamento.

COMPORTAMENTO

Imagocracia

(20/2/1998)

Um dos fenômenos em que mais presto atenção é o da ansiedade humana por aceitação social. Em São Paulo, especialmente em períodos não-recessivos, essa ansiedade ganha nuances e contornos muito interessantes. O fato de que ninguém tenha escrito um grande livro sobre esta cidade, a propósito, permanece um escândalo. São Paulo é metamorfósica, rica e complexa — o que os romancistas querem mais? Aqui um problema que aflige todos os brasileiros, em verdade todos os humanos, o complexo de inferioridade, assume formas muitas vezes autofágicas, embora sutis em outras. Toda metrópole, ou megalópole, como dizem os que têm mania de grandeza, lida fortemente com as aparências de superioridade para manter a mística que a faz viva, progressista. Mas a competitividade em São Paulo atinge extremos que só fazem consumir seus habitantes, e por conseqüência os estigmas de superfície se tornam ainda mais grosseiros, mesmo que busquem o verniz de civilização. O verniz é o problema, claro. A verdadeira sofisticação rechaça o exibicionismo.

O kitsch é um subproduto desse fenômeno urbano. As cidades, que mudaram a paisagem mental deste século — como perceberam Picasso, Mondrian e tantos outros —, são focos de uma estrutura social dinâmica, em que a possibilidade de ascensão é acenada dia e noite. Assim, o sujeito que quer subir na vida, como o sujeito que efetivamente subiu, só consegue sentir-se bem numa grande cidade se exibir a ela os sinais dessa subida. Infelizmente, as mulheres colaboram muito nesse processo. Pressionam o marido para ganhar cada vez mais, e a cada Natal surgem com jóias mais caras "sugeridas" como presente. Chamam um decorador, que logo vai tratar de colocar em sua sala um pufe com estampa de onça, uma coluna grega de gesso, um tapete "étnico" sobre o sofá, etc., inventando tantos badulaques que o sujeito termina gastando mais dinheiro na decoração do que na compra da casa. Não raro, elas mesmas se encarregam de comprar as roupas dos maridos, caprichando nas grifes, nos tecidos brilhantes e nos acessórios vistosos.

Eles, por sua vez, sonham com aquela BMW, Audi ou Mercedes que custa os olhos da cara, mas que vai impressionar amigos e transeuntes. Dão gorjetas inacreditáveis — se bem que com isso ajudam a distribuição de renda —, pagam fortunas por vinhos que não as valem, usam relógios caríssimos que na primeira esquina serão roubados, tudo em nome da aparência. O kitsch, dessa forma, reluz em cada esquina. Com a força atual da mídia, que também martela o tempo todo que o sujeito "bem-sucedido" tem uma espécie de vantagem moral sobre seus semelhantes, configura-se a imagocracia. É o império da imagem: quem domina precisa mostrar que domina. Daí você vê os vidros de um carro desses abrindo e, por ele, uma lata de refrigerante voando em direção ao asfalto. O imagocrata costuma tratar muito mal os serviçais também. Estou cansado de ver gente mal disfarçando seu sadismo ao tratar com desprezo ou humilhar abertamente garçons, balconistas, secretárias, sem o menor pingo de educação. Ou de ser fechado no tráfego por madames que gastam dinheiro com lombadas de livro falsas. Ou de ver preços abusivos na carta de vinhos dos restaurantes.

Noto que esses comportamentos, ainda que os repudie, não me incomodam, não me tiram do sério. Acho que se pode consumir com consciência, e nada tenho em princípio contra grifes ou coisas caras. Acho também que São Paulo ainda oferece algumas compensações, inclusive nesses assuntos, para que você não tenha de perder sua paciência com esses novos-ricos e suas ingenuidades cretinas. Mas tais compensações poderiam ser mais numerosas e, como disse, estou interessado no fenômeno, porque me instrui e diverte. Se eu me deixasse deprimir por esse tipo de coisa, não poderia viver no mundo moderno. O segredo, claro, é manter a individualidade, sem cair no individualismo — mesmo que esses comportamentos obtenham expressão política em prefeitos como Maluf, ou que afugentem tanto aqueles que vêm para cá em busca de trabalho e conhecimento, ou que se manifestem em marketing de mau gosto como o daquela exposição de Monet.

Uma vez fui à casa de um colecionador de arte no Morumbi, e ele tinha colocado luz néon para emoldurar quadros de Bandeira, Di Cavalcanti e Matisse...

Até aqui, no entanto, me limitei à caricatura, embora ela povoe tanto as nossas ruas. Mas há mecanismos mais capciosos na imagocracia paulistana. Como disse José Bonifácio do despotismo à brasileira, nosso kitsch é "açucarado e mole, mas por isso mesmo perigoso". Afinal, a competitividade pode ser saudável — como certas parcelas da sociedade nova-iorquina entenderam — e contribuir bastante para a vivacidade cultural de uma cidade. A modernidade tem um peso, implica uma adaptação complexa e não tolera idealismo, e a maioria da humanidade realmente ainda não tem condições de enfrentar isso, em pleno 1998. O ressentimento e o consumismo estão aí para confirmar. Mas no Brasil, especialmente em São Paulo, o espelho sempre tem predominado sobre o espírito. Observe, por exemplo, como as pessoas precisam se prender a gêneros: um "é doido por cinema", outro "adora cozinhar"; um detém microinformações sobre design, outro só compra discos de jazz. Sempre suspeitei de quem age assim. Em cinema, gosto tanto de western quanto de musical, drama ou comédia — desde que o filme seja bom. E por que alguém gosta de música, mas não, digamos, de teatro? Por que quem lê não sabe nada sobre esportes? Por que as exclusões?

Qual é, em suma, a razão para limitar de tal forma seus prazeres culturais, senão para se vangloriar com aquele ao qual quer ser associado? Desconfio de fãs-clubes e hiperespecialistas. Eles "vestem" a camisa, vivem de serem "conhecidos por" pertencer a este ou aquele grupo, não toleram contestações de espécie alguma. Vá a uma festa e olhe para seus amigos. Um é famoso por ser um gourmet; outro vai a todas as estréias do cinema, mesmo dos filmes mais xaropes que existem, para o que dá a desculpa de que precisa manter-se informado; outro ali é admirador de literatura argentina. Que coisa esquisita! Aí se seguem aquelas perguntas: "Puxa, você ainda não viu o útimo filme do Kiarostami?" "Nossa, você não conhece o Bice de São Paulo?" Será que eles não percebem que desperdiçam um tempo que poderia ser usado para "desbitolar" seus gostos, até mesmo para ratificar ou retificar suas inclinações supostamente naturais? Todo mundo precisa ter um crachá no peito hoje em dia, não para identificá-lo, mas para assegurá-lo de que possui uma identidade. Posso não entender nada de literatura, mas sei mais de moda do que você... A informação, desvinculada da formação, se torna bem de consumo.

Essa onda de livros sobre gastronomia, moda, esporte e outras perfumarias necessárias tem a ver com tudo isso. Ninguém mais lê quase nada, a não ser os livros que "todo mundo" está lendo — veja a necessidade de aceitação — e esse tipo de amenidade. Há um fator positivo no interesse por esses assuntos, que diz respeito à qualidade de vida, mas o problema — a sutileza — está no fato de que esses interesses terminam se convertendo em "mise-en-scène", em códigos sociais. Tal como o fulano que anda num desses carros cuja chapa diz "eu sou bem-sucedido" (e muitas vezes ele nem é, pois está endividado até o pescoço para sustentar as aparências), o descolado que anda com a etiqueta "eu gosto de jazz fusion" ou sei-lá-o-quê pratica uma modalidade de kitsch. Muitas vezes gosta genuinamente do que diz gostar, mas condena o refinamento desse gosto em nome de declará-lo o tempo inteiro, pretendendo que ele é mais do que é, como a dona-de-casa que acha sua casa mais chique do que realmente é.

Para ser aceito socialmente, essa diferenciação passa a ser uma tribalização, e você passa a valorizar mais o estigma do que a estética. A imagocracia exige que as coisas sejam assim, superficiais, porque a maneira mais fácil de aplacar o complexo de inferioridade — pois há sempre alguém mais rico, mais culto, mais bonito e/ou mais inteligente do que você — é disfarçá-lo. Ao mesmo tempo, tudo isso o alimenta, gerando o consumismo em todas as suas variantes. Se você precisa mostrar tanto que é superior, está nas redes da imagocracia. E vai precisar fazer muita força para escapar dela antes de ser devorado.

A idade da paixão

(5/11/1999)

É na adolescência que a maioria vicia em cigarro, álcool e drogas. Que muitos atrapalham o futuro com gravidez precoce ou farra perigosa. Que é preciso decidir qual profissão seguir. Que se quer namorar e criar uma vida sexual. Que se quer independência econômica. Não por acaso a palavra vem de "adoecer". Como mostraram as imagens da BBC apresentadas por Drauzio Varella no *Fantástico* do último domingo, o corpo sofre revolução hormonal durante esse período. Em nenhuma outra fase da vida tanto muda tão rápido.

É, assim, "natural" que, terminada a adolescência, a adolescência seja descartada como uma fase, um rito de passagem, felizmente concluído. Mas hoje a adolescência tem começado cada vez mais cedo e terminado cada vez mais tarde. A "adolescentização" da cultura não pára, desde os anos 50. Há um fator também biológico para isso, pois o organismo humano está cada vez mais precoce e cada vez mais duradouro. Mas há sobretudo uma tendência social, que explica que marmanjos já adiantados naquilo que Sartre chamava de "idade da razão" (a partir dos 30 anos) continuem lutando para prolongar a fase, como o protagonista desse filme *Alta Fidelidade*, baseado no livro de Nick Hornby.

O adolescente confunde paixão e obsessão. Não falo só da paixão amorosa, mas de qualquer forma de desejo e curiosidade. É uma fase de "fases". Há uma inclinação ao fanatismo, à idolatria, na política e na cultura. Mas o adulto, antes e mesmo depois de Sartre, clama pela moderação e fala pelo conformismo. Aquele jovem que escrevia poemas, cultuava cinema e acreditava em política se torna um burocrata, filisteu e cínico. Continua bobo em alguns "departamentos" — o afetivo, sobretudo —, mas perdeu aquela inquietude que pode ser canalizada em criatividade; afogou a curiosidade na rotina. Como o personagem de Sartre, assimilou os preconceitos da sociedade.

Vejo que acaba de ser publicada a tradução de Boris Schnaiderman de *Memórias do Subsolo*, que li com o título *Notas do Subterrâneo*, de Dostoievski. Minha memória informava que a leitura de *Crime e Castigo* tinha me despertado na adolescência para a dúvida contra a hipocrisia e a convenção, mas é menos verdade, como se diz. Li antes *Notas do Subterrâneo* e, a propósito, recomendo aos interessados que comecem Dostoievski por aqui. É a suma ou sumo de sua angústia: os pensamentos de um indivíduo que tenta construir um escudo de indiferença total aos outros. É o sonho de qualquer um de nós, em determinados e marcantes momentos, como a adolescência. Não dar bola para os outros.

Suspeito que essa adolescentização do mundo hoje tem a ver com isso. Ao mercado, claro, interessa a insaciedade "teen", turbinada pela mídia. Veja como tudo é dividido em gêneros, que não podem se misturar (a não ser para ganhar novo rótulo), bem ao gosto juvenil. A ansiedade de se adaptar, não exclusiva do adolescente, é traduzida em modas e modismos para adolescentes de todas as idades... Como o mundo hoje é povoado de regras, sob a aparente liberdade para ser e ter o que quiser, o indivíduo se sente compelido a encontrar pontos de referência o tempo todo. Mas eles logo estarão obsoletos. O homem é escravizado aos hormônios que já não tem em mesmo grau.

Não quero soar derrotista. Assim como a exaltação do adolescente — uma criatura inventada neste século — a partir dos anos 50 produziu vitalidade cultural, aproximando arte e comportamento, o homem não deve amortecer o adolescente em si. Deve tirar o que há de melhor na fase: a curiosidade, a vontade de articular uma visão própria, a energia. Pode envelhecer mais devagar, reduzindo o hiato com a geração seguinte, abrindo-se ao diferente e ao novo. Mas é preciso maturidade para distinguir o que é moda e o que é novo, e este artigo anda em falta. A carência é cara.

Auto sem fé

(23/12/1999)

Para Cony

Esta é aquela época do ano em que se costuma ouvir: "Mas você não acredita em nada?" Já disse que acredito em não acreditar piamente em nada, mas, impiamente, há várias coisas em que acredito. Acredito impiamente, por exemplo, que a palavra "fé" não tem sentido, ao menos não o sentido messiânico que gostam de lhe dar. O mesmo acontece com "esperança". A insistência em dizer que precisamos ter esperança me deixa desconfiado. Na verdade, precisamos dizer que precisamos de esperança. Esperança se tem ou não, de acordo com as informações de que se dispõe. Às vezes é melhor desistir, embora dez entre dez filmes de televisão digam que não se deve nunca desistir. Acredito impiamente, em outras palavras, que as pessoas precisam de muletas emotivas e por isso demoram demais a perceber a realidade.

Este é o fato central da existência. Na velha querela entre racionalismo e irracionalismo, acho que o problema está no "ismo". A exacerbação de um ou outro é a questão: se não contrabalançados, ambos adquirem ilusão de auto-suficiência. Mas o momento histórico, me parece, é de pôr ênfase no emotivo, e isto traz grande perigo. O senso crítico deve estar sempre presente, nem que seja para ser desarmado. Há muitas coisas que não podem ser explicadas, mas o esforço de compreensão e opinião é inerente ao homem e a única maneira de saber que há coisas que não podem ser inteiramente explicadas... A história do século 20 é a história do acirramento desse confronto, e havia nos movimentos modernistas do início do século uma declarada reação às pretensões positivistas do século anterior, que por sua vez eram reação aos excessos românticos da virada do século 18 para o 19, e assim retroativamente. Nos instantes e locais em que havia pessoas que souberam entender os termos em que o velho conflito se punha, fez-se a civilização. Não tenho conceituação melhor. A civilização, como a felicidade, existe — e se renova — nos momentos, momentos em que escapa à rotina cíclica e simula vetores para o futuro. Não é um "processo" no sentido normalmente adotado pela sociologia. É mais complexo, adaptativo, do que linear, cumulativo.

Mas outro espírito de nossa época que precisa ser combatido, e que talvez seja mais restrito a círculos intelectualizados, é o de que a linearidade e a comunicabilidade são ilusões. Há um conjunto de mal-entendidos que levou a isso. A diluição, quase sempre distorção, das descobertas científicas é uma delas: a relatividade e a física quântica sugeriram conclusões desastrosas entre artistas, formadores de opinião e intelectuais, inclusive intelectuais das áreas científicas. Segundo essas conclusões, o mundo é indeterminado, a realidade inapreensível, a ordem uma quimera. Tudo é relativo, simultâneo, indefinível.

Não vou entrar no cerne da discussão, mas basta pensar em como o sistema einsteiniano hoje nos parece "clássico"; afinal, supõe que tudo se refira a uma única constante (a velocidade da luz, que não pode ser ultrapassada; ou mesmo a "constante cosmológica", que começa a ser comprovada pelos fatos). E a física quântica, que postulou o Princípio da Incerteza, não estava advogando a "incognoscibilidade" do mundo, mas apenas apontando limitações na capacidade de prever com precisão — um dado da própria realidade objetiva, não um defeito da subjetividade. Mas, como nos séculos anteriores se acreditava que o universo poderia ser totalmente explicado por um punhado de leis — assim como a história —, neste século a ênfase recaiu sobre a insuficiência de toda explicação. Só que insuficiência não é impotência, solidão, silêncio pleno, o "Ser" oculto num breu pegajoso como personagem de Beckett.

O clima histórico, claro, talvez tenha sido ainda mais culpado: as atrocidades cometidas neste século, o fanatismo surgido no meio de uma civilização que se via como ponto máximo da "evolução", a destruição da natureza, a própria passividade consumista em que a maioria das pessoas vive — sem falar no próprio acréscimo de conhecimento sobre os defeitos do planeta, nesta "aldeia global" — jogaram na cara do sujeito consciente que a humanidade está longe de se mostrar capaz de racionalidade coletiva. Muita gente, em conseqüência, parece querer voltar à escuridão de outrora, onde pouco se sabia sobre os fracassos humanos e, logo, a felicidade não parecia tão distante; era "íntima", não passava ali da esquina. Depois que esse Prometeu moderno, Thomas Edison, para mim o homem mais importante do milênio (já que estamos em época de eleição), inventou a lâmpada, o homem abriu para si uma trilha perigosa: um facho de luz também cria a sombra. Pela janela de nossa casa, agora chamada de televisão, entram a fome em Ruanda, a guerra no Oriente Médio, a arrogância americana, o consumismo japonês.

Pessoalmente, repito, prefiro viver nessa babel ansiosa. Tudo, a pretexto de democracia (raramente não mais que demagogia), é nivelado por baixo, não há hierarquias, o que há são tipos e segmentos; a única hegemonia é material e contra isso nada se poderia fazer a não ser invejar e imitar. É um mundo que me desagrada, que se pauta pelo imediatista e populista, um mundo de melindre e mesquinharia. Mas de nada adianta fantasiar o mundo passado como um mundo de honra e autenticidade, porque é falso. Hoje pelo menos há mais liberdade individual, enganosa como é, mas eu é que posso tentar não me enganar, ninguém mais. E existe uma coisa chamada progresso, mensurável no espraiamento das condições básicas de sobrevivência e civilidade, e que serve ao menos como referência para que os bom moços vestidos de Armani protestem na TV contra a miséria na África e bombardeios na Chechênia.

Tantos séculos depois, o ser humano continua a trabalhar com mecanismos de culpa e ilusão. Sempre foi assim. Sempre vai ser assim. Desconfio, a propósito, que o desgaste das idéias de Freud tenha a ver com isso. Sim, ele padecia na verdade de um mal do século 19: tentou criar uma ciência classificatória que pretendia explicar o comportamento humano com base em algumas constantes algo "vitorianas", como o complexo de Édipo. Mas, ao mesmo tempo, tinha uma visão da natureza humana cujo tom era "Vai ser sempre assim", e não pode haver nada mais ofensivo para uma época que acredita em "Just do it" — que acredita que o ser humano é um guerreiro da luz a quem basta descobrir seu potencial para realizar seus desejos. As leis de Freud estavam erradas, exatamente por terem sido vistas como leis, mas não poucas pessoas cultas na atualidade acham que o ser humano tem uma tendência fortíssima a crer que pode mais do que pode — e, enquanto crê, mal faz o pouco que pode...

Acho, em outras palavras, que há mais condicionamentos e contingências em nossa vida do que normalmente reconhecemos. Não se trata de determinismo, mas de aceitar a realidade, um combate muito mais difícil e raro do que a mera frase "aceitar a realidade" faz supor. A realidade é complexa, ambivalente, irredutível a cadeias simplistas de causa-efeito e a divisões também simplistas entre bem e mal, qualidade e defeito, etc. Acho que dados evidentes e concretos da existência já demonstram que nossa liberdade é limitada, trabalhosa, ameaçada.

A idade, por exemplo. Por que seguimos todos mais ou menos os mesmos rituais de passagem, da proteção da infância à desilusão da velhice, passando pela rebeldia da juventude e pela sensação de "maturidade" da idade adulta? Ainda não se deu conta da influência dos hormônios sobre nosso comportamento, mas ela é inegável em cada uma dessas fases etárias. E a própria genética, não vista como programação pré-definida, mas como processo preconcebido? Olho para minha filha de 2 anos e pouco, que mal vai lembrar conscientemente de tudo que já viveu até aqui, mas percebo como o que já aprendeu é o que vai sublinhar em boa parte sua vida daqui para a frente. Ou seja, o que assimilou de mais fundamental está embutido em seu cérebro muito antes de ela ter se "dado por gente", antes mesmo de ela aprender as operações que fazem do homem um animal diferente dos outros, como ler, escrever e calcular. (O que define a diferença entre homem e animal não é que o homem seja superior ao animal, mas que se ache superior a ele.) Não está totalmente "pronta", mas quase.

Mais significativo do que tudo isso são as coisas que vão acontecendo conosco. Acontecem conosco: não fazemos acontecer. As contingências, os acasos, as sortes e os azares são parte integrante da vida, não coadjuvante. As pessoas que vão surgindo em nosso caminho, por exemplo. Você nasce e já tem uma família. Depois essa família o manda para a escola e lá você faz amigos. Essa escola e esses amigos se juntam à família na soma de fatores que levam você, por exemplo, a escolher uma carreira; mesmo assim, como aconteceu comigo, a influência sobre sua escolha pode vir de uma fonte completamente estranha a esse universo de parentes, amigos e colegas. E depois você vê por acaso no jornal uma chamada para um emprego e, premido por necessidades que o tempo foi criando, faz um teste. E então faz um amigo que lhe apresenta uma amiga e você se casa com ela. Mas se apaixona por outra com quem divide o ambiente de trabalho, mas ela não quer namorar com você justamente porque dividem o ambiente de trabalho — e o espírito de época prega que a carreira é mais importante do que a paixão. E assim tropeça a humanidade... A infinidade de bifurcações. Quantas vezes minha vida não mudou! E, mais ainda, quantas vezes não teve chance de mudar!

E olhe que sou uma pessoa que talvez viva uma situação rara, a de ter atingido e até mesmo superado objetivos que tracei. Mas não tenho a ilusão de que minha vida não poderia ter sido diferente, de que estava escrito em algum lugar que eu seria o que sou. É claro que batalhei e batalho pelo que quis, mas a sensação final é a de que um conjunto de contingências e coincidências me trouxe até aqui. Talvez tenham me dado um prêmio que não mereço, mas me consolo no fato de que não foram poucos os obstáculos que enfrentei, explorando até o limite minha capacidade — pequena, mas real — de enfrentá-los. Escrever, por exemplo, dizem que é um dom, mas o relevante para mim é que lutei para descobrir e aperfeiçoar esse dom. No entanto, continua sendo algo que descobri dentro de mim, e que eu poderia ter passado pela vida sem ter descoberto. Palavra puxa palavra, e a gente só vai tentando pentear o emaranhado...

Logo, não temo em advogar o ceticismo. No Brasil ele é confundido com pessimismo ("Os mais céticos previam recessão do PIB em 4%", etc. e tal), mas ser cético é se dar o benefício da dúvida, e quero dizer "benefício" mesmo. O cético que sente prazer de viver é criatura rara no mundo todo; no Brasil, pela mística carnavalesca vigente, é não só raro como incômodo. Deve, porém, e de acordo com sua própria filosofia, suportar os estigmas, porque é assim que a maior parte das relações sociais que temos (e uma pessoa pública nem pode saber quantas tem) funciona. Num país de comodistas e deslumbrados, humor e seriedade não podem ocupar o mesmo corpo, e aqueles que desafiarem o comodismo e o deslumbre serão chamados de "pretensiosos" ou coisa que o valha. Ao mesmo tempo, aqueles que entendem a necessidade de provocar o senso comum costumam fugir ao mais óbvio bom senso, e nesta briga quem sai perdendo é o autoconhecimento, a única e frágil tábua de apoio, com a qual podemos ao menos saber que não podemos mudar muito — e que isto muda tudo.

A grande ilusão
(18/6/2000)

Nunca houve tanta liberdade de expressão no mundo, mas nem todo mundo parece confortável com isso. Inventam-se proibições sem parar. Recentemente, uma empresa inglesa proibiu os funcionários de paquerar e namorar entre si. No Canadá, proibiram o uso de perfumes, porque há pessoas que não toleram ou têm alergia a eles. O fumante é cada vez mais tido como inimigo público mundial. O romancista americano Mark Twain não pode ser lido em certas universidades de seu país porque adota a expressão "nigger" em vez de "black" para se referir aos negros. Técnicos de futebol no Brasil proíbem seus atletas de posar nus, mas não de cuspir nos adversários. Qualquer observação sobre os radicalismos de algumas minorias é tida como discriminação. Expressões como "assédio sexual" correm mundo com a velocidade do McDonald's. Há um único jeito "certo" de comer, de falar, de ser — enfim, de pensar.

Parece que, como não haveria mais censura nem "coesão moral", na frase que Francis Fukuyama repete obsessivamente em seu último livro, *A Grande Ruptura*, a sociedade vai reencontrando formas de cercear a liberdade individual. A democracia se expande pelo mundo, mas impulsos autoritários estão se sublimando em restrições segmentadas, comportamentais. O "politicamente correto" se espalhou pela academia e pela mídia. No setor de serviços, sob a capa do profissionalismo, são toleradas as maiores humilhações, que o prestador tem de suportar calado porque "o freguês é quem manda". Da mesma forma, o leitor e o espectador "mandam", nem que seja por meio da suspeitíssima interatividade, em que um grupo aleatório tem o poder de expressar o que seria a vontade da maioria. Como a mística do consumo precisa ser mantida, prometem-se mundos para quem se comportar direitinho.

O coletivo, em suma, está muito forte nestes tempos individualistas. E é esta a grande ilusão atual: a de que estamos bem representados, bem servidos e bem informados, porque há um bando de instituições e órgãos a zelar por nós. A palavrona "ética" é abusada e mal praticada dia e noite. Fumar não é só prejudicial à saúde: é prejudicial sobretudo ao Ministério da Saúde e à Previdência, porque os governos, em seu pseudoliberalismo, não sabem como sustentar a aposentadoria de uma população que envelhece e, pois, aumenta os custos do sistema. A diretoria de RH faz papel de benfeitora ao criticar o uso de perfumes e o flerte entre colegas, supostamente falando em nome do bem de todos, porque uma minoria exagera na dose das fragrâncias ou se envolve com colega ou chefe.

Ame sua família, sua empresa, seu país. Não beba, não fume, não coma açúcar, não seduza, não julgue. Não opine; apenas consuma. A abundância de informações, regras e modas dá a ilusão de que as coisas estão melhorando, de que há mais respeito pelo outro, de que há consenso dentro da diversidade, de que os direitos estão todos assegurados. Mas não é bem assim. A privacidade, a franqueza e o humor podem estar sendo condenados, como o bebê jogado fora com a água do banho. O resultado é que vivemos num mundo bizarramente licencioso, onde tudo seria permitido, e ao mesmo tempo cada vez menos libertário. Por uma razão óbvia: é mais fácil comandar quando todos se sentem iguais.

Os traumas e os tempos

(8/10/2000)

Essa história de declarar Freud morto é um caso freudiano. Freud, claro, já começou a morrer quando suas idéias foram ficando populares. Até hoje o dizem "descobridor do inconsciente", "pai da psicanálise", etc. Sobre análise, acreditou nela no começo, mas depois a abandonou por achar que ela não ia à estrutura íntima das neuroses, que estava restrita à reformulação de sintomas. E ele mesmo escreveu que a filosofia e a literatura conheciam o conceito de inconsciente havia muito tempo, apenas "a ciência não era capaz de lhe descobrir qualquer utilidade". Ou seja, seu objetivo central foi usar a ciência para entender o inconsciente, o cerne biológico e irracional da natureza humana. Freud era médico e acreditava na neurologia, acreditava até mesmo que ela viesse a substituir muitas de suas explicações. E é o que está acontecendo. A teoria freudiana da mente caiu por terra.

O fato é que, como se vê, existem muitos Freuds. Minada pelos avanços da neurociência, sua teoria, como um todo, não está mais em pé. Mas ler Freud ainda é estimulante, indispensável. Não estou endossando a idéia de que o que restou é o "pensador da cultura", o autor de *A Civilização e seus Descontentes*, *Tabu e Totem* e outros, mesmo porque aqui Freud entra na especulação mais ambiciosa e, portanto, perigosa. Ele mesmo, mais uma vez, se arrependeu da análise que fez da obra de Leonardo da Vinci, a partir do homossexualismo do pintor, e declarou que gênios não entram nos esquemas convencionais da explicação psicológica, assim como rejeitou sua própria idéia inicial de que toda forma de repressão instintiva tivesse conotação sexual.

O maior erro de Freud foi mesmo a tentativa de erguer uma ciência, classificatória, com todo um glossário novo e rígido, baseado em observações precipitadamente sistematizadas. Sim, a neurologia até hoje busca uma teoria da mente que tenha abrangência satisfatória. Mas uma das funções da ciência é provar que certas hipóteses não são científicas. E o que fica de Freud, além das especulações antropológicas brilhantes e das narrativas clínicas fascinantes, não é a identificação das causas da perturbação psíquica, mas a percepção do mecanismo de seus efeitos. A neurologia, que cada vez mais leva em conta a história pessoal de cada paciente para receitar remédios e terapias (vide o texto de Oliver Sacks no recém-lançado *Freud — Conflito e Cultura*), vai sempre precisar dos insights morais de Freud.

Antes de Freud, não era possível nem sequer conceber como um homem de formação moral rígida podia cometer um crime chocante. Freud reverteu o senso clássico ao mostrar que alguns têm (e na Londres vitoriana a maioria tinha) um ideal moral rigoroso justamente porque renunciam à agressão, e não o contrário. Ou, se você quiser tentar investigar como os brasileiros podem ser festivos e ao mesmo tempo não ser desenvoltos, a sombra de Freud o estará vigiando... Freud, mais do que Marx, deixou de ser ciência para se tornar um clássico, ainda que haja quem acredite na atualidade das explicações marxistas (como se o atual momento do capitalismo confirmasse a previsão de que a taxa geral de lucro das corporações mundiais fosse cair e dar lugar para a ascensão operária...). Por que então esse menosprezo a Freud hoje?

Primeiro, o país que ele detestava, os EUA, tornou moda a noção de que distúrbios mentais podem ser curados com algumas pílulas, como se fossem gripes. Segundo, e talvez mais importante, porque a visão freudiana da natureza humana não é muito elogiosa. Especialmente o Freud do final da vida, de livros como as *Novas Conferências Introdutórias* e aquele que ficou conhecido como *Projeto de uma Psicologia para Neurologistas* (o *Scientific Project*), precisa ser lido e lembrado. Falando sobre como as emoções mais complexas também envolvem a atividade consciente, antecipou, de certa forma, os estudos de Antonio Damásio, como o recente *O Mistério da Consciência*.

Falando em "ansiedade realista", dizendo que o enfrentamento dos impulsos é mais trabalhoso que a fuga hedonista, escravizadora, e que, por isso mesmo, pode ajudar a reduzir mais o sofrimento, deu um salto sobre toda uma era que o converteu em apólogo do irracionalismo. Mas, afirmando que o juízo racional e a sublimação produtiva são atributos raros, numa humanidade que não supera a ilusão moralista, se tornou incômodo. É outra característica dos clássicos.

Narciso e outros atores
(17/12/2000)

Pressionado pela família, Hamlet aceita consultar o mais famoso psicólogo do momento, o dr. Narciso Silicone, apresentador de um canal de TV evangélico e autor do best seller *A Arte da Auto-Estima* (editora Guerreiro da Luz).

Dr. Narciso — O que o aflige, meu jovem?

Hamlet — Ser ou não ser, eis a questão.

Dr. Narciso — Hmmm, percebo uma personalidade traumatizada. O que houve na sua infância? Abuso sexual? Abuso psicológico? Discriminação de algum tipo?

Hamlet — Não foi na infância, não. Agora mesmo, meu tio matou meu pai para ficar com minha mãe e assumir o poder.

Dr. Narciso — Mas quem lhe disse isso?

Hamlet — Meu pai. Ele apareceu para mim, como um fantasma, e me contou tudo.

Dr. Narciso — Ah, sei... Meu caro Hamlet, vejo que a perda de seu pai afetou sua auto-estima, e a falta de amor próprio lhe causa alucinações.

Hamlet — Você nem vai escutar minha história, meus argumentos? Sabia que minha namorada mentiu para mim no mais grave dos assuntos?

Dr. Narciso — Conheço milhares de casos iguais, Hamlet; além disso, esta sessão só tem 15 minutos. Você sofreu um abalo emocional grande e então fica buscando culpados por seu sofrimento.

Hamlet — Exatamente. E...

Dr. Narciso — E não pode ser assim. Se você quer mesmo se curar, tem de reconquistar a fé em si mesmo. Tem de acordar de manhã, olhar para o espelho e se animar. Mas sem auto-ajuda não adianta nada. Por exemplo:

você está muito pálido. Por que não faz ginástica? Ginástica eleva o moral como nada mais. Você tem de olhar no espelho e se sentir bem, se sentir bonito, feliz, famoso. E aí você será bonito, feliz, famoso. Veja meu caso: desde que fiz uma plástica nas rugas e uma lipoaspiração no abdômen, me sinto o mais feliz dos homens!

Hamlet — Mas não é justo que um país seja governado por um traidor assassino, ele sim, sem moral nenhuma.

Dr. Narciso — Esqueça os outros, Hamlet. Pense em si mesmo. Você perdeu esta batalha, mas não perdeu a guerra. Se você quer chegar ao poder, tem de acreditar em seu potencial, tem de ter consciência de que é um ser humano maravilhoso como todos os outros. Todo mundo tem um potencial, todo mundo pode ser bem-sucedido se quiser. A fé move montanhas de dinheiro, Hamlet. Basta querer, basta não desanimar, e tudo que você quiser será seu. "Just do it" — você já viu este comercial?

Hamlet — A consciência nos faz covardes.

Dr. Narciso — Não, Hamlet! Se você não consegue algo que deseja, é porque você não o desejou realmente, de verdade, com toda a crença possível. Se tiver muita auto-estima, um homem pode pisar num tapete de brasas e não sentir o pé queimar. Pode superar todos os traumas e reencontrar sua essência natural, gostar de si mesmo tal como é.

Hamlet — Falta apenas avisar os adversários, como disse aquele jogador de futebol, Garrincha, aquele que vocês chamavam de "alegria do povo".

Dr. Narciso — Mas Garrincha era um alcoólatra, um derrotado! Se naquela época a ciência já conhecesse a programação neurolingüística moderna, a história dele teria sido outra: ele teria sido o número 1 do mundo! *(pausa)* Hamlet, está na hora de encerrar, mas antes quero que você faça um exercício todo dia até a consulta da próxima semana. Acorde de manhã, bem cedo, e, diante do espelho, repita diversas vezes: auto-estima, auto-estima, auto-estima. Você vai ver como vai melhorar. Não esqueça, hem! Auto-estima, auto-estima, auto-estima.

Hamlet — *(saindo)* Palavras, palavras, palavras.

Conservadores
(6/5/2001)

Os conservadores não cansam jamais. Nos últimos anos, começaram a soar bastante razoáveis para muita gente boa, cansada do presente descartável em que a sociedade parece querer viver. Um exemplo famoso é Francis Fukuyama, autor de *O Fim da História*, que acha que a democracia liberal é uma só e perfeita. Em seu livro mais recente, *A Grande Ruptura*, sua preocupação básica é: como restabelecer o que chama de "coesão social" de antigamente? A família, diz ele, está em crise, como a tradição e a religião. Outro exemplo conhecido é Paul Johnson, o colunista da *Spectator*, cuja coletânea se chama *To Hell with Picasso*, que também se queixa de um mundo em que tradição, família e religião estariam de canto, submetidas ao consumismo, às drogas e ao oportunismo, ao modo de vida que se diz "moderno".

O problema é que, nas críticas, eles dizem coisas razoáveis. Não há pessoa de alguma formação e caráter que tolere com facilidade a picaretagem pop, a política publicitária e a licenciosidade glamourosa vigentes hoje em dia. Como diz uma amiga, Apolo é careta e Dionísio é o tal, porque faz o que deseja, "just do it", na palavra de ordem da mídia modernosa. A pretexto de exaltar o novo, condena-se o respeito ao passado, onde habitam sociedades classistas e discriminatórias que só produziram expressões de classismo e discriminação. Edmund Burke, o pai intelectual do conservadorismo, um dos maiores prosadores da língua inglesa e de qualquer língua, escreveu o clássico *Reflexões sobre a Revolução na França* justamente para condenar o endeusamento da "ruptura", do pensamento que se quer livre da tradição como se nada fizesse sentido nela.

Para Burke, o iluminismo — que nasceu na Inglaterra e foi para a França — cometeu o erro de colocar um ônus muito grande sobre o indivíduo, com seu "estoque limitado de racionalidade". Outro irlandês genial, Jonathan Swift, também resumiu a atitude conservadora em frases como: "Não odeio a humanidade: são vocês que a odeiam, porque queriam que ela fosse feita de animais racionais e estão com raiva por terem sido desapontados." Vocês, na frase, são os liberais que acreditam numa renovação do homem, em sua capacidade de criar e ordenar. Para Swift, sem religião a consciência se dispersa, perde o pano de fundo, mergulha na ilusão e paga caro por isso.

Esse conceito pode ser encontrado 200 anos depois em um poeta grão-modernista como T. S. Eliot, que também escreveu contra os riscos de abandonar a tradição cristã e amesquinhar a existência em superficialidades. Hoje, na Era da Dispersão, em que todo mundo seria de vanguarda e de esquerda, em que todo mundo anuncia a novidade até trocá-la por outra em alguns meses, em que modas e modismos inclusive religiosos ocupam a mente e o cotidiano da maioria das pessoas — hoje fica difícil discordar dos alertas conservadores. Leio, por exemplo, reportagem sobre a ação dos conservadores de Nova York, na era de George Bush II, e não posso deixar de simpatizar com parte da causa deles: combater o blablablá "politicamente correto" que diz que Shakespeare e Rembrandt são desnecessários para o cidadão do século 21 e, mais importante, que é patrulheiro daqueles "elitistas" que os defendem, como Harold Bloom, Jacques Barzun ou Daniel Boorstin. É inegável que o populismo pós-modernóide que domina as academias foi longe demais.

É comum, então, que os chamados "conservadores" estejam contra o "status quo", ou seja, que tenham uma ação libertária. Pense em Nélson Rodrigues, o arquiconservador brasileiro, sempre indignado contra os atentados à inocência e à ordem. Justamente por não gostar do mundo moderno que via, com contornos do subúrbio carioca, pôde retratar seu drama, seu desencontro, sua desordem, revolucionando o teatro e a crônica do Brasil. Do outro lado, os próprios modernistas paulistas, Mário e Oswald de Andrade, falavam em nome da ruptura e eram, em muitos aspectos, conservadores, porque queriam um Brasil vivendo num romantismo pré-industrial. Como notou o professor e curador Luiz Marques e como se pode ver no interessante *Villa Kyrial — Crônica da Belle Époque Paulistana*, de

Marcia Camargos, os modernistas da Semana de 22 pregavam contra uma "academia" tradicionalista que mal existia no Brasil e eram eles mesmos cultores de uma estética art nouveau, afetada, desatualizada em relação à arte moderna européia. (Mário, tal como um Paul Johnson dos anos 20, torcia pela "volta ao clássico" de Picasso.)

O problema dos conservadores, entre os quais se incluem muitos ditos socialistas (favoráveis a um regime sem classes e, pois, sem diversidade), não é o que odeiam, mas o que veneram. A natureza humana é mesmo, como pensava Swift, orgulhosa e iludível, só que é mais flexível e responsável — sem ser absolutamente educável, como em Rousseau — do que os conservadores imaginam. E as conquistas modernas, liberais, são muito recentes. Lembre, por exemplo, que o divórcio no Brasil é de 1977. Ou leia Primeiros Modernos, o extraordinário livro de William Everdell, em que as descobertas transformadoras da arte e da ciência moderna são contadas em paralelo, para perceber como o senso comum teve de ser desafiado por elas, acomodado que estava nas aparências e essências de antanho.

Menos coeso e mais arriscado, ainda assim o mundo contemporâneo é preferível ao tradicionalismo religioso que, de outros modos, continua a sobreviver por baixo dos fragmentos coloridos. A forma de moderar a volubilidade da natureza humana não é a troca das ilusões imediatas pela grande ilusão da eternidade.

Conversadores

(13/5/2001)

Se há uma coisa que parece cada vez mais deteriorada, é a arte da conversa. Não falo, claro, da tagarelice fofoqueira e confessional que hoje é tão dominante, mas da conversa como forma de trocar idéias e experiências, sem medo de atritos e vaidades. O pensamento precisa mostrar-se para existir. Se não é feito público, atrofia e mata. No Brasil, o palpite se propaga no vácuo das idéias. Como há pouco debate sério, profundo, o qual é tido como chato ou prolixo (também porque há muito chato e prolixo posando de sério e profundo), a doença infantil da opinião — o opinionismo leviano — se espraia. O esquema da mesa-redonda de futebol, uma gritaria entre surdos, contagia todos os outros setores. Na economia, por exemplo, os tecnocratas que são ou foram do governo despejam sua numerologia sem sutileza, enquanto do outro lado os culturalistas nas academias menosprezam organização e eficiência. Na política, os comentaristas se dividem em governistas e antigovernistas, como se política se limitasse à questão das alternativas eleitorais. Na cultura, o comentário é sectário e achista, na maioria das vezes deslumbrado pela fama ou pelo prestígio tribal.

O curioso é que, da boca para fora, o comentarista profissional é o primeiro a diminuir a importância do que faz. Conveniência pura. Sendo apenas mais um torcedor, apenas um tanto mais informado do que a média dos torcedores, sua responsabilidade será diminuta. Daí, por exemplo, a significativa ausência, entre os articulistas políticos, de mea-culpa sobre suas infinitas "ressalvas" elogiosas ao senador Antonio Carlos Magalhães. O resultado é semelhante ao desempenho dos nobres senadores nas sabatinas confusas e intermináveis das CPIs: perguntas óbvias deixam de ser feitas.

A propósito, leia-se *Conversação*, de Theodore Zeldin, que acaba de chegar às livrarias brasileiras. É um protesto contra a extinção do momento civil e civilizador da conversa. O fato é que os grandes momentos da civilização — a Renascença é o exemplo mais à mão — foram grandes momentos de conversação, entre um grupo e entre esse grupo e a sociedade. Zeldin diz que já é hora de acabar com a guerra entre pessimistas e otimistas. No Brasil, o resultado da briga entre fracassomaníacos e sucessomaníacos é a retórica de igrejinhas: cada um fica com sua patota patrulhando a outra patota, cultuando líderes truculentos e marqueteiros cuja lenda é desproporcional ao mérito. E falam alto, muito alto, para não terem de se ouvir.

A polêmica da educação

(9/9/2001)

Já passou da hora: quando vão começar a debater a transformação do conteúdo da educação brasileira? Lemos todo dia sobre os avanços numéricos, como 98% das crianças na escola, sobre a classificação dos cursos superiores, sobre o fim — lento e gradual, à maneira da casa — do analfabetismo, sobre a quantidade inédita de doutores, sobre o aumento do investimento no setor, etc. Primeiro, esse dinheiro ainda é muito mal investido, porque os salários dos professores são ruins, as bibliotecas e as bolsas são risíveis, a burocracia é ampla, geral e irrestrita. Segundo, que alunos estão sendo formados? Com o sistema de aprovação por ciclos, isto é, sem reprovação (precisamos melhorar as estatísticas, afinal), com a qualidade dos corpos docentes e dos livros didáticos, com a infinidade de "jeitinhos" que promovem colegas em vez de idéias (e nunca foi tão fácil fazer pós-graduação), com o monstruoso índice de analfabetismo funcional, a resposta fica evidente.

Ah, sim, há o blablablá cansativo sobre doutrinas de educação, como desses "engajados" que acham que o método de Paulo Freire implica o abandono do raciocínio abstrato, uma inutilidade que as classes dominantes querem impor. Mas estou me referindo a discussões que tenham a ver com a vida real, com a sociedade que existe e a que queremos, com o mundo em transformação. No Japão, por exemplo, os enormes problemas econômicos não impediram que o primeiro-ministro Junichiro Koizumi incluísse em sua reforma itens como revisão do currículo escolar e debate sobre o estilo de vida nacional. Mas, claro, nos países sérios a economia não é mais vista como um conjunto de leis que vive à parte da sociedade, dissociada da cultura, da educação e da ciência. Koizumi sabe que, tanto para manter o país na proa em alguns setores como para recuperar o tempo perdido em outros, tem de começar a formar alunos que não são apenas futuros empregados das linhas de montagem.

No Brasil temos o pior dos dois mundos. Apesar de nos congratularmos por nossa criatividade e informalidade, freqüentamos um ensino que é baseado na decoreba, no acúmulo mecânico de dados e datas, na ignorância completa da realidade presente. Mas nem isto conseguimos: a matemática é a dificuldade principal de quase todos os alunos e há muito pouca gente estudando ciências exatas; para completar, as empresas não empregam pesquisadores, embora sejam as primeiras a recorrer às Fiesps disponíveis em defesa da "indústria nacional". Enquanto isso, "iluminados" brigam pela inclusão de Filosofia e Sociologia no currículo do ensino médio. Glup.

Não me refiro apenas ao ensino público, mesmo porque sucateado há tanto tempo. Aqui em São Paulo, com todos os colégios particulares respeitáveis que existem, vemos as pessoas perdidas na hora de escolher aquele onde seu filho vai estudar. A opção parece ser entre os que praticam o ensino bitolado mas rigoroso e os que praticam o ensino criativo mas relaxado. No meio-tempo, estaremos formando muito mais alunos — mas muito menos gente.

Mulheres
(7/9/2003)

O assunto está em toda parte — em novelas, jornais, quadrinhos, filmes, livros. As mulheres, apesar dos penares, enfim estariam atingindo sua real independência. Ainda que reste muito a evoluir no campo profissional e no político, porque as mulheres continuam a ganhar e mandar menos que os homens, e ainda que as exigências modernas tenham depositado um fardo pesado sobre sua rotina, porque elas acabam se desdobrando mais que eles para serem profissionais & esposas & mães, a "atitude" já seria totalmente independente, segura, "de igual para igual" com os homens. Mas será mesmo?

Um sinal de que esse ideal ainda não foi realizado é a própria necessidade de tratar os homens de forma reducionista. É da tradição cultural que um grupo social, para se afirmar, num primeiro momento reaja de modo exagerado, rotulatório, contra aquele que o discrimina. Mas acho que essa etapa já deveria ter passado, em média; afinal, homens da minha geração procuram ser, embora nem sempre consigam, mais solidários nas tarefas caseiras, ajudando a criar os filhos até onde for possível a partilha.

No entanto, a atual novela das nove da Globo, por exemplo, poderia muito bem se chamar *Homens Apalermados*, em vez de *Mulheres Apaixonadas*. Raros representantes do sexo masculino se salvam ali. Um deles, Sérgio, é casado com uma mulher doentiamente possessiva, mas entre suas qualidades não está a coragem sadia de largá-la. César, um cirurgião respeitado, só quer saber de reconquistar a mulher que o traiu no passado, enquanto se diverte com as colegas no próprio local de trabalho. Diogo, apaixonado pela prima, não gosta de trabalhar e também passa os dias "galinhando". Cláudio, o certinho, engravida a filha da empregada, sem lhe ocorrer usar a camisinha. E assim por diante, numa sucessão de bonitões simpáticos, mas ocos, ocos.

É claro que a novela já no título propõe que os homens sejam coadjuvantes. E é claro que ela, com seu excesso de merchandising e melodrama, tampouco pode fazer que as personagens femininas sejam mais que estereótipos — a ciumenta, a submissa, a poderosa, a maternal, a revoltada, a exuberante, etc. Mas é esse o problema. Os homens são tipos ainda mais rasos; não há nenhum com as forças e os dilemas, digamos, de Lorena ou Helena. Assim sendo, não entendemos por que elas se descabelam tanto por eles, a não ser que seja pela razão da aparência. Lorena defende com muita dignidade o direito de namorar um cara mais moço, mas, de qualquer modo, continuamos a não entender o que ela viu nele além da fachada de modelo.

Mesmo num programa mais inteligente, como *Sex and the City*, o esquema não muda muito. Os diálogos e as atuações são consideravelmente superiores, mas o fato é que lá estão quatro tipos de mulher, e não quatro mulheres. Samantha é a "liberada", pronta para transar com qualquer bonitinho a qualquer instante. Charlotte é o tipo clássico espera-marido, que por isso se dá mal em Manhattan e chega ao ponto de se casar sem amor com um filhinho de papai bobalhão. Miranda é a exigente que, por não ser sexy, não pode exigir muito. E Carrie, a narradora (a charmosa e espirituosa Sarah Jessica Parker, na vida real muito menos indecisa que Carrie), vive oscilando entre um sujeito mais velho, com quem se dá bem na cama, e o namorado, com quem, apesar de bonito, inteligente e compreensivo, ela não quer compromisso fixo. Assim fica difícil.

Carrie, certo, é uma personagem nova-iorquinamente plausível: não é volúvel como Samantha, nem careta como Charlotte, nem mal-amada como Miranda; é um pouco de todas elas, dependendo do momento — "la donna è mobile". No fundo, porém, todas elas são muito parecidas entre si e com as mulheres da novela global: no fundo, buscam o homem da sua vida (até Samantha, numa crise de gripe, passa um episódio inteiro a clamar por um companheiro estável), em torno do qual essa vida possa continuar a girar. O complicador, agora, é que essa vida está ainda mais cheia de obrigações e ocupações, especialmente nas metrópoles e especialmente para as mulheres.

Não basta ganhar dinheiro e ter companheiro; é preciso, ainda, adquirir o corpo de uma modelo ou atleta, aprender a transar sem gamar, disputar os homens com outros homens e, claro, acompanhar a moda da estação.

O ideal é ser Gisele Bündchen ou Luana Piovani, mulheres lindas, famosas e ricas, que, como naquela propaganda da Coca-Cola em que a menina coleciona uma latinha por namoradinho, dizem ficar com os homens como eles sempre ficaram com as mulheres — ou seja, sem telefonema no dia seguinte. Mas, puxa, bem que elas podiam se acertar com o Leonardo DiCaprio e o Rodrigo Santoro, né?

Também em bons programas da TV brasileira essa contradição capciosa pode ser notada. Compare, por exemplo, *Saia Justa* e *Manhattan Connection*. Na mesa-redonda feminina, o papo sempre migra para a intimidade, e o programa causa mais repercussão com as inconfidências do que com as opiniões emitidas. Na mesa-redonda masculina, quebrada apenas no último bloco pela presença sofisticada de Lúcia Guimarães, tudo é muito sério, objetivo, assertivo. O melhor, claro, seria um *Saia Connection*. E quem ainda não notou que a Vani perde quase todas as discussões para o Ruy em *Os Normais*?

Algumas mulheres, como a argentina Maitena, autora dos quadrinhos *Mulheres Alteradas*, já perceberam que certas coisas não mudaram. Ela mostra como as mulheres ainda se preocupam demais com as aparências, como são possessivas, como misturam as estações. Por tabela, mostra como esse jogo, até certo ponto, convém aos homens, pelo menos os maduros, que logo aprendem a explorar essas encanações femininas. Elas, afinal, são mais cobradas pela aparência que eles ("Um homem mais velho com uma menina de vinte é um gostosão, uma mulher mais velha com um garotão de vinte é um escândalo de mau gosto", escreve Maitena) e, como disse H. L. Mencken, os homens continuam se ofendendo mais quando alguém diz que sua mulher é feia do que quando diz que ela é burra.

Se as mulheres pensassem um pouco menos no visual, haveria esperança. A esperança nos homens eu já perdi.

Frentes frias
(27/3/2002)

O outono é a mais sutil das estações, iluminando de dourado a cidade poluída. O verão é incômodo, amolece a gente, procria mosquitos, provoca enchentes. Estar dentro de um táxi sem ar-condicionado no trânsito de São Paulo a mais de 30 graus de temperatura é uma experiência infernal que Dante não descreveu. No outono, ao contrário do que pensa o senso comum, a luz é menos inclemente e por isso mesmo ressalta as cores que restam na cidade cinza. O cair da tarde deixa soprar uma brisa e por um momento pensamos que há um potencial de civilização, há uma chance de reentendimento com a natureza, há a possibilidade de tornar isto tudo mais habitável, mais decente.

Não é à toa que é tão difícil construir uma sociedade justa em regiões muito quentes, de uma estação só. O calor, que no começo anima e sensualiza, depois de um tempo vence a boa vontade, a determinação; os espíritos se tornam descontrolados, gerando crimes e divórcios. O outono tem um frescor que reanima, que é um chamado para a ação com reflexão, para o respeito produtivo ao ambiente. Prolonga, ameno, os prazeres do verão e antecipa, elegante, os do inverno. Num mundo ideal, verão e inverno seriam curtos, deixando o outono e a primavera regerem os tons urbanos. No meio, mas em movimento — eis um lema para a vida.

De retinas tão fatigadas

(23/9/2002)

É conhecida a cena de Guimarães Rosa em que Miguilim põe óculos pela primeira vez e praticamente percebe um mundo que desconhecia, muito mais nítido, com muito mais detalhes. Eu me lembro dessa sensação também, mas não só dela. Tinha dez anos e desde os seis não consultava oftalmologista. Estávamos saindo do clube quando meu pai notou que eu forçava a vista, apontou para uma placa numa quadra, a uns 20 metros de distância, e me pediu para ler em voz alta. Não consegui. Fui à médica e já estava com 2 graus de miopia. Com os óculos, pude copiar a lousa e ler legendas na TV com muito mais facilidade, e o mundo se tornou um lugar mais confortável. Mas, por outro lado, escolhi — por influência de um irmão — uma moldura dourada e grande que, como revejo hoje nas fotos, era horrorosa. Um amigo de outro irmão me disse que eu parecia um desses geniozinhos de computador americanos, um "nerd", e pensei que fosse elogio. Fiquei uns dois anos usando aquela máscara de solda.

Usar óculos é um saco. Embora o cineasta Wim Wenders diga nesse interessante documentário de Walter Carvalho e João Jardim, *Janela da Alma*, que precisa do enquadramento dos óculos para selecionar o que vê, o fato é que eles são muletas, apêndices incômodos que tiram parte do campo da visão, marcam o nariz e atrapalham a prática de esportes. Não bastasse o técnico do time ter me colocado na lateral-esquerda, sendo eu destro e fã de Zico, era obrigado a jogar sem óculos e à noite; mas Wim Wenders não deve entender nada disto. O problema não era ser chamado de quatro-olhos pelos outros; era ter a sensação de não ter nem sequer dois olhos. Em pouco tempo minha miopia passava para mais de 4 graus.

Uma primeira libertação veio aos 15 anos, quando me adaptei bem às lentes de contato gelatinosas. Ainda havia o incômodo de ter de lavá-las todo dia, naqueles tempos ainda artesanais; às vezes os olhos ficavam vermelhos e, pior, às vezes a lente rasgava na hora em que a esfregava. Pelo menos podia jogar futebol ou então, mais importante, namorar com visão digna. A segunda libertação veio muitos anos depois, quando foram inventadas as lentes de uso prolongado, que só precisavam ser lavadas de semana em semana. Eu podia dormir com elas e mal me lembrava de sua existência. Mesmo assim, de vez em quando ficavam ressecadas ou sujas, e a cada semestre era preciso comprar um par novo. Mas agora veio a terceira e definitiva libertação: a cirurgia a laser (Lasic), que me livrou de uma miopia que chegara a 8 graus no olho direito e a 6 no esquerdo. Sempre quis operar — jamais tive medo —, mas até o ano passado ela não tinha se estabilizado. E agora sim, Miguilim.

Não quero ser injusto com a minha extinta miopia. O documentário — que tem depoimento de gente muito perspicaz, como Oliver Sacks, Evgen Bavcar, José Saramago, Hermeto Pascoal e um vereador cego de Belo Horizonte, além de Wenders — termina parecendo um elogio aos que vêem pouco ou nada. Bavcar, por exemplo, é um famoso fotógrafo que ficou cego e, em seu depoimento, agradece à doença por ter permitido desenvolver um olhar seletivo e sugestivo, como se vê em suas fotos. Ele, como Wenders e Saramago, se queixa de que há imagens demais no mundo atual, o que fiz também num texto de meu livro *Questão de Gosto*.

Pensando bem, a miopia pode ter me ajudado a criar gosto por duas das coisas que mais me interessam na vida: a leitura e a pintura. O míope enxerga muito bem de perto, se há bastante luz, e eu passei minha infância desenhando e lendo livros de arte e depois, na adolescência, mergulhado nos grandes textos e escrevendo febrilmente. Eu costumava atribuir isso tudo à capacidade de concentração, pois desde pequeno as pessoas me chamam e, se estou lendo ou escrevendo, não as escuto. Agora vejo, literalmente, que tenho de dividir a culpa com a miopia. E com uma ou outra menina que pode ter deixado de olhar para mim porque não me enxergou atrás da armação dourada.

Mas quero crer que já não preciso de óculos ou lentes para discernir o que vale a pena olhar com calma no mundo. A cirurgia em si já é uma experiência única: parece um sonho em que sua córnea é tratada como se fosse mesmo uma janela e não pertencesse a você. Depois das gotas de colírio anestésico, o dr. Walton Nosé pede para o paciente deitar, trava suas pálpebras, injeta vácuo, abre uma pequena calota ("flap") na córnea e por ali dirige o fio de laser. Alguns segundos de cheiro de queimado, como de um motorzinho de dentista, e pronto. Em menos de dez minutos a miopia que me afligira por mais de 22 anos foi eliminada. A sensação durante a operação é um pouco incômoda, porque não se pode piscar e nem desviar o olhar da luz vermelha, mas ela é tão rápida que não dá nem tempo de reclamar. Os olhos também ardem e lacrimejam muito nas três primeiras horas. Nos dias seguintes, a vista continua com regiões turvas, e à noite as luzes ganham um halo; é como quando saímos da piscina ou as lentes de contato já estão pedindo arrego. Mas aos poucos, com o uso dos colírios, a nitidez vai tomando conta — e minha primeira referência foram as letras de placas e cartazes.

Saí de lá pensando nos versos de Drummond: "Tinha uma pedra no meio do caminho./ Nunca me esquecerei daquele acontecimento/ Na vida de minhas retinas tão fatigadas." A alma não fica mais limpa com as janelas restauradas, mas acredita que pode tropeçar em menos fantasmas do lado de fora.

Prosa para uma nova velha cidade

(25/1/2004)

É curioso que São Paulo esteja comemorando 450 anos. Parece meio acabadinha, mas é muito mais nova do que diz sua certidão. Quando começou a se tornar gente, tratou logo de disfarçar a juventude e construiu prédios que lhe conferissem antiguidade e oficializou mitos que lhe dessem identidade. Na verdade, tem hoje uns 150 anos, no máximo. Mas, apressada como só ela, cresceu muito rápido, ficou enorme e desengonçada, orgulhosa e inquieta, e só não se esqueceu de sentir saudades do passado que, edipicamente, teima em comer. De qualquer maneira, não é de hoje que não pode ser ignorada.

Apenas nas últimas décadas do século 19 foi que São Paulo começou a querer ser o que é e também o que pensa ser. A catequese dos padres e o ouro dos bandeirantes não tinham feito da vila uma cidade, distante como era — na geografia e na matemática — das maiores do Brasil. Mas, erguida sobre ironias, São Paulo pegou literalmente o bonde da história na confluência de quatro movimentos: a Revolução Industrial, a cafeicultura, o republicanismo e a imigração. Juntou, assim, os interesses às idéias e, com trens e grãos, passou a um enriquecimento veloz e atropelador que se tornaria sua marca. Pegou o bonde e logo quis sentar na janelinha. Por incrível que pareça, conseguiu.

Antes era uma cidade localizada em coordenadas bizarras, no alto de um planalto, não na costa, quase feito um entroncamento por onde passavam aventureiros e estrangeiros, como mostra Roberto Pompeu de Toledo em *A Capital da Solidão*. Às vésperas do século da modernidade, ela se descobriu estratégica: aqui onde está, a meio caminho entre interior e litoral, pôde recolher o fruto rubiáceo da terra roxa, trabalhada com destaque por italianos, e exportá-lo para o mundo. O passado escravocrata e a mentalidade contra-reformista pesavam menos que no Rio, capital federal, ou nos engenhos do Nordeste. O desejo de República se confundia com o de autoafirmação no cenário federativo, mas a industrialização era amiga potencial da vocação agrária, o mundo estava se transformando e, enfim, havia uma cidade inteira a construir no século à frente.

Ainda nos anos 20, quando a arte moderna foi apadrinhada por alguns barões do café em busca de uma Paris tropical, São Paulo não era grande coisa, com seus 600 mil habitantes. Mas já era diferente. E nas décadas seguintes cresceria como uma hera impossível de podar, decuplicando sua população até os anos 70 e deixando para trás mesmo sua rival Rio de Janeiro, que em 1960 tivera o desgosto de ver a capital se transferir para o ermo Centro-Oeste, lá onde nem Borba Gato perdeu as botas. Hoje os paulistas, com gaúchos e paranaenses no encalço, fazem o sonho de Juscelino Kubitschek virar realidade por outro caminho e povoam o Brasil "profundo", plantando sojas e cidades, embora não mereçam as hagiografias reservadas aos bandeirantes nos livros escolares.

Talvez porque paulistano, não gosto de elogiar quando todos estão elogiando. Mas, se São Paulo merece elogio, é esse: aqui a realidade é encarada com energia única, menos desviada por auto-idílios e complacências. Japonês ou paraibano, libanês ou italiano, quem mora em São Paulo só tenta olhar adiante. Com isso, comete mais autofagia (consumindo cada novidade até descartá-la pela seguinte) que antropofagia (pois a resposta mental em raras ocasiões esteve à altura dos desafios concretos), mas pelo menos se move, mesmo no pior engarrafamento. E tem tempo para se divertir, rir e gozar noite adentro, avançando nesse território que os outros acreditavam que lhes fosse restar. São Paulo, petulante, não quis ser capital do trabalho; quis ser também a do lazer, incluída aí a cultura.

É por isso, hoje, a cidade mais rica do país, capital do Estado responsável por 1/3 do PIB nacional e capital brasileira da mídia e da moda — o centro onde estão o dinheiro e o conhecimento. Mas dinheiro e conhecimento, se podem trazer felicidade, não necessariamente trazem sabedoria. E São Paulo deveria, depois da ressaca, começar a pensar em ser sábia. O abandono de boa dose de sua petulância não lhe tiraria a virtude da persistência; cuidar de sua memória até a ajudaria a cimentar o futuro; a expansão do espaço e espírito públicos não trairia seu vigor produtivo. Seriedade, classe e objetividade só devem aumentar, mas não ser evocadas para justificar brutalidade, marginalização de milhões aos quais não se dão cidadania, urbanização, acesso consistente. E cultura é para ser adquirida, sim, só que não para servir como silicone do cérebro, como grife da alma.

Excelente primeiro passo é reconhecer o estrago já feito, não justificá-lo pelas desventuras do país. Reconhecer que as poucas e boas iniciativas recentes de recuperar o patrimônio e salvar o meio ambiente são isso ainda, poucas, e que inteligência administrativa é saber que civilizar a periferia — ou seja, tirá-la da guerra civil em que sobrevive — faz parte do mesmo processo, não de outro. O segundo passo é entender que quem precisa ser destituído é o Maluf e a Erundina dentro de cada um, pois eles lá estão ainda que suas carreiras eleitorais (largo o teclado e faço figas) estejam em decadência; é ver que há um Maluf no cidadão do Audi que fura o sinal vermelho e uma Erundina no outro — ou mesmo — que dá esmola à criança de rua para aplacar a consciência culpada.

Mudadas as mentes e os comportamentos, São Paulo poderá combinar melhor o velho e o novo, sem medo das contradições inerentes à complexidade, e, quem sabe, desprovincianizar seu pensamento, assumindo o atrito com o conjunto maior Brasil, mas sem deixar de se ver dentro desse perímetro. Tão brasileira e tão antibrasileira, tão sintética e tão dispersiva, a Paulicéia começa a olhar para trás e, sobretudo, para os lados, enquanto corre menos desvairada. Talvez seja tarde para muita coisa, embora São Paulo goste de recuperar o tempo perdido e, muitas vezes, só não saiba como. E não é mais nenhuma mocinha. Mas, pensando bem, a maturidade pode ser bem mais excitante.

P.S. — É um tanto estranho referir-se a São Paulo no feminino. Para muitos, São Paulo é masculina: uma cidade agressiva, doida para se provar, com o pé no chão e a cabeça nas nuvens. Também é feminina: uma superposição de camadas, de humores em mutação, indefinida entre afeto e posse. Mas, ok, em dose menor. Também aqui São Paulo terá de combinar as características. O artigo fica no feminino como sinal de desejo.

Vantagens da gula

(26/12/2004)

É bem conhecida a frase de A. J. Liebling (1904-1963): "O primeiro requisito para escrever bem sobre comida é um bom apetite." Menos citada é a continuação dela, que está em outro texto de *Between Meals*, livro do período em que esse grande jornalista americano foi correspondente em Paris da revista *New Yorker*: "O segundo é obter seu aprendizado alimentar quando você tiver dinheiro suficiente para pagar a conta, mas não o bastante para produzir indiferença ao valor total." E este me parece o principal problema em São Paulo: aqui quase sempre só se come de forma excelente nos restaurantes caríssimos, onde os freqüentadores em geral nem precisam fazer a conta de quanto gastarão, exceto com determinados vinhos. (O terceiro requisito para escrever bem sobre comida, acrescento, é saber escrever. Liebling, gourmet verbal, sabia.)

Sei que hoje é domingo pós-Natal e que o leitor deve estar empapuçado; quem mandou engolir os fios de ovos com o peru? Mas a culpa é de Liebling e desse invejável Jeffrey Steingarten, o "homem que comeu de tudo", cujo novo livro, *Deve Ter Sido Alguma Coisa Que Eu Comi* (Companhia das Letras), acaba de ser lançado no Brasil. Liebling, por exemplo, descreve suas refeições na França e nos deixa espantados com a capacidade de devorar cinco, seis pratos. Refere o período anterior à Primeira Guerra, na Belle Époque, quando os banquetes eram ainda maiores e duravam horas. Nos arquivos da Academia Brasileira de Letras, diante dos menus organizados por Olavo Bilac, tive a mesma impressão. No entanto, quando vemos as fotos, todos são magros feito Marcel Proust!

Steingarten também tem um apetite dos diabos e um texto saboroso, além do emprego ideal: como crítico gastronômico da *Vogue*, viaja pelo mundo todo em busca das melhores comidas — do sanduíche de mortadela do Mercadão paulistano às larvas de vespa torradas da Tailândia — e de romper todos os limites do paladar convencional. Pertence à grande linhagem de críticos americanos como, além de Liebling, M. F. K. Fisher. Odeia a histeria das dietas, nascida na América dos hambúrgueres e donuts e hoje universalizada; está ciente de que o que mudou ao longo do século foram os alimentos, não os metabolismos. "Lendo os jornais, qualquer um poderia achar que a principal causa de morte é a comida", escreve no prefácio. Lendo o livro dele, qualquer um conclui que ela é a principal causa da vida, depois de salivar diante de suas experiências com chouriços no sul da França ou compotas de damascos na Califórnia.

Para comer bem, claro, é preciso viajar muito. Por isso mesmo, durante os dez anos em que escrevi crônicas gastronômicas para uma revista de bordo, aprendi que o maior valor de um prato são seus ingredientes. As combinações que os chefs inventam nada seriam se eles trabalhassem com itens carentes de frescor e aroma — e isto é muito mais comum do que se pensa, inclusive entre restaurantes cinco-estrelas. Na maioria das vezes, você só conhece o potencial de um alimento quando o come in loco, perto da natureza que o gerou e submetido à tradição que, por tentativa e erro, fez para ele a receita de sua vocação. Se alguém me pergunta pelas refeições mais memoráveis, imediatamente vou evocar o que comi na Toscana, na Provença, na serra do Buçaco, em Kyoto, Bilbao, Lyon, na fazenda do meu tio no sul de Minas. Com as respectivas bebidas. E para além das belezas turísticas de cada um desses lugares.

Não que não se coma divinamente nas grandes cidades, em Paris, Nova York, Roma, Madri, Lisboa, São Paulo. Mas qualquer cozinheiro de ponta tem o lugar certo para comprar o ingrediente certo. Fasano, Massimo, Antiquarius, Jacquin, Laurent, todos os grandes restaurantes zelam pela alta qualidade do que usam, e não só das trufas brancas (com que Laurent faz até sorvete), do foie gras (que Salvatore Loi usa como recheio da costela de cordeiro), do bacalhau (em tantas versões no Antiquarius), importados a peso de euro. Também os alimentos mais corriqueiros e locais precisam ser os melhores.

Toda culinária nacional, urbana, se faz desse casamento — cheio de atritos como qualquer casamento — entre regional e internacional que os grandes restaurantes promovem. A brasileira, porém, é em geral vista como um conjunto de tradições regionais de pouca comunicação entre si. Há um problema cultural aí, apontado por Laurent neste *Estado*, que é o provincianismo às avessas dos freqüentadores. "Posso desculpar um francês que não sabe o que é bacuri ou cupuaçu, mas o brasileiro não. É uma falha na educação cultural e alimentar que atrapalha o desenvolvimento intelectual e econômico do país." Mas, diz Laurent, a onda de bistrôs e de escolas de culinária começa a melhorar a situação. É, digo eu, como o feijão que Alex Attala usa na brandade de bacalhau. Ou o risoto de couve e paio de Bel Coelho, do Sabuji, em que o arroz arbóreo vem, como a trouxa de uma cegonha, embrulhado pela folha da verdura, cozida no vapor, para uma sublime leveza.

Você talvez não seja o que come, mas certamente não é o que não come. Não tenho o paladar aventureiro de Steingarten: tendo ao doce e ao cremoso, em parte por inclinação natural, em parte por história pessoal, e não gosto muito de frutos do mar (com exceção das lagostas, tão mais saborosas e baratas em Cuba). Mas tenho algum apetite e alguma experiência e, como certos modos de preparo podem revelar sabores melhores de ingredientes que conhecíamos de outros modos (como a mania brasileira de refogar as verduras), me mantenho aberto às ousadias. O segredo é não ser sedentário e não exagerar nas doses. Afinal, se comer fizesse mal, Papai Noel não riria tanto.

Tramas da fama
(25/9/2005)

Se você perguntar a uma criança ou adolescente o que quer ser no futuro, é grande a chance de que responda com um adjetivo em vez de um substantivo: "famoso". Ele não quer ser — para ficar nas profissões que mais atraem fama — cantor, ator, esportista, político; quer ser famoso. O efeito tomou o lugar da causa, a conseqüência o da consistência. Essa busca patológica da fama, literalmente a qualquer preço, é a marca mais lamentável da cultura atual, capaz de enredar vários outros aspectos da existência em sua trama de valores e símbolos; e não tem sido bem lida.

Outro dia eu estava assistindo a um programa de TV sobre Eminem, o rapper, comparado a Elvis Presley pelos "críticos" — os bajuladores de plantão que escrevem resenhas em jornais e revistas — porque teria levado o gênero dos bairros negros à classe média branca. Uma multidão de fãs, na maioria mulheres, o aguardava no lado de fora da sede da gravadora; dela, uma parte tinha sido escolhida para chegar perto dele, numa sala. A câmera mostrou as meninas hipertensas, ansiosas ao extremo, como se o messias fosse chegar a qualquer instante. Quando Eminem chegou, houve uma explosão de gritos, choros e desmaios — um surto de histeria grupal, tão inacreditável quanto previsível.

Há algo de podre nesse reino da idolatria. Essas meninas não gostam só da música de Eminem, dono de alguns bons hits que unem letra forte, ritmo cardíaco e senso melódico; elas adoram é adorá-lo. Imitam seus modos, roupas, opiniões. E há casos piores, cada vez mais numerosos, que são as celebridades que nada criam, como Paris Hilton, a milionária famosa por vídeos pornôs que recentemente passou pelo Brasil para lançar sua grife de perfume; a qualidade, no caso, é o último item a motivar as compras. Não por acaso a TV tem cada vez mais programas sobre famosos e programas que tentam fabricar famosos, como os "reality shows" e o próprio *Fama*, que, ao contrário do filme homônimo, exalta o estrelato como resultado de uma série de fórmulas prontas — da posição das pernas no palco (abertas e dobradas, sabe-se lá o porquê) à técnica vocal — que basta decorar para obter.

Perdem-se muitas oportunidades para revelar esses mecanismos. Pelo que os "críticos" tinham dito, *2 Filhos de Francisco*, de Breno Silveira, seria um filme honesto e emocionante porque carregado da lição da perseverança, do trabalho em favor do talento. Achei interessante a primeira parte, com as boas atuações, principalmente de José Dumont, e a boa história, dotada de todos os ingredientes, inclusive o trágico. Tenho respeito por pessoas como Zezé di Camargo, que, como outros de sua geração (Chitãozinho, Leonardo), sabe cantar e, como sugere o filme, tentou unir o sertanejo ao romântico, Ary Barroso e Gonzagão a Roberto Carlos. Mas o filme, de produção bem-feita — se bem que a fotografia exagera nos filtros e contraluz —, não é isso que estão dizendo que é.

No clímax da história, não é a obsessão do pai da dupla que a leva ao sucesso, mas a malandragem. Não à toa o filme pouco mostra os filhos estudando depois da infância, e quando Zezé vem a São Paulo o ritmo toma ares de novela. Tudo converge para o momento em que Francisco, abandonando a retórica do esforço, atinge a sagração do jeitinho: enganando a rádio e a gravadora, faz *É o Amor* decolar para a condição de grude nacional. No entanto, não li essa objeção em nenhuma resenha — talvez porque o momento político esteja pedindo por consolos dessa natureza.

O filme pouco mostra desse mundo estranho que é o show biz. Artistas realmente talentosos podem pagar preços altíssimos que o público, em seu fanatismo, nem imagina. Alguns fazem o que podem para não cantar seu maior e pueril sucesso, como Los Hermanos, que se recusam a cantar *Anna Júlia* (que, por sinal, começa bem, mas depois se entrega à pasteurização pop), ou Led Zeppelin, o grupo de rock perseguido pela necessidade de tocar *Stairway to Heaven*. Há atores que conseguem até brincar com isso, sendo canastrões em filmes que sabem que não passam de entretenimento de verão — desde que, claro, de vez em quando possam estar num projeto sério, com algum cineasta de verdade.

A maioria, porém, sofre uma estranha mutação ao longo da carreira. Já reparou nos astros veteranos da TV Globo? Eles vão ganhando os tiques e trejeitos dos personagens por que passaram, como uma maquiagem frankenstein, feita de várias camadas desconexas, e acabam presos por eles; são genéricos de si mesmos. Olhe o rosto de Francisco Cuoco. Ou então acompanhe uma seqüência de imagens de Michael Jackson desde criança até hoje, quando mais parece personagem de HQ decadente.

A fama não é uma invenção de hoje, da Era da Mídia. É como o tal Estado-espetáculo: existe desde os césares. As divas de ópera no século 19 eram tão endeusadas que jovens poetas românticos as carregavam nos ombros pelas ruas da cidade, em triunfo. Mas a comunicação de massa deu outra dimensão e desenho a essa idolatria. Se alguém aparece cinco minutos na TV dizendo alguma obviedade, os estranhos se aproximam na rua e o bajulam sem dó, com aquele brilho nos olhos de quem vê alguém "especial". Como a TV, que converte uma pessoa bonitinha em linda do dia para a noite, é especialmente governada pela redundância, a repetição de uma voz e fisionomia por anos seguidos cria também uma sensação poderosa de intimidade com o ídolo. Gradualmente o subproduto se impõe ao produto. É o tal carisma, a tal aura irracional que se atribui aos "eleitos", de Lula-lá a Cléo Pires.

Pior: essa mesma sensação, que pode se extravasar em ataque histérico, pode se voltar contra seu objeto de devoção a qualquer momento — como sabem os atletas, feito Guga e Zico, acostumados a ser salvadores da pátria numa semana e bodes expiatórios na seguinte. Ela tem, portanto, impulsos semelhantes aos religiosos. Mas não acho que só isso a explique, ou que abordagens como a do filme *O Show de Truman* captem sua complexidade.

Talentos tendem a se impor e, especialmente para jovens, podem ser inspiradores. Beleza e charme são coisas que fascinam, tanto que o primeiro interesse de um bebê é pela expressão humana. Modas são modas; na maioria, não duram mais que um semestre. E é justamente por isso que se deve acentuar a consciência de que o senso crítico deve estar sempre ativado, para não confundir prazer com consolo, admiração com obsessão, exemplo com transferência; para distinguir aqueles raros que traduzem o espírito de uma época, como os mais raros ainda que transcendem gerações e fronteiras. A estupidez não toma conta de tudo.

Crônica de réveillon

(1/1/2006)

Todo mundo escreve crônica ou conto de Natal, quase ninguém de réveillon. O Natal, data arbitrária, inspira defesas piegas da solidariedade e inocência ou, então, críticas ao consumismo e cinismo modernos, para não falar das indefectíveis matérias sobre religião na imprensa. Nem mesmo os defensores do saci contra o Halloween aparecem para se queixar de uma festa em que todos os itens remetem a um frio e a um imaginário nada tropicais. Também me espanta, por outro ângulo, que se fale de um "espírito natalino" como se ele não devesse existir em outras épocas. "Deixe disso, hoje é Natal" parece liberar o interlocutor para ser egoísta, mal-educado e impaciente no resto do ano.

Como Drummond, considero a divisão do tempo em anos um achado. Não por completar uma rotação em nossa órbita; nossa vida não mudou de ontem, dia 31, para hoje, dia 1.º, não mais do que mudaria de um dia qualquer para outro. Mas essa desaceleração de fim de ano, que sugere descanso e balanço, tem valor. Dizem, principalmente os tais pós-modernos, que o homem mede o tempo para controlá-lo; pode ser, assim como é verdadeiro que a maioria das pessoas vive numa correria ansiosa, à procura de uma estabilidade que nunca chega. Só que a solução não está em demonizar o calendário, muito menos em não enxergar o engenho humano que cria instrumentos e amplia conhecimentos.

Vejo muita gente se aproximando de culturas orientais, quase sempre reduzidas a modismos, porque nelas não existiria essa mania ocidental de viver o tempo todo rendido ao futuro ou, no caso dos desesperançados, agarrado ao passado — ambos, futuro e passado, evidentemente idealizados. As pessoas quase nunca estão quando e onde estão. Umas anunciam ter

14 "projetos" simultâneos, outras passam a maior parte do tempo pensando no que foram ou poderiam ter sido. É o paradoxo atual: quanto mais coisas fazem, mais as pessoas se sentem perdendo tempo. Daí, de maneira muito ocidental, a obsessão por um sossego que nunca vem, exemplificada pelos congestionamentos de feriado.

É preciso organizar o tempo até para poder romper com a rotina, medi-lo para não ser controlado por ele. É importante ter ambições na vida desde que sejam genuínas, autônomas, e não emprestadas, por exemplo, pelos estigmas da época. É bom programar seus dias, assim como de vez em quando invadir as noites. É possível ser sério quando necessário e descontraído quando desejado — só assim você não vai ser nem tenso nem relapso. Inquietude mental não é incompatível com alguma dose de tranqüilidade, do dar-tempo-ao-tempo; a percepção pode ser acelerada, sem prejuízo para certa segurança interior, para certa confiança de que o melhor é o estar fazendo, não o ter feito. A ansiedade pode aguçar os sentidos; não precisa agoniar a existência. Ilusão só chama desilusão.

Na minha revisão do ano, há a satisfação de pelo menos quatro sonhos realizados, dois deles — um filho e um livro — sonhados há muito. Mas metas nada são sem momentos; houve também estes dias de folga, curtidos sem compromisso rígido com horário e hierarquia, em companhia de minhas duas filhas. Verissimo diz que a última semana do ano não tem utilidade; mas por isso mesmo ela pode ser tão agradável. Fomos ao parque e à piscina, vimos a bela exposição de Miró no Instituto Tomie Ohtake, comemos pastel de feira, tomamos sorvete de casquinha, revimos o DVD do Palavra Cantada e encenamos a linda canção do rato, etc.

Em nossa sensibilidade precisamos desses túneis abertos para a infância, onde se pode ficar sem pressa e sem preço. O Natal vale por isso, vale pelas crianças de olhos brilhando diante da pilha de presentes — além, é claro, dos pêssegos, das carnes, da rabanada, da cassata igual à que minha avó fazia. Tudo o mais são rojões e superstições.

Páginas do sexo

(1/10/2006)

Apesar de hoje ser dia de eleição, o tema não é baixaria; é apenas o mais antigo e atual dos temas. Não à toa, afinal, a maioria dos "spams" — mensagens comerciais da internet — vem com ofertas de todos os tipos de atalhos para o prazer sexual, dirigido a mulheres que não destravam nunca ou maridos que não correspondem mais. E não à toa, num país como o Brasil, onde supostamente haveria liberdade maior nesse assunto, declarações ou imagens continuam a causar escândalos além da conta. A sensação é a de que quanto mais se fala sobre isso, mais hipocrisia ou confusão aparece, em vez de esclarecimento.

É curioso notar, por exemplo, a reação causada pela novela *Páginas da Vida* quando, num dos depoimentos que exibe ao final de cada capítulo, ouvimos a história de uma mulher que descobriu sozinha o que nenhum homem lhe havia proporcionado até a meia-idade: o orgasmo. A edição poderia ter sido mais prudente e a emissora se desculpou, mas o caso obscureceu a questão que o autor Manoel Carlos pretendia levantar: o machismo brasileiro, de homens que só pensam em si próprios — na cama e fora dela — e, como vemos o tempo todo por aí, mal ajudam a criar os filhos. Só no mundo ingênuo da classe média não se imagina a quantidade de pessoas que devem ter se identificado com essa história. Se fosse uma mulher mais jovem e bonita, com linguagem mais elegante, ninguém ficaria tão chocado.

É verdade que a novela, com sua intenção de colar em casos reais, ironicamente se afasta do realismo ao colocar todas as situações num registro melodramático e estereotipado. A reincidente Helena de Regina Duarte é uma heroína sem nenhum defeito, um catálogo de virtudes politicamente corretas. E só por esse motivo é que ainda não encontrou felicidade duradoura ao lado de um homem. No entanto, como nas memórias de Danuza Leão, tudo gira em torno dessa possibilidade; como qualquer adolescente inexperiente, ela segue à espera do Grande e Eterno Amor. Talvez por isso os homens da novela sejam tão descoloridos, um bando que se divide em bobos ou infiéis. Mas ela tem o mérito de falar, como nas revistas femininas, daquilo que os homens fingem não ouvir.

Outro exemplo é o vídeo de Daniela Cicarelli com Tato Malzoni numa praia de Cádiz, que circulou pela Web e provocou comentários de todo tipo. Os comentários, note-se, eram a respeito dela, não dele — e não por ela ser mais famosa. Ela que "se expôs". Ela que "devia ter sido mais discreta". Ela que "troca de namorado a toda hora". As mesmas pessoas que dizem tais coisas são as que, antes disso ou antes do casamento-mico com Ronaldo, ficavam admirando suas formas nas revistas e passarelas. As mulheres que hipervalorizam a aparência, a riqueza e a fofoca são também as que dizem que o mais importante é a "beleza interior", à qual dedicam muito menos tempo e esforço do que ao sonho de ficar parecidas com a Daniela Cicarelli.

Quanto aos homens, sua inveja, bem brasileira, é indisfarçável. Ainda mais porque o filme é mais real, convincente, do que quase todas as cenas de sexo que se vêem na TV ou no cinema. A relação sexual é sempre mostrada de forma gráfica, com sol indireto ou contraluz, trilha sonora e closes nos rostos; jamais envolve carícias que não sejam beijos e posições além das mais aceitas. Isso não é exclusivo da linguagem audiovisual: a literatura também raramente consegue ir além do instante erótico sem detalhes, como no novo romance do hábil Vargas Llosa, *Travessuras de uma Menina Má*, ou então, como em Joyce ou Proust, do erotismo como neurose. Não se descreve uma vida sexual que possa ser bem resolvida, não importa por quanto tempo ou em qual endereço.

Enquanto isso, os homens — que não precisam mais que duas canecas de chopp para começar a confessar aos amigos — se queixam da falta de iniciativa e ousadia das companheiras, não raro criadas ainda para agir como se sexo fosse secundário, como se depois da paixão inicial a rotina tivesse de ser parecida com a de um casal de irmãos. Sem perceber que o problema também está neles mesmos, muitos acabam optando por buscar fora o que não têm em casa e se tornam clientes de bordéis — ou arranjam amantes que começam como parceiras sexuais e logo depois se tornam eventuais substitutas da "titular".

Por ainda distinguir mulher-pra-casar de mulher-pra-transar, homens assim são incapazes de satisfazer suas mulheres. Aqui, onde fazer topless na praia é um ato sujeito ao assédio mais grosseiro, até psicólogos e autores vividos usam a palavra "amor" como se ela não dividisse quarto com a palavra "sexo". Do outro lado, as mulheres em geral não pensam de forma diferente. Em parte, porque assimilaram essa fração do pensamento masculino ao longo dos tempos. Mas também porque insistem na estratégia de ocultar fatos para obter o que desejam, como quando dizem que o homem "não precisa ser bonito" — justificando assim, em muitos casos, a escolha do marido feio e rico — e basta estar perto de um galã da Globo para caírem em histeria.

O que acontece no sexo é apenas a exacerbação do que acontece em outros aspectos da existência: a dose de realidade que se suporta é bem pequena. Ninguém perde dinheiro explorando a frustração sexual do público.

A mosca na teia
(31/1/1997)

A Internet, por enquanto, serve a dois propósitos: pesquisa e correspondência. Entrar em grandes bancos de dados, bibliotecas e acervos em geral pode ser de grande utilidade para pesquisadores, consumidores e os interessados em informações minuciosas sobre assuntos específicos. Se você gosta de livros, por exemplo, pode visitar bibliotecas estupendas como a do Congresso de Washington ou comprar um de 1,5 milhão de títulos na livraria Amazon.com. Se admira Picasso e quer ter acesso a qualquer tipo de dado sobre ele no mesmo lugar, há muitos sites bem feitos. E assim por diante.

A outra vantagem, trocar cartas por e-mail, é evidente para qualquer cidadão. Cartas são um instrumento civilizado, valorizam a linguagem verbal, aproximam pessoas de culturas diferentes — e agora com maior velocidade e menor custo. Nas empresas já se usa a Internet para comunicação interna; amigos retomam antigo hábito juvenil de enviar cartas; contatam-se conhecidos na Polônia ou Nova Zelândia.

Mas os fanáticos e os acadêmicos não deixam a Internet em paz, não reconhecem essa visão pé-no-chão que a própria incipiência da rede requer. Toda mídia nova parece fadada a entrar nesse clima de torcida uniformizada: de um lado os "integrados" (ou nerds ou hackers ou sei-lá-o-que-mais), de outro os "apocalípticos". Com a televisão, por exemplo, foi assim e ainda é muitas vezes. Só mais recentemente é que as pessoas passaram a encará-la como quase um eletrodoméstico, e talvez a invenção do controle remoto (do "zapping") e a dos canais a cabo tenham colaborado para isso — dando ao espectador maior possibilidade de escolha. A Internet, por mais anárquica que pareça, por mais polêmicas que haja a respeito de censura e publicidade em seu meio, existe por razões de mercado, possui apenas usos funcionais, complementa ou parcialmente substitui instrumentos antigos de consulta e comunicação. Não acho que seja uma nova linguagem, ainda que sua influência no cotidiano possa trazer visões de mundo distintas. É um misto de arquivo e fax evoluídos.

Futurologistas são tão chatos quanto passadistas, mas fazem mais barulho. Dizem que a Internet vai acabar com o livro. Bobagem. O livro é uma grande tecnologia; pode-se levá-lo ao banheiro ou lê-lo deitado e, como disse Millôr Fernandes, ele não pifa. Os integrados também dizem que a Internet vai acabar com os jornais em papel. Não: vai obrigá-los a transformações e, possivelmente, a reduzir seu público. Muitas pessoas hoje só lêem o jornal para obter informações específicas (cotações, resultados esportivos, endereços de cinemas e restaurantes, horóscopos e classificados), e a Internet tende a oferecer esses serviços com mais volume e maleabilidade. Ou então elas só querem ler um noticiário resumido (como já se disse no filme *Primeira Página*, só o primeiro parágrafo das matérias é lido) ou se aprofundar em alguma informação veiculada pela TV ou pela própria Internet na noite anterior.

Com certeza, porém, muitas ainda vão preferir o formato editado e portátil do jornal ou revista, com sua diagramação certamente mais arejada do que a de uma tela de PC. Em resumo: você pode até ler um artigo ou outro da *Economist* on-line, mas se quiser folhear a revista inteira vai preferir tê-la entre os dedos. Como o livro, é mais prático ler assim e também mais saboroso: nada substitui a impressão em papel. A *New Yorker* na tela não é a *New Yorker**.

Em conseqüência, as publicações, para sobreviver, terão de aumentar a ênfase da análise, no bom texto, na reportagem detalhada, no apuro gráfico — como muitas, especialmente as inglesas, já vêm fazendo. E continuarão fornecendo muito, muito serviço: você pode carregar para o cinema o caderno de roteiros sob o sovaco, mas não o laptop. Mas o único consenso, claro, é que jornais que não passam de boletins de notícia tendem a perder público e influência, como perderam para a TV.

Mas os piores futurologistas são os que acreditam no admirável mundo novo da virtualidade. O livro de Pierre Lévy, *O que É o Virtual*, merece ser

---

* Dez anos depois, essas duas revistas bateram recorde de vendas. Cada uma vende 1 milhão de exemplares, distribuídos em diversos países. (N.A.)

lido por se afastar dos julgamentos emotivos e previsões deslumbradas. Não existe essa entidade transcendente chamada "virtual", esse universo paralelo, essa promessa de um ectoplasma com direito a videogame e orgasmo. O que existe é a transmissão de dados e a fabricação de simulacros (bobos, em geral) via computador. Imaginação é uma "donnée" do nosso cérebro, não um atributo de chips e lasers.

A Internet, enfim, deve ser encarada como instrumento útil, a ser usado para a consulta e a troca, beneficiando-nos com seu baixo custo e amplo alcance. Ainda tem muitos problemas, como a dificuldade de acesso, a lentidão com as imagens, o aspecto visual ainda tosco, a falta de privacidade; mas há muita chance de que sejam resolvidos pelo avanço tecnológico. Quanto à sua tendência ao caos, à pulverização em guetos (a Internet é a alegria dos fã-clubes), apontada por Pierre Lévy, suspeito que será como tem sido na TV a cabo: por mais ofertas de canais que existam, o espectador tende a se fixar em meia-dúzia de preferências, num conservadorismo que acho razoável até certo ponto.

Agora, quem quer conhecimento lê. Simplesmente. E ler livros no computador é, por enquanto, impraticável. Internet é para navegações objetivas e correio eletrônico. Apenas isso? Não. Tudo isso.

Internéticas

(5/11/1999)

A grande questão sobre a Internet é se a médio prazo ela vai entrar no mesmo conflito da televisão: informação vs. dispersão. Primeiro, me permita deixar claro que sou internauta desde os primórdios e que a Web me traz muita felicidade com o acesso a livros, publicações e informações que eram difíceis de encontrar nas esquinas brasileiras. Não menosprezo nem mesmo seu ludismo, na verdade uma baita frivolidade virtual, e volta e meia me vejo num site de futebol, digamos, assistindo a vídeos dos gols de Romário. O bom mesmo, claro, é comprar na Amazon, checar acervos de museu, entrar na biblioteca do Congresso de Washington, ler jornais e revistas que não assino ou recebo; acima de tudo, trocar correspondências, eu que sempre gostei de escrever cartas e não tinha tempo e paciência para ir ao correio. Só isso já é um enorme ganho, apesar de tantos transtornos, de tanta coisa ruim (e não poderia ser diferente), de todo esse papo-furado sobre o ectoplasma virtual e suas maravilhas libertárias.

*

O que é preciso entender é que a Internet apenas está começando a sair de sua era medieval, com seus feudos e santos, e descobrindo aquilo que Harold Bloom chamou de Era da Entropia. Agora começamos a nos conectar sem discagem telefônica, e a própria evolução tecnológica está obrigando que um site se diferencie do outro pelo conteúdo. A expansão do comércio eletrônico está acima das expectativas mais otimistas, e já há quem calcule que daqui a dez anos ele representará nada menos que 25% do PIB mundial. Isso não vai acabar com o mundo real: coisas de alto valor não podem ser compradas na Internet (mesmo que o problema do sigilo seja absolutamente corrigido) e o que vai para a rede é em grande parte o que se faz no mundo real, quase as mesmas marcas e os mesmos métodos.

*

Em outras palavras, a hegemonia na Internet não vai ser muito diferente da hegemonia no mundo concreto: os grandes jornais, as grandes TVs, as grandes grifes, os grandes bancos — que já estão todos em fase de fusão e associação no Brasil e no mundo — serão os que chamarão mais atenção virtual. Mas é claro que a Internet parece ter "vocação" para determinados setores (livros, discos, supermercado, operações bancárias) e que o espaço infinito da rede abre possibilidades de fragmentação tremendas. Ela informa mas não forma, não é tão adequada a leituras demoradas e densas; e tende a ser mais e mais próxima do mundo do entretenimento (jogos, cinema, TVs, esportes), criando ainda mais formas de diversão e dispersão.

*

Com as mudanças em curso, vai se dar bem aquele que souber oferecer conteúdo com as vantagens intrínsecas da Internet: tamanho, atualidade e interatividade. Internet é boa para serviços porque não tem a restrição de espaço e a fixidez de consulta que os produtos impressos têm. Mas a grande questão é a tal interatividade: tanto mais bem-sucedido será o site quanto mais interativo. É aí, na mistura de serviço, entretenimento e informação, que se ganha dinheiro. Prover acesso, ainda mais restringindo conteúdo, em breve será fonte menor de renda; meras navegações, sem ida e volta, também. Os sites têm de ser abertos a solicitações dos clientes, adequados a seus perfis, abertos ao fluxo de consultas e encomendas, com muito correio, fórum e venda. Aquele que se limitar a jogar na rede o conteúdo já disponível em meios não virtuais vai fracassar. Mesmo porque a Internet "horizontaliza" o varejo, já que o sujeito pode trocar facilmente de loja quando uma não o satisfaz. A alta competitividade implica que as diferenciações sejam bem feitas e focadas. Nesse sentido, os pequenos podem dar ótimo resultado proporcional ou, se chegarem primeiro, logo ficarem grandes; mas também o risco de frustração é maior, e já há muita gente perdendo dinheiro.

*

Uma idéia muito simples às vezes preenche uma lacuna e, uma vez executada e monitorada com cuidado, isso já bastará para seu sucesso. Mas cada vez mais ela vai precisar de parceria com grandes grupos se não quiser ficar limitada a uma tribo ou minicomunidade. (E aqui é preciso lembrar que essa medição do sucesso de um site pelo número de visitações é bastante enganosa.) Se você tem uma bela idéia, como vai anunciar ao mundo virtual que ela está ali? A chance de você ser um mero peixinho no mar de navegações é muito alta, mesmo porque os instrumentos de busca mal conseguem esquadrinhar um quinto da rede. Daí o sucesso dos portais vinculados a grupos já graúdos, como os que estão surgindo no Brasil neste momento. Eles, sim, é que impulsionam a riqueza virtual: a previsão para o ano 2000 é que o número de internautas (já maior do que o de assinantes de TV paga) dobre no país. Como nos canais a cabo, a pulverização não vai impedir que meia dúzia de peixões dominem o universo. Quem já tem um "brand" — um selo de qualidade ou importância — sai megabites à frente.

*

O resultado econômico da Internet é difícil de definir. Os defensores da chamada Nova Economia e tecnocratas brilhantes como Alan Greenspan insistem que ela representa um salto de circulação e produtividade gigantesco. Que impulsiona o consumo e corta etapas entre produto e cliente, individualizando e multiplicando as escolhas. De certa forma, é uma nova e intensa etapa da economia pós-industrial, pós-fordismo, voltada ao consumo, ao valor de troca, à "superestrutura". E isso contraria em parte os dogmas clássicos da economia, mais preocupados com poupança, valor de uso, lastros, etc. As pressões inflacionárias não são mais as mesmas, como se vê nos EUA hoje; e o excesso de exigências trabalhistas pode prejudicar o emprego em vez de promovê-lo, como se vê na Europa hoje. Tal qual na Web, a riqueza que circula tem mais peso do que a que se acumula: a própria circulação é o "estoque". Mais, não se sabe.

*

Mas volto à grande questão: mesmo com acesso em alta velocidade e todas as façanhas multimídia, quais os efeitos da Internet no uso do tempo por parte de cada indivíduo? Se as pessoas estão cada vez mais atoladas de trabalho, bombardeadas por informações e seduzidas por divertimentos, com o salto evolutivo da Internet a tendência é que se dispersem ainda mais. Sem poder de concentração, não há formação e não há senso crítico — não há a ponderação silenciosa que a leitura dos eventos e produtos exige, que a própria complexidade do mundo moderno exige. Como analisar o que há por trás de tantas notícias, como estabelecer associações sutis entre tantos assuntos, como não se deixar levar por tanta excitação audiovisual? Defensores do admirável mundo virtual também acham que as crianças de hoje são mais espertas, citando até testes de QI em que se saem melhor do que gerações anteriores, e realmente a cabeça de muitos adultos ainda tem enorme dificuldade de sintetizar e renovar o que assimila. Mas esperteza e QI não implicam a capacidade de canalizar a energia mental no sentido da dúvida e da reflexão, da inteligência em seu sentido amplo: uma dinâmica perpétua entre compreender e avaliar, que a leitura atenta ensina como nada mais.

*

Tenho visto, por sinal, críticas à "adultização" da infância. Para mim, o grande problema a enfrentar hoje é a infantilização do adulto. Com toda a informação e a esperteza do ser contemporâneo, ele parece amadurecer mais devagar: é mais e mais carente, mimado, alienado. Outro dia um amigo que trabalha num site me descreveu os gritos de guerra e os divertimentos cultivados pela moçada que trabalha ali; é o clima emocional de um colégio masculino, com a competitividade narcisóide dos adolescentes. Pode ser que eu esteja errado, mas a minha sensação, da hora em que acordo à hora em que durmo, é crescentemente essa: vivemos a era dos melindrosos. Internet dá dinheiro e diversão, mas continuarão sendo poucos os que saberão extrair dela a informação relevante e o pensamento consistente. Pior sem ela, ruim com ela.

Valores virtuais

(6/6/2004)

Está cada vez mais fácil embarcar na ilusão de que "todo homem é um artista", na frase do alemão Joseph Beuys. Quer ser escritor? Monte um blog, uma página na Web onde você pode contar seus dramas e suas vantagens, colar trechos de textos ou reproduções de imagem que admirou, fazer poemas e contos, criticar os críticos da grande imprensa, colocar fotos dos seus amigos e cachorros. Ou então — ou depois — publique um livro, pois são muitas as editoras e há até quem ofereça publicá-lo por meros R$ 1.500. Quer gravar um CD? Nunca foi tão barato, e não se esqueça de adiantar umas músicas em MP3 na internet. Quer fazer um filme? Há câmeras digitais leves e acessíveis e programas de edição em computador muito práticos. Quer fazer instalações, videoarte, trocadilhos cênicos como o de Beuys (1921-86), um dos mais influentes artistas plásticos da segunda metade do século? As galerias e bienais estão ansiosas por você; qualquer problema, monte um site e exiba sua arte ao mundo.

É claro que, no plano da generalização, isso é bom. Os acessos se multiplicam, os talentos se incentivam, a variedade aumenta. Projetos se tornam realidade, e mais pessoas podem viver melhor com aquilo que sempre sonharam fazer, em vez de se angustiar em empreguinhos tediosos. A sociedade passa a ver que a cultura não só tem valor espiritual, mas também, cada vez mais, econômico. O autor de um trabalho intelectual ou artístico é dessacralizado, tirado em parte de sua aura solene — pois está ali, ao alcance de um e-mail, visível na foto, não uma entidade oculta sob um nome — e não precisa ser um abnegado que mal lida com a vida prática.

Mas há um problema cujo maior símbolo é a própria rede mundial: é a dissolução dos critérios, a carência de praças e largos, a pasteurização por debaixo da multiplicidade, a tirania da diversidade, o populismo digital que descarta tudo que não se basta na aparência.

Antes havia um código rígido que determinava o papel social que cabia a cada pessoa. Hoje há uma tal superposição de papéis sociais — como a mulher que tem de ser profissional, esposa, mãe, sarada e siliconada — que o efeito não é muito diferente. As pessoas se sentem igualmente cobradas e mais que nunca perdidas, numa sucessão de modas que jamais parece descansar. Os valores se achataram e se misturaram de tal maneira que o adjetivo se impõe ao substantivo, o detalhe ao cerne, o imediato ao duradouro. E isso leva as relações sociais para um baixo teor de empatia, de identidade; a república virtual quer tudo ligeiro, os afetos e os atritos. Como no Orkut, comunidade onde convidados se apresentam por fotos e fichas, o outro é reduzido a estigmas que ou me são simpáticos ou passo adiante. A cultura dominante é a do curto prazo, do "overnight", do descartável.

Certo, em geral há espaço num blog para o visitante fazer comentários, mas o dono da vitrine, autodecretado, todos sabem quem é. A linguagem é telegráfica, cheia de palavrões, gírias, referências; alguns tentam misturar gêneros, mas sem organicidade e sem resultar em observações profundas. O que se vê é um narcisismo em fragmentos, como nesses romances e diários sexuais de garotas que, à maneira das protagonistas de *Sex and the City*, ao fim e ao cabo continuam mesmo é ocupando suas conversas com homens e sapatos. Só que a grande cultura não é uma simples expressão do "eu", não rima com esse confessionalismo descontrolado, com esse vale-tudo da subjetividade. O bom autor escreve em primeira pessoa como se escrevesse em terceira; não busca seu lugar no mundo, mas o mundo no seu lugar; não sai por aí listando quem ama e quem odeia. Hoje "todo idiota pode facilmente ter seu buraco", como canta o Radiohead — e mesmo assim inveja o idiota ao lado. Fala-se muito em diferenças, mas a intolerância com o semelhante está sempre pronta a explodir.

As leis vigentes são poucas e óbvias. Chato, por exemplo, é quem perde tempo argumentando. Críticos realmente seletivos, produtores realmente bem-intencionados, editores realmente exigentes estão por fora; os poucos que ainda conseguem discernir o bom do medíocre já não têm o poder de influência que tinham, pois não fazem mais que cócegas na pele do sistema, no Frankenstein do mercado. Se há lugar para todo mundo, sobra pouco lugar para os grandes; se todos são artistas, ninguém é superior — e assim, num mundo que já teve Proust, por exemplo, temos de soltar rojões quando surge um Ian McEwan. Professores, que antes inspiravam respeito pela autoridade, hoje não têm autoridade nem respeito. Tudo, enfim, se horizontaliza em demasia; faltam nós centrais, intermediários de credibilidade, o teste das estruturas.

Ao mesmo tempo, as minorias de sempre pedem mais e mais outro nível de debate, outra escala de valores; em cidades como São Paulo é possível ver essa movimentação, como na atual onda de cursos culturais. E a própria internet é alternativa para muita gente de talento que não suporta as limitações das megaestruturas e ali dá vazão à sua inquietude mental. Como sempre digo, a guerra já está perdida; o que nos cabe é ganhar batalhas.

Dos sarrabulhos aos blogs
(23/7/2006)

A noção comum diz que folhetins eram os romances publicados em capítulos, como os de Alexandre Dumas e Eugène Sue, tão populares em suas épocas quanto as telenovelas ou "sitcoms" hoje em dia. Mas folhetins eram também as seções, em geral no rodapé da primeira página e com corpo tipográfico maior, que misturavam crônicas sobre as artes, notas, aforismos e até receitas e anedotas políticas. Foi nessa época que os jornais, até então muito parecidos com livros ou panfletos, começaram a ganhar páginas de "variedades" e as revistas ilustradas começaram a surgir com o mesmo cardápio, bastante voltado ao público feminino então em expansão; a inglesa *The Spectator* e a brasileira *O Espelho*, por exemplo, falavam de moda e dos costumes urbanos no mesmo espaço em que discutiam Balzac, Shakespeare ou Darwin.

Foi dessa miscelânea de temas e gêneros, cuja proposta era tirar os debates das academias e trazer para os cafés, que nasceu o jornalismo cultural. Martins Pena, um dos primeiros grandes articulistas nacionais, dizia que os folhetins de não-ficção eram "sarrabulhos lítero-jornalísticos" (sarrabulho era um prato português feito com miúdos de porco, antecessor da feijoada, e metáfora de bagunça, mistura). Eram saladas em que os frutos dos assuntos "intelectuais" como letras e filosofia se embaralhavam com as folhas do que era considerado "fútil", como o último estilo das saias de tafetá. Boa parte da modernidade pode ser explicada por essa busca de aproximar, como dizia Nietzsche, o conhecer e o viver. Idéias fazem parte do cotidiano; valores estão em jogo constante na sociedade, não pairam num plano abstrato aonde só os doutos chegam. Gente como Karl Kraus, Bernard Shaw e H. L. Mencken é produto dessa mentalidade. Até Barthes e Adorno sabiam que a crítica cultural ou fala dos fenômenos coletivos, ou morre.

Ao longo do século 20, com a modernização dos jornais, que se tornaram saudavelmente mais objetivos e autônomos, e a tentativa de conversão da crítica em ciência acadêmica, com grandes contribuições ao estudo dos livros e das artes, algumas coisas se perderam sem necessidade. Com o atropelo da indústria do entretenimento, o jornalismo cultural começou a ficar sem impacto, submetido à agenda de eventos, e os textos se tornaram cada vez mais burocráticos e balcanizados. O tom autoral — em que se pode reconhecer o autor mesmo sem olhar sua assinatura —, a fusão de gêneros e os diálogos entre as artes e os fatos, como faziam os velhos e bons folhetins (*Ao Correr da Pena*, de José de Alencar, *A Semana*, de Machado de Assis, etc.), viraram minoria. Mesmo na Alemanha, onde as páginas culturais dos jornais até hoje se chamam *Feuilleton*, resta pouco dessa liberdade temática e estilística.

No Brasil as crônicas passaram a abandonar os debates da hora, coisa que só Rubem Braga era capaz de fazer sem cair no vazio, e a análise crítica foi se tornando exclusiva dos professores universitários. Hoje é comum ouvir que jornais devem informar, e não formar, como se essas esferas fossem separáveis, e que um sujeito que trata de literatura, artes ou política não deve "baixar" a temas como futebol, telenovela e moda. Machado, que inovou ao levar tudo isso para a ficção, dizia que não agradaria nem aos graves nem aos frívolos, as duas modalidades dominantes na opinião pública. Mas todos que ainda escrevem com propriedade sobre diversos assuntos não raro são os mais lidos, e pela mesma razão.

Quanto a mim, o que sempre me fascinou na tríade Millôr Fernandes, Paulo Francis e Ivan Lessa, que coincidiu apenas no Pasquim, foi que fizessem isso na mesma coluna, recorrendo à combinação de textos longos e breves (no caso de Millôr, junto a desenhos ainda subestimados como arte visual), em versões modernas do folhetim oitocentista. E por isso gosto cada vez mais desse novo-velho gênero que é o blog, o diário virtual, feito de "posts" ou notas ("Tomar notas é mais difícil que escrever", dizia Ivan Lessa) organizadas por data. Há blogs temáticos, como o de Alex Ross sobre música ou *Instapundit* (Glenn Reynolds) sobre política, para citar dois americanos que acompanho, e há blogs de criação literária, como o do poeta Fabrício Carpinejar. Mas o espírito que rege a todos é o da reação ao dia-a-dia, desprendida, pessoal, conversacional, de um cidadão que vive sob o bombardeio da mídia e sabe que os nexos não se bastam em disciplinas.

Era uma questão de tempo para que emplacassem, graças às centrais da rede virtual que são ainda os grandes grupos de comunicação, e se tornassem viáveis para quem rejeita escrever de graça. Para quem faz, é difícil não se viciar. Trabalha-se muito; tudo que você vê, lê ou escuta pode ser material; mas anos de estudo sobre cada tema devem convergir para que a opinião emitida tenha fundamento, e não seja o palpite, a rotulação emotiva típica dos adolescentes e, pois, de muitos blogs por aí. E é preciso maturidade para assimilar os golpes baixos que muitos leitores são capazes de dar, ao trocar argumentos por insultos (ou então, em vez de trocar de leitura, querer que o autor perca o emprego), mesmo que se possa filtrá-los. Mas, ao contrário dos folhetins e pasquins de antanho, a vantagem é justamente tentar criar um ambiente de discussão nesse deserto de idéias que é a grande mídia.

De gênios, geniais e geniosos

(3/12/2000)

Há uma tendência crescente em tratar o grande talento, ou ao menos o sujeito com inteligência muito superior à média, como alguém quase adoentado. Seu humor oscila demais, ele tende à arrogância, sua franqueza é agressiva. Nos termos atuais, é desprovido de "inteligência emocional". Tem apenas um "tipo" de inteligência, e não uma capacidade superior à da maioria, um QI, essas imposições da meritocracia. Normalmente, sofreu algum trauma na infância, algum abalo emocional, uma decepção com os pais. Sua psique é facilmente classificável: o talento, o artista, o sujeito genial, além de "incompleto", é ciclotímico, maníaco-depressivo.

A história está repleta de gênios geniosos, de temperamento difícil, etc. Não são poucos os exemplos contrários, que portanto não servem como exceções que confirmam a regra. O exemplo mais famoso é Charles Darwin, sujeito afável e caseiro, pouco disposto a brigas, a tal ponto que as deixou para Thomas Huxley e outros a defesa pública da Teoria da Evolução. Mas isto não é o mais importante. O mais importante é interpretar esse temperamento difícil como um "problema" de ordem psíquica, genética ou divina.

Eu estava lendo um livro muito interessante, *On Giants' Shoulders*, do jornalista Melvyn Bragg, e o capítulo sobre Darwin — em que ele colhe, entre outros, depoimentos de Richard Dawkins e Stephen Jay Gould — me lembrou de como sua "perigosa" idéia, no adjetivo de Daniel Dennett, ainda está a léguas de ser compreendida. Costuma-se reduzi-la a uma teoria biológica, estritamente científica, que ele teria tido num estalo durante sua viagem a bordo do Beagle, um estalo como o da maçã que teria caído sobre a cabeça de Newton. Como sua adoção por uma ideologia moralista e antidemocrática, o social-darwinismo, causou ainda mais controvérsia, convinha que se esquecesse de sua abrangência e a cerceasse aos laboratórios de biologia.

Mas o trabalho de Dawkins, Gould e muitos outros, neste último quarto do século, começou a mostrar que o darwinismo é muito mais que uma catalogação geobiológica — que tem a ver com uma mudança de conceito que passa pelas mais diversas disciplinas, a começar pela filosofia. Darwin era o que se chama um polímata, um homem interessado e versado nos mais diversos assuntos, das artes às ciências, leitor crítico de Kant, admirador de poesia e pintura. Enquanto circunavegava a América do Sul, lia *O Paraíso Perdido*, de Milton. Sua busca intelectual era essencialmente filosófica, era por uma visão de mundo mais complexa e precisa. Suas idéias se voltavam contra noções essencialistas sobre a vida na Terra. "Mal consigo entender como alguém possa desejar que o cristianismo seja verdadeiro", escreveu na autobiografia.

E é das idéias de Darwin que vem a explicação para esse comportamento nem sempre curricular dos gênios. Cercados por pessoas que, de seu ponto de vista, são tolas ou toscas, aferradas a preconceitos e superstições, eles sofrem um problema que é de adaptação social. Como nenhum ser humano, por mais genial, é auto-suficiente em relação aos outros; a irritação dos gênios vem do desajuste, do descompasso em relação a variáveis hostis. O que lhe resta é criar um "modus vivendi", mas o meio ambiente não pode ser esquecido, mesmo porque é interiorizado desde a infância. O gênio é tantas vezes temperamental porque desajustado, e não desajustado porque temperamental.

Não adianta querer definir o que é gênio. Há gênios de todos os tipos psicológicos, tendências políticas e consistências éticas quantos você quiser nomear. Gênio, de fato, não existe. Há geniais que nunca se convertem em gênios, como Oscar Wilde, e há muito mais geniosos que nada têm de genial, a maioria. Gênio é o autor de uma obra de gênio. E uma obra de gênio pode ser definida: é aquela que atravessa gerações e continua a ser interpretada, sem deixar de ser o que é. Tal como a de Darwin.

Dogmas e desígnios

(8/4/2002)

Fui ao Mosteiro de São Bento no domingo de Páscoa. É um dos programas mais charmosos de São Paulo. A arquitetura e o décor não são feios como na maioria das igrejas brasileiras e toda a cerimônia é feita com austeridade, sem a menor presença do kitsch, essa praga contemporânea. O momento em que os monges entram pela nave cantando suavemente os cantos gregorianos, beneficiados por uma acústica impressionante, é de comover religiosos e ateus.

Sou visitador profissional de igrejas. Difícil pensar em frissons semelhantes aos que senti entrando no frio de Chartres, vendo a fachada de Treviso, olhando Florença do alto da San Miniato, examinando os vitrais da Saint-Chapelle em Paris ou observando um a um os trabalhos em marfim e esmalte do Museu Cluny, prodígios da dedicação artística anônima, antes de o Renascimento inaugurar a Era da Vaidade com sua afirmação autoral. Mas mesmo o Renascimento é marcado pela propaganda cristã, pelo desejo de entender a ordem divina.

Trata-se, portanto, antes e depois de tudo, de um respeito que sinto por essa tradição. E de uma aceitação tranqüila da crença dos que necessitam da idéia de Deus — como disse no *New York Review of Books* o extraordinário físico e ensaísta Freeman Dyson: "Para mim, adorar Deus significa reconhecer que a mente e a inteligência são costuradas no tecido do nosso universo de uma forma que ultrapassa nossa compreensão." Dyson é um dos maiores defensores mundiais da ciência, mas sabe que a maioria das pessoas a teme, pois a vê, sobretudo desde a bomba atômica, como inimiga do humanismo — humanismo que é um conceito que deriva diretamente dos evangelhos cristãos.

Mas a religião pode ser um campo de discórdia, de fomento ao anti-humanismo, tão nocivo quanto ou mais nocivo ainda. Vide Oriente Médio. E a ciência, bem entendida, pode não só colaborar com o desenvolvimento humano dos países, mas também ser um ensinamento da dúvida e da tolerância, os dois valores fundamentais do humanismo. Em seu extraordinário *Facing Up — Science and its Cultural Adversaries*, recém-lançada coletânea de artigos publicados no mesmo *New York Review of Books*, o genial físico Steven Weinberg chama a ciência de "arte liberal" e diz mais ou menos o que o biólogo Richard Dawkins diz: que o universo tem um design, mas não um designer. Ser religioso é acreditar na existência de um ente superior, de vontade própria. Ser a favor da ciência não significa reconhecer que existem coisas acima do sujeito, mas exatamente o contrário — e pode chamá-las de Natureza.

Os valores morais que as religiões cultivaram ao longo dos séculos — como a solidariedade e a simplicidade, citadas na missa do Mosteiro de São Bento naquele domingo —, assim como a admiração por seus produtos estéticos, não são incompatíveis com o desconfiar de seus dogmas. Mas desconfiar de dogmas, inclusive os que vêm da ciência, é uma lição que a ciência dá como nada mais.

Elogio do ceticismo

(4/11/2002)

O cético não é inimigo do progresso e da boa vontade. Na verdade, é seu maior amigo: a dúvida criativa tem sido o maior fator de avanço na história da humanidade. O ser humano que pergunta "Será que é isso mesmo?" e se põe a pensar e testar outras hipóteses pode se tornar o maior dos benfeitores, embora regularmente conte com a antipatia dos crédulos e ideólogos de seu tempo. Sem a consciência de que a índole humana é dada à ilusão, em especial à auto-ilusão, ninguém jamais entenderia como é engenhosa a natureza e enganosa a realidade — e jamais criaria formas produtivas de lidar com elas. A maioria das pessoas teme encarar os fatos em sua complexidade e materialidade, mas a maioria dos grandes artistas e cientistas eram céticos vivazes, apaixonados pelas sutilezas da realidade. Só o homem imbuído de um insistente espírito crítico pode filtrar tentações interiores e exteriores e permanecer alerta contra as explicações fáceis e as desculpas sentimentais.

A maior qualidade que o cético exibe, portanto, é a de manter a lucidez na hora da decisão, o distanciamento lógico no meio do redemoinho emotivo. Mas o senso comum, sobretudo em países como o Brasil, costuma atribuir "frieza" a ele por causa disso. Nada mais injusto. Como o ceticismo exige atenção constante, seu portador rejeita a imobilidade, a impassibilidade: sua cabeça trabalha melhor em movimento, concentrada, intensa, pois só assim é capaz de sentir melhor seus próprios pulsos e impulsos e então dosá-los ou canalizá-los. Como diz Isaiah Berlin sobre Maquiavel: "Sua desconfiança diante de atitudes irrealistas, de princípios absolutos dissociados da observação empírica, tem uma força quase romântica." Um humanista como Voltaire entendia a importância do pluralismo justamente porque não tinha ilusões sobre verdades finais.

Não se deve, portanto, confundir cético com pessimista ou blasé, com alguém que não acredita que, por exemplo, a União Européia seria fadada ao fracasso (o chamado "eurocético"). Faz parte de uma percepção cética do mundo saber que determinadas palavras são distorcidas para evitar que se puxe o manto rosa da propaganda, dessa pregação ininterrupta da "esperança" como condição suficiente para a solução dos problemas. O cético põe em dúvida as condições suficientes. Sabe que em momentos de tensão coletiva — da Copa do Mundo às campanhas eleitorais — o ser humano tende a exacerbar o alcance da escolha, a polarizar as alternativas e depositar numa delas uma expectativa multiplicada por essa mesma polarização. Mesmo quando faz opção conservadora na política, o cético nada contra a corrente. "Sem teogonia", como diria o secular Drummond.

Não é que o cético não se exalte ou não seja incisivo em suas escolhas. Ao contrário. Mas ele se exalta por sua inquietude mental, não por sua transferência emocional; é incisivo porque sente mais que os outros o peso da responsabilidade, não porque se acredita dotado de uma sabedoria ou poder definitivos. Justamente por se saber falível, defende com ardor o ponto de vista desengajado, tentando pôr de lado os eventuais interesses e preconceitos. Seu teste não está na chegada, está na travessia. E é isso que lhe dá visão livre a respeito de quaisquer acontecimentos: não tem dogmas a conservar nem utopias a conclamar; seu compromisso é com o reexame contínuo, com a busca quase obsessiva do que é consistente e conseqüente. Por ser ciente de que o novo é raro, pode admirá-lo em toda sua integridade.

A vingança dos fatos

(11/11/2002)

Enquanto os mais conhecidos acadêmicos brasileiros protestam contra a técnica e o rigor, uma profunda transformação ocorre em sua defesa no campo das idéias mundo afora. Numa frase só, o pós-modernismo morreu. Diversos intelectuais importantes em diversos países estão mostrando a falência da idéia de que, como a Verdade não existe, só restam as interpretações; de que tudo é versão e, portanto, não pode haver escalas de valores, mas apenas a incerteza completa diante da qual o autor é nulo. Num sentido mais geral, estão minando um conceito que dominou grande parte da filosofia e da crítica cultural ao longo do século 20: o relativismo levado ao grau absoluto, que diz que o conhecimento é impossível e, como tal, instrumento do poder e da enganação. Especialmente o pensamento da Escola de Frankfurt (Adorno, Benjamin, Horkheimer) e dos cavaleiros franceses do apocalipse (Paul de Man, Derrida, Barthes e Foucault) cai sob a saraivada de ataques.

Não pense que esses ataques vêm apenas da ciência e dos anglo-saxões, embora um de seus marcos tenha sido o famoso "caso Sokal", em que o professor da Universidade de Nova York, Alan Sokal, parodiou um estudo sociológico e depois revelou que não se passava de um embuste travestido de ciência. Os ataques vêm de toda parte. O historiador italiano Carlo Ginzburg, por exemplo, escreveu um livro excelente sobre isso tudo, *Relações de Força*, que defende seu ofício daqueles que dizem que não existem provas factuais, apenas discursos retóricos. Fiquei particularmente satisfeito com seu ensaio sobre *As Senhoritas de Avignon*, a obra-prima de Picasso, em que mostra que o pintor só pôde utilizar repertório da arte primitiva africana porque fazia uma busca que estava relacionada com a tradição figurativa européia, por sua capacidade inclusiva. Ou seja, como já escrevi, quem diz que o modernismo é reação a uma visão "eurocêntrica" da cultura esquece que ele mesmo é uma criação européia. Ginzburg, por sinal, poderia ter citado o diálogo de Picasso e Braque no ateliê do espanhol. "No fundo, você sempre amou a beleza clássica", disse Braque. Picasso respondeu: "E existe outro tipo de beleza?"

Outro assunto de Ginzburg é a historiografia do grande Marc Bloch, morto pelos nazistas em 1944. Agora leio que um historiador de Yale, John Lewis Gaddis, acaba de publicar um livro, *The Landscape of History*, também para prestar homenagem a Bloch e criticar os pós-modernistas e desconstrucionistas que alegam que a objetividade é uma ilusão. Gaddis defende a existência de uma verdade factual que, embora não possa ter a certeza plenamente assegurada, "pode ser aproximada, como o cálculo aproximando a curva". Um pouco de consenso é possível, sem prejuízo da complexidade; na verdade, só se pode falar em complexidade quando se reconhece a existência de fatos e, pois, de provas experimentais. Não se trata de retorno ao positivismo, mas ao empirismo como postura medular. O estudo da consciência, por exemplo, tomou novo fôlego nas últimas décadas porque autores como Antonio Damasio e Oliver Sacks partem de casos concretos, como vítimas de lesão cerebral, para estudar os circuitos complexos que dão origem ao que chamamos de mente.

Mas é mesmo dos cientistas atuantes nos EUA e na Inglaterra que estão vindo os principais ataques. E nada é mais exemplar disso que o já citado livro novo de Steven Pinker, *The Blank Slate*, que acabo de receber e estou lendo. Pinker ataca a idéia muito vigente entre psicólogos, sociólogos e teóricos literários de que não existe nada que possa ser chamado de natureza humana, que para eles seria um papel em branco que a sociedade preenche com seus discursos e preconceitos. O pós-modernismo, como desdobramento exacerbado do modernismo, levou a idéia de relativismo a extremos onde se mistura com o niilismo. "Ele nega a possibilidade de sentido, conhecimento, progresso, de valores culturais comuns", escreve Pinker, "afirmando que suposições de verdade e avanço são táticas de dominação política que privilegiam os homens brancos heterossexuais." Depois Pinker cita as estratégias em cada arte, sobretudo a metalinguagem, e mostra como, ao contrário do que as teorias estéticas do século 20 dizem, a percepção humana não depende apenas de construções sociais, mas tem seu funcionamento inerente.

Já sei, já sei: os acadêmicos brasileiros vão dizer que Pinker — que de fato exagera em suas explicações biológicas para comportamentos morais — é um "neodarwinista" ou coisa do gênero, a serviço da classe dominante, etc. e tal. Mas a história e seus fatos vão, com o tempo, dizer quem apontava para o lado certo. O tempo tem essa mania de, cedo ou tarde, enterrar os embusteiros.

Quem tem medo do futuro
(2/2/2003)

A ignorância científica é um problema mundial. E é particularmente grave no Brasil, onde foram tão poucos os cientistas que deram contribuições ao mundo, onde a maioria da população recebe um ensino especialmente ruim em matemática e onde os chamados intelectuais se gabam de não acompanhar as descobertas científicas porque, ao final, "tudo é relativo" mesmo. Não há, por sinal, nada mais conservador que o analfabetismo científico dos acadêmicos brasileiros.

Em várias partes do mundo tenta-se combater isso. Todos os chefes de governo recentemente eleitos, do japonês Junichiro Koizumi ao mexicano Vicente Fox, chamaram atenção para a necessidade de reformar o conteúdo da educação, que pouco mudou desde o século 18. Essa reforma teria alguns objetivos: 1) aproximar o estudante do mundo real, dos conhecimentos concretamente exigidos pelas profissões atuais; 2) atualizar seus conceitos em relação ao que se sabe hoje nas ciências e se pratica nas artes; 3) estimular o pensamento, explicando o complexo de forma acessível, em vez de cobrar o acúmulo de informações descontextualizadas.

A educação brasileira não só ignora as transformações que ocorrem no mundo lá fora; pior ainda, inculca dados e valores que obstruem a aquisição do equipamento intelectual necessário para entendê-las. Não cria no aluno a curiosidade de presenciar fenômenos na prática, não o leva a pensar por conta própria num mundo em que informações estão ao alcance do clique. Ensina a ele uma história feita de grandes eventos em ordem cronológica, classificada em períodos estanques, como se pouco tivessem a ver com sua realidade viva. Não consegue municiá-lo nem sequer do conhecimento necessário para ler um jornal, inclusive para não deixar se enganar pelas notícias falsas ou insuficientes.

Mas esse debate não sai do estado larval no Brasil. O ensino continua a ser o mesmo que chocou visitantes de gênio como os físicos Albert Einstein e Richard Feynman: um ensino baseado em decorar fórmulas e datas de escasso contato com a realidade natural e social, tal como as instituições que o dominam, mais preocupadas com títulos de carreira do que em estudar e ajudar seu país.

O maior ausente do ensino brasileiro é o presente. Ao mesmo tempo, ele tira nota vermelha em pensamento abstrato. Adolescentes não sabem ler um mapa, não entendem um conceito como ano-luz, não distinguem Lamarck de Darwin. Sabem a fórmula da refração, mas não sabem identificá-la na superfície do mar, como testemunhou Feynman. Sabem o que é uma oração coordenada assindética, mas não sabem interpretar uma simples reportagem. Têm sido, por isso, "lanternas" em todos os concursos internacionais.

Isso é curioso num povo que se orgulha de não ser formal, de ser criativo, improvisador, de olhar para o futuro, de fazer muito com o pouco que lhe é dado. Mas não é preciso ter muita experiência social para ver que, do empresário ao feirante, a capacidade de síntese e a precisão conceitual são raras. É por isso, e não apenas pela falta de incentivos, que no Brasil se investe tão pouco em pesquisa e tecnologia e faltam professores e profissionais de física e química. Num país que gosta de achar que é o laboratório do mundo novo, escassos são os laboratórios que mostrem esse novo mundo. Ou o Brasil revê sua educação científica, ou continuará apenas com ilhotas de excelência num mar de atraso e preconceito.

Os brilhantes
(17/8/2003)

No Brasil a reação é bem conhecida. Basta você dizer que é ateu, agnóstico ou, em resumo, que não acredita em Deus — e o ambiente silencia, os olhares baixam, depois alguns pigarros são ouvidos. No máximo se tolera o uso de "agnóstico", que significaria "Não sei se Deus existe ou não". E então se pede uma concessão mínima: "Mas você acredita que há uma força superior a nós, né?" Num país onde as superstições se multiplicam e onde até um político culto propõe regulamentar a profissão de astrólogo, aquele que diz não acreditar em instâncias sobrenaturais é sempre visto com muita desconfiança.

Agora dois professores de uma cidade americana com o irônico nome de Sacramento, Califórnia, quiseram criar um termo para essas pessoas que seja positivo, simpático, como os homossexuais que se autobatizaram de "gays" (alegres), para ver se são menos discriminados. E decidiram lançar "bright", não como adjetivo (que significa luminoso, brilhante, vivo), mas como substantivo, tal como ocorreu com "gay". Uma coisa é dizer que tal sujeito é brilhante, outra é dizer que ele é um brilhante ou que pertence ao grupo dos brilhantes. Um brilhante, em suma, é alguém cuja visão de mundo é livre de elementos místicos e, pois, que não professa nenhum credo.

Os dois professores, Paul Geisert e Mynga Futrell, fizeram um site com a lista dos maiores brilhantes da história, vivos ou mortos (www.celebatheists.com), para encorajar os outros a assumir seu ceticismo, sua noção não-religiosa da realidade, sua dúvida em relação a entidades imateriais. "Nós, os brilhantes, não acreditamos em fantasmas ou elfos ou no coelhinho da Páscoa — nem em Deus. Discordamos sobre muitas coisas e temos uma grande variedade de opiniões sobre moralidade, política e o sentido da vida, mas partilhamos a descrença em magia negra — e na vida depois da morte", escreveu o biólogo Daniel C. Dennett no *Edge*, site que, naturalmente, logo aderiu ao "movimento".

Outro colaborador do *Edge* que defendeu a nova expressão é o inglês Richard Dawkins, também biólogo, autor de clássicos do ensaísmo científico como *O Relojoeiro Cego*, em que afirma que a natureza tem design, mas não um designer. Dawkins diz que sempre desdenhou de ações meramente simbólicas para reverter um preconceito, mas que agora, olhando o caso dos gays, reconhece o valor delas. Dennett e Dawkins estão, claro, irritados com o governo Bush, com sua retórica sobre Deus, sobre o Bem e o Mal, e suas práticas correspondentes, como a oposição a pesquisas como a das células-tronco, para não falar das cruzadas no Oriente Médio. "Os Estados Unidos não são um estado religioso, mas um estado secular que tolera todas as religiões e também — sim — todas as formas de crenças éticas não-religiosas", diz Dennett.

Jaron Lanier, o cientista da computação, diz também no *Edge* que não se trata de engajar os ateus, agnósticos e simpatizantes em passeatas orgulhosas, em promover eventos para chamar a atenção, em embarcar no culto moderno da autovitimização. Cientistas, tecnólogos e pensadores naturalistas em geral não são perseguidos, não apanham nas ruas, não são privados de direitos civis. E de nada adianta exigir que as pessoas parem de acreditar em Deus; ao contrário, isso só vai reforçar a imagem antipática que os brilhantes costumam ter. Há superstições e credos inofensivos, que não são responsáveis pela ignorância servil e pelos choques nacionalistas que as religiões, com seu moralismo rígido e sua idéia de "povo eleito", tantas vezes provocaram e provocam. Afinal, a ciência não pode responder a perguntas como "O que existia antes do que existe?". E uma pessoa que lê horóscopo todo dia pode estar em busca de muleta emocional, mas dificilmente vai se apoiar inteiramente nela.

"Vamos ser felizes quanto à nossa diferença a esse respeito", diz Lanier. "O público acha sedutora a felicidade." Concordo. Só acho que Dawkins e Dennett estão certos quando observam que há um recrudescimento dos escapismos religiosos, para além do retrocesso no campo ideológico.

No Brasil, por exemplo, ainda não se descobriu que o debate central hoje passa pelos temas morais e culturais, não mais pela opção de um sistema socioeconômico capaz de realizar nossa utopia rousseauniana; e é por isso que nossa esquerda não raro se mostra tão ou mais conservadora que a direita, como se vê em sua oposição à bioengenharia, demonstrada na indefinição sobre os transgênicos (sem mencionar as Pastorais da Terra que se recusam a distribuir preservativos; e sem recordar a reserva de mercado da informática).

Mais importante do que poder dizer, sem constrangimento público, que não se acredita em Deus, seria que o Brasil tivesse uma lista consideravelmente maior de brilhantes. Mas onde eles estão?

Tubos de ensaio

(28/9/2003)

Boa parte da melhor prosa escrita hoje é científica. Para quem gosta muito de ler ensaios, como eu, há cada vez mais opções de autores que são cientistas ou jornalistas especializados, além de escritores, roteiristas e dramaturgos que crescentemente se interessam por temas ou personalidades das ciências. Alguns textos buscam mais a divulgação, outros mais a reflexão, mas os melhores são os que informam e fazem pensar ao mesmo tempo. Até no Brasil, onde o número de pessoas que escrevem bem sobre o assunto cabe numa mão, há muitos leitores descobrindo o prazer dos ensaios científicos. E isso apesar do preconceito da maioria dos intelectuais pátrios, semi-analfabetos científicos, que desdenham essa pretensão dos cientistas de tratar da "natureza humana", essa entidade na qual não acreditam ou, então, da qual se julgam conhecedores privilegiados.

Mas não à toa um dos pais do ensaísmo moderno se chama Francis Bacon, que no final do século 16, na Inglaterra de Shakespeare, causou uma revolução cultural ao propor o empirismo como um meio de ir além das confusões dos sentidos e das certezas dos dogmas. O gênero ensaio é produto dessa mesma mentalidade. Em vez de decretar verdades morais, o pensamento testa hipóteses, experimenta reações, simula argumentos; por mais assertivo que soe, é uma tentativa de comunicação com a experiência alheia — e o leitor que tire suas conclusões, ciente de que toda conclusão é temporária. As leituras de Darwin, Bertrand Russell, Jay Gould ou Oliver Sacks, por isso, foram pontos luminosos da minha adolescência, tanto quanto as de romancistas, poetas e filósofos.

Um exemplo magnífico que saiu há pouco nos EUA é a biografia *Isaac Newton*, de James Gleick, o autor de *Chaos* e da biografia de Richard Feynman, *Genius*. É a chamada biografia ensaística, em que o autor dá tanta importância à narrativa dos fatos quanto às idéias e ao contexto histórico daquela vida. As questões levantadas por Newton, como a da quantificação do movimento "nos territórios do muito grande e do muito pequeno" e a da natureza da luz, sua decisão de não confundir observações com conjeturas, enfrentando a influência angustiante de Descartes e, aos 24 anos, numa época em que os instrumentos eram poucos e toscos, forjando a física moderna — tudo é descrito por Gleick de uma forma que, a mim, me interessa mais que qualquer personagem inventado por um ficcionista da atualidade.

Essa biografia de Newton me deu uma baita saudade de um tempo em que filosofia e ciência andavam tão próximas. Mas é isso, de certo modo, que alguns neurologistas e psicanalistas estão fazendo. *Into the Silent Land*, de Paul Broks, que está sendo considerado um novo Sacks, é um exemplo também recente. Neuropsicólogo atuante em hospitais britânicos, Broks descreve no livro algumas histórias de seus pacientes (como Naomi, que teve parte de seu hemisfério esquerdo retirada, perdendo a capacidade de "editar suas experiências conscientes") e faz reflexões com sabor tentativo ("O cérebro constrói um modelo do organismo do qual é parte e, para além disso, uma representação do lugar desse organismo em relação a outros, semelhantes") que não deixam o leitor largar o livro.

E não são apenas os neurocientistas. Híbrido de biólogo e jornalista, Matt Ridley é mais um escritor de estilo, e seu *Nature via Nurture* (*O que nos Faz Humanos*) já se tornou seu segundo best-seller (o primeiro, *Genoma*) nos dois lados do Atlântico. Embora às vezes ele cometa excessos como os da psicologia evolucionária de Steven Pinker, como quando associa a dispersão de espermatozóides com a vocação masculina para a infidelidade, o argumento central do livro é bastante inteligente: não se pode falar de carga genética como se falasse de um arquivo estanque; ela é ativa de variadas formas nas variadas fases da nossa vida, interagindo intensamente com o ambiente.

Ridley quer, em outras palavras, sair da velha dicotomia filosófica entre determinismo e vontade. Não existe um "eu" pronto ou onipotente; existem estados cerebrais que estão em constante mutação por influência da história pessoal, das emoções, do meio social, do acaso, os quais arranjamos em nossa narrativa particular. Natureza e cultura não se opõem; elas se relacionam o tempo inteiro, numa troca incessante e não-linear entre o herdado e o vivido. Bingo. Mas, como Ridley escreve, ainda sabemos muito pouco. Ensaiemos.

Poeira de estrelas

(11/1/2004)

O pouso do módulo americano Spirit em Marte, onde Viking-1 e Mars Pathfinder já tinham pousado, foi a notícia das seções de ciência mais comentada da semana. Provavelmente isso ocorreu porque Marte ocupa um lugar quase anedótico no imaginário terráqueo, além de sugerir ser o passo seguinte ao da conquista da Lua na exploração humana do universo. Mesmo que as imagens tenham novamente exibido uma superfície vermelha e arenosa como a de um deserto no final do dia e mesmo que, apesar da disputa com a sonda européia Beagle-2, cujo sinal está perdido desde o dia do Natal, as chegadas a outros planetas do sistema solar já não pareçam épicas ou então trágicas como nos tempos da Guerra Fria, a curiosidade é grande. Não se esperam grandes descobertas a retirar do solo marciano e as viagens tripuladas não devem ocorrer antes de 20 anos, mas para muitos é como se a humanidade estivesse dando mais um grande passo com o pequeno passeio desse jipe; não surpreende, portanto, que com o sucesso inicial da missão ele tenha sido rebatizado de Memorial Columbia, em homenagem aos astronautas mortos no ônibus espacial em fevereiro de 2003.

A história mais fascinante, no entanto, foi outra, ocorrida no segundo dia do ano. Mais uma nave da Nasa, com nome de uma composição de Hoagy Carmichael, a Stardust, tal qual um albatroz de cinco metros e munido de um escudo e uma rede, mergulhou na nuvem de pó e gás que envolve o cometa Wild 2 e recolheu amostras que poderão ajudar a entender os primórdios da formação do Sistema Solar. Ao contrário do que se pensa, os cometas são frios, e a Stardust teve de romper fragmentos de rocha gelada para cruzar a cauda, o que avariou totalmente a camada externa de sua cápsula, e dali emergir com um troféu de partículas cósmicas que não é maior que o polegar de um ser humano. Desde 1976, quando a missão Apollo 17 trouxe amostras do solo lunar, um robô não fazia uma coleta extraterrestre. Como se fosse pouco, a Stardust também tratou de tirar 72 fotografias da poeira estelar em que se infiltrou a 6,1 km/s, velocidade seis vezes maior que a de uma bala de rifle.

O poeta John Keats, infelizmente conhecido nos meios científicos como o autor da frase que lamentou as descobertas da física óptica por tirarem a beleza do arco-íris, certamente seria sensível à beleza dessa imagem que não podemos conceber senão esquematicamente; talvez a comparasse com a luz rara que sopra com as brisas neste mundo escuro, como diz no poema famoso. Afinal, o que encanta na narrativa não é o pouso e a posse de um corpo planetário por uma nave, como o dr. Strangelove galopando a bomba atômica — mas o fato de que uma maquininha moleque pegou uma carona instantânea na rabeira de um cometa mil vez maior e, depois de muitos choques e tropeços, saltou de volta para casa, trazendo um estojo de poeira que pode desvendar alguns segredos da vida terrena.

A Stardust só chega à Terra daqui a dois anos, e outros mais serão necessários para ler suas moléculas; por esse tempo, suspeita-se, vagará fora da mídia, salvo se terminar à deriva como a Beagle-2. Ainda assim, é uma afirmação ao mesmo tempo mais modesta e mais próxima do engenho criativo humano do que todas as bandeiras que forem fincadas no areal vermelho.

Nem crimes nem pecados

(3/4/2005)

Foram os conservadores religiosos que decidiram converter o caso Terri Schiavo em escândalo moral. Lobby ligado à família Bush tentou fazer aprovar uma lei que permitisse religar os tubos que a mantinham sobrevivendo, depois que a Justiça decidiu dar ganho de causa para o marido, a quem competia dar a autorização. Se não fosse por isso, o assunto não teria explodido com a mesma intensidade. Não é a primeira nem a última vez em que esse procedimento, que nem eutanásia é (mas ortotanásia, a renúncia à interrupção da morte natural), ocorre. Mas, em tempos de oportunismo e fundamentalismo, o debate foi levado adiante como se um crime contra a humanidade estivesse sendo cometido.

O fato de não haver precisão sobre o momento em que a vida humana surge ou desaparece não significa que seja mais humano sustentar ao infinito a vida de um indivíduo que depende de aparelhos. É difícil criar parâmetros jurídicos para questões éticas (digamos: quanto deve ser a indenização para uma mãe que perde o filho por um erro médico?), mas é preciso trabalhar com o conhecido. Prolongar artificialmente a vida de uma pessoa sem consciência por mais de 15 anos — num caso em que normalmente os que se salvam a recobram até três meses depois do acidente — não é estar a favor da vida; é alimentar uma ilusão.

Argumenta-se que alguns pacientes já regressaram de coma de muitos anos e que Terri não tinha tido morte cerebral. Mas seu córtex estava inativo desde 1990 e não havia possibilidade de o quadro ser revertido. Os vídeos demagogicamente editados parecem mostrar reações emocionais em seu rosto à voz de familiares. Há, porém, conhecimento científico suficiente para afirmar que se tratava de reflexos totalmente neutros, causados pela atividade do cerebelo, não afetado pela falta de oxigênio. Ela, que não sentia dor nenhuma, vegetaria enquanto os aparelhos o permitissem. Seu resíduo vital era tudo menos natural.

O dogma no poder

(30/10/2005)

Esse ressurgimento da religião em tantas modalidades e esferas públicas pode ter efeitos ainda mais graves do que já vem tendo. Os EUA e o Brasil, por exemplo, são governados por presidentes que se acreditam encarregados de uma "missão". Bush, protestante metodista, e Lula, católico freibettiano, partilham valores conservadores; abominam modernidades como aborto, pesquisa de célula-tronco, alimento transgênico e homossexualismo; acreditam ter sido eleitos para consertar o planeta, embora sejam dois mentirosos comprovados. Em conseqüência, cientistas de ambos os países não conseguem verba para avançar o conhecimento em áreas importantes; inúmeras pessoas sofrem discriminações e doenças que poderiam ser evitadas; políticas beneficiam a minoria que praticamente independe do Estado, em vez de democratizarem a riqueza e o saber.

Até mesmo na Inglaterra, tão pioneira em tantas liberdades civis como a de expressão, os trabalhistas propõem uma lei, "Race and Religious Hatred Bill", que, supostamente para coibir expressões de ódio racial e religioso, determina que qualquer pessoa considerada culpada de "insultar ou ofender" uma religião pode ser presa por sete anos. No *Sunday Times*, Christopher Hart lembra a frase de Jonathan Swift: "Temos religião suficiente para nos fazer odiar, mas não para nos fazer amar uns aos outros." A frase não poderia ser mais atual. Voltaire, por exemplo — que tanto aprendeu sobre justiça quando viveu na Londres do início do século 18 —, ficaria chocado se soubesse que na França os muçulmanos são proibidos de usar véu em lugares públicos. Enquanto isso, a Europa se assombra com a ameaça do terrorismo islâmico, apoiado por estados como era o Iraque de Saddam ou é o Irã até hoje.

O custo intelectual também é tremendo. Nos EUA, os conservadores — ou reacionários, termo que seria mais apropriado — propõem agora uma doutrina chamada de "design inteligente". É obviamente uma forma de reagir à Teoria da Evolução de Darwin, que não pára de ser comprovada empiricamente. Deus concebeu a natureza, e esta tem um design com engenho próprio, por cujos problemas Ele não pode ser responsabilizado — nada desse "design sem designer" que biólogos como Richard Dawkins dizem ser a natureza.

Isso ainda não chegou ao Brasil. O que não cessa de aumentar aqui é a presença dos evangélicos na sociedade. São programas e programas de TV, inclusive em rede aberta no horário nobre; e um número cada vez maior de políticos. Mangabeira Unger, intelectual de Harvard que também se acha pastor de um projeto salvacionista para o Brasil, agora faz parte de um partido evangélico. Garotinho e Rosinha mandam no Rio, a ponto de querer que as escolas públicas ensinem o criacionismo como se fosse uma teoria equivalente ao evolucionismo. A pretexto do "respeito à diversidade", sonega-se aos alunos a clareza de demonstrar por que o planeta não ficou pronto em uma semana. Muita gente diz que os evangélicos têm um papel social ao tirar pessoas da bebedeira e até do crime, como se essa função fosse sua. Sua religião deve ser respeitada como qualquer outra, embora não raro ela desrespeite a católica. Esta, por sua vez, adere à "showmissa" por necessidade e apóia o PT por compaixão, mas continua desaprovando a camisinha.

Ser a favor da ciência e do progresso não é achar que religiões devem ser extintas. Muito pelo contrário: é garantir o direito de qualquer indivíduo acreditar no dogma que quiser. Leia os grandes debates de Thomas Huxley com o bispo Wilberforce e de Bertrand Russell com o padre Copleston: eles não concordam com o que os outros dizem, mas defenderiam até a morte o direito de dizerem; tampouco acham que a razão é todo-poderosa, e sim que é um instrumento indispensável para exercitar a dúvida e reagir ao medo. Criticam a suposição de que, por acreditar em inferno, em castigos eternos, uma pessoa será mais virtuosa do que a outra. É por essa separação autoritária entre Bem e Mal — que sempre significa "eu sou do Bem, você é do Mal" — que Bush, Lula e demais pregadores terminam favorecendo o oposto do que dizem pretender.

Impresso no Brasil pelo
Sistema Cameron da Divisão Gráfica da
DISTRIBUIDORA RECORD DE SERVIÇOS DE IMPRENSA S.A.
Rua Argentina 171 — Rio de Janeiro, RJ — 20921-380 — Tel.: 2585-2000